邹碧华传

上海市高级人民法院 编写

严剑漪 执笔

上海人民出版社

《碧华肖像》 水彩·邹连德

邹碧华同志先进事迹报告
会在人民大会堂隆重举行

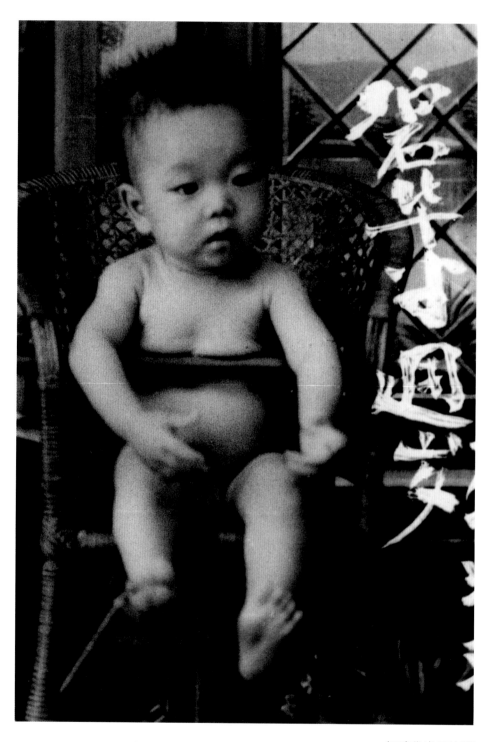

邹碧华半周岁照

母亲在辅导邹碧
华（右一）及其
弟弟念书认字

童年时期的邹碧
华（前排右一）
带着弟弟和邻居
小伙伴玩耍

邹碧华（后排右一）大学本科期间回老家与外婆、父母、弟弟的合影

考上北京大学的邹
碧华和父母在天安
门前合影

邹碧华与妻儿在
北京大学未名湖
畔合影

邹碧华生前家中的书房

《他在春天里——纪念爱子碧华》 水彩·邹连德

邹碧华生前的书法作品《勤奋》

邹碧华同志是新时期公正为民的好法官、敢于担当的好干部。他崇法尚德，践行党的宗旨、捍卫公平正义，特别是在司法改革中，敢啃硬骨头，甘当"燃灯者"，生动诠释了一名共产党员对党和人民事业的忠诚。广大党员干部特别是政法干部要以邹碧华同志为榜样，在全面深化改革、全面依法治国的征程中，坚定理想信念，坚守法治精神，忠诚敬业、锐意进取、勇于创新、乐于奉献，努力作出无愧于时代、无愧于人民、无愧于历史的业绩。

习近平

二〇一五年一月六日

将来我判断自己人生成功的标志，
是看我帮助过多少人走向幸福。

——邹碧华

目录

第一章
纯真童年

第二章
北大求学

第三章

命运的考验

第四章

华美的乐章

第五章

灵动的心跳

第六章

谁的生命在流逝

序

　　一个让法流淌在血液里的人，才会为了"法"而不惜献出自己的生命。

　　在邹碧华同志逝世一周年之际，由上海市高级人民法院编写、严剑漪执笔的《邹碧华传》正式对外出版发行，这是我们对邹碧华同志最好的纪念和缅怀，也是对邹碧华精神最好的传承和发扬。

　　2014年12月10日，上海市高级人民法院党组成员、副院长邹碧华同志在工作中突发心脏病不幸因公殉职，他的英年早逝，让全国法院人为之悲恸，也震动了整个中国法律界，人们纷纷追忆和缅怀这位对法律有着崇高理想和无限热爱的法官。"法官当如邹碧华"、"燃灯者邹碧华"成为全社会给予他的高度评价。

　　2015年1月，习近平总书记作出重要批示，称他为"新时期公正为民的好法官，敢于担当的好干部"，号召党员干部特别是政法干部要以邹碧华同志为榜样，努力作出无愧于时代、无愧于人民、无愧于历史的业绩。

　　中共中央组织部、中共中央宣传部、最高人民法院、中共上海市委分别追授他"全国优秀共产党员"、"时代楷模"、"全国模范法官"、"上海市优秀共产党员"等荣誉称号。上海市高级人民法院党组及时做出向邹碧华同志学习的决定,在全市法院深入开展"人人争当公正为民的好法官,人人争当敢于担当的好干部"等系列学习宣传活动。2015年2月至5月,由中共中央组织部、中共中央宣传部、中央政法委、最高人民法院和中共上海市委联合组织的邹碧华同志先进事迹巡回报告团,在北京、上海、江西、广东、山东、内蒙古、山西、四川等7个省(区)作了18场巡回报告,20余万党政干部、政法干警以及各行各业代表聆听了邹碧华同志的感人事迹。2015年7月22日,由中共中央宣传部宣教局、最高人民法院政治部、中共上海市委宣传部、上海市政法委和上海市高级人民法院主办,人民法院报社和解放日报社协办的"邹碧华精神研讨会"在上海举行,越来越多的人被邹碧华同志的人生故事所感动,越来越多的人受到"邹碧华精神"的激励和鼓舞。

"碧血忠魂潜心法治鞠躬尽瘁,华星秋月璀璨人生风范长存。"邹碧华生前曾说过这样一句话:"人的一生,都有一个需要坚守的价值。理想的完满人格,应当是破除自我,将自己融入到人民中,融入到祖国的法治中。无我,党的事业不朽,如是我心。"邹碧华同志用他的一生践行了自己的誓言,为中国法院的未来发展贡献出了自己的才智直至生命。

斯人虽逝,精神长存。邹碧华同志逝世后,无数的报道、评论、悼文、视频出现在各类媒体上,今年以来,关于他的纪念文集、学术文集、画册、越剧、话剧、广播剧、电影等也在陆续面世或筹措准备中。为了更好地让社会公众真实完整地了解邹碧华同志的生命历程,了解这位优秀法官的成长轨迹,上海市高级人民法院组织编写了这本《邹碧华传》。本书的独特之处在于,它不是单纯地罗列先进事迹,而是从容细致地以小说体方式全景描述了邹碧华同志的一生。全书共分六章六十一小节,以邹碧华同志的童年、青年、中年各个阶段为序,翔实记录了他不同时期的重要历史事件,以及对他一生产生重要影响的人物:从普通当事人到法院管理层,从一线基层法官到最高人民法院大法官,从中国法学院莘莘学子到美国联邦地区法院高级法官。本书在娓娓道来中展示了一个真实的邹碧华、一个成长的邹碧华、一个不断奋进的邹碧华，同时也刻画出一代中国法律人为实现中国法治梦不懈努力的拼搏精神。相信本书的出版，一定会在社会上产生更大的影响。

本书执笔人严剑漪，毕业于上海大学知识产权学院，1998 年进入法院工作，2004 年开始从事法制宣传工作，长期进行新闻写作及法制专题片策划拍摄，现任上海市高级人民法院法宣处新闻科副科长。邹碧华逝世后，她在邹碧华精神的感召下，怀着对邹碧华同志的崇敬之情，撰写了《你可以实现你的梦想——追记邹碧华》、《你的生命是我爱的雕塑》、《一个基层法院院长的榜样》等 5 万余字的系列报告文学，参加了邹碧华同志先进事迹全国巡回报告团活动，参与策划拍摄了《春天里的传承——邹碧华同志先进事迹全国巡回报告活动纪实》一片，协助上海广播电视台、上海越剧院、上海市总工会、上海书画出版社等单位和文艺团体对邹碧华事迹进行艺术创作。2015 年 6 月，她又接手了撰写本书的任务。在短短四个月间，她不辞辛劳地辗转北京、上海、广东、江西数千里，寻访邹碧华的家人、朋友、同学、老师、学生、同事以及案件当事人百余人，搜集了大量珍贵的照片、视频、音频、文字等资料，浏览120 小时视频、查阅 2 万余份资料，最终完成了这部再现邹碧华同志一生的作品。

同时，这本书也得到了邹碧华家人的大力支持，寄托了家人对他的怀念。邹碧华的妻子唐海琳女士对书稿进行了审阅修改，提出了许多好的建议和意见；邹碧华同志的父亲邹连德先生为本书专门创作了《碧华肖像》、《他在春天里——纪念爱子碧华》两幅水彩画作品，并题写了书名"邹碧华传"；本书的封面、装帧、版式由邹碧华同志的弟弟邹俊华先生亲自设计；邹碧华同志的母亲许贻菊女士、儿子邹逸风先生亦对相关篇章进行审阅。本书篇章之首的诗词由邹碧华同志的好友帅圣极先生书写。书中还收录了第一次面世的邹碧华同志生前画作。

应该说，本书汇集了大家的智慧和力量。邹碧华同志生前曾经说过，很感恩自己赶上了一个改革开放的好时代，有一批爱才惜才的法律前辈引领，有走出国门、开阔眼界的机会，如此才使得他这样一个没有任何背景的山村少年一步步走到今天。邹碧华同志逝世已经一年了，人们依然由衷地在怀念、追思这位为中国法治事业而奉献生命的好法官。

邹碧华同志是"时代的楷模"，"邹碧华精神"是上海法院的宝贵财富，在全面深化改革、全面推进依法治国的今天，他的精神已经成为全社会崇尚法治的象征。我们要把他的精神传承发扬下去，要以他为榜样，公正为民、敢于担当。在全面深化改革、全面依法治国的征程中，当好先行者、排头兵，努力作出无愧于时代、无愧于人民、无愧于历史的业绩。邹碧华精神，必将教育和引导一大批有志于推动中国法治事业发展的人砥砺前行！中国特色的社会主义法治步伐必将越走越稳健！

上海市高级人民法院党组书记、院长　崔亚东

二〇一五年十一月二十二日

引子

　　每个生命的降临都是独一无二的,那个雪花漫天飞舞的下雪天,预示了邹碧华一生的纯粹和执着。

　　1967 年 1 月 18 日,腊月初八,江西奉新,一个有着 2100 多年历史的小县城。

　　许贻菊慢慢地洗着衣服,肚子里的娃娃突然动了一下,她下意识地摸了摸隆起的腹部。21 岁初为人母,年轻的许贻菊有些紧张,她不知道怎么去算预产期,只觉得肚子越来越沉,脚也肿得没法走路。丈夫这些天在北京出差,母亲还在 20 里外的村里,她得赶紧整理些东西搬去娘家住。有母亲在,毕竟安心些。

　　窗外飘着鹅毛大雪,连日里的雪将小小的县城装扮成白色,白色的天井,白色的屋檐,白色的街面,白色的行人。许贻菊洗完衣服,直了直腰,然后走到床边开始叠起自己的衣物。屋子很小,只有十多平米,但许贻菊心里已经很满足了。

　　"手拿碟儿敲起来,小曲好唱口难开。声声唱不尽人间的苦……"许贻菊慢慢哼起这首熟悉的曲子。

4岁丧父的许贻菊一直跟着母亲相依为命,读小学时,梳着两根大辫子的许贻菊穿着红棉袄参加了县文化馆的唱歌比赛,这首《小曲好唱口难开》让她拿了第一。

许贻菊抬起头望了一眼窗外。天气好冷,娃娃的衣服还放在娘家,不知道孩子出生后穿上衣服会是什么样子。这样想着,许贻菊忍不住笑了。

许贻菊的母亲是个哑巴,但做得一手裁缝好活。许贻菊从小看着母亲拿着剪刀、尺游走在布料中,那白色的画粉好像圆圆的糯米饼,在母亲手中熟练地幻化出一根根白线,最终又消失在布料里。每到过年的时候,十里八方的村邻络绎不绝地上门来请母亲做衣服,母亲便会踩着三寸金莲出门去做工,而这些靠针线活儿赚来的钱也成为了母女俩唯一的生活来源。

许贻菊不会忘记,在她考上罗塘公社最好的罗塘中学后,中学的班主任问她要学费,她对班主任说:"等我妈妈收到工钱后就交过来。"班主任眼睛一瞪:"你有钱就读,没钱就不要读。"才上了一星期课的许贻菊眼睛里噙满了泪水,拿起书包头也不回地走出了教室,从此再也没有回过学堂。

认识邹连德的时候,许贻菊在县城学缝纫。邹连德长得一脸帅气,在县城的电影队里负责放映电影和画海报,两个人常常在县人委食堂相遇。老实本分的邹连德引起了许贻菊的注意,而许贻菊的活泼大方也深深吸引了邹连德。

"我很喜欢画画,其实我读书的时候经常交不出伙食费,没有伙食费就没饭吃,那时要好的同学就从自己的碗里匀一半饭给我吃。后来我爸把家里必不可缺的独轮土车给卖了,再加上他砍柴卖来的钱,供我念完了中专。"邹连德有一次告诉许贻菊。

相同的家境、相同的曲折,让两颗年轻的心走到了一起。

肚子开始隐隐作痛起来,从来没有过的紧缩感像潮水般一阵接一阵袭来。难道是要生了吗?许贻菊有些忐忑。

披上外衣,许贻菊笨拙地走出家门。县人民医院离家不远,但路上积满了厚厚的雪,许贻菊挺着大肚子费劲地走着,渐渐失去了力气,头

在艰难的岁月中,年轻的邹连德和许贻菊因相同的家境而同病相怜,并最终走到了一起。

上、肩膀上落满了雪花。

突然,一股热流顺着裤脚往下流去。羊水破了! 许贻菊有些惊慌。此时的她正好路过粮食局门口,一位同事看见了艰难行走中的她,赶紧跑出来扶住她继续往医院走去。

"哎呦,这样不行,这样不行!"一进门诊部,医生一看许贻菊的情况,二话没说便推出一辆大板车。"赶紧睡上去,我推你去产房!"医生迅速在大板车上铺了一条毛毯,对许贻菊嚷嚷。

许贻菊乖乖地躺到了大板车上,医生和同事合力将她推进了门诊部不远处的住院部产房。很快,有人烧起炭火,有人开始接生。

中午12点,许贻菊听到了孩子的啼哭声。

"哟!"正在接生的医生叫了一声。原来,才出娘胎的小家伙冲着医生劈头盖脸撒了一把尿。"这娃够调皮的!"医生哈哈笑着。

6斤8两,男孩。医生抱着孩子给许贻菊看了一眼。

望着襁褓里闭着眼睛的儿子,许贻菊开心地笑了。18天后,风尘仆仆的邹连德从北京赶回奉新,抱着儿子亲了又亲。

"给小家伙取名碧华吧,碧华,碧丽中华,'碧'里面还嵌了齐白石的'白石'两字,白石为王嘛!"邹连德微笑地看着妻子,妻子点了点头。

谁也不曾想到,这个叫"碧华"的男娃娃有一天会让无数的人难以忘怀。

第一章
纯真童年

把我的幻影和梦
放在狭长的贝壳里
柳枝编成的船篷
还旋绕着夏蝉的长鸣
拉紧桅绳
风吹起晨雾的帆
我开航了

顾城

外婆家

　　一个巨大的画框斜靠在一堵墙上,画框上绷着油画布,油画布前是在支架上爬上爬下的邹连德。邹碧华静静地坐在父亲用竹子做成的小推车里,仰着小脸,望着正在专心作画的邹连德。

　　"你家娃娃好乖啊!"有人经过,忍不住停下脚步逗逗他。

　　邹连德停住在画布上的笔,回过头笑笑。

　　结婚前,邹连德的工作基本是画电影海报和跟随电影队到每个村里去巡回放电影。那时候,电影是个稀罕物,只要电影队一到,全村的人都会跑出来观看,场面比过年还热闹。只要电影一开场,全场立马鸦雀无声。

　　儿子出生后,"文化大革命"的浪潮席卷了奉新这个小县城,县文化馆的图书被红卫兵销毁,地方剧团的道具、服装也被当作"封、资、修"的东西焚烧,邹连德的任务变成了根据上级指示在县城绘制伟大领袖毛主席的巨幅画像。

　　许贻菊仍然在粮站工作,只有小学文化的她擅长会计的活儿,手里的算盘打得又快又准,再加上人缘好,每年单位评优总少不了她的名字。

　　只是粮站设在镇上,许贻菊平时没法回家,只有等到每月的 4 天休假日,她才能匆匆忙忙赶回家,一进屋就忙不迭地收拾东西、做家务,有时还要和丈夫一起去山里砍柴。

一天,许贻菊和邹连德在家打扫屋子,猛听得"砰"的一声,家里的一根小横梁断了,原来是横梁上的柴火堆得太满,把横梁压断了!

许贻菊回头一看,一根梁木正伴着一大捆木柴狠狠砸向下方的摇篮,儿子碧华还在摇篮里睡着呢!

天呐!许贻菊大惊失色,邹连德也吓得失去了反应。几秒钟后,邹连德一个箭步冲到木柴堆积处,用力搬开横梁。

还好,摇篮上方的凸起部位挡住了又粗又壮的梁木,摇篮里的邹碧华香香地酣睡着,安然无恙。

"这孩子命真大!"邹连德长长地舒了一口气。

1968 年,许贻菊开始做起了粮食助征工作,被分配到罗塘公社粮站,这个粮站距离她的娘家塘下村仅两里路。"要不我们把碧华送到我妈那儿去吧,"许贻菊和邹连德商量,"我在镇上工作,离塘下村比较近,可以去村里看看碧华。"

"嗯。"邹连德点点头。

于是,年幼的邹碧华从县城来到了塘下村外婆家。

从县城到外婆家,先得坐上一段时间的长途车,然后到达一个名为岗嘴头的小镇,再从小镇穿过一片山林,走上两里地,便到了塘下村。

小小的邹碧华对外婆家的一切都感到新鲜。塘下村是个典型的中国村庄,村头的两棵大樟树遥遥地长在小溪旁,翠绿色的树叶星星点点地缀满树枝,浓密的树冠在半空中交融相连。樟树之间有一座青石桥,桥上的石板早已被过往的路人磨得锃亮,石板旁长满了青苔。

外婆家的屋子是用土坯垒成的,长长的,窄窄的,分为上堂和下堂。上堂有四间,住着两位叔公和两位舅舅。下堂有四间,住着太婆和另外两位舅舅。大屋中间是一个天井,天井两旁是厢房,邹碧华和外婆一起住在东厢房。

每天清晨,村里的小喇叭按时响起《丰收乐曲》和《喜洋洋》的曲子,睡眼蒙眬的邹碧华从乐声中醒来,然后听着大人们在天井边的笑声和

幼年时期,邹碧华与外婆一起
居住在大屋的厢房内,楼上的
小阁楼是邹碧华与小伙伴捉
迷藏的好去处。

说话声。

　　大屋的生活悠闲宁静,大人们时常在农闲的时候围坐在堂前八仙
桌旁海侃,从村子里侃到村子外,从东家长侃到西家短,叔公还时不时
地用纸捻子去点一根长烟管里的烟丝,然后在鞋底上把烟灰敲下来。

　　天气好的时候,邹碧华和表哥表姐们就一溜烟儿地跑出大屋。隐
隐约约的村舍掩映在一片稻田中,乡间小道的两旁长满了青草和小野
花,邹碧华和小伙伴们放肆地在青草和野花中奔跑、捉迷藏,跑累了就
到樟树的树荫底下乘凉,露出地面的老树根是他们最喜欢的"滑梯"。

　　这是一片多么神奇的土地啊,邹碧华好奇地观察着身边的一切:
冬天地里会长出大萝卜,夏天能长出甘蔗、玉米,还有一旁的棉花、油菜
永远是那么美不胜收。

　　田地旁的小水沟是邹碧华的最爱,夏天来临的时候,青蛙在清澈见

底的水沟里兀自游行,偶尔一两条水蛭出现在水面上。邹碧华的胆子特别大,常常跟着舅舅去水沟里捕鱼,只见舅舅把小水沟的两端用泥一堵,邹碧华便手忙脚乱地跑过去,用一双小手帮着舅舅把水舀出去。不一会儿,小鱼就在泥里扑腾了。

塘下村的天空偶尔会飘起蒲公英的花絮,邹碧华调皮地吹着漫天飞舞的絮片,然后看着它们高高低低地消失在远方的田野中。

儿时的邹碧华在塘下村外婆家度过了快乐的童年。

稻田里的小土墩是最让人乐此不疲的,邹碧华常常和表哥表姐们拿着树枝把一尺见方的土墩挨个儿翻起来,一下又一下,躲藏在土墩小孔里的泥鳅和鳝鱼不情愿地一一现身,男孩女孩们犹如发现了巨大的宝藏,大声欢叫着,远处山上的松树低沉地发出"呼呼"声。

外婆有时会带着邹碧华去菜地浇水,那舀水的长勺足有两三米长,邹碧华拿着长勺一次又一次地伸到菜地旁边的小溪里,玩得不亦乐乎。

"碧华,碧华!"表哥在谷垛里喊着邹碧华的名字。

"哎——!来啦——!"淘气的他飞快地放下长勺,一眨眼就钻进了菜地之间的谷垛里,乐滋滋地和伙伴们捉迷藏去了。

夏天的夜晚是神秘的,村里的晒场成了家家户户纳凉的好地方,晒台上放着很多草席,大人们摇着蒲扇坐在那里嘻嘻哈哈地谈天说地,有人还津津有味地说起了鬼故事,邹碧华悄悄地坐在一旁屏息听着,故事里的鬼怪慢慢浮现在他的脑海中,鬼魅的气息越来越近,好像有一双眼睛飘了过来……他越听越怕,越怕越听,最后一扭头朝着自家大屋一路小跑,直到看见大屋里摇曳的亮光,"扑通扑通"的心才稍稍安定了下来。

塘下村没有电灯,夜晚来临时,每家每户都点着煤油灯。堂前屋梁上一根长悠悠的绳子垂下来,挂住一盏铁皮做的煤油灯,夜色越深,灯火越是在微风中来回摇晃,微弱的灯光只能照亮一米见方的地面。

邹碧华喜欢在明亮的地方玩耍,只要身处黑暗,他就觉得有什么东西在看着自己,心里的害怕便慢慢升腾起来,即使外婆走进了厢房,他仍然发怵不已。四周的空气静静的、黑魆魆的,年幼的他爬上床铺,大气不敢喘一口。好像有什么东西发出怪声? 不,四周又安静下来了。也许那怪物屏息静气了……邹碧华胡思乱想着,最后终于敌不过困倦,睡着了。

冬天到了,九十多岁的太外婆抱着火笼子坐在大屋里晒太阳,阳光透过天井方方正正地斜照在地上,宁静而又温暖。

正在和表兄弟们玩过家家的邹碧华突然跑过来钻进太外婆的怀里哭了起来,满头满脸的泪水把慈祥的太外婆急得措手不及。

"怎么了,娃娃?"太外婆心疼地摸着邹碧华的头。

"我想妈妈了!"邹碧华呜呜地哭着,太外婆哭笑不得。

好在这样的哭闹并不多,邹碧华有一个比他只大两岁的姨妈,这个姨妈最喜欢带着邹碧华去后山摘栀子花,贪玩的邹碧华只要一到山野,便忘却了所有的烦恼。

"闻到栀子花的香味了吗?"走在蜿蜒的山路上,姨妈突然问。

邹碧华使劲儿吸了一口气,好像有一种似香非香的味道,但又不十分确定。

又走了一会儿,香味越来越近,淡淡的味道在空气里召唤着邹碧华,他不禁加快步伐,跑到了姨妈的前面,满眼的栀子花顿时出现在眼前。

雨后的栀子花特别美,邹碧华第一次看见栀子花时正是雨后,花瓣凝结着晶莹剔透的水珠,金黄色的花蕊藏在白色的花瓣中羞涩无比,成片的栀子花随着微风轻轻颤动,水珠却一滴也没有落下。

"这真好玩儿!"他大声欢叫着,身后的姨妈咧嘴笑了。村里长大的孩子,哪个不会玩呀!

不过有一次,邹碧华玩得差点"没命"了。

那天,他和姨妈在村里的池塘边玩耍,脚刚踩上长满青苔的青石板,整个人便摔进了池塘里。

邹碧华本能地在水里挣扎着,姨妈吓得一路哭着跑回大屋。

"怎么了? 怎么了?"刚到娘家的许贻菊奇怪地看着大哭而入的堂妹,已经被吓坏的女孩只知道一味地哭,什么话也说不出。

幸好当过兵的舅舅正巧经过水塘,远远看见池塘里扑腾的邹碧华,赶紧一头跳入水里把他救了上来。

冰冷的池水浸湿了邹碧华黑色的小棉袄,众人手忙脚乱地把他放到一头牛的背上。一会儿,脸色发白的他终于吐出水来。

"碧华,碧华!"闻讯赶来的许贻菊拨开人群,哭着脱下儿子身上湿透的棉袄,将自己温暖的外套包裹住儿子,紧紧抱住了浑身发抖的邹碧华。很快,母亲的温暖让邹碧华缓过了劲儿来。

"大难不死啊!"

"好险!"众人连连感叹。

离开村子的时候,许贻菊牵着邹碧华的手,瞪大眼睛说道:"碧华,要注意安全啊,要听外婆的话啊!"她一遍又一遍地叮嘱着。

"嗯!"邹碧华看着母亲连连点头。

其实邹碧华很听外婆的话,外婆虽然是个哑巴不能说话,但乖巧的邹碧华能看懂外婆的每一个眼神、每一个动作,平时也总喜欢粘着外婆,常常到厨房给正在做饭的外婆帮忙。如果外婆往他手里塞上一把稻草,他便乐呵呵地一屁股坐在灶台前,不断往炉膛里添稻草。看着火苗"嗞嗞"地叫着燃烧,小小的他觉得其乐无穷。

外婆家很穷,穷到吃饭时连菜都没有,邹碧华常常捧着一碗白米饭狠命哨,有时候外婆会将几粒榨酱油剩下的豆豉放在碗里,然后加点水放米饭上蒸,等到饭一蒸熟,外婆便让邹碧华就着豆豉汤吃。这对于年幼的他来说,便是天下最美味的佳肴了。

偶尔,外婆也会带着邹碧华到镇上去买包子吃,虽然一年只去一两回,但邹碧华的心情比过年还开心。

外婆家的生活虽然清苦,但外婆为人聪慧,有着一双巧手。每逢过年,很多邻村的人都来找外婆做衣裳。于是,老人挑着一担箩筐,一头放着缝纫工具,一头放着邹碧华,走村串巷。外面的世界在幼小的邹碧华眼里,就是一个摇摇晃晃的世界。

转眼到了上小学的年龄。塘下村的小学在一个神秘园子的旁边。说它神秘,是因为据说当年园子里曾住过一个下放干部,至于是谁,邹碧华从来没见过。让邹碧华感兴趣的,其实是园子的围墙。围墙不高,用土砖垒起,上面长满了各种各样的藤蔓,爬山虎、牛蒡,还有很多叫不出名来的漂亮花儿。夏天一到,阵雨连连,围墙上的藤蔓叶儿沾满了水珠,水珠慢慢从一片叶子滑到另一片叶子,偶尔一只蜂儿从头顶飞去,"嗡——",一切的寂静忽地被打碎。

邹碧华每次经过园子时,都有一种特别的感觉,在他心里,这个充满神秘的园子是村里最美的地方。

园子旁边是邹碧华就读的小学。农村里的学校,其实就是一所茅草土屋。土屋有两间,一至三年级在外间,四五年级在里间。上下课的铃声靠一块挂在晒谷场上的铁片敲出来,"叮叮当当"煞是好听。

给孩子们上课的老师姓肖,肖老师个子不高,皮肤有些黑,喜欢穿着一件灯芯绒上衣,声音很柔美。

一次,肖老师布置学生们回家问大人要一角八分钱交给她。原来,这钱是用来买红领巾的。邹碧华和同学们兴奋地坐在课堂里,听着肖老师一个个喊着名字,然后神情庄重地走到黑板前,让肖老师给自己的脖子上系上一根红领巾。

塘下村,一个充满无穷活力的村庄,给了邹碧华一个快乐的童年。那斑驳陆离的石墙黑瓦,那亲密无间的纯朴善良,深深地嵌入了他的血液。

县城的日子

1972 年,许贻菊从罗塘粮站调往宋卜粮管所工作,邹碧华和外婆一起住回了县城。这时的许贻菊已经生下了第二个儿子邹文华。

县城的生活也十分清苦。买不起鸡蛋,许贻菊就在自己家里养鸡,孩子身上穿的衣服,都是她用布店里买回来的碎布头做成。没有灶台,许贻菊就从外面拣上几块土砖回家垒,然后放上一口锅,煮饭烧菜全在里面。没钱买锅盖,许贻菊索性拿起洗脸的脸盆当"锅盖",等到煮完饭菜后,她再用食用碱把"锅盖"洗干净,"锅盖"便又变成了脸盆。

生活在精打细算中度过,每月 20 日是许贻菊手头最紧的时候,因为这个时候,家里通常只剩下十块钱,她得一边算着日常开销,一边期盼下月发工资的日子快点来。

一次,邹连德被县里抽调出去工作,许贻菊在粮管所上班。调皮的邹碧华不小心把米缸打碎了,外婆气得一路追打这个淘气鬼,邹碧华吓得径直飞奔出去。

"我要去找妈妈!"邹碧华感到特别委屈,心里憋了一口气。凭着记忆,他开始在山路上行走。

这真是一次惊险、难忘的历程,一个一米刚出头的男孩独自行走在十多里的荒郊野外，时而跑到小溪边玩上一阵，用手掬着溪水大口大口地喝；时而看着路边翠绿的草坪，一头躺进软软的青草里，嘴里含着一根狗尾巴草，看着蓝天白云发呆。蜻蜓、蝴蝶飞来了，早已忘了赌气的邹碧华哈哈笑着追逐上去。

天色一点点暗下来了，邹碧华这才发现，自己还没有找到母亲所在镇的方向。他开始惊慌起来，远处传来狗叫的声音，他终于哭了。一位好心的过路人发现了一脸无措的邹碧华，于是带着他走向了粮站所在的小镇。

许贻菊正在和同事们聊天，看见一个男孩远远地走过来。"这娃儿挺像我们家碧华的！"她笑着说。

男孩越走越近，最后跑到许贻菊跟前喊了一声："妈妈！"

许贻菊吓了一大跳："这么远的路，你怎么走过来的呀，迷路了可怎么办呀！"她又惊又怕，邹碧华则一头扑进了母亲怀里。

这次出走事件后，外婆再也没打过邹碧华。

不久，邹碧华一家搬到了县城文化馆后面的家属宿舍大院。

县城文化馆不大，馆门方方正正对着街面，朴实中不失庄重。这是一栋在新中国成立后建成的楼房，建馆之初称为"奉新县人民文化馆"，1955年改为"奉新县文化馆"。

家属宿舍大院的生活是充满阳光令人愉快的，那是一个可以同时住七户人家的院子，左右两侧住两户，中间一排住五户，呈"凹"字形，每户人家都有着各自的特长。

紧邻而居的五户人家中，住在最东面的是贺克安一家。贺家没搬来前，这间屋子里住着江西著名诗人文莽彦，后来诗人搬回了南昌那里的省文联，贺家便住了进来。贺克安为人直爽，曾经在湖南大学读书，毕业后参加空军，后来被划为右派，下放到奉新的西山垦殖场。1979年，贺克安被平反，开始担任奉新县文化馆副馆长，他喜欢创作戏剧，常常忍不住给一些业余剧团写剧本，有时候还做编导，闲暇时在省级、全国的报刊上发表一些诗歌和歌词。贺克安有个女儿叫贺虹，剪得一手漂亮的剪纸,邹碧华最喜欢找她玩,两人嘻嘻哈哈投缘得很。

贺家旁边的是刘家。刘行令是上海人,就读于江西省文艺学院,毕业后分配在奉新文化馆,在县里娶妻成家,后来做了宋应星纪念馆的馆长,平日里喜欢摄影和画画。

正中间的是潘家。潘际和平素喜欢版画和书法,女儿潘红比邹碧华小一岁。在邹碧华眼里,潘红属于那种"又红又专"的学霸类型,在学校是班干部,学习成绩很牛。许贻菊特别喜欢潘红,总拿潘红作例子来批评读书不上心的邹碧华,搞得他一看见潘红就浑身不自在。直到有一次,大院里的孩子们做游戏,潘红往邹碧华手里悄悄塞了一粒糖,他才对潘红"不怵"了。

再过来就是卢家。卢拙斋是文化馆的馆长,喜欢书法,业余爱好拉二胡和手风琴,对子女的教育很重视。他的大儿子卢华是院子里的"孩子王",年龄足足比其他孩子大了9岁,所以孩子们都叫卢华为"卢叔叔"。卢华是县里考上大学的极少数年轻人之一,也是文化馆院子里的第一个大学生,院里的每户人家都把卢华当作自家孩子的学习榜样,大人们一张口便是"你要向卢华叔叔学习,将来考大学"。只要卢华从学校放假一回来,邹碧华和院子里的小伙伴们便会缠着卢华讲故事,有时候卢华会拿出国际象棋像模像样地和这群"小跟班"下一局,当然,每一局的结果都是卢华赢。

邹碧华家住在最西侧,大院左右两侧的人家则分别是龙家和应家。龙江河是本地人,负责全县的文学创作和相关活动,平时喜欢拉二胡和小提琴。应耀良是南昌人,负责全县的音乐创作,擅长弹钢琴和作曲。

充满艺术气息的大院让这里的孩子很早就对书法、画画、戏剧耳濡目染。平日里,县文化馆的活动丰富多彩,除了文学、美术、音乐等创作学习班,馆里还开办了马列毛主席著作辅导员、故事员、教歌员训练班。同时,业余摄影创作学习班、交谊舞培训班、吉他弹唱培训班、少儿版画创作班也办得热火朝天。每逢节日,文化馆常常会搞大型活动,猜谜、

少年时期的邹碧华（左二）和
弟弟及邻居小伙伴的合影。

书画、演奏……，馆里人声鼎沸，邹碧华、潘红这样的大孩子还得临时充
当一下"工作人员"，发放奖品和维持秩序。

　　因为在一个大院里长大，彼此之间的友情也特别单纯，年龄相近的
小伙伴时常聚在一起玩"攻城"游戏。

　　所谓"攻城"，其实就是在一个 5 平米左右的空间里，4 人做"守
方"，在地上画一个正方形的城池，中间是"大营"，每人镇守一方，另外
4 人围在城池外，虎视眈眈要"攻"入城池。

　　战斗打响了，"攻方"想尽办法突破防线，而"守方"则誓死守城寸土
不让，这个时候，整个大院里都是此起彼伏的欢笑声，邹碧华常常玩得
满头大汗。

　　没有作业，没有考试，邹碧华来到县城后，成了一个到处玩耍的"调
皮蛋"。

一次,老师拿着一张写有"S"的卡片问邹碧华:"这读什么?"

邹碧华愣了愣,因为之前一、二年级没学过拼音,他不知道"S"是什么。"这是蚯蚓!"他琢磨了一下,回答道。

"哈哈哈——"老师和同学们哄堂大笑,邹碧华不好意思地挠挠头。没办法,塘下村并没有给他积累很多的"知识",但是却养成了他"驰骋四方"的自由天性。

奉新县的潦河是男孩们的天堂,每年夏天,邹碧华都会喊上小伙伴去河里游泳。河水有涨有落,男孩们纷纷模仿着运动员的跳水姿势,一个个生猛地扎入水里。游完泳,他们便开始在河滩上比赛跑步、跳远、堆城堡,有时还会恶作剧地挖个沙坑,小心翼翼地在沙坑上铺些落叶,撒上一些细沙做掩饰,然后躲到一边静静等候上勾的人。一旦有人一脚踏空"落坑"了,男孩们便笑得前仰后合。

县城附近还有一座狮子山,那是邹碧华的乐园。每逢周末,他便和小伙伴沿着"错综复杂"的山路在山里捉迷藏、打游击,男孩们用锉刀将随处可捡的树枝做成木头刀剑、木头手枪和弹弓,然后机灵地在防空洞里冲锋陷阵。山上有很多树,山顶上竖着一块抗日英雄纪念碑,还有一座全县唯一的水塔。一个叫温卫宏的男孩,比邹碧华大两岁,个头贼高,胆子也特别大,有一次竟然爬上了高耸的水塔,令小伙伴们惊叹不已。

无拘无束、自由自在,这样的快乐日子一直持续到邹碧华考入县重点中学——奉新一中。

奋起读书

奉新一中是奉新县的重点中学,邹碧华入校那一年,学校只收了两个班的学生,邹碧华被分在了二班——一个特别活跃的班级。

一进中学,调皮好动的他立即就喜欢上了体育课。体育课经常被安排在上午第四节或是下午放学之前上,教体育的倪建民是上海人,长得高高瘦瘦,很有威严。

一天下午,倪建民提前五分钟下了课。学生们一哄而散,邹碧华独自走到倪建民身边,开始帮着老师收拾跳高架子和杆子。

"不用不用,放学了,你快回去吃饭吧。"倪建民说。

"没关系,倪老师,我来帮您。"邹碧华笑笑。

倪建民与邹碧华拿着器械,边走边聊了起来。

"倪老师,您和跳高运动员倪志钦是一个姓,您是他的家里人吗?"邹碧华突然扭头问倪建民。

倪建民忍不住笑了。教了那么多的学生,邹碧华是第一个这么留心体育健将的孩子。那个年代的信息非常闭塞,大部分新闻都来自报纸和广播,倪志钦是著名的跳高运动员,获得过国家体育运动荣誉奖章,邹碧华能留心到这些,说明这孩子真心喜欢跳高。

"倪志钦 13 次刷新了亚洲纪录,是我们中国第一个打破男子跳高世界纪录的运动员,你想成为他?"倪建民打趣道。

"我将来也要做飞人!"邹碧华铿锵有力地回答。

不过,怀着"飞人"梦想的邹碧华很快遇到了麻烦——年级考试的成绩公布了,邹碧华的成绩在全年级排名倒数,班主任亲自上门找邹连德谈话,邹连德这才知道,原来大儿子每天晚上所谓在学校里"晚自习",其实根本就是在外面玩儿。

从来没有打过儿子的邹连德发怒了,他痛打了邹碧华,并且罚他跪了许久。

怎么办,儿子成绩落后,再不抓紧就要耽误前程。邹连德忧心忡忡,他硬着头皮一次又一次地往学校跑,可儿子读书总不见长进。

也许是命运的安排,一天,邹连德走在操场上,碰见了一班班主任陈名娟。陈名娟平时住在学校,此时的她刚结束班里的英语早读往宿舍走去。

"碧华爸爸!"陈名娟喊了一声。邹碧华这个调皮大王,陈名娟是耳闻已久的。

邹连德苦笑着点点头,忍不住向陈名娟道出一肚子的苦水。

"我现在都不知道拿儿子怎么办了!"邹连德叹息道。

陈名娟体味到了一个父亲的无奈。同样为人父母,她不希望看见邹连德如此消沉:"找一下校长和教导主任吧,看看有没有解决方法?"

"讲了也没用的,我也想给他换班,换到您的班级,但校长肯定不会答应的。"邹连德皱紧眉头。谁都知道,陈名娟的班级学风好,学生成绩不错,想要打招呼进这个班级的人很多。

"要不我去问问?"看着老实巴交的邹连德,陈名娟不由自主地冒出一句话。

"呀,那真是……太好了!"邹连德像见了大救星似的,激动得说不出话来。

陈名娟从来不怕教"差生",任何一个孩子对她而言都是一样的。她真的向副校长黄瑞发提出建议了,正好她的班里也有个空位。

"嗯……"黄瑞发有些犹豫。

"邹碧华太调皮了,需要换一下班级,不然他会影响二班其他同学的。"陈名娟急中生智地说。

"嗯,对。"黄瑞发点点头,觉得有道理。

很快,换班的日子来了。那是个清冷的早晨,邹碧华正坐在教室里和同学们一起早读。

"邹碧华,拿好书包出来一下!"副校长黄瑞发在教室门口喊了一声,陈名娟站在一边。

坐在后排的邹碧华愣了一下,狐疑地看着校长和陈名娟,然后拿起身后的书包和桌子上的书本,慢吞吞地走了出来。

陈名娟带着邹碧华来到隔壁一班教室。顿时,正在朗读课文的同学们齐刷刷地抬起头目不转睛地盯着邹碧华。

陈名娟一边示意同学们继续朗读，一边把邹碧华引到一个空着的座位上。邹碧华低着头，放下书包坐了下来。

连绵的朗读声再次响起，邹碧华低头看着手里的课本，没有念一个字。

就这样，邹碧华从二班换到了一班。陈名娟的这个班是全校出了名的学风优秀班，邹碧华一进入班级后，马上感受到了周围同学读书的认真劲儿。

一天晚上，全校学生都在晚自习。突然，教室里停电了，教学楼里一片大呼小叫。陈名娟有些不放心，赶紧往自己的一班教室跑，跑到门口，她突然怔住了：教室里鸦雀无声一片通明，学生们埋头做着自己的作业，课桌上是一支支已经点燃的蜡烛。

原来，由于学校晚自习结束后常常熄灯，班上的学生总会在书包里备上一支蜡烛，如果学校熄灯了，学生们便不约而同地点上蜡烛，继续看书做作业。

在这样的氛围里，邹碧华这个昔日调皮大王终于开始用功读书了。

许贻菊最早发现了儿子的变化。一次单元测试后，她悄悄问邹碧华："今天分数考了多少分啊？"

邹碧华头也不抬地回答："分数不重要，纠正错的地方就行。"

许贻菊一愣，看来自己的这个儿子读书开窍了！果然，此后每次考完试，邹碧华都会第一个跑去教务室问老师再要一份空白卷子，然后回家做起之前做错的题目。

每天早晨，邹碧华也开始早早出门去学校早自修。一开始，邹连德有些不放心，怕儿子仍然在外贪玩，到陈名娟那儿一问，才知道儿子这回是真的爱上读书了，而且如同上了发条，再也停不下来了。

"我不努力就跟不上他们了！"邹碧华对父母说。

邹碧华开始疯狂地读书，除了学校里的教科书外，他迷上了县城图书馆的书库。父亲在文化馆工作，邹碧华便常常跟着父亲去借书籍和复习资料,图书管理员一看见邹连德就说:"啊呀,你怎么也来了,以后让孩子自己来就行了!"但当邹碧华真的一个人去图书馆借书时,管理员不是说他年纪小,就是以书被借走为由搪塞他。

邹碧华不甘心,他很快发现,自己在家睡的房间与图书馆书库其实只有一堵木板墙之隔。夜深人静的时候,邹碧华悄悄搬开木板墙底下的砖头,轻而易举地就"钻"进了书库,然后徜徉在书海中。

县城图书馆的藏书很多,除了马列著作和毛泽东著作以外,社会科学、自然科学、中外古今名著、经济学等书籍应有尽有。《全唐诗》、《当代中国》、《莎士比亚全集》、《大不列颠百科全书》……邹碧华如饥似渴地阅读着这些藏书,尤其是那些优秀的文学作品,深深地吸引了他。昏暗的光线下,他把县城图书馆里的文学名著几乎读了个遍,他的作文水平直线上升,也因此戴上了眼镜。

奉新一中初三(1)班毕业合影,第四排左七为邹碧华。

功夫不负有心人,初中毕业时,邹碧华直升进入奉新一中高中部,并被安排在了重点班。

高中时代

1981 年，奉新一中的高中部共收了六个班：一个文科班、五个理科班。邹碧华所在的班级是文科班，同时也是重点班。

一进高中，邹碧华就引起了英语老师王明漪的注意，这位从上海来的知青老师对邹碧华青睐有加。

一次，王明漪有事，让她的男朋友代她上课。

"有谁知道狄更斯?"男老师问。

"我看过狄更斯的两部作品。"邹碧华举起手。

男老师大为惊喜，在这样一个相对封闭的县城，居然有人知道狄更斯，还读过狄更斯的作品！

从此，王明漪经常拿一些简单的原版短篇小说给邹碧华看，培养他的英语语感。邹碧华也开始听起英文歌曲，那些悦耳的歌词和轻盈的节奏带给了他独特的享受，天生就爱唱歌的他在音乐中体味到了一种异国语言的美妙。

有一次，邹碧华听到美国歌手卡朋特演唱的《Top of the world》，其中有两句歌词是"I'm on the top of the world looking"和"you love put me at the top of the world"。邹碧华敏锐地捕捉到了两个介词带来的细腻情感差别。"on 是一个面的接触，at 却只是一个点的接触。歌的前面是情感铺垫，而到了最后，女孩子则进入了一种极致的激情状态。"邹碧华在读书笔记上写道："想象一下，一个女孩子跟男朋友拥吻的时候，最后踮起了脚尖，这时用 at 是不是最为精准呢?"

陶醉在学习快乐中的邹碧华也引了班主任刘屏山老师的注意。刘屏山是江西奉新人，面容清癯，额头很宽，和学生说话时温文尔雅。这位从江西大学中文系毕业的语文老师很有个性，上课时喜欢穿白色

邹碧华（左二）和高中同学的合影。

衬衫，平日里对诗词歌赋书法情有独钟。

大学毕业后，刘屏山先在内蒙古呼和浩特市二中执教语文，由于教学质量优异，江西省教育部门特意邀请他来奉新县给上富中学、奉新一中教授语文。

邹碧华考入奉新一中高中部时，刘屏山是那一届文科班的班主任。每天清晨六点十分，高高瘦瘦的刘屏山从家里出发，来到学校的学生寝室，把熟睡中的学生们一一叫醒，带着他们去晨练。练完晨跑后，孩子们去吃早饭，刘屏山快速处理一些学校事务，然后督促吃完饭的学生去教室早自习。等到学生都在教室里早读了，刘屏山就赶回家吃早饭，一般是两个馒头、一碗稀饭。

刘屏山的身体并不好，以前在上富中学任教时，因为他常常带着学生下田劳动，体力透支造成了他频频出现血尿，但刘屏山对工作依然很投入，他非常珍惜自己带的这个文科班。

"这个班里的学生实在太努力了!"刘屏山回家常常和妻子说。每晚自习课结束时,刘屏山都要来到教室,把点着蜡烛在自习的学生们一个个"赶"回家。

邹碧华是刘屏山很喜欢的学生之一,刘家离学校比较近,邹碧华常常跑到老师家请教。

"刘老师,您再给我出个作文题吧,我还要写,写完了您给我改改。"

"刘老师,这个古文里的词是什么意思啊?"

"刘老师,这篇文章为什么要这样理解呢?"

邹碧华总有问不完的问题,刘屏山看在眼里,喜在心头。

"这孩子爱学习,是个好苗苗!"同样做老师的妻子也忍不住夸起邹碧华。

刘屏山的工作热情很高,平时除了上课、开会、批考卷,一有空他就忙着刻印资料。那时候,学校的复习资料非常紧缺,为了让学生能在第二天的语文课读到最新资料,刘屏山经常刻印到深夜。

做得累了,刘屏山便会在家里铺上宣纸,磨上墨,提起毛笔写上几个字。邹碧华偶尔站在刘屏山身旁,毕恭毕敬地看老师写字。

"刘老师,您的字写得真好!"邹碧华由衷地羡慕道。

除了经常向刘屏山讨教,邹碧华还有两个秘密武器:一个是父亲好不容易买来的"工农兵数理化自学丛书",另一个是好朋友贺虹寄来的考卷。

奉新是个小地方,自从全国恢复高考后,县里的书店偶尔会进两套复习资料。温卫宏有一次借了套"工农兵数理化自学丛书"给邹碧华,邹碧华发现里面的复习题很有针对性,但自己又苦于无法在图书馆借到。

不久,县里又进了六套自学丛书,邹连德得知消息后赶紧登记买了一套。一套丛书要十多元,当时邹连德一个月的工资才三十元。

"这书也太贵了!"许贻菊有些心疼。

"为了小孩子,这套书很难得的。"邹连德劝说道。

拿到书的邹碧华兴奋不已,天天埋头在家做习题,每道题目都认真解答,不懂的题目还在边上做了记号。

　　贺虹是宿舍大院里最支持邹碧华读书的小伙伴。她平时在宜春市上学,常常和邹碧华交流学业,由于市里的考卷往往比县里的考卷更讲求知识点的更新和总结,贺虹便将自己学校发的考卷手抄下来,然后一并寄给邹碧华,让他同步复习。如果碰到带有长篇阅读理解的英语考卷和有着复杂图形的化学、物理考卷,贺虹索性就把考卷直接寄给邹碧华。高中的那段日子里,邹碧华最开心的就是收到贺虹源源不断寄来的一摞摞考卷,细心的贺虹知道邹家家境不好,还特意在信里夹上信封和邮票,方便邹碧华有什么需要可以直接写信给她。

　　邹碧华的学业在突飞猛进,班里最要好的"铁哥儿们"帅圣极特别惊讶于他的领悟力:"没见你怎么用功嘛!"

高中期间,同学帅圣极是邹碧华(右)最铁的哥们儿。

　　邹碧华向帅圣极得意地做了个鬼脸,回家继续悄悄用功。

　　当然,他也有偶尔"犯浑"的时候。有一天晚上,刘屏山照例到教室查自习,忽然看到一个座位空着。

"这不是碧华的位子吗?"刘屏山赶紧追问同学。原来,邹碧华去看电视剧《加里森敢死队》了,刘屏山哭笑不得。

邹碧华读到高二时,由于刘屏山担任了学校副校长,忙于主持学校日常工作,另一位教地理的罗运虎老师来到文科班成了班主任。

罗运虎很喜欢体育,年轻时曾是第一届江西省田径代表队的队员,男子四百米跑破过全省纪录,调皮好动的邹碧华如同找到了"忘年交",立即和罗运虎成了兄弟般的好朋友。

每当期末考试结束,邹碧华总是第一个去问罗运虎:"罗老师要不要我帮忙做点啥",这时罗运虎通常会将自己已经写好的"老师评语"草稿交给他,让他帮忙誊写在学习卡上。机灵的邹碧华知道自己的"豆芽字"拿不出手,于是三言两语地"哄"着班里的"写字高手"帮他完成誊写任务。

高考转眼快到了,邹碧华开始琢磨起考大学的事来。

"罗老师,你说我考什么大学好?"

"考上海的华东师范大学吧!"罗运虎说。邹碧华的成绩在班级里不算太拔尖,罗运虎觉得他考华东师范大学比较保险。

邹碧华没作声。过了几天,他又去问刘屏山:"刘老师,北大好吗?"

"当然好了!"

"我要考北大。"邹碧华喃喃地说。

"这可不是一句话的嘞,要靠真本事才行!"刘屏山提醒他。

"您放心,我说了要考,就会拼了命去考。"邹碧华自信地看着刘屏山。

小飞人

除了读书,邹碧华的体育潜能在高中阶段也得到了极大发挥。

自从在初一和体育老师交流了"跳高飞人"的梦想后,邹碧华每天早晨坚持跑步,凭着良好的身体条件,他被选入少体校,每天放学后就去训练。

高一那年的暑假,邹碧华被选中参加江西省青少年运动会之前的县队集训。这次集训选在离奉新很远的一个山区小镇,训练内容很苦,每天要跑一组 1500 米、二组 400 米,N 组 100 米。邹碧华参加的是跳高和跳远项目,所以还得加练助跑、踏跳和腾跃。每次训练结束,邹碧华便觉得整个人都虚脱了,躺在操场上一点儿也不想动弹。

整个运动队里,邹碧华是唯——个戴眼镜的,大家都喜欢叫他"四眼"。

有一天吃饭,邹碧华去晚了,男队员的桌子坐满了人,他只好硬着头皮坐到女队员的一桌。

16 岁的少男少女正是处于青春期的时候,邹碧华默默地吃着饭,满桌子的女生围着他,令他窘迫不已。夹菜时,邹碧华只敢小心地夹自己面前的那盘菜,眼睛都不敢多瞟旁边一眼。

突然,一位女队员大大方方地站了起来,把好菜都拿到了邹碧华面前,邹碧华的脸"噌"地一下红了。

"四眼,你都红到脖子根了!"有男生怪叫,众人一阵哄笑,邹碧华更窘了。

两个月的集训飞一般地过去了,运动队准备前往宜春备战,因为全省比赛将在那里举行。奉新县离宜春市有 200 公里,邹碧华很兴奋,山里的孩子能够出趟远门是最开心的事。

来到宜春后,教练给队员们放了几天假,让他们恢复体能,把赛前状态调整到最好。说是调整,其实就是停止训练,放松心情,逛逛街,吃吃冷饮,熟悉一下场地。

不过,邹碧华碰到了一件头疼的事——洗衣服。比赛前的那几天,运动队住在一个旅店里,队员们每天都要跑到楼下去洗衣服。邹碧华从小不做家务,洗衣服可真是个难题。

一天，邹碧华又在水盆里乱揉衣服，一名女队员端着盆儿站到了他的边上。等其他人一走，女孩子突然对邹碧华说："我帮你洗吧。"满头大汗的邹碧华如同看到救星般连声感谢。

比赛的日子终于到了，跳高的场地边上围满了观众。有六名选手进入了决赛，这些选手有的是俯卧式，有的是背越式，只有邹碧华用的是最落后的跨越式。但邹碧华展现了"小飞人"的魅力，他一次又一次地跨过横杆，周围的人齐声替他喝彩。最后，邹碧华拿到了跳高第二名、跳远第三名。

根据政策，那一年的全省运动会，只要能进入前五名，考大学就可以加十分。邹碧华拿到了两块奖牌，一下子可以加二十分，心里别提有多高兴了。

返程的路上，队员们多了一份轻松和融洽，男女生之间开始有说有笑了。

"我们唱歌吧。"有人提议，全车的人立即赞同。

欢快的歌声从车厢里传出，笑声洒满一路，邹碧华开心地扯着嗓子使劲儿唱，几乎把自己会唱的歌都唱出来了。

快回到小镇的时候，不知哪个女生突然哭了起来，渐渐地，很多人都哭了，难分难舍的忧伤在车厢里开始弥漫。

邹碧华不经意地回过头，看见那个曾经帮他洗过衣服的女孩子低头哭得特别伤心。忽然，女孩子抬起头看了他一眼，邹碧华立即慌乱地转过头来。

离开小镇的前一天晚上，运动队的一个小伙伴陪着邹碧华重新跑到了训练场上。

天开始下雨，雨滴砸在泥土地上，激起一种特有的泥土味。一个由火辣辣的太阳、尘土飞扬的训练场、一身又一身的汗水组成的暑假就这样过去了，邹碧华大汗淋漓地跑在训练场上，他要记住这场雨，记住这个难忘的片刻。

回到家后的邹碧华开始懂事了，随着家中小弟弟邹俊华的出生，他开始每年暑假到建筑工地上去打工，一分一分地挣学费、书费，以减轻家里的负担。

　　建筑工地没有升降机，邹碧华干得最多的就是挑砖头。从楼底下沿着脚手架一直挑到砌砖的楼层，邹碧华的肩膀被担子磨得红肿，皮肤破了一次又一次，手上也起了老茧。

　　一次，邹碧华站在工地上，突然听到头顶上方传来奇怪的声音。他抬头一看，不好，脚手架坍塌了！

　　邹碧华本能地往后一跳。只听得"哐"的一声，他原先站过的地方已是一片狼藉，他不禁倒吸一口冷气！好险！

　　当邹碧华拿着辛苦赚来的工钱交到母亲手中时，许贻菊的眼睛湿润了，这个调皮的大儿子终于能够体恤父母了！

　　"我要努力读书。"邹碧华对父母说。

　　1984年7月，文科班所有同学的录取通知书寄到了学校。罗运虎从教务处拿着这叠通知书，然后通知学生来办公室领取。

奉新一中高三(1)班毕业合影，第五排左六为邹碧华。

邹碧华忐忑地来到办公室，小心接过写着自己名字的信封——北大！他看到了通知书上的字，他以全县排名第二的成绩"踩"上了北京大学的本科录取线！邹碧华一下子欣喜若狂。

"祝贺你呀！"罗运虎说。

"谢谢罗老师！"邹碧华开心地大笑着，一个转身跑没了影儿。

"呵呵，这小子！"罗运虎笑着摇摇头。

一米八高的邹碧华首先去向刘屏山报喜去了。"刘老师，告诉你一个好消息！"

"什么好消息啊？"刘屏山问道。

"您猜我考取了什么学校？"

"不是北大吧？"

"就是北大！我们班上不只我一个，还有一个朱丽华。"邹碧华大声回答着。

"太好了！"刘屏山高兴极了。

邹碧华考取北大的消息迅速传遍了邻里街坊，许贻菊在众人的祝贺声中又高兴又难过，高兴的是儿子有出息考上了北大，难过的是儿子

多年以后，邹碧华常常会怀念自己在老家的时光。

这次要出远门读书,做父母的总有着万般不舍。

三天三夜,许贻菊赶织出了一件红色毛衣,让邹碧华带去北京穿。

"碧华,到北京读书要照顾好自己啊!"许贻菊一遍又一遍地叮嘱儿子。

"嗯。"高高瘦瘦的邹碧华点点头。

9月,父母和弟弟一起送邹碧华来到南昌火车站,邹碧华背着行李踏上了火车。

火车渐行渐远,许贻菊悄悄背过脸去抹眼泪,正在挥手告别的邹碧华突然意识到,原来父母也是如此脆弱! 他的眼圈一下子红了。

"这个娃娃笔杆子厉害的,不得了喔,以后是要出省的!"许贻菊站在月台上,遥遥地望着火车,想起多年前一个算命瞎子对自己说过的话。

"碧华,你要好好的!"许贻菊在心里一遍又一遍地默念。

第二章
北大求学

没有目的
在蓝天中荡漾
让阳光的瀑布
洗黑我的皮肤
太阳是我的纤夫
它拉着我
用强光的绳索
一步步
走完十二小时的路途

顾城

开学记

1984 年 9 月 1 日,晴,北京火车站。

坐了整整 36 个小时的火车,邹碧华终于到达了向往已久的北京。尽管是第一次出远门,但邹碧华丝毫没有感到旅途的劳累,兴奋的他望着窗外不断掠过的景色,河流、平原、农舍、稻田……驰骋的火车犹如在播放一部精彩的电影,让他目不暇接。

月台上是熙熙攘攘的人群,很多是来接人的。

"碧华!"有人在喊他的名字,邹碧华循声望去。

来京前,父亲邹连德给正在北京协和医学院、中国医学科学院读硕士学位的卢华写了一封信。卢华是文化馆家属宿舍大院里的"孩子王",也是县里第一位考到北京读研究生的大学生,邹连德写信拜托卢华到北京火车站接一下初来乍到的儿子。

"碧华!"卢华一眼认出了正在下车的邹碧华。

邹碧华转过头,愣住了! 多年不见,原先比自己高出很多的"卢叔叔"现在反而比自己矮了半个头,而那张虽然清瘦,但充满阳光和朝气的脸庞怎么看也不像个"叔叔"。

"呃……"邹碧华一时语塞,小时候叫惯的那声"卢叔叔"硬生生地卡在喉咙里,喊不出来。

卢华看出了邹碧华的窘样,便笑着迎上去:"一路可顺利?"

"啊……很顺很顺!"邹碧华连忙应着。

卢华接过邹碧华手里的行李,大步地领着他开始寻找北京大学设在火车站的新生接待处。很快,邹碧华看见了前来接站的北大八二、八三级学生,这些师兄师姐们正在忙碌地指引刚到站的新生。

"北京大学的同学们,拿好行李,跟我走了!"一个穿着白衬衫、手拿大喇叭的男生大声喊着,来自全国各地的学子们立即排成队跟在他后面,邹碧华告别卢华,赶紧快步跟了上去。

黑色眼镜、卷着袖子的白衬衫、装着搪瓷面盆的网兜、绿色的帆布行李袋、斜挎在身上的"为人民服务"书包……一张张天真稚气的脸庞组成了一支蔚为壮观的新生队伍,邹碧华兴奋地走在队伍后面。

一出火车站,热闹的广场立刻出现在邹碧华眼前,到处是临时搭建的"新生接待处"摊位,每个摊位前都写着各自学校的名字:中国人民大学、北京外贸学院、军事学院、北京电影学院、北京化工大学……有些名字用红色横幅拉着,有些则写在遮阳伞底下的黑板上。三五成群的新生们蹲在遮阳伞下聊天,远处是宽阔的马路,公交车在忙碌地穿梭,自行车的清脆铃声不绝于耳。

邹碧华看见不远处的一块广告牌上画着红色的天安门,画面右侧写着两排美术字——"公有和私有的树木都必须严加保护,不得随意砍伐。"邹碧华笑了,他想起了父亲在老家县城画的那些毛主席像。

终于走到北京大学的新生接待处,红蓝相间的遮阳伞上有一张用大头针别着的 A4 纸,纸的中央是四个红色大字"北京大学",大字下方写着"车证某某号"。

踌躇满志的邹碧华从书包里拿出了那张已经被他看过无数遍的入学通知书,郑重地交到了一位八二级师兄手里。

1984 年的北大,是一所充满欣欣向荣之风的中国著名学府。邹碧华清楚地记得,三年前,中国男子排球队在世界杯排球赛亚洲区预赛的关键一战中力克南朝鲜队,守候在收音机旁的北大学生们雀跃欢呼,4000 多名学子组成游行队伍,在未名湖畔边唱国歌边喊出"团结起来,振兴中华"的口号。邹碧华在当年的报纸上读到了新华社发出的新闻稿："这是富有光荣革命传统的北大学生的喊声,这是十亿人民的共同心声。"从此,在邹碧华的心中,北大成为优秀学子表达时代呼声的舞台象征。

邹碧华考入北京大学后,母亲许贻菊前往北大看望儿子。

"热烈欢迎新同学"的红色横幅、校门口冲着学生挥手的毛主席石像、绿树掩映中的饭堂和教学楼……邹碧华走进生机勃勃的校园,这里的一切都让他充满好奇。

办完入学手续,邹碧华领到了校徽和宿舍钥匙,他兴奋地拿着行李快步跑到学生宿舍 40 号楼 130 宿舍。

邹碧华考入的是北京大学法律系经济法班。那一年,北大法律系共招收六个班 108 人,一班至三班是法律学,四班是国际法,五班六班是经济法。邹碧华考入的是六班,一共 28 人,男生 15 名、女生 13 名,除了北京 4 人、上海 2 人、西北和西南几个省区零招生外,基本上是每省一人。

班主任王久华戴着一副浅浅的银丝边眼镜,一头披肩的长发配上时髦的刘海,衬得她温柔秀美。"你们班有四个宿舍,你们130宿舍住七个人,除了你,其余六位同学来自北京、山东、宁夏、湖北、山西和广东。"王久华说。

邹碧华点点头,推开宿舍的房门——四张宿舍床分列在屋子两旁,床位上空空的,邹碧华到得早,其他同学还没到。他环顾了一下四周,除了上下铺的七个床位外,还有一个床位空出来作为行李架用。屋子正中间是两张木头桌子,专门用来吃饭、看书或放东西。

"北京大学,我来了!"邹碧华毫不犹豫地抢占了靠窗的一个下铺,然后一头靠在床架上,看着宿舍的天花板,调皮地笑了。

9月2日下午,40号楼130宿舍的门虚掩着。

来自广东省潮汕地区的姚真勇正低头整理着床铺,他是班里男生中最晚一个报到的。

"阳光、沙滩、海浪仙人掌……"邹碧华哼着歌推门而入,看见了在上铺忙乎的姚真勇。

"你好,我是邹碧华,来自江西奉新,昨天报到的,你呢?"邹碧华打着招呼。

"奉新? 不是说宜春的吗?"姚真勇扭头看着他,口音里满是浓重的"广东腔"。

邹碧华哈哈笑着:"地理课没讲这么细吧? 我们奉新只是宜春的一个县,但它却是'中国三奉'之一呢!"

"三奉?"姚真勇更加茫然了。

"没听说过中国三奉吧? 蒋介石家乡浙江宁波奉化,张作霖家乡辽宁奉天,宋应星家乡江西奉新。"邹碧华有些神秘地扳着手指,如数家珍,"我们奉新还有一位名人呢……"

"邹碧华!"姚真勇脱口而出打趣道。

"No,No! 不、好、意、思、啦——"邹碧华怪腔怪调地模仿着姚真勇的口音,做了个鬼脸,"那是我们的辫子大帅张勋张大人啦——"

"嗨,真牛! 我孤陋寡闻,之前还真的没了解过呢。"姚真勇笑着说,"但中国三奉是你随口瞎编的吧,奉天早就没了呢!"

"嘿嘿,这个保密,暂不告诉你!"邹碧华侧了侧脑袋,咧开嘴慧黠一笑。这个特有的"邹式微笑"牢牢地印刻在了姚真勇的脑海里。

所有的新生都到齐了,北京大学入学仪式在大礼堂隆重举行。

庄严的国歌响起,邹碧华和同学们站在台下,台上是坐成一排的学校领导。国歌奏完,北京大学副校长张学书开始致辞:"……同学们,不管你们是哪个专业的,都要学好马列主义政治理论课、中国语文和外语课,还要按照学校的安排,学好电子计算机的运用知识,这些都是很重要的课程。实践证明,学好这些课程将终身有益!"张学书话音刚落,台下一片掌声。

接着,一个斯斯文文的男生向台下鞠了一躬,对着话筒开始代表新生发言:"近代和现代的中国史上,有很多著名的政治家、思想家、教育家、文学家都曾经在北大任教、任职或学习过,他们曾经是社会中最有远见、最有生气的前驱力量,我们能够在北大度过自己的大学生活,这是特别值得自豪的……"

这是特别值得自豪的!邹碧华在台下使劲儿鼓着掌。初秋的北大让人感受到了一种从未有过的激情,从江西山村来到北大,邹碧华感到内心的一种力量在不断滋长,他生长在这样一个精神财富无比充实的年代是多么幸运啊!

青涩年代

开学典礼结束,八二级的师兄师姐们便开始教经济法班的全体新生学跳集体舞。学跳集体舞是北京大学每年迎新活动的例行节目,集体舞包括风靡全校的十四步、二十四步,还有《北京的金山上》《阿里山的姑娘》等少数民族舞蹈。

邹碧华的乐感很好,学得很快,但一想到要和对面的女生手拉手转圈,邹碧华和其他男生一样,立刻觉得不好意思了。

不过,这次跳舞还多了一个重要任务,就是配合日本 NHK 电视台拍摄以同班同学唐海琳为主角的系列纪录片。

原来,1983 年中共中央总书记胡耀邦访日,根据中央批准的方案,他代表中国人民邀请 3000 名日本青年访华。在两国友好交流期间,日本 NHK 电视台有感于北大发出的"团结起来,振兴中华"时代口号,想筹拍一部反映当代中国青年立志报国求学的纪录片,北大毫无疑问地成为这部专题片的拍摄内容,NHK 电视台从北大八四级的数千名新生中挑选了家住上海的唐海琳作为"当代青年"的主角。

唐海琳从上海启程,NHK 摄制组一路跟拍,随着唐海琳在北大的报到,八四级经济法班的全体同学也自然而然成为这部片子的"群众演员"。

短短两个星期,日本摄制组跑遍了北大各个角落:食堂、教室、图书馆、外国留学生宿舍……编导一有机会就用镜头对着经济法班的学生采访。

"同学,你来到北大读书的心情怎样?"

"同学,你家里给你带了什么东西呀?"

"同学,你在这里睡得习惯吗?"

"同学,北京有没有蚊子?"

这可是一件为祖国争光的大事,邹碧华和同学们镇定自若,巧妙回答着日本编导的问题。

"我们这里没有蚊子!"来自浙江省丽水市的楼建波说。

"那你怎么还挂着蚊帐啊?"编导不解地看着他宿舍床上的蚊帐。

"我从小就习惯挂蚊帐睡觉!"楼建波毫不含糊。

"你们家是在农村吗?"编导转而又去采访邹碧华宿舍里的赵文安。

"啊,是,三中全会以后我们农民生活都好啦,我们家是农村的,盖了很多东西。"河南省新野县的赵文安利索地答道。

9月10日,中秋节。为了配合NHK的拍摄,北大未名湖畔的石舫被安排作为八四级经济法班联欢的舞台。

圆圆的月亮遥遥地挂在夜空,这是邹碧华离家后在外过的第一个中秋节。树影婆娑中,摄像师将一束束镁光灯打在石舫上,一群来自天南地北的少男少女在班主任王久华老师的安排下,各自介绍着自己。皎洁的月光下,未名湖的宁静被不时的欢笑声、鼓掌声所打破。

"我是西安的,叫贺晓莉。"

"我叫张旭霞,来自广西柳州。"

"我是从北京来的,我叫何小玉。"

"我叫周自友,周围的周、自己的自、朋友的友,就是周围都是自己朋友的意思。"

邹碧华站起来:"我叫邹碧华,邹是邹韬奋的邹,碧是碧绿的碧,华是中华的华,就是把中华装扮得碧绿碧绿的!"

大家顿时笑得直鼓掌,要把中华装扮得碧绿碧绿的!

唐海琳也站了起来:"我是从上海来的,叫唐海琳。说一句我们上海话,阿拉是从上海来额。"

又是一片笑声和掌声。

很快,节目表演开始了。除了女生表演的戏剧、高年级师兄弹奏的吉他外,邹碧华以一曲《外婆的澎湖湾》惊艳亮相,彻底镇住了全班男同学,也引来了女同学的一片尖叫欢呼和掌声。

"这简直胜过潘安邦的原唱啦!"连五线谱都不识的姚真勇在内心赞叹不已,他哪里知道,邹碧华在唱这首歌时,心里想着的正是家乡的外婆和老屋。

自由、民主、浪漫、洒脱,又不失勤奋和严谨,全新的校园气息给这群早已习惯在书山题海中匍匐前行的学子打开了一扇全新的窗,这扇窗的景色是如此动人,令人沉迷和陶醉。

"我原来以为'经济法'专业学的是管理经济的方法。"一次,邹碧华悄悄地和姚真勇说。

"我也是!"姚真勇惊呼,竟然有人和他一样摆"乌龙"!

1984 年的高中毕业生,填写志愿都是在高考成绩放榜后,所有院校的招生计划只列明不同专业在各省份的招录名额,专业排序按照往年录取分数线的高低排列,并不标明专业所属的学系。如此一来,邹碧华被搞糊涂了。

邹碧华记得,在全国各高校招生排序第一的北大文科招生专业目录中,第一行是"汉语言专业",第二行是"国民经济管理",第三行是"经济法"……他喜欢金融和经济,看到"经济法"紧挨着"国民经济管理",便理所当然地认为"经济法"也属于经济系,是"管理经济的方法",没想到"经济法"竟然是法律系的! 拿到录取通知书的时候,他才明白自己"一失足"走进了法学殿堂。

"我们简直是同出一辙啊!"姚真勇忍不住大笑起来,相同的"失足"立即让两人无所不谈。很快,邹碧华和姚真勇成了"铁哥们儿"。

北大法律系八四级 6 班部分男生合影,右二为邹碧华。

姚真勇从小在潮汕地区长大,刚刚进入北大时,原本信心满满的他却碰到了一个天大的问题——很多同学和老师的南腔北调差别非常悬殊而且难懂。姚真勇从小学到中学只接受过潮汕方言的教育学习,连汉语拼音都没系统学过,他满以为普通话就像中央人民广播电台播音员那样清晰好懂,没想到来了北大,他一下子被难住了。

马继宪有着浓浓的山东鲁西南腔,张志刚一张口就是大西北鼻音,李洪堂是黑龙江的快速语调,刘伟和于学会两个男同学的卷舌头京片儿远不如同样来自北京的何小玉和周建军两位女同学的吐音清晰,周自友的安徽省庐江县的口音晦涩难懂,与姚真勇自己的广式普通话堪称伯仲。姚真勇听不太懂又说不好,倒是室友们时常打趣地模仿他几句潮汕方言:"走,今晚呷嘣(潮汕语,意指吃饭)去学二(饭堂),学一(饭堂)吃腻了"。怎么办?姚真勇真有些"寸语难行"。

邹碧华的语言天赋极高,再难懂的语言在他那里都能被轻松"破译",连讲授"财政与金融"课程的教授那一口湖南家乡话,也让他一字一句听懂并记齐了笔记。于是,在入学的头几个月里,他自告奋勇地给姚真勇做起了"特别翻译",经常纠正姚真勇的普通话发音。

"几(知)——道。"姚真勇说。

"哎,哎,再说一遍,再说一遍!"只要姚真勇一发错音,邹碧华就故作惊慌地指着他,跟着浮现出一个标准的邹式微笑,把标准发音说出来:"知——道!"

校园的快乐还远远不止于此。

在北大,大饭厅是很多男生必去的地方,因为那里有一片"诱人"的柿子林和核桃林,所有淘气的男生都喜欢去那里悄悄摘柿子,邹碧华也是如此。

一天晚上,邹碧华和同班同学楼建波、周自友、赵文安相约去摘柿子,四人来到柿子林,赵文安迅速爬到树上摘起柿子,邹碧华等人则在树下接着"胜利果实",四人忙得不亦乐乎。

"嗨!干什么呢!不许偷柿子!"只听远远传来保安的一声呵斥。

糟了,被发现了!邹碧华机灵地拔腿就跑,楼建波和周自友也转身"逃窜",只剩下赵文安慌里慌张地跳下树,穿上凉鞋没命地往未名湖跑。

邹碧华是国家三级运动员，一溜烟儿就跑没了人影，周自友和楼建波反应比较快，很快跑回宿舍躲进了水房。赵文安就惨了，一路被保安追着，气喘吁吁地绕着未名湖跑了一圈，然后冲进宿舍，鞋也不脱，飞也似地跳到上铺的床上，把被子一蒙："来敲门的时候别说我出去过啊！"惊魂未定的赵文安扔给室友一句话。

此后，"偷柿子事件"成为了全班同学的笑谈，邹碧华每次说起都惟妙惟肖，听者无不开怀大笑。

"好口才"是同学们对邹碧华的一致评价，无论什么事儿，只要一经他的夸张演绎，必然变得妙趣横生，令人回味无穷，同班同学周自友"坠河记"就是最好的证明。

一天，邹碧华和楼建波、周自友、叶祖怀等人骑车去圆明园玩，此时的周自友刚学会骑自行车，大家有说有笑地边骑边聊。

途经一座石板桥时，骑在后面的周自友碰到麻烦了：一辆桑塔纳轿车迎面朝他开来，周自友一下子懵了。

石板桥很窄，只能容一辆车经过，刚学会骑车的周自友一紧张，瞬间连人带车翻入桥下的水沟里。当周自友浑身湿漉漉地爬上岸时，目睹这一幕的邹碧华等人哈哈大笑。

回到宿舍后，邹碧华眉飞色舞地跑到周自友的宿舍，与正在屋里的李洪堂比划道："只听'哗啦'一声，我回头一看，好嘛！水面上就剩下水泡了！又过了一会儿，自友忽地从水里爬上来，爬着爬着，想想不对，赶紧又回到水里把那自行车给拉上来！"

李洪堂笑得喘不过气，突然想起周自友骑的车还是自己借给他的。"你把我的自行车弄哪儿去了！"李洪堂笑着问周自友。

"水里呢，我在水里睁开眼睛，看见碧绿碧绿的水草！"周自友被邹碧华说得又气又笑。

天真、无邪、纯粹、洒脱，这是邹碧华那一代学子身上的时代气息。

精神圣地

同学之间的亲密无间,让邹碧华很快爱上了北大的读书生活,而北大浓郁的学术自由氛围也让他流连忘返。

1984 年 10 月 1 日,正在读大一的邹碧华听到了一个爆炸新闻。那天,7000 多名北大师生参加了国庆 35 周年的庆典,当游行队伍行至天安门前,北大学子们突然打出一个让人意外的横幅——"小平您好",这个画面瞬间传遍全世界,引起全国轰动。制作这一横幅的是北大八一级生物系细胞遗传专业的学生,他们想用这种方式来表达自己对祖国的感情。

邹碧华的内心开始沸腾起来,生命怒放,祖国万岁,这是一个充满理想情怀的时代,他为自己是个北大人而感到骄傲。

邹碧华开始大量阅读北大图书馆琳琅满目的藏书,流连忘返于数不尽的中外电影,《美国往事》《宾虚》《罗马假日》《金色池塘》《卡萨布兰卡》……他一本接一本、一部接一部地看,一股神奇的力量呼唤出了内心深处的天赋。

汉密尔顿在《希腊精神》里说:"文明给我们带来的影响是我们无法准确衡量的,它是对心智的热衷,是对美的喜爱,是荣誉,是温文尔雅,是礼貌周到,是微妙的感情。如果那些我们无法准确衡量其影响的事物变成了头等重要的东西,那便是文明的最高境界。"邹碧华正如汉密尔顿所说的那样,尽情徜徉在人类文明的历史长河中。

"一个人的知识可以分成四块。"有一次,一位教授在课上说:"一块是生活方面的,怎么打扫屋子,怎么自己做菜,必须学会如何生存。第二块是自己国家的文化背景,中国的书法、绘画、诗词,你至少能背出一两首。第三块是自己的专业知识,它是你将来从业的根本。第四块是

年轻的邹碧华在北京大学如饥似渴地吸收着先贤圣哲、文艺巨匠们的经典思想。

人类共同的文明,也就是文学、哲学方面的人文素养,这很重要。"

邹碧华会心地笑了。他开始逃课,对于那些不喜欢的课程,他宁愿待在宿舍里看一下午的书或者画画,但如果听到有趣的课程,他立马去"蹭课",听得津津有味。

比如,上国际经济法的张力行教授,邹碧华就非常喜欢。张力行比较注重理论积淀,在讲到惩罚性赔偿制度时,他常常会提到一起福特汽车损害赔偿案。张力行并没有用传统民法的思维去解读,而是用基础理论去剖析惩罚性赔偿制度,从制度角度去分析"诉讼缺失现象"的根本原因。

邹碧华听得很入神,他意识到,很多疑难法律问题之所以难解,恰恰是因为人们对一些基础理论没有搞清楚,如果学会了追根溯源地分析问题,那就能够更好地理解法律制度背后的机理。

上法理课的罗玉中教授也是邹碧华欣赏的一位老师,罗玉中经常在课上反复强调,理论研究永无止境,学生一定要敢于挑战权威,敢于对他的观点提出质疑。

罗玉中的话对邹碧华影响深远,这恰恰是北大人身上一股特别的傲气,那就是——在真理面前没有权威。邹碧华开始锻炼独立思考的习惯,每当同学们在一起讨论问题,如果有人搬出某某专家的观点来证明自己的正确,邹碧华常常并不认同:"我们关注的不该是专家说过些什么,而应该是专家所持观点的理由是什么。"

除了上课,北大的三角地也成了邹碧华和同学们经常逛的地方,那里几乎天天都贴出各类讲座海报。

北大的讲座很出名,从各国政要到诺贝尔奖获得者,从教授学者到商界精英,从文学作家到娱乐明星,应有尽有数不胜数。邹碧华就读北大本科的四年中,日本、德国、墨西哥、阿根廷、巴西的国家元首和政府要脑先后访问了北大,其中日本首相中曾根康弘与德国总理科尔还在北大办公楼礼堂发表了演讲。

礼堂只有300人的座位,当邹碧华走进礼堂时,他惊讶地发现,整个礼堂的走廊、通道甚至讲台边都坐满了人,300人的礼堂足足挤下了500人!

北京大学浓郁的学术自由氛围让邹碧华大开眼界,他的个性和才华在北京大学得到了充分的发挥。

除了政界要人的演讲外,邹碧华和同学们也陶醉于各类学术大师和艺术泰斗的畅谈论道中:厉以宁的价格改革;杜维明的儒家思想;刘欢、崔健的一展歌喉;甚至包括张艺谋的《红高粱》试播。不同领域的思想在北大的殿堂里传递,深深迷住了这些学子。

其实,不仅是邹碧华,很多人都在大一的时候"自我"起来:叶祖怀报名参加了文学社,整天捧着《红楼梦》《红与黑》之类的名著;李洪堂喜欢看尼采,不断地边看边研究"上帝死了";姚真勇听了一次关于美国资本主义精神如何确立的讲座,非常感兴趣于马丁·路德是如何推动宗教改革以及新教伦理的建构;于学会的交响乐素养很上档次,约翰·斯特劳斯、贝多芬、柴可夫斯基这些大家他都如数家珍……

宿舍里,大家最佩服王军的"临阵磨枪"。这哥儿们人称"睡狮",喜欢通宵彻夜地看书,第二天常常晚起。当大家上完课回到宿舍时,王军才从床上睡眼蒙眬地爬起来,刷牙洗脸,然后早餐午饭一顿解决。等到考试了,王军不紧不慢地向女生借一下笔记,成绩竟然常常比其他人都高。

来自思想先驱、前贤圣哲、文化泰斗、政界巨子们的思想冲击着这些北大的学子,每天晚上睡觉前,男生躺在宿舍的床上尽情"卧谈",时而激辩,时而感慨,天马行空,漫无边际。

"为什么苏联在不到两年的时间里连续死去三个当权者,直到戈尔巴乔夫横空出世?"

"华盛顿如果不拒绝三连任,今天的美国政体将会如何?"

"弗洛伊德的析梦靠谱吗?"

"卢梭的忏悔真诚吗?到底有否人格分裂?"

"公民潘恩是怎样培育成长的?"

"把陈独秀的二次革命论观点批得一无是处,难道就一点道理都没有吗?"

邹碧华的辩才十分了得,他充满逻辑推理的强大攻势犹如抽丝剥茧般,常常把其他同学给辩趴下。

"哇塞,你小子越来越伶牙俐齿啦!"姚真勇赞叹道。

邹碧华嘿嘿地笑了。此时的他和其他同学一样,还在关注着一件如火如荼的中日体育盛事,那就是在东京举行的第一届中日围棋擂台赛。

这场擂台赛可谓一波三折,先是中国队的江铸久干净利索地连续把日方五名大将挑落马下。随后,日本超一流棋手小林光一连克中方六将,中国队以5比7落后于日本队。在这样的情况下,已成"光杆司令"的中方主帅聂卫平神奇地连续战胜小林光一和加藤正夫两位超一流棋手,把比分扳成了7比7平。

国内媒体连篇累牍地报道,很多平时不懂围棋、不看围棋的人也开始关心起擂台赛,邹碧华就是其中之一,"聂旋风"成了他心目中的"抗日"英雄。

1985年9月10日晚上7时,北京大学团委邀请聂卫平来学校做演讲,一时间,办公楼礼堂里的楼上楼下、所有过道、舞台两侧都挤满了人。邹碧华和姚真勇等人也兴奋不已,聂卫平的到来让北大掀起了学围棋的热潮,那一段日子,如果你突然之间推开哪扇宿舍门,里面都有人在下围棋。

11月,聂卫平在北京最后击败了日本擂主——曾六次夺得"棋圣"战冠军、被授予"终身棋圣"称号的藤泽秀行,中国队终于战胜了日本队,全国上下一片沸腾。此时的邹碧华对围棋的热情也空前高涨,宿舍里有5个人天天通宵练围棋。

"我三个月内一定要拿下初段!"邹碧华扔出一句豪言壮语。

说干就干,一连几个月,邹碧华白天抽空就到王府井书店去买各种各样的棋谱,晚上则拖着姚真勇等室友一起"打谱"、"手谈",没日没夜地对练对攻,只练得倒在床上一闭眼,满脑子只有黑白双色在不停地旋转。

除了下围棋,邹碧华还擅长掰手腕,宿舍里其他六个人都不是他的对手,一个个被他摁得老老实实。

而让姚真勇又一次惊叹不已的,是邹碧华表演哑剧的天分。

一次,年级里搞联欢活动,邹碧华即兴模仿哑剧表演艺术家王景愚春晚节目——《吃鸡》里的经典动作和表情,自编自演了哑剧《书法》。只见他用毛笔蘸了蘸"墨水",然后用力把毛笔"甩干",接着便在虚拟的宣纸上笔走龙蛇,每蘸一次墨水就用力一甩,甩的动作又特别投入,夸张的动作和表情简直就是一个活脱脱的王景愚再现!只是邹碧华总要不时地扶一下正在滑落鼻梁的宽大眼镜,让人忍俊不禁。

"碧华,你太有艺术细胞了!"姚真勇发自肺腑地赞叹着。

邹碧华也有自己钦佩的人,那就是教环境法的程正康老师。这位程老师长得不高,上课特别风趣,性格也很鲜明。

一次,程老师在结束讲课时宣布:"下次的课,我们请一位同学来上!"

教室里顿时鸦雀无声,老师让学生讲课?!

坐在后排的李洪堂不小心动了一下肩膀,程老师远远地指着他说:"你,就是你,下次你来讲!"李洪堂急坏了,当晚回去琢磨了一夜。

上课的时刻来临了,李洪堂走到讲台前,定了定神,鼓足勇气开始大谈"顿悟、渐悟和环境之间的关系"。

"顿悟! 渐悟!"李洪堂一边用粉笔在黑板上写着板书,一边煞有其事地大声说道。

半晌,李洪堂悄悄往台下一扫视,只见满屋的人都屏息看着他,邹碧华与何小玉还冲他笑了笑,李洪堂得意极了。

终于讲完课了,李洪堂回到了自己的座位上。

程老师慢慢踱步来到讲台,环视了一下学生,缓缓说道:"他讲的什么,我一点也没听懂。"顿时,一片欢笑。

"洪堂,你讲的什么呀!"下课后,楼建波开玩笑地说。

"你不懂!"李洪堂呵呵地笑着。

岁月就在这不知不觉的精彩中度过了,很快期末考试来了。

大一的课程有很多:宪法、法理、中国革命史、政治经济学、英语、哲学,还有高等数学。对于很多文科生来说,高等数学简直比登天还难。考试那天,阶梯教室里坐满了整个法律系的学生,满眼望去黑压压一片。

半个小时后,周自友潇洒地拿着考卷走到前排,把考卷交到了监考老师手中,留在教室里的同学们看着他远去的背影恨得"咬牙切齿"。

过了几天,考试成绩出来了。周自友考了 100 分,邹碧华和叶祖怀没及格。

补考那天,邹碧华和叶祖怀孤零零地坐在老师办公室。

一看考题,两人顿时相对无言——满卷子的题目啥都不会做!"怎么办?"叶祖怀悄悄问邹碧华。

"咱们就把卷子填满吧!"邹碧华叹了一口气。

1985 年 7 月,邹碧华回到江西省奉新县过暑假,室友张志刚给他寄来了一封信:"……碧华,告诉你一个不幸但不值得悲观的消息。分数我去查了,你英语 58,政经 82,党史 70,法基没下来……千万不要悲观,记住,你完全有能力上来的,也不要影响了假期自己的计划,只要不忘看看英语就行。相信下学期你一定能上来的。志刚。"

邹碧华有些坐不住了。

9 月,他回到校园,开始制订自己的第二年学期计划:每天五点半起床,跑步锻炼、读外语、背单词;每天下午练哑铃、单杠,让自己的胸肌"隆起来"。每月的开销除了一部分用于伙食,还有一部分专门用于买书。

邹碧华堆在床头的书本越来越多,一年以后,他的学习成绩逐渐上升,他暗自算了一下,大约在班里的前十名左右。

"我还需要狠狠干它一场,目前主要症结还差在英语上,当然,这是相对于那些成绩好的同学而言。我想,要不了多久,我一定能超过他们。"邹碧华给父母的信中这样写:"一个人要学会思考不是件容易的事,但这是可以学会的,这需要时间,也需要经历。头脑简单的人,进入社会是经不起折腾的,大学在思想上是个不要'钱'的课堂,我一定会学会的。"

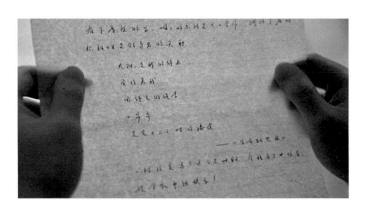

邹碧华在北大读书期间经常给父母写信,他将自己最喜欢的顾城诗作
《生命的幻想曲》抄录在信件中寄给父母。

当邹连德看到儿子字里行间的成熟时,他很感慨,碧华是真的长大了!

不过,邹连德有一点没想到,儿子之所以如此迅速成长,除了北大对他的影响外,还有一个重要因素,那就是——爱情的滋养。

唐海琳

在八四级经济法班所有男生的心目中,唐海琳是个"明星"。

入校伊始,日本NHK电视台围着唐海琳拍摄她的日常生活,整个法律系都轰动了,男生们对这位上海姑娘刮目相看,而唐海琳面对镜头时的落落大方也让天南海北的男同学见识了大都市姑娘的闺秀风范。

邹碧华和其他男生一样,从NHK电视台拍摄时就注意到了唐海琳。不过,那时候的唐海琳是班里的团支书,而邹碧华是出了名的"调皮大王",两人似乎相差甚远。而最让邹碧华头疼的,还有"友好寝室"

这件事。

为了促进班里同学的彼此了解，从开学起，班主任就指定男女宿舍两两配对，互结"友好寝室"。邹碧华所在的 130 宿舍被指定与女生的 116 宿舍结对，而唐海琳所在的 114 宿舍则与邹碧华隔壁的 128 男生宿舍"互为友好"。

128 男生宿舍与 114 女生宿舍的联谊活动很多，因为唐海琳与 128 宿舍的周自友很早就认识，两人在高中期间分别以上海市三好学生、安徽省三好学生的身份参加过活动，所以两个宿舍一下子"打成一片"。

开学后一个月，正值国庆节，北大按照惯例给在校的学生们加餐，128 宿舍和 114 宿舍立即相约喝酒庆祝，那次喝酒让男生们见识了"海量女生"的厉害，当男生们一个个醉倒在宿舍床上时，唐海琳带领女生前来宿舍"慰问"，把周自友等人窘了个大红脸。

不久，128 宿舍、114 宿舍又相约结伴去紫竹院公园划船。船行至湖水中央时，一条活蹦乱跳的鱼跳到了男生船上。

"我们宿舍有炉子，回去烧鱼汤请你们吃啊！"一个女生笑着喊。

"好啊好啊！"男生们别提有多高兴了。

等到鱼汤煮好了，男生们欣欣然走进女生宿舍准备大饱口福，却惊奇地发现鱼汤里除了豆腐和香菜，一片鱼肉都没有了，只剩下一副完完整整的鱼骨头躺在那儿！

"鱼肉呢？"李洪堂不甘心地问。

"煮啊煮的，就煮没了！"女生回答。李洪堂彻底懵了，摸不着头脑的男生们喝完了鲜美的鱼汤，而那"消失的鱼肉"成为他们心中永远的悬案。

看着 128 宿舍、114 宿舍的热乎劲儿，邹碧华有些莫名的失落，而当他经过 128 宿舍，无意间听到男生们正在讨论如何追唐海琳时，他知道自己不能再等了。

排了整整一个通宵的队，邹碧华买到了两张北大国际电影展的票子。翌日，他拿着电影票来到 114 宿舍，正好唐海琳在。

"我……这里有两张电影展的票子,给你!"邹碧华有些紧张,话还没说清就将票子递给了唐海琳。

"电影展的票子? 那可是一票难求啊!"唐海琳欣喜地接过来,她以为邹碧华自己还有电影票。

电影放映那天,唐海琳和宿舍里最要好的姐妹走进了电影院,她环顾四周,却找不到邹碧华的身影。

"你怎么没有去看电影啊?"唐海琳再次遇见邹碧华时问,邹碧华笑了笑。

第一次约会就被自己搞砸,邹碧华又开始了新的努力。

又过了几天,邹碧华再次来到114宿舍门口。门开了,这次唐海琳看见邹碧华手里拿着两张中国人民大学的电影票。

"同学那里有两张电影票,晚上没时间看,我想和你去看,你敢去吗?"这一次,邹碧华直截了当地表明了自己的来意。

"这有什么不敢的!"唐海琳被他一激,立刻答应了。

看完电影,回来的路上,邹碧华与唐海琳聊了很多。

"我小时候在江西农村长大,是外婆把我带大的……"邹碧华如数家珍地向唐海琳讲着童年往事,唐海琳听得既新鲜又有趣。

"我一直在上海,可没你这么调皮,我可乖了!"唐海琳"取笑"着。

两人缓缓地走着,在一个灯光较暗的台阶处,邹碧华很自然地扶了一下唐海琳的手。

一股暖流击中了唐海琳! 黑暗中,她羞红了脸,这个男生居然对她如此细心。唐海琳的心"突突"地跳着,那心情就像刚看完的电影片名——《爬满青藤的木屋》。

邹碧华无可救药地爱上了唐海琳。新买的吉他刚背回宿舍,不出几天他就无师自通地边看五线谱边弹《妈妈的吻》;全班集体游览承德外八庙,他的画夹一打开,只一会儿的工夫,一幅普宁禅寺的速写就跃然纸上。

真是多才多艺呀! 唐海琳惊讶于邹碧华的天赋。

很快，全校运动会开始了。邹碧华开始向唐海琳展露他的体育才能。

"你，去参加4×100米接力!"担任班级体育委员的邹碧华跑到李洪堂床前，安排着每个同学的参赛项目。

"那不是我的擅长啊!"睡在上铺的李洪堂哀号了一声。

"不行，你必须去，带头去!"邹碧华毫不含糊。

"好吧。"只知道看书并不擅长体育的男生们，乖乖地按着邹碧华的吩咐去参赛了。

运动会那天，经济法班的男生几乎全体败北，尤其是男子接力赛，四个男生跑了最后一名。当李洪堂气喘吁吁跑完赛程时，脑子一片晕眩。

"你还挺能跑的!"有女生蹦出了一句类似鼓励的安慰话语，李洪堂不好意思地摸了摸自己的脑袋。

邹碧华参加的跳高、跳远比赛就完全是另外一番"风景"了。只见他一次又一次轻松地跃过跳高架上的横杆，全班同学禁不住大声为他叫好。

1500米、5000米、篮球、足球，邹碧华的体育特长尽显无遗。

运动会结束后，他开始玩起了足球，很快上了瘾，时常叫上曾爱国、周自友、李洪堂和于学会，五人一起光着膀子在尘土飞扬的操场上踢足球。

"自友，你那是人追球还是球追人呢!"李洪堂哈哈笑着，周自友满头大汗地顶着"头球"。

"踢这儿，踢这儿!"邹碧华大声叫着，飞奔在操场上。

有一次，邹碧华竟然向其他班级入选过国家中青队集训的同学提出"挑战"。"你可真够厉害的!"男生们纷纷为他加油，唐海琳则暗自喜欢上了这个奋发、阳光的大男孩。

但唐海琳有一点犹豫。她一直是父母的乖乖女，虽然家里有姐妹三个，但这次出来读书，父母明确表示希望她大学毕业后回上海发展，现在自己怎么突然谈恋爱了呢?

邹碧华没有感到唐海琳的犹豫,他仍然热切地去约唐海琳,没想到被连续拒绝了两次,邹碧华的心情一下子跌到了谷底。

一连几天,唐海琳在课上都没见到邹碧华。

"他生病了,在宿舍呢!"有人告诉唐海琳。

怎么会生病了呢?唐海琳有些担心,终于忍不住去130宿舍探望邹碧华。

邹碧华正蒙着被子躺在床上。唐海琳愣愣地看着他,没作声。突然,邹碧华转了一下身子,背对着唐海琳一动不动。

唐海琳的心突然痛了起来,那一刻,她明白自己已经爱上了邹碧华。

1985年春暖花开之时,同学们惊奇地发现,邹碧华和唐海琳开始出双入对了!

姚真勇第一个感到了邹碧华的变化:原先大男孩般调皮好动的邹碧华,如今与室友们打闹疯玩的次数越来越少;曾经豪情万丈地扬言三个月内拿下围棋初段,如今在通宵下棋的铁杆棋迷里再也找不到他的影子;床铺开始收拾得整整齐齐,再也不像以前那样凌乱;每天早晨早早冲向图书馆阅览室,占座的劲头一天比一天足;一手难看的豆芽字,在唐海琳找来的庞中华硬笔书法的临摹调教下,逐渐端正起来。

"爱情的魔力把你点化了啊,哥们!"姚真勇戏谑地笑着,邹碧华狠狠戳了一下他的背。

一起晚自习、一起吃饭、一起去图书馆,形影不离的邹碧华与唐海琳尽情享受着爱情的快乐。

"你吃!"唐海琳常常将自己饭盒中的荤菜挑给邹碧华。北大有八个食堂,一顿饭通常3毛钱,一个月下来要开销18元。邹碧华的家境比较清苦,而唐海琳的父母是高级工程师,经济比较宽裕,所以唐海琳时常给邹碧华补营养。

一次,唐海琳在宿舍里给邹碧华煮红烧肉,她小心翼翼地把红烧肉倒进搪瓷杯里,准备拿到 130 宿舍给邹碧华吃。

"什么东西这么香啊?"宿舍里的女友眨着眼睛逗唐海琳。

唐海琳不好意思地低下了头:"你要不要吃嘛!"

周末,是邹碧华与唐海琳最开心的日子,两人一起去北京图书馆看书,有时候看累了,便走出图书馆吃点东西、聊聊天,然后接着回去继续看书。唐海琳喜欢看《大众电影》,邹碧华则兴趣广泛,文史哲各类书都看。

当然,两人也有吵架的时候。

有一天半夜,邹碧华把姚真勇从上铺拽了下来。

"去未名湖溜达溜达。"邹碧华说。

北京的冬夜特别冷,寒风肆无忌惮地吹进两人的绿色军大衣,姚真勇被冻得直哆嗦。

"怎么像蔫了的茄子一样啊,垂头丧气的,是被唐海琳修理了?"姚真勇小心翼翼地打趣道。

"瞎说! 我是在帮你提高对未名湖冬夜的审美能力!"邹碧华闷闷地回答。

第二天,邹碧华站在了唐海琳面前。

唐海琳仍然赌着气,邹碧华一把抱住唐海琳。她用力推开他,他再次用力抱,再推,再抱……最后,唐海琳静静地靠在了邹碧华怀中,两人又和好了。

"我和海琳聊天,能从北大一直聊到白石桥,来回 4 个小时呢!"邹碧华偶尔会得意地告诉自己的"哥们儿"李洪堂。

"我的天!"李洪堂又羡慕又自叹不如。

学校放假了,邹碧华和唐海琳如同丢了魂似的,掉进了深深的相思里。鸿雁传书、一封接一封,数不尽的知心话让爱情疯野地滋长在两颗年轻的心里。

"爸妈是爱我的,如果我觉得好,他们最终会接受碧华的。"唐海琳边给邹碧华回信边悄悄思忖。

恋爱的滋味是甜美的,唐海琳跟随邹碧华来到江西省奉新县,开始了她的第一次"上门"。才进门,唐海琳就听到门外响起一串"噼噼啪啪"的喜庆鞭炮声,她的脸一下子红了。

"我带你去看看老屋!"邹碧华兴奋地拉着她的手。

热恋中的邹碧华(左一)带着唐海琳第一次回到江西奉新老家,并与家人合影。

村前的老樟树、被舅舅救起的那口池塘、头发花白的外婆、满眼的金黄色稻田,邹碧华高兴地拉着唐海琳的手,滔滔不绝地说着。

唐海琳被眼前的这个男人感动了。

"我很喜欢这里,山清水秀,人也朴实。"唐海琳看着邹碧华,邹碧华像个孩子般地笑了。

淳朴的山村散发着宁静的美。吃晚饭时,许贻菊看着大儿子带回来的女友满心欢喜。

"来,喝点汤!"许贻菊开心地把鸡汤舀到了唐海琳的碗里。

"天哪,这是天下最好喝的汤了!"唐海琳喝了一口,由衷地赞叹道。

邹家大屋里顿时传出一片笑声。

"黑夜遮蔽着我的眼睛,风雨迟滞着我的脚步;河流阻隔着我的接近,群山迷惑着我的方向;可是我用滚烫的心,激荡出火花刺穿黑夜,驱散风雨;迸发出灵感飞越群山,跨越河流;我用毕生的光阴走向你,直到两颗心怦然相撞,融为一体。"

多年以后,邹碧华写下了这首诗。

内蒙古之行

1986 年的暑假,念完大二的邹碧华没有急着回老家,他参加了由北大法律系团委组织的法制宣传巡回演讲团,前往内蒙古自治区赤峰市作 10 天的法制宣传。

这是邹碧华生平第一次参加社会实践,对于年轻的他来说,这次实践既新鲜又开阔了视野。巡回演讲团一共分为法律宣传、法律服务和法律调查三个组,邹碧华被分在了法律宣传组,负责对外讲课,同时协助其他两组进行调研。

7 月 14 日,邹碧华出发了。

赤峰市位于内蒙古自治区的东南部,东邻辽沈,南近京津塘,西北靠锡林郭勒大草原,是个交通四通八达的城市。

火车上,邹碧华和同学们兴奋不已,只要一想到能够看到"风吹草低见牛羊"的大草原,他们便充满了憧憬。

一到赤峰市,巡回演讲团被安排住在市政府的招待所。招待所的伙食真不错,每顿都有牛肉、羊肉,把男生们吃得胃口大开。

7 月 21 日,讲课开始了。

上午,负责讲课的同学纷纷被指定的单位接走,唯独剩下邹碧华一人,没人来接。邹碧华有些纳闷,赶紧去打听。原来,原定上午的税法课被改到了下午。

可别浪费了这半天的时间！邹碧华当机立断，立刻跟着调查组前往"长城"地毡总厂参观去了。

下午，邹碧华从地毡总厂回来，被专车接到讲课地点，开始给市税务局的人员讲授税法。

第一次讲课，邹碧华有些紧张。他拿着学理性很强的讲稿，站在讲台上开始讲。也许是内容太艰涩难懂，台下的人不时低头闲聊着，邹碧华勉强上完了第一课。

"后天你得再准备一下，我们安排你给赤峰市两百多家厂矿企业的厂长、经理讲课，他们大部分是本科、大专学历，其余的是高中、中专毕业。"下课后，带队老师跑到邹碧华身边说。

"噢，知道了！"邹碧华答应着。

回到招待所，邹碧华立即埋头修改讲稿，这一次，他特别认真。

讲课内容要深入浅出，还要穿插例子吸引听众。邹碧华总结了第一次讲课失败的经验，不断翻找资料，一遍又一遍地修改着讲稿。

时间一分一秒地过去了，当邹碧华放下手里的钢笔抬起头时，夜晚已经悄悄过去，窗外已是晨曦微露。

第二次讲课的日子到了。7月23日下午两点半，市经委的车将邹碧华接到了市政府礼堂。

邹碧华走进大礼堂，放眼望去，台下坐满了厂长、经理、书记、会计，不少人都已经上了年纪。他镇定自若地走到讲台前，坐下，喝了口水，然后把讲稿、书本一一拿出来。

"我先给大家自我介绍一下，我叫邹碧华，是北京大学法律系经济法班的学生，今天很有幸来这里上课。"邹碧华扫视了一下台下，两百多张饱经风霜的脸特别严肃地盯着他。

"我相信税法大家一定不陌生了……"邹碧华开始讲起来。也许是备课太认真，邹碧华发现，自己居然已经把讲稿上的内容都背出来了。

半个多小时后，台下有人开始坐不住了。正在写板书的邹碧华灵机一动,想起两天前赤峰市市长和他们座谈时谈到的内容,马上对台下的人说道:"我们这次来,发现有些单位对税法不了解,市长就曾经给我们介绍过这样一个案例……"

一听到市长,很多人立刻安静下来,开始聚精会神地听了起来,听到精彩处,还传出了阵阵笑声。邹碧华越讲越兴奋,与生俱来的演讲天赋让他的课变得妙趣横生,在他抑扬顿挫的讲课声中,台下的人听得津津有味。

讲完了最后一个案例,邹碧华微笑着看了一下听众:"我很感谢大家,就讲到这里。"台下的厂长、经理们愣了一下,随即爆发出一片掌声。

"谢谢,谢谢!"邹碧华笑着站起身,两百多人的掌声让他体会到了一种深深的成就感,这种成就感来自于被由衷的欣赏,来自于心与心的呼应。邹碧华第一次意识到了讲台的魅力,第一次意识到一个人的知识对于社会的价值所在。

那天晚上,邹碧华在赤峰市成了"名人"。当他走在街上时,不断有听过课的人向他打招呼。当他走进一家商店时,商店经理热情地对他说:"邹老师,我听过你的课啊!"这真是一个尊重知识的年代! 邹碧华感到无比自豪。

讲课、参观、调研,10 天的社会实践临近尾声,巡回演讲团决定前往白音塔拉草原,让同学们领略一下草原风光。

白音塔拉草原是胡耀邦总书记曾经参观过的草原。邹碧华和同学们兴奋地坐上汽车,整整 6 个小时,终于来到了这片大草原。

七月的草原水草丰美,阳光灿烂,那一望无垠的草原,那低头吃着青草的牛羊,好一派悠闲自若的诗情画意!

"天似穹庐,笼盖四野。天苍苍,野茫茫,风吹草低见牛羊。"当诗句般美丽的草原出现在眼前时,邹碧华深深地陶醉在满眼的绿草碧波之中了。

很快,巡回演讲团来到了热情好客的蒙古族人家。

走进蒙古包,主人拿出了奶茶、奶豆腐、黄油、油酥饼招待他们,粗犷奔放的蒙古族歌舞,风味独特的蒙古族食品,把邹碧华彻底征服了。

邹碧华在内蒙古的法制宣传巡回演讲活动中,第一次真正感受到了知识
对于社会的价值。

"请尊贵的客人来尝一尝我们的手抓肉!"主人为了迎接北大的这些学子,特地宰杀了两只又肥又大的羊,放进脸盆大小的菜盘里。邹碧华从来没有这样吃过羊肉,他学着主人的样子,用手抓起大块的羊肉,蘸着汤料吃。

"这味道太鲜美了,比起北京的涮羊肉好吃十倍啊!"邹碧华赞道。

"这是白食(奶制品),这是红食(羊肉),这是我们草原招待客人的最好礼物!"主人爽朗地笑了。

在蒙古包里美美饱餐了一顿后,邹碧华等人走出了蒙古包。

"来拍个照吧!"有人提议。出行前,邹碧华等人各自出了2元3角钱,合买了一盒"柯达"彩色胶卷。

穿着蓝色牛仔裤的邹碧华调皮地理了理头发,顺势往草地上一坐,故作深沉地望着远方,他的身后是连绵起伏的山峦。

"好咧!"对面的同学果断地按下了快门。

"爸爸,其实这次真正让我们感受特别深的,是那种对社会的认识,对我们学过的知识的认识,还有对我自身价值的认识,这些让我有了更深的理解。"回来的火车上,邹碧华在信里激动地告诉父亲。

毕业

1987年7月，邹碧华提笔给高中的"好哥们儿"帅圣极写了一封信："快来北京玩儿吧，你再不来，以后我毕业了就没机会啦！"

自从进入北大后，邹碧华总会时不时地想起帅圣极这样的好朋友。"我做过许多梦，夏令营的篝火，大山下面的细流，绿树掩映中的沼泽，还有红色的旗帜。一个人在离别后，思绪会更多，因为离别后才会觉出离别之苦。"邹碧华在笔记里这样写道。

大一放暑假时，邹碧华回到老家，特意去看了一下运动队曾经集训的小镇。

三年前的运动队队员们看到高高瘦瘦的邹碧华很惊讶，邹碧华到来的消息犹如滚雪球般从这家传到那家，赶来相聚的人越来越多。

"碧华，你可以啊！我们运动队从来没人考上过大学，更不用说重点大学，你行啊！"有人用拳狠狠地"砸"了一下邹碧华。

"教练老拿你来说事儿。谁要是不愿意把孩子送到少体校，他就说你们去看看邹碧华！"又有谁说了一句，邹碧华不好意思地嘿嘿笑了。

从小镇回来，邹碧华赶紧又和高中好友帅圣极、旧时小伙伴贺虹等人相约去爬庐山。当年的庐山很有名，一部《庐山恋》让庐山家喻户晓。

行走在蜿蜒的山路上，口干舌燥的贺虹实在走不动了，她和同行的女孩坐了下来。

"喝口水吧！"有人递给贺虹一壶水，贺虹仰起头咕嘟咕嘟喝了起来。此时，有人拿起相机悄悄对准贺虹，调皮的邹碧华赶紧凑过身来。

"咔嚓！"随着一声快门，邹碧华的脸硬是挤进了镜头里，众人一片欢笑。

美好的往事总是令人怀念，转眼大四了，邹碧华再次提笔邀请帅圣

庐山之旅中,当同行者为休憩的女生拍照时,邹碧华(左一)悄悄挤进镜头,留下了调皮的瞬间。

极来京。

1987年8月,从江西省宜春师范专科学校毕业的帅圣极怀揣着200元钱来到了北大。

"总算来了!"邹碧华别提有多高兴了。天安门、颐和园、圆明园、天坛……邹碧华带着帅圣极到处转悠。5天后,帅圣极的口袋里只剩下了十多元。

"这连回江西的火车票都买不了了!"帅圣极和邹碧华面面相觑。怎么办?

第二天下午,帅圣极还在发愁买票的事,邹碧华兴冲冲地拿着80元钱过来了。

"你向同学去借啦?"买完火车票后,帅圣极好奇地问邹碧华。

"不是,我在宿舍楼门口贴了广告,把我那辆自行车给卖了!"邹碧华咧开嘴笑着。

帅圣极不知道说什么好了,那个年代,自行车是北大学子的代步工具,邹碧华为了朋友竟然把自行车给卖了,这个兄弟够义气!

与此同时,高中班主任刘屏山也来北京大学看望邹碧华了。原来,刘屏山应邀参加呼和浩特市二中校庆45周年活动,回程时,他特地带着老伴儿和儿子、女儿来北京逛逛,顺便看看在北大读书的邹碧华。

"刘老师!"邹碧华欣喜不已,"你们就在北大住下吧,正好暑假,同学们都回家了,空床很多。"

"不好吧,会给你带来麻烦的。"刘屏山有些迟疑。

"说什么呀!哪个学生没有家长来呀?没问题。"邹碧华笑着说。

晚上,保卫科的人真来了。

"这是怎么回事啊?"来人问。

"这是我爸爸妈妈来了。"邹碧华回答。

"哦,是这么回事啊!那真对不起老人家了,委屈你们了。"保卫科的人说完就走了。

刘屏山悬着的心终于放下来了:"碧华啊,你怎么说是爸爸妈妈呢?"

邹碧华嘿嘿笑着:"一日为师,终身为父嘛!"

刘屏山顿时心里暖洋洋的,碧华这个孩子真是懂事。

1988年1月,毕业的气息越来越浓了。

"我们一起留北京吧。"邹碧华与唐海琳商量,大学四年的恋情让两人难分难舍,他们谁也不想天各一方。

"嗯!"唐海琳点点头。

很快,邹碧华找到了一家报社记者的工作,唐海琳则被一家银行所录用。

"妈,我恋爱了,我想和碧华一起在北京发展。"一切安顿后,唐海琳向家里摊牌。

"不行,你必须回来。爸爸妈妈年纪大了,不希望你一个人在外面。"母亲斩钉截铁地回答。

唐海琳尝试说服父母,但遭到了更猛烈的反对。无奈之下,她将结果告诉了邹碧华。

"嗯,我理解他们。"半晌,邹碧华做出一个果断的决定——和唐海琳一起回上海发展。

80年代末的大学生,毕业分配都由国家来安排,很多北大毕业生都成了"香饽饽",早早地被各部、委、办、局录用,即便是那些返回原籍的毕业生,北大的一张文凭也让许多单位趋之若鹜。

但上海不同,如果一个外地大学生想在上海找工作,那必须靠自己的能力去闯,没有"国家包分配"一说。

"如果到上海找不到工作,就回北京,我帮你想办法。"临行前,班主任王久华细心地叮嘱邹碧华,邹碧华的心里感激不已。

2月,学校放寒假,21岁的邹碧华和唐海琳一起来到上海,他住进了纺织大学学生公寓。每天晚上,邹碧华在借宿的同学公寓里誊抄一份又一份的简历,第二天拿着简历一家单位一家单位地去敲门。

"呦,北大的,我们考虑一下!"

"北大的,我们这里好像没有合适你的工作呀!"

"你怎么到上海来找工作呀!"

"你是北大毕业生啊,我们不敢要!"

形形色色的人出现在邹碧华面前,有的收下了简历没有回音,有的出言不逊冷嘲热讽,邹碧华辛苦地四处寻找着工作,然后一次次失望而归。

难道真的无法在上海找到一份工作吗?冬天的夜晚,邹碧华躺在冰冷的宿舍床上,彻夜难眠。

跑了半个月,投递了60多份简历,终于有三家单位回函录用邹碧华:一家是冰箱厂,一家是银行,还有一家是上海市高级人民法院。

邹碧华不想去冰箱厂,他选择去银行。但令他始料不及的是,当他去银行领取要人函时,银行突然变卦了。

"我们行领导有个孩子要进来,你请便吧。"人事部门的负责人向他白白眼,邹碧华忍了忍,转身走了。

冰箱厂不想去,银行又去不成,只剩下法院了。

"在上海有什么亲戚啊?"当邹碧华走进法院时,法院里的人抬头问他。

"有!我舅舅。"邹碧华立即回答。

"叫什么名字?"对方接着问。邹碧华流利地报出了唐海琳父亲的名字。

很快,法院的录取信息传到北大,唐海琳也通过北大与建设银行之间的协调,将工作从北京总行转到了上海分行。

这次求职,是邹碧华进入社会前的一次人生洗礼,甜酸苦辣的艰辛深深印刻在他的心中,但不管怎样,他终于可以和自己心爱的海琳在一起了。

回到北京后,邹碧华和唐海琳被同时关进了北大的一个研究生楼里,因为上海刚爆发了甲肝,他们必须被隔离一周以待观察。

"我们不会有事的。"邹碧华安慰着唐海琳。

"嗯!"她冲着他一笑,两颗相爱的心贴得紧紧的。

转眼,颁发毕业证书的日子快到了。7月2日,离颁发毕业证书还有两天,姚真勇却要提前回家了。

"分离39年的台湾大爷和三爷回到老家省亲,他们资助我上完了高中和大学,但是从来没有谋面。这次他们回来一定要看看我长得什么样子,他们现在归期在即,我却买不到机票。王老师,我能不能提前坐火车回去?"姚真勇为难地问班主任王久华。

"行啊,可以。"王久华给姚真勇开了绿灯。

收拾完行李,经济法班的全体同学将姚真勇送到了40楼西侧的北大小南门。

4年同窗,如今即将各自分飞,也不知何时才能相聚,浓浓的离别之情萦绕在同学们的心头。

"再见啊!"同学们和姚真勇——告别,邹碧华和王柏分别拎着姚真勇的两件行李,陪他前往火车站。

三个男生依次乘上了熟悉的 332 路公共汽车。车窗外,中关村大街、白石桥、魏公村——掠过,邹碧华、王柏、姚真勇坐在过道里,不知道是谁先红了眼,另外两人赶紧低下头抹着眼泪。

动物园站到了,三人下车,又接着换乘 103 路电车。这次,手提行李的三人终于控制不住了,售票员和乘客不断回头,看着三个大学生在车厢里泪流满面。

到了火车站,邹碧华和王柏帮姚真勇将行李放上了火车。

"碧华,王柏,谢谢你们送我。"

"老姚!"

"老姚!"

三个人围揽着肩膀、头抵着头,任由热泪滴落在月台上。

北大法律系八四级 6 班 1988 年毕业合影,第三排左七为邹碧华。

——"哥们儿,难道惠芬来北大就是来淋大雨的吗?你要争取表现啊!"姚真勇记得自己女友第一次来北大时,邹碧华在一个狂风暴雨的下午,踩着单车浑身湿透地给他们送伞。

——"我爸爸的版画在日本举行的画展上已经被好几个机构收藏了!"姚真勇还记得邹碧华一边请他在小南门外的长征饭店吃烤鸭,一边眉飞色舞地和他讲着画家父亲的喜讯。

——"呷嘣咯!呷嘣啦!"姚真勇更忘不了初入校时,邹碧华不时推着他奔向学一饭堂路上的打闹笑语。

往事历历在目,送君却有一别。

火车启动时,姚真勇透过模糊的泪眼,看见车窗外的邹碧华和王柏一边抹着眼泪,一边追着越来越快的列车冲他挥手。

再见了,同学!再见了,青春校园!

第三章
命运的考验

黑夜来了
我驶进银河的港湾
几千个星星对我看着
我抛下了
新月——黄金的锚

天微明
海洋挤满明云的冰山
碰击着
"轰隆隆"——雷鸣电闪
我到哪里去呵
宇宙是这样的无边

　　　　　　顾城

陌生的上海滩

1988 年 7 月,上海市福州路 209 号,高级人民法院大楼。

邹碧华和其他法院新进人员一起走进了这栋具有美洲殖民时期乔治式建筑风格的大楼。外墙上的棕灰色墙砖、正门两旁的塔什干式柱子、二层的落地长窗、白色弧形的窗楣,一切都显得独特而又雅致。

这栋大楼建造于 20 世纪 20 年代,原是美国花旗总会旧址,又称旅沪美侨俱乐部,1953 年成为上海市高级人民法院和中级人民法院的办公地点。走进正门,一个环形的大理石扶梯直达一楼平台,二楼是综合部门的办公区,三楼是中级人民法院审判庭和中级人民法院院长室,四楼是高级人民法院院长室和政治部、刑一庭,五楼是大会场。

邹碧华默默看着脚下大理石铺成的地板。他终于来到了上海,来到了这个陌生而又新奇的城市,一切都要从头打拼。

突然,他的眼前浮现出了唐海琳,邹碧华不由地笑了。

1988 年的上海法院正处于一个急需补充新生力量的发展阶段。6 年前,上海法院开公检法的先河,招收了 57 名高中毕业生进入法院做书记员。同时,针对法官队伍大部分由转业军人组成的现状,上海法院成立了全国法律业余大学上海分校,专门给部队转业的法官们"补课",上课老师是院领导、各庭室长和资深审判长。

邹碧华这批新进人员来到法院时,上海法院已经有了一套比较成

从北大毕业的邹碧华（第三排左六）来到上海市高级人民法院经济庭，开始了他的法院生涯。

熟的培训制度，法院先安排他们进行为期半个月的上岗培训，内容包括法院管理、审判业务及各审判庭的介绍，然后将他们送往基层法院实习一年。

"小邹啊，你去基层法院实习，有三件事情要注意。"邹碧华被分到高级人民法院经济庭，经济庭庭长蔡杨说话和蔼可亲，"第一，要谦虚谨慎，虚心向基层同志学习，第一年下基层这个制度很合理，有助于你们快速成长。第二，要把上海话学会，你既然到了上海，就要想办法融入上海。第三，平时要放好财物，皮夹子不能丢。以前有位比你早两年进法院的同事，皮夹子给人偷了。所以我提醒你，一定要把皮夹子保管好，不要再丢了，一个人孤身在外不容易。"

蔡杨的一席话让邹碧华感到温暖，在人生地不熟的上海，有人能够像家里人这样提醒自己，很难得。

邹碧华的第一年实习被安排到了虹口区人民法院，虹口区人民法院是一家地处老城厢区的法院，邹碧华跟随的"师傅"是虹口区人民法院经济庭的审判员唐生林。

唐生林于1984年从华东政法学院本科毕业进入虹口区人民法院工作,直爽的性格加上独当一面的能力,使他很快得到了庭里领导的器重。庭里只要一有新人来,基本上都是由唐生林带教,邹碧华来到虹口区人民法院的当天便跟着唐生林去开庭了。

走进法庭,邹碧华拿着钢笔和一沓审判用纸坐到了书记员的位子上,开始准备记录。

"法官,侬晓得伐,伊拉公司勿要特好噢(沪语:法官,你知道吗,对方公司发展非常好)!"原告一连串的上海话脱口而出,邹碧华听得一头雾水,他越使劲儿听越听不懂,急得不知所措,手里的笔根本写不下去。

"原告,请你说普通话!"唐生林看出了邹碧华的迟疑,他立即提醒原告。怎奈过了一会儿,被告又开始讲上海话,唐生林只好一遍又一遍地提醒,最后不得已用普通话翻译给邹碧华听。

一个庭审下来,邹碧华如坐针毡。

"你要学点上海话,至少要听得懂,这里很多当事人都习惯说上海话。"唐生林庭后对邹碧华说。

"嗯。"邹碧华点点头,他也觉得时不我待了。

每个工作日,邹碧华白天在办公室跟着同事学说上海话,晚上则收听上海话的广播节目,他还找了一位会说上海话的朋友,天天晚上让朋友听他用上海话读报纸,然后再给他校音。到了周末,邹碧华便一个人跑到小菜场,和摊位上的大妈用上海话讨价还价。

起初,邹碧华的发音常常会引起同事们的一阵哄笑,但他并不介意,别人的哄笑只是针对他的发音,并没有什么恶意。他还是坚持开口说上海话,没过三个月,邹碧华已能基本听懂上海话并开始"洋泾浜",半年以后他学会了一口流利的上海话。

"侬来赛额呀(沪语:你行呀)!"唐生林很惊讶这个小伙子的用功。

"勿来赛,勿来赛,师傅结棍(沪语:不行不行,师傅厉害)!"邹碧华笑呵呵地说。

基层法院的实习经历对于年轻的邹碧华来说,是一个从学校过渡到法院的适应过程。与学生时期的快节奏相比,法院的工作有些"闲",工作不是很忙,邹碧华闲暇时除了在宿舍里画画或者到外面写生,有时还可以出去看看电影,生活显得很有规律。

精力充沛的邹碧华并不喜欢"闲"下来,他努力寻找着新的学习内容:送达诉状、通知开庭、和当事人谈话、给原被告做调解,除了不能作为法官坐在审判席上开庭,其他的事情邹碧华都主动去做。

唐生林看出了这个小伙子的潜力,他经常教给邹碧华一些审判技巧。没过多久,邹碧华已经能做到每月帮承办人审结十几个案子了。

"你试试写一下判决书。"唐生林对邹碧华建议。

邹碧华又开始埋头学写判决书。写判决书是一个技术活儿,除了文笔好、熟练运用法律条文,还要具备逻辑性阐述的能力。邹碧华本来就喜欢写东西,学写判决书后,他一下子扎了进去,常常在办公室里琢磨怎么把法律文书写好。唐生林常常在判决书里运用法律条文要件分析方法,邹碧华觉得这个方法条理清晰,也学着写。日子久了,他干脆一下班就留在办公室学写判决书,庭里一些已经成家的人不愿意值班,他就替他们值。

"反正从虹口区人民法院到高级人民法院宿舍的路那么远,正好把这个时间节约下来。"邹碧华对唐海琳说。

唐海琳有些心疼:"法院食堂的菜又贵,营养又跟不上,你天天睡在那儿,要吃点好的。"她看着邹碧华脸上不时发出的疹子,仔细嘱咐道:"你要时常把奶粉和蜂蜜拌在一起吃,降降火补补营养。"邹碧华看着女友,调皮地笑了。

除了写判决书,邹碧华最喜欢做的事就是画画。邹碧华常常在写完判决书后打开自己的画箱画画,一画就画到深夜。等到困了,他就把办公桌的桌面清空,然后铺上一条席子或被褥,直接躺上去睡觉。第二天清晨他再早早起床,把办公桌恢复原样。

1988年10月16日,唐生林第一次带着邹碧华出差。

"事情办完后,你顺便回老家看一下吧,这么久没见过父母了!"出差前唐生林对邹碧华说。

"太谢谢师傅了!"邹碧华喜出望外。

傍晚6点,他们登上了前往湖南的火车。在一个小站,他们准备换乘另一班火车,但麻烦来了。这是一班特别拥挤的火车,尽管唐生林和邹碧华手中有票,但上车的车门早已被人堵住,很难挤上去。

邹碧华急中生智,将唐生林连人带行李地从火车车窗推进去,当唐生林爬上火车时,只听邹碧华在车下喊:"我到前面上车啊!"

邹碧华飞也似地跑到前方车门,手拉着门,硬生生地挤上火车。唐生林深深地舒了一口气!

出差的事情处理完,"师徒"二人便登上了前往江西奉新的长途汽车。

"爸,妈,我回来啦!"一进门,邹碧华就大声嚷道。

邹连德和许贻菊看见儿子带着这么年轻的"法官师傅"回来,高兴得忙里忙外热情招待,两个弟弟也好奇地看着唐生林。

"谢谢,谢谢!"26岁的唐生林连连说道。

"爸,师傅可喜欢你的《竹乡雪》了!"邹碧华摇头晃脑地走到父亲跟前。

"好啊!那我拓一幅给唐老师!"已经担任县文化馆馆长的邹连德乐呵呵地说。

"好呀,师傅快结婚了,正好提前祝师傅新婚快乐!"邹碧华做着鬼脸,唐生林笑了。

性情相投、说话直爽、为人实在,邹碧华和唐生林相处得越来越融洽,越来越投缘。

一年的实习很快就过去了,邹碧华回到了上海市高级人民法院经济庭。上海市高级人民法院经济庭一直走在全国法院经济审判条线的前列,很多新案、难案都出自这里,邹碧华满怀希望地来到了新岗位。

"小邹啊,实习结束了,接下来准备怎么发展?"副庭长杨瑞林问道。

"总归是多学一点东西,尽量让自己适应的范围广一些。"邹碧华挠了挠头。

"术业有专攻,你要选准一个点突破,然后再扩展到其他领域。所谓'一招鲜吃遍天',你先要有一招,然后再拓展自己。什么都懂,什么都不精,可不行。你应该学有所长,要有自己擅长的东西。"杨瑞林笑着提醒邹碧华,后者连连点头。

那么,如何来寻找自己的"点"呢?邹碧华将目标锁定在了张佳文身上。

张佳文是庭里的内勤,因为每年要给庭里写总结,所以法官们平时审完案子就会交一份裁判文书到他手里。

一天,张佳文正埋头整理资料,邹碧华走到了他的面前。

"张老师,我能借一下您这里的法律文书看看吗?"邹碧华不好意思地问。

张佳文一抬头,原来是刚到庭里才两天的北大毕业生。"好多文书呢!"

"没关系,我想学习学习。"邹碧华笑了笑。

张佳文把厚厚的几沓法律文书给了他。

很快,张佳文发现,邹碧华常常在下班后边看文书边整段整段地抄写。

"别抄了,我帮你复印好了。"张佳文从没见过如此用心的大学生,邹碧华一听能复印,高兴得连声道谢。

高境梅是经济庭的情况调研组组长,作为庭里出了名的笔杆子,她擅长写调研材料,庭里大大小小的材料大多出自她手,她也看出了这个新来大学生的与众不同。

一次,高境梅经过邹碧华所住的集体宿舍。走到宿舍门口时,她惊奇地发现邹碧华正对着一面白墙在"面壁"。

这是干嘛呀?高境梅百思不得其解。

"他在背英文单词。"室友笑着告诉她。

这么用功的小伙子！高境梅在心底赞叹。

有人喜欢邹碧华的勤奋，但也有人不断给他"泼冷水"。

"小邹啊，高级人民法院这个地方就是论资排辈，提拔不提拔不是自己说了算的。只要年限到了，没犯过错误，副处级是起码的。"有人不痛不痒地说。

"在这里，年龄是第一位的，能力是第二位的，事情要干但不能干得太好，一旦干得太起劲、太'红'，反而要坏事。"有人提醒邹碧华。

"我们这一批人是最吃亏的，什么都从我们这一批开始。"同一批进法院的人也在向邹碧华抱怨。

邹碧华渐渐开始有些心烦了，难道我一个堂堂的北大毕业生就这样庸庸碌碌地在机关里过下去吗？让邹碧华感到压力的是，此时女友唐海琳在银行的发展正如日中天。

银行监察部门安排唐海琳给行里职工讲课，此后，受到器重的唐海琳被评为助理会计师，并很快被抽调到分行工作组，由行长带队对一些支行进行领导班子的考核。由于工作上的出色表现，唐海琳被评为银行的优秀党员，随即又升至副科级监察员，这样的速度在当时的银行系统是非常少见的，很多年龄比唐海琳大 10 岁的人仍然是银行的普通工作人员。

"我想我会干得更出色的。"当唐海琳信心满满地把这些好消息告诉邹碧华时，邹碧华的内心既为女友高兴，又为自己感到无奈。

"机关病就是空闲。"邹碧华躺在宿舍床上五味杂陈地想。机关虽然也忙，但毕竟忙的时间少，大部分时间在浪费。论资排辈靠背景的现象不根除，他就只能这样一直等下去。如果是一批人同时竞争，他不会有任何异议，只有一个字"拼"，但目前这种情况，最起码 5 年内是不可能的。

一想到这些，邹碧华就觉得浑身没劲。

"在法院里就是这样吗？"有一次，邹碧华忍不住问庭里的一位副庭长。

"在这个论资排辈的地方,相当长的时间里得甘于寂寞,我在法院里干了几十年了,就是这样!"副庭长说。

"那我要去画画,我希望有朝一日在画坛上留下自己的名字!"邹碧华说。

"你画啊,大胆地去画!"副庭长鼓励道。

绘画

若不是当年考上北大的话,邹碧华最想去的其实是中央美术学院。

从8岁开始,邹碧华便师从父亲习画。每个周末或暑假,父亲邹连德在文化馆举办的少儿绘画培训班里做老师,邹碧华便和小学员们一起坐在画室里从早到晚地画。一个茶杯、两只鸡蛋、一个饭碗、一个酒坛子……从轮廓到结构,从质感到布局,邹碧华沉醉在静物素描和水彩水粉之中,内心充满了对艺术的狂热和喜爱。

邹碧华画画的时候特别安静。刚开始学画时,学校的功课不多,他常常收集一些美术图片。考入北大后,邹碧华经常骑着自行车到颐和园、圆明园去写生,每逢中国美术馆有画展,他便啃着面包沉醉于各类画展之中,有时候盯着一幅画驻足不走,呆上半天。

画画有一种宁静的美。小时候画累了,邹碧华便跑出画室,看着白云在蓝天上静静飘过。长大后,他有时候一个人静静地坐在路边的长椅上,什么也不想,只是享受一下夕阳美景或习习微风。

邹碧华很喜欢父亲邹连德的版画,其中一幅《竹乡雪》让他折服,邹连德常常和他说起那幅画的创作经历。

那是1986年的春节,邹连德正好在家休假,突然门外飘起了大雪。邹连德之前听老表们谈起过山里下雪的壮观景色,一看到大雪,他按捺

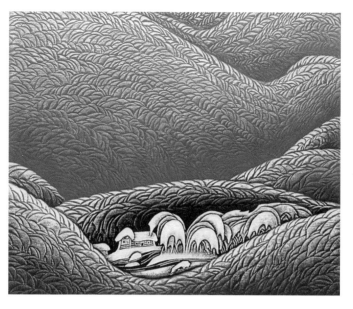

父亲的版画《竹乡雪》是邹碧华最喜欢的作品之一，父亲身上对事业的痴迷和投入也极大地影响了邹碧华的一生。

不住兴奋的心情，急急地带上速写本直奔山区。

坐了40多公里的汽车，骑了3小时的自行车，徒步一天一夜，邹连德在雪花纷飞的山区里待了整整4天。

他被眼前的雪景迷住了：一片片棕榈叶变成了白白厚厚的圆扇子，顶尖上的嫩叶如同剑一般直耸云天，更有那漫山遍野的毛竹落满了白雪，沉沉地弯着腰，偶尔还传来噼噼啪啪的竹竿断裂声……

邹连德兴奋不已，拿出本子开始速写。因为山里气温特别低，邹连德的双手几乎冻僵，他使劲儿以拳头握紧画笔，努力地在本子上做着记录。

一山又一山，一村又一村，等到第五天雪化了，天也晴了，邹连德才下了山。

当年10月，邹连德创作的《竹乡雪》获得了全国版画展优秀创作奖，1988年10月入选在日本神户举办的版画展，1989年这幅作品参加

邹连德在 20 世纪 80 年代参加日本神户版画展时，其作品《竹乡雪》被印成明信片作为展览的海报宣传。

了第七届全国美展。

"我爸很痴迷于版画。"每次向朋友们介绍父亲时，邹碧华的语气中都充满了骄傲。

现在，邹碧华来到了上海。法院的慢节奏让他无可奈何，他开始在画画中寻找寄托。素描、水彩、油画、外出写生、临摹作品，邹碧华每天都在画画，几乎到了一种着魔的状态。

绘画的书很贵，水彩、水粉、油画的书籍价格一般都超过十元，邹碧华有时咬咬牙买下来，有时也只能望"书"兴叹。材料、画布、画纸都贵得要命，一小管颜料要一元多钱。而令邹碧华头疼的还不是这些，他最发愁的就是买不到画架子，画油画得绷画布，没有架子根本无法作画。

来到上海后,邹碧华每天晚上都会打开画箱,沉浸在绘画的世界中。

"不管情况发生什么样的变化,我都会毫不犹豫地坚持画下去。"邹碧华给父亲写了一封长长的信:"我如今也是二十五六岁的人了,我深信自己绝对不是一时的冲动才热爱上绘画,我并不把政治上做官作为我的目的,因为这不是我的能力所能左右的,但我可以把绘画出名作为目的,因为这是我的能力能够左右的,而不是由某个人说了算的。人的一辈子都在选择,有位哲人说过,选择是一个痛苦的过程。但我以为,我们可以用灵活的姿态降低这种痛苦。"

邹碧华开始不断邮寄画作给远在江西老家的父亲,希望从父亲那里得到指教。

邹连德很欣赏大儿子的才华,他看出了邹碧华在绘画上的天赋,但几十年的绘画生涯让邹连德深知其中的艰苦,儿子现在又搞法律又搞画画,能行吗?

果然,痴迷于画画的邹碧华遇到了瓶颈。

画了一段日子后,邹碧华发现,自己在画水彩时往往掌握不好水分,临摹作品因为看不到原作而导致无法参悟很多技巧和用笔,他竟然无法画出自己想要的作品来!

一次,面对一条小巷,邹碧华竟然不知道该怎么去进行观察,陷入了无从下手的困境。还有一次,他给唐海琳画肖像,一连画了二十几幅才找出一幅相对比较满意的作品,但头部骨骼结构都不对。最令人丧气的是纷繁复杂的色彩,那些灿烂的色彩彻底打垮了邹碧华,他几乎不知道如何去调色,如何去展现充满质感、肌理感的作品,冷和暖这样的概念对他来说简直太抽象了,令他不知所措。

"油画颜料只能在对比中去再现无限的色彩。"邹碧华痛苦地躺在宿舍床上。他开始理解,为什么人们会说凡·高、高更是在用生命作画,艺术家都是在用心血去寻找自己想要的作品,因为即使油画颜料再丰富,也难以达到与真实色彩的一致。绘画是如此辛苦,苦到无味,苦到令人无法割舍!

绘画成了邹碧华生活中的重要内容,他怀着梦想如饥似渴地画着。

"或许有那么一天,我可以用画笔自由地绘出内心的向往,我孜孜以求的也就是那一天。"邹碧华在心里对自己说。

李国光

做一个上海准女婿是不容易的。那个时代,一个外地人要像模像样地在上海滩打拼不仅需要实力和才华,还需要一颗坚强的心,坚强到足以能够顶住周遭不屑的眼光和冷言冷语的嘲讽。

邹碧华默默努力着,但他越来越缺乏耐心了。

唐海琳的事业发展远远超过了邹碧华在法院的步伐,女友已经开始进入银行的中层管理梯队,单位配房又配车。而此时的邹碧华犹如"困兽"般在法院里做着"最底层"的书记员,拿着几百元工资,遥遥无期地等待着。

每天下班,邹碧华都觉得疲惫无力,完全失去了原先在学校里的那股朝气,唯一能够让他散散心的就只剩下绘画了,但绘画又不断遭遇瓶颈,这让他心烦意乱。

一天,邹碧华鼓足勇气走进了上海市高级人民法院副院长李国光的办公室。

李国光是一位富有传奇色彩的院长。1985 年,李国光从工作了 24 年的西藏法院调到上海市高级人民法院担任副院长。这位从北京大学法律系法律专业毕业的院长,不仅是国家乒乓球、篮球三级运动员,同时也擅长管理审判业务和综合部门。李国光分管过的审判业务部门有刑事、民事、经济、行政、执行、知识产权、海事海商、铁路运输、国家赔偿等,分管过的综合部门则有办公室、研究室、政治部、司法行政等。来到上海不久,李国光被最高人民法院授予"长期从事人民法院工作,为我国社会主义司法事业作出贡献"的荣誉证书。

邹碧华第一次走进李国光办公室的时候,李国光正分管上海市高级人民法院经济庭。

"李院长,我有些心里话想和您讲。"邹碧华直言不讳地说。

"好啊,来,请坐!"李国光戴着一副斯文的黑色边框眼镜,穿着带有红色肩章的蓝色制服,他对着邹碧华笑了笑。

"我是北大毕业的,但我觉得现在的工作显不出我的优势……"邹碧华坐了下来,他把压抑在内心的苦闷一股脑儿地说了出来。

李国光静静地听着,没有打断邹碧华。

"……李院长，我很彷徨，我有精力有时间，但感到有劲儿无处使，法院里好像没有我的用武之地。"邹碧华皱着眉头说完最后一句话。

李国光是个爱才的人，也是个说话非常直爽的人。

"小邹，你从一个本科生到人生地不熟的上海，心里的孤独彷徨我能理解，我将心比心地告诉你，我的经历和你是一样的，只不过我比你大了20岁而已。"

邹碧华定定地看着李国光。

"24年前，我带了一只皮箱到西藏，听不懂西藏话，一切从零开始，我从最基础的办事员做起，然后再到书记员，接着书记员又干了8年，我的入党在西藏也拖了11年才解决，你现在的心情和我当时的心情处于同一层面。"

李国光扶了扶眼镜，往事历历在目："在西藏工作了20多年后，我47岁才来到上海，快年过半百了还处于零状态。我虽然出生在上海，但实际上是在无锡长大，我拿着自己在西藏的工作证和北大毕业证找到上海市高级人民法院福州路209号，门口传达室的法警还以为我是上访的人员。我在上海不认识任何人，此前也没有见过这里的院长，我能来到上海市高级人民法院完全是靠自己的实力走到今天。"

李国光掷地有声的话语像锤子般敲打着邹碧华的心，邹碧华没想到眼前的这位院长经历如此坎坷。

"在上海，你要开花结果就要靠自己！"李国光的语调渐渐严厉起来，"我在西藏综合部门工作，但我不放松业务积累。不办案子可以跟踪案子嘛。北大法律系给了我法学基础和底蕴，我自己再去翻阅期刊、教科书，不忘记学习，所以我从西藏调到上海，就好像是做阑尾炎的医生去做心脏手术，整个过程都是无缝对接，没有什么不适应，马上在上海干开了。"

李国光看了一眼邹碧华："你一来就是书记员，年龄、人才环境，什么都比我强。上海是一个移民城市，讲求实力。你做出来人家就会尊重你，不是光靠嘴巴上讲的。如果是审判员，你要比别人会办案子、会总结经验。如果是书记员,你不仅要会记录,还要比别人记得全记得好。你现在的状态是什么?"

邹碧华的脸有些微微发烫。

"你不要过多地从其他方面考虑,你要进步是对的,主要靠自己实力,赶快熟悉上海的环境,熟悉上海的法院工作,赶快把自己学到的东西用于办案。"李国光指着桌子上的材料和卷宗说道。

这次谈话对邹碧华来说犹如醍醐灌顶。同样是北大的毕业生,李国光——一个这么优秀的人经历了比他更多的曲折、更多的等待,直到现在仍然不懈怠,他邹碧华凭什么不满意!

邹碧华沉默了。回到宿舍后,他静静地躺在床上陷入了沉思。

"我到底要成为一个什么样的人?"他的手轻轻触摸着墙上那一张张写满英文单词的卡片,画箱在桌上默默看着他。

邹碧华想起了老家的油菜花,那春天里的油菜花金黄一片,空气中到处弥漫着香味,河水在阳光下缓缓流淌,偶尔有只蜜蜂嗡嗡地从耳边飞过。

他也想起了北大的未名湖畔,秋天的未名湖畔美丽宜人,湖边的树木落叶缤纷,五颜六色的叶子洒满一地,透过树隙的阳光细细碎碎地洒在地上。

"我到底要成为一个什么样的人?"邹碧华默默地问自己。

日子一天天地平静滑过。一天,李国光来到经济庭,他想找人写一份调研材料,正巧邹碧华在。

"你来写个材料吧!"李国光想了想,对邹碧华说。

"是,李院长!"邹碧华的精神劲儿一下子提了上来。

20世纪八九十年代的上海,正是告别计划经济走向市场经济的快速转型期,李国光分管经济审判,所以他一直在思考,如何让全体经济审判法官以更宏观的视角发挥审判职能,使法院审判不仅能够推进上海的经济建设和改革开放,还能做到法律效果和社会效果统一。

"全市法院经济审判工作会议马上就要召开了,你写一个司法统计分析的材料,调研一下今年全市法院经济案件中的二审改判、维持原判情况,和去年的案件情况做一下对比。"李国光简明扼要地说着文章的要求,邹碧华飞快地用笔记着。李国光看着邹碧华低头记录,他想锻炼一下邹碧华,这个小伙子有抱负,但首先要学会在经济纠纷中寻找案件特点、归纳规律性意见,真正做到把法学理论与司法实践相联系。

"要有数据分析、案例分析,总结出类案的特点,分析是什么因素造成案件改判,如果改判少了,原因又是什么? 不要空,不要单纯都是理论,要调研,要从各类案子中辩证地发现分析问题。任务很紧,你自己去找案例。"李国光说。

"好的!"邹碧华兴奋不已。这是他第一次写调研材料,平日里,庭里的材料基本都由高境梅来写,有好几次高境梅累得直哭,邹碧华看在眼里疼在心里。偶尔,也会有个小念头闪过他的脑海——"领导们为什么不让我做呀?"

现在,分管院长亲自点名了。

"两个星期后把稿子交给我。"李国光临走时说。

"好!"邹碧华一个立定。

邹碧华开始在成堆的判决书里苦找案例,然后捧着一沓判决书回到宿舍里埋头苦写。写了又写,改了又改,他第一次感觉到自己审判经验的缺乏,有几处写得有心无力。但不管怎样,院长对他的信任又让他倍感愉快。

交稿的日子到了,邹碧华来到李国光的办公室。

"李院长,这是您要的稿子。"他忐忑地把稿子轻轻放在李国光的桌子上。

"嗯。"李国光拿起稿子翻阅着,微微一笑,点点头。邹碧华的心顿时安定了不少。

李国光的"小试牛刀"让邹碧华信心倍增,而这次偶然的写稿事件也让邹碧华在庭里走上了写材料的道路,让一个书记员写调研材料,这在当时的高级人民法院是不多见的。

一念之间

人生中的很多事,有时回过头来看看,其实就是一念之间。

在和分管院长李国光深谈后,邹碧华变了,他开始重新将一部分精力调配到法律上来。白天工作,晚上回到宿舍要么看书,要么画画。

1990 年 6 月 12 日,邹碧华和唐海琳登记结婚了。得知这一喜讯的邹连德和许贻菊写了一封祝贺信给这对新人:"碧华、海琳:近好。当全家得知你俩已进行结婚登记的喜讯非常高兴,我和你妈妈代表全家向你们祝贺,祝贺你们白头偕老,永远幸福,待单位安排好住房时,圆满完婚。时间真快,碧华呱呱落地牙牙学语好像还是前不久的事,我们心目中的碧华好像还是个亲切可爱的小孩,而现实中已是个地地道道的男子汉了。我们衷心祝愿你们既能成为一对美满夫妻,又能成为一对生活的强者。祝美满幸福!"

邹碧华开心地笑了,父母由衷的祝福让他对未来充满了憧憬。不久,唐海琳的单位新分配了公房,两人兴奋地在公房里琢磨如何装修。

"这地板挺好的,就不用换了。"唐海琳踩了踩以前屋主留下的地板。

"嗯,买一点家具就行了。"邹碧华左右看着。这次结婚,他和唐海琳拿出了各自所有的积蓄用于装修房子和操办婚礼。

一套两室户的公房,一个房间 11 平米,另一个房间 7 平米,门口一处权且当餐厅,房间外的阳台可以做烧菜煮饭的地方。

"大房间做卧室,小房间做书房吧。"邹碧华说:"墙上做些橱柜,家具只要买个床就行,白色的。房子小,颜色太深不好,你说呢?"

"嗯。"唐海琳笑着回答,"我们省着点用,以后办酒席还要花钱,一桌 250 元只能算中等,还不包括烟酒呢。"

"结个婚可真不容易!"邹碧华叹笑道。

筹办婚事、装修房子、研究法律、学习绘画……邹碧华的生活一下子丰富起来,他有些应接不暇了。

无数个深夜他拿起画笔,布局、构图、个性、冲击力,艺术的美一下子充盈着他整个头脑,他废寝忘食地画,沉醉在创作中。而当他收起画笔,转头看见枕边的法律书时,李国光的声音不停地出现在他的耳畔——"赶快熟悉上海的环境,熟悉上海的法院工作,赶快把自己学到的东西用于办案!"

1992 年年初的一天,邹碧华经过卢湾区文化馆,看到了一个绘画班的招生启事,这个绘画班以素描静物、石膏像、色彩静物为主,一期 3 个月,主要对象为各类考生,业余爱好者也可以报名,每周一、二晚上 6 点至 9 点。

"时间不紧,交通也很方便,从那儿回家只需一刻钟左右。"邹碧华有些心动。

这个时候,法院里传来的一个消息——最高人民法院高级法官培训中心委托北大、人大举办高法班,这个高法班承担着为全国人民法院储备培养人才的功能,类似于"高级法官的预备班",有意参加高法班者可以经过自己报名和单位推荐相结合的方式,参加定于当年 2 月 16 日的全国英语选拔考试,考试优异者可进入北大、人大专设的高法班,攻读一年。

邹碧华心动了,他跃跃欲试。

"怎么办,去报名吗? 可是时间呢? 是画画,还是法律?"他犹豫地看着自己一本又一本的速写本、层层叠叠的水彩水粉画……以他的埋头苦干精神,或许有一天能在法律上有发展,以他的刻苦追求,或许有一天也能在绘画上成功,但两者都需要全身心的投入,而他没有那么多的时间和精力。

"你的职业不在绘画,在法律!"一个声音突然从心里冒出来。

邹碧华吓了一跳,他突然醒悟了。

久久地,他凝视着自己的画作,然后一幅一幅收起来,最后连同画箱一起束之高阁。

一个痴迷画画的邹碧华走了。

"我要做中国最好的法官。"邹碧华对自己说。

第二天,邹碧华向院里申请报名参加英语选拔考试。很快,他拿到了考试通知。

这次英语选拔考试非常严格,全国法院的考生按照所属区域的不同,在华东、华中、华南等六个考区参加考试,最后入选高法班的仅有80个人。

"……爸爸妈妈,我已报名参加最高人民法院高级法官培训中心委托北大举办的高法班考试,2月16日在南京考试,如在春节期间集中办婚事,我根本不可能有精力去复习,既然已报名,如考不取是很不好的,希望得到你们的支持。"虽然只有半个月不到的复习时间,邹碧华浑身上下充满斗志。

邹连德和许贻菊立即向邹碧华表示了同意:"你们可以先在上海摆上两桌酒席宴请女方亲戚,然后过一段时间再补上男方亲戚这里的酒席。"

邹碧华(右一)与唐海琳在经过恋爱长跑后,终于在上海喜结连理。

1992年1月18日,邹碧华和唐海琳在上海市政协的机关食堂里办了一个简单的结婚仪式,邹连德和许贻菊从江西赶来。当看到儿子举杯接受亲朋好友的祝福时,许贻菊笑得合不拢嘴。

2月14日,邹碧华来到江苏省南京市。

这次考试,考区所在的法院进行了精心安排。江苏省高级人民法院政治部专门为提前到达南京市的考生安排了住宿和饮食。考试当天,在能够容纳上百人的多功能厅内,江苏省高级人民法院政治部主任亲自挂帅,带领十多个监考法官在考场监督。

邹碧华信步走进考场,有很多考生在埋头背单词。他笑着和一个正在低头看书的考生搭讪:"你哪儿的?"

"江苏省南通市的,你呢?"对方抬起头。

"上海市高级人民法院的,我叫邹碧华。"

"我叫葛锦标。你不看书?挺潇洒啊!"

"哈哈!"邹碧华笑了,他仿佛回到了学生时代。

2月18日,考完试的邹碧华返回上海,他总体感觉不错,但因为对全国各地的情况不了解,邹碧华的心里有些七上八下。

半个月后,他忍不住悄悄给最高人民法院的同学打了个长途电话。同学在电话里告诉他:"成绩刚出来,你的成绩很好,肯定能录取!"

邹碧华赶紧回家将喜讯告诉唐海琳:"想想这次考试也真不容易,又是筹办婚事又是过年,实际上只有过年后的十来天时间复习,基本上是吃老本。"邹碧华对妻子"得瑟"起来。

"还是耐心等几天,拿到通知才心定。"唐海琳提醒他。

邹碧华调皮地做了个鬼脸,他的心已经飞向了高法班……

高法班

葛锦标拿着行李来到了北大最南侧的 37 号楼,这是他第一次到北京。

葛锦标长得不高,皮肤黑黑的,说话声音不响,属于内涵型。1988年,他从苏州大学毕业,进入江苏省南通市中级人民法院工作,被分配到民庭,主要做内勤工作。

"来,这里就是你的宿舍!"楼建波接过了葛锦标手里的行李。

楼建波是邹碧华的本科同学,本科毕业后楼建波直接在北大读了研究生,然后留校做了老师。说来也巧,葛锦标来京读书之前,他所在法院的一位副院长正巧是楼建波的研究生同学,于是这位副院长热情地嘱托楼建波接一下葛锦标,好歹在北大也有个熟人。

这边葛锦标在安顿住宿,那里邹碧华已经早早安妥一切,忙不迭地"串门"去了。

"洪堂,洪堂!"邹碧华兴奋地直冲李洪堂的宿舍,当年读本科时嬉笑打闹的场景仿佛就在眼前,如今他邹碧华又回来了!

"你来啦!"李洪堂一下子从床上跃起,开心地拍着邹碧华的肩。

"是啊! 来上高法班了,顺便看看你这研究生读得怎么样!"邹碧华笑着。

"来,我给你介绍,这是智勇,他本科也是咱们北大毕业的。"李洪堂转过身,向邹碧华介绍室友。

"噢,你好,你好!"一听说都是北大的,邹碧华笑着向对方伸出手。

"你好!"张智勇站起身,握了握邹碧华的手,"早就听洪堂讲起你了,说你运动健将,啥都好,跳高跳远羽毛球⋯⋯"

李洪堂一听"羽毛球",赶紧想捂住张智勇的嘴。

"好啊,你还说羽毛球!"邹碧华夸张地眉毛一扬,两眼一瞪看着李洪堂,"那年决赛你做裁判,你自己说判得公不公平!"

"那不是风力帮了柴杰嘛,你当体育委员老拿冠军也不行,要避嫌——"李洪堂把"嫌"字的音拖得老长,邹碧华大笑起来,狠狠地捶了他一下。

张智勇被眼前的哥俩儿情谊感染了,他忍不住问邹碧华:"你是法院的吗?"

"是啊,我在上海市高级人民法院工作。"

"我怎么感觉你不像啊!"张智勇脱口而出,李洪堂顿时笑弯了腰。

串好了门,邹碧华乐呵呵地往自己宿舍走去,正巧撞见楼建波和葛锦标。

"建波!"邹碧华喊了一声。

"哎,碧华!"楼建波笑着招手,然后指着高高瘦瘦的邹碧华向葛锦标介绍,"这是邹碧华,我的本科同学,也是你们高法班的班长。"

这人的脸怎么那么熟? 葛锦标一下子愣住了。

"你,不就是上次在考场上看书的……"邹碧华也突然想了起来。

"对啊,怎么那么巧!"葛锦标乐了。

"嘿嘿!"邹碧华咧嘴笑了。

轻松、愉快、新鲜又充满好奇,高法班的日子就这样开始了。

全班一共44人,邹碧华是班长,因为只有他在北大读过本科。每天,同学们拉着他问这问那,他很快成了大家在北京的"学习和生活向导"。

"碧华,这事儿应该去北大哪里办啊?"

"哪个食堂的菜好吃又便宜?"

"我想找老师协调一个事儿,你能帮我先问问吗?"

"北大外面有什么好玩儿的呀?"

"碧华,有看电影的地方不?"

邹碧华俨然成了班里的"老大",应接不暇地指导来自全国各地人民法院的兄弟姐妹,这些曾经在法院里埋头苦干的法官、书记员们再次回到了学生时代,心情分外轻松。

每天上午四节课,全班同学聚精会神地坐在教室里,听着英语老师熟练的美式发音,精读、泛读、听力、写作,全部的课程围绕英语展开。高法班是最高人民法院与北大、人大的合作项目,它的课程既契

1993年,上海市高级人民法院领导前往北京大学看望在北大高法班中就读的上海法院在职干警,当时的邹碧华(后排左二)已经考取了硕士。

合今后的研究生考试,又综合考虑了法院今后对外司法文化交流活动的需要。

邹碧华的英语很出彩,他常常发表一些别出心裁的见解:"《毕业生》里的那首歌曲《Scarborough Fair》实际上是一首反战歌曲,它的标题可以谐音读成'Scar borrowed fair',就是'伤疤借走了和平',其实就是战争给人类带来伤痛的意思!"

"你真牛呀!"有人对邹碧华佩服得五体投地,邹碧华嘿嘿一笑,他想起了自己大学本科一年级英语考试时排名倒数的情形。

上午的课程结束,下午的生活就丰富多彩了。除了看书、复习,很多人都去广场上打排球,高法班里有五个来自东北、天津的女生,人长得高,打球也有"女排"精神。

"走,打排球去!"一次,邹碧华拉上葛锦标。

垫球、击球、提肩、压腕……操场上,男女生们一起混打,好不热闹。

邹碧华时而助跑上网,时而反手扣杀,他灵活的战术加上队员的拼搏精神,打得对面的葛锦标一队落花流水。葛锦标站在后排不停地防守,在一片狂轰滥炸中跑得满头大汗。

"你这国家三级运动员真是厉害!"比赛结束时,葛锦标气喘吁吁地对着邹碧华直摇头。

友情有时就是来得这么快。相较于邹碧华的"张扬",葛锦标非常"含蓄",但两人在一起却非常融洽。葛锦标很欣赏邹碧华的热情与豪爽,邹碧华也对葛锦标的法学钻研钦佩不已,只要一说到法律,两人的相似点就不断地冒出来。

葛锦标刚进法院时,因为家住得远,单身的他索性晚上一直住在庭里,利用整整两年的时间,把南通市中级人民法院所有的判决书、调解书、信息、情况简报认认真真看了个遍儿,就连会议资料他也津津有味地读了。

"你也这样啊!"邹碧华想起了自己当初向张佳文要文书看的一幕,这世上还真有这么相似的人。

"是啊,其实搞调研不用弄别的,法院最大的优势就在法律文书里。"葛锦标说。

葛锦标这样说是有道理的。1991 年,全国人大颁布了《民事诉讼法》,江苏省法院系统立即开展业务培训。葛锦标所在的民庭有 30 多人,除庭长外,只有葛锦标是大学生,庭长将编写民诉法教材的重任交给了才进法院三年的他,幸好有了整整两年的"法院夜读",作为书记员的葛锦标写出了一本厚厚的辅导教材,令人刮目相看。

"如果没有在庭里看了那么多法律文书,是不可能有这些积累的。"葛锦标坦言。

"可不是嘛!"邹碧华使劲拍了拍葛锦标的肩,"你是我们班上唯一一个已经出过书的人呐!"葛锦标不好意思地笑了。

"走,庆贺一下!"邹碧华忽地站起身。

葛锦标知道,邹碧华要召集"小聚"了。所谓"小聚",就是邹碧华叫上几个同学去食堂和小卖部买来凉菜、花生米和啤酒,然后拉上一大帮同学,嘻嘻哈哈地挤满宿舍一起喝酒一起说笑。每次喝酒,那一大瓶一大瓶的啤酒便像男子汉般站在宿舍桌子上,当然,这种"小聚"多半是邹碧华买单。

"来,为标哥干杯! 为法律干杯!"邹碧华扯着嗓子喊。

"干杯!!"一圈人群情激昂。

"你就是个鬼,太机灵了!"葛锦标忍不住对邹碧华说,邹碧华大笑。

热心、大方、调皮、开朗,每天只睡三四个小时,精力充沛又能言善辩,这是全班同学对邹碧华的一致评价,而邹碧华最令人佩服的则是——看书。

"哎,你看书怎么那么快,一晚上两本?"张智勇好奇地问邹碧华。

"我看到一本好的法律书时会一口气把它读完,有时候我也会把十几本法律书放在一起研读,直到把我想要了解的问题搞清楚。"邹碧华拿着书边翻边说:"有时候看书并不需要一字一字看,先看一下开头和结尾,中间大致翻一翻,过一遍。那些我不了解的领域,比如推导公式,我有时候看不懂,就看它结果。如果这个结果经得起推敲,我就会使用,如果有所置疑,我就再去进一步思考。"

"嗯,有道理!"张智勇叹服。

不过,邹碧华也有令人"头疼"的地方,他常常喜欢与人辩论,而且又特别善辩,法律的、贸易的、政治的……只要一辩论,邹碧华就语速加快,气势压人,不辩倒对方绝不罢休。

"我说,你觉得自己刚才讲得对吗?"有一次,葛锦标听出邹碧华的观点有些"瑕疵"。

"嘿嘿,我知道自己错了,但既然辩了,就要和对方辩到底!"邹碧华孩子气般地笑着,葛锦标摇头叹笑。

看书、读英语、打球、听讲座……高法班的生活节奏就像一曲舒缓的小提琴,在邹碧华、葛锦标这些年轻法律人的身上不声不响地留下了欢乐的烙印。

考研

转眼到了下半年,课程开始有了变化。除了英语课之外,北大还专门针对翌年举行的研究生考试安排法律系老师来上专业课,很多人也开始考虑起考研的事情来。

"碧华,你帮我去问问某老师吧,我想提前跟他沟通沟通。"有人拜托邹碧华。

"好,我帮你去问。"邹碧华一口答应。

"哎,那你准备报哪个专业?"那人又问,邹碧华笑了笑。

班里的同学大都准备报名参加研究生考试,除了几名女生由于家人不同意而被迫放弃考试。

"我要考吗?"邹碧华在心里一遍又一遍地问自己。他决定先回一趟上海,看看单位里怎么说。

邹碧华没想到,他考研的想法竟然在庭里引起了不小的波澜。

"已经脱产读了一年高法班,还想读研究生,不安心工作嘛!"有人在背后悄悄议论。

"这种大学生,就是把法院当跳板,考出去了就不回来了。"有人一板一眼地分析。

邹碧华感到了一丝陌生。这是怎么了?自己只是很简单地想去读书深造一下,怎么在别人眼里就成了一种居心叵测的"算计"了?!

还去报考吗?邹碧华开始在心里纠结。去报考,有人会说闲话,单位也未必会同意。不报,以后就再难有机会了。

他突然想到了李国光。

——也许李院长能理解?

"李院长!"邹碧华再次走进了李国光的办公室。

"嗯。"李国光用手指了指面前的椅子，示意邹碧华坐下。

"我……想到母校读研究生，我能不能报名？院里能不能让我带薪去读?"邹碧华坐下来想了想，鼓足勇气地问。

李国光微微笑了笑："读研究生是我们过去几十年梦寐以求都得不到的东西。以前读研究生不是考的，是老师指定的，你现在要去北大读研究生，我支持你。"

邹碧华没想到分管院长竟然这么爽快地同意他去考研究生，顿时喜出望外："谢谢，谢谢李院长!"

"但是否带薪要组织上定，你现在好好工作。"李国光顿了顿，然后接着说，"不过你要记住，考研究生的目的是为了更好地为法院工作，为将来能做一个有成就的法官做铺垫，而不是为了你自己个人找出路。"

"嗯，我知道!"邹碧华用力点了点头。

"你按照程序来，先由庭里签署意见，然后报到我这里，带薪不带薪你可以提出要求，但你不要过多考虑。"李国光最后说。

走出院长办公室的一刹那，邹碧华的心里一片阳光，他深深感激这位北大的师兄、令人尊敬的长者对他求学之情的理解，一股从来没有过的力量从内心升腾起来。

很快，邹碧华向庭里打了报告，庭长拿着他的报告来向李国光汇报。

"庭里什么意见?"李国光问。

"主要听您的意见，李院长。"庭长递过报告。

李国光仔细看了一下报告，然后对庭长说道："我们法院正是用人的时候，要多培养一些人才。我同意邹碧华读研究生，同意他带薪读，不过要读只能读经济法，你和他明确一下。"

"嗯。"庭长点点头，退出了李国光的办公室。

不久，邹碧华终于拿到了同意他报考北大研究生的批示，他兴奋地来到李国光面前："李院长，谢谢您的关心!"

李国光看出了邹碧华的兴奋,这种兴奋的眼光他在记忆中也曾遇见过两次,但如今每每想起,却让他心中隐隐作痛。

"你坐下,我有几句话要和你说。"李国光表情严肃地看着邹碧华。

邹碧华坐了下来,一声不响。

"你知道院领导为什么要考虑带薪不带薪的问题吗?因为我们之前已经有过教训。"李国光的话让邹碧华一愣。

原来,在邹碧华之前,上海市高级人民法院曾先后将院里的两位年轻大学生分别送往美国哥伦比亚大学、中国政法大学带薪攻读研究生,法院的原意是想培养人才,没料到两人出去后却再也没有回来。李国光亲眼目睹了这些年轻大学生读研后的思想变化,他痛彻心扉。

"和他们都讲清楚读完三年必须回法院工作,但最后却失信了。"李国光一字一句地说道:"现在轮到你了,邹碧华,你是我们法院第三个批准带薪出去读研究生的,我不希望你成为第三个带薪读研而最终撕毁协议的人!你的带薪申请我已经批了,政治部有一份协议,你签一下字。"李国光从抽屉里拿出一份协议给邹碧华。

邹碧华低头看了一下协议,很快在上面签了字。

"放心吧,李院长!"他郑重地说。

考研就这样突然间成了邹碧华要面临的一场考验。邹碧华马不停蹄地赶回北大,进入了疯狂的备考。他选择了国际经济法专业,那是北大最热门的专业之一,有超过300人报考,而北大当年只招收一名。

邹碧华算了一下时间,只有短短50天的时间可以复习,他立即列出了详尽的复习计划和日程安排:每天早上6点赶到图书馆看书,中午在学校食堂简单吃一点,或者带上面包牛奶直接在图书馆里边吃边看,然后到晚上12点回宿舍。

日以继夜,夜以继日。随着考期的临近,邹碧华每天看书的时间延长到了凌晨三四点,有时实在看得困了,他便回到宿舍把被子往身上一裹倒头便睡。几个小时后,他又精神抖擞地起床继续"啃"书。面对眼前那一堆又一堆的书,邹碧华第一次感觉到看书看得想吐了!

考试来了,邹碧华走进了考场。

整整一个楼面的教室门口都站着监考老师,每个教室里都坐满了信心满满前来报考国际经济法的考生。邹碧华走过一个又一个教室,一个个正襟危坐的考生从他的眼角掠过。

"只收一名,只有一个名额,那就意味着这个楼面的所有考生里,最后只有一个人能考上,而那个人必须是我!"他在心里对自己说。

一共考五门,其中经济法那张考卷出了两道邹碧华从来没见过的题目,他有些意外,但很快不慌不忙按照自己的思路做了回答。

最后一门考完后,邹碧华走出教室,中午的阳光刺进了他的眼睛,他一下子觉得好困。吃饭、聊天、打球,这些都已经不重要了,邹碧华心里唯一想的就是"回去睡觉"。

疲惫不堪地走进宿舍,邹碧华摘掉眼镜,一头倒在床上,沉沉地睡着了。

朦胧的夜色降临了,宿舍里出奇地安静。邹碧华睁开眼睛醒了过来,同学们都已经回家了,只剩下他一个人。他坐起身,拿上饭盒慢慢走向食堂。

食堂里没有什么人,邹碧华一边吃饭一边听着食堂里正在播放的《新闻联播》。突然,他听到新闻联播报出的日期——天哪,居然已经是第二天的晚上了! 他连返程的火车也误了!

邹碧华哑然失笑。

1993 年 3 月,邹碧华从书记员晋升为助理审判员,他兴奋地给老家的父母亲打了个电话。

"妈,我现在是法官啦!"邹碧华的声音穿透了听筒。

"呵呵,好,好啊! 要做一个有良心的法官啊!"许贻菊笑着叮嘱儿子。

"嗯!"邹碧华重重地应了一声。

儿子

1993 年 9 月，邹碧华再次拿着行李来到燕园。

一切还是那么美，碧波荡漾的未名湖，静静矗立的博雅塔，曲径通幽的林间小路。高法班有 11 人考上了北大研究生，邹碧华是其中之一，他如愿以偿地考上了国际经济法专业。

秋天的校园特别宁静，林荫道两旁的银杏树变成了金黄色。清晨来临，叶子洒满一地，阳光悄悄透过树隙细细碎碎地穿透下来，一片落英缤纷。邹碧华绕着未名湖畔跑步，他想起了刘文正的那首《春夏秋冬》："你似微风吹醒我心灵，羞怯还带着惊喜。默默递给我一朵小野花，带给我喜悦的春……"

海琳已经怀孕。临行前，邹碧华握着妻子的手恋恋不舍。人生有时候就是这样，越是希望在一起的幸福，越是要忍受远行的分开。

"分开是为了更好地在一起。"他说。

"嗯。"唐海琳点了点头。

一片叶子轻轻落在了湖面上，涟漪懒懒地散开着，邹碧华停下脚步，出神地看着……这个家很快将不再是两个人而是三个人了。想到这里，他的脸上漾开了笑容。

研究生班和本科班、高法班有所不同。这一年的北大法学院共招两个研究生班，一个公法班，一个私法班，邹碧华在私法班，班里的同学有着各自不同的专业研究方向，民法、诉讼法、国际经济法、国际私法、金融法……，大家除了平时在一起上必修课外，其他时间多半跟着导师忙专业课或是听选修课，不太见得着面。

邹碧华的宿舍里有四个人，邵明智来自山东，赵新春和温志武都来自湖南。赵新春身上有着很重的北大气息，他崇尚自由民主，喜欢哲学和经济。三年前,赵新春从北大本科毕业来到湖南省计划委员会工作,最后决定辞职考研究生。"我不太适应机关的节奏,还是回来再读读书。"赵新春哈哈笑着。

葛锦标也考上了研究生,和邹碧华在同一个班,住在邹碧华斜对面的宿舍里,但此时的葛锦标一边忙着专业课一边忙着谈恋爱,已经顾不上邹碧华这个"兄弟"了。于是,邹碧华常常去北大图书馆看书和进行"英文教学"。

所谓"英文教学",实际上就是去看英文原版电影,练习自己的口语。在北大图书馆看电影是一种享受,一人一台电脑,付上五毛钱,然后戴上耳机,点上一部自己喜欢的电影,在一个独立的小空间里尽情徜徉。

邹碧华从小喜欢看电影,父亲邹连德刚参加工作时在电影队负责放电影,电影院对于邹碧华而言,就好像是自己的家。《沉默的羔羊》、《教父》、《保镖》、《闻香识女人》……邹碧华一部接一部地看,兴奋不已。

"我爱上了电影,在别人浓缩的人生故事中体会人性的光辉,寻找精神的力量。我爱上了哲学,爱上了独自的思索,在对哲人的智慧中寻找到超越的快乐。我爱上了法律,在法律精神的宣扬和正义的弘扬中寻找到利他的幸福。"邹碧华在笔记中写下了自己的心得。

1993 年 12 月 9 日,邹碧华接到丈母娘打来的急电。海琳快生了,但情况不是很好。邹碧华心急火燎地买了火车票,直奔上海而去。

原来,临近产期的唐海琳在前一天产检时,被查出患有妊娠高血压,医生安排她住进了医院。翌日,医生给唐海琳打了催产素,唐海琳疼痛不已,但还是无法顺产,最后医生决定施行剖腹产手术,唐母在产房外颤抖着签了字。

12 月 9 日下午三点,唐海琳生下了孩子。

"是个儿子啊!"医生拍了一下孩子的屁股。

"哇——"婴儿奶味十足的哭声响起,唐海琳放心了。

邹碧华风尘仆仆赶到医院时,已经是当天晚上了。"对不起啊,赶回来太晚了,苦了你!"邹碧华歉意地对妻子说。

满腹委屈的唐海琳慢慢转过头,望着满头大汗的邹碧华,轻轻叹了口气:"给孩子起个名字吧!"

"嗯,一定要起个好名字!"邹碧华紧紧拉着妻子的手,他俯下身细细看着襁褓里熟睡的儿子,那么香甜的睡眠啊!邹碧华傻傻地笑着,他觉得整个人都发光了。

几天后,邹碧华回到北大,他兴奋地直冲李洪堂的宿舍。

"我当爸爸啦!"一进门他就大声嚷嚷,所有的人都看到了一个年轻父亲脸上的幸福。

"嗬!升级啦!"宿舍里一下子热闹起来,所有的人都羡慕不已地看着咧嘴直笑的邹碧华,尤其是一位贵州的已婚室友,眼睛烧得快把邹碧华吃下去了,他都三十了还没孩子,邹碧华才二十六啊!

儿子的降临让求学中的邹碧华既兴奋又感到沉沉的责任。

"快给我想想名字,我要给我儿子起名了!"邹碧华兴奋地说道。

一时间,北大研究生楼的才子们都绞尽脑汁地竞相给邹碧华的儿子起名字。

"'逸风'怎么样?"赵新春个性比较超脱,喜欢潇洒的味道。

"逸风?"邹碧华想了想。

"对啊,飘逸的逸,一阵风的风,能够超脱那些世俗的东西,做一个有境界有层次的人!"赵新春一口气说道。

"嗯,邹——逸——风——"邹碧华细细"品"着,那神情如同26年前父亲邹连德给他起名时的专注。一个名字,代表着一个家族的期盼,邹碧华深深体味到当年父亲对自己的那份希冀。

"我的心是七层塔檐上悬挂的风铃,叮咛叮咛咛,此起彼落,敲叩着一个人的名字。"邹碧华想起了余光中写的那首《风铃》,每个人,也许只有真正为人父为人母了,才会懂得一颗心被另一颗心牵挂的滋味,才会真正懂得父母给予自己的恩德。

"叫邹逸风吧。"邹碧华和家人商量。

"嗯。"唐海琳挺喜欢这个名字。

"这个名字不错,飘逸,像一阵风!"邹连德和许贻菊也非常中意长孙的这个名字。

邹碧华笑了。儿子的出生让他领略了生命的美妙,同时也让他感到身为父亲的责任,他开始更加努力地投入学习。与此同时,另一个人也开始走进了邹碧华的生命,他就是邹碧华的研究生导师——程正康。

天才导师

程正康个子不高,长得矮矮胖胖,戴着一副宽边眼镜,说起话来有些江苏口音。这位年轻的北大法律系教授是中国第一部环境保护法的起草人,先后主持了《水污染防治法》《环境噪声防治条例》《固体废物法》等多部法规的起草工作,被选为中国国土资源法研究会副理事长、国际自然资源同盟(INCN)环境法学会会员,同时担任联合国秘书长环境犯罪问题顾问。

程正康的老师是中国经济法学和国际经济法学的学科奠基人、北京大学资深教授芮沐先生,人称"芮先生",极受师生爱戴。邹碧华此前听到过一个"传说",当年程正康想入芮沐的门,芮沐拿出一份国际贸易合同让他当场翻译,程正康一愣,表示自己是"学俄语的,不会英语",于是芮沐找来一本英汉词典给他,他只好硬着头皮把合同译完。芮沐最后看了一下翻译文本,收下了程正康。

此后,程正康又师从中国环境法学奠基人、北京大学著名教授金瑞林,并成为金瑞林培养的首个环境法硕士生。程正康的毕业论文《水污染防治立法的理论和实践》紧扣同期国家水污染防治立法,为1984年通过的《水污染防治法》奠定了理论基础。

"那简直是个天才级的人物!"有人这么评价程正康。

邹碧华很喜欢上程正康的课,北大有很多教授都非常尊重学生个人观点的表达,所谓"不畏强权,只尊重真理",只要学生说得在理,教授们常常加以鼓励,而教授们自己的课也是风格鲜明自成一体,这个特点在程正康身上尤为明显。

邹碧华记得,有一次在本科期间听程正康上课,程正康把教科书往桌子上一扔:"那个教材你们自己看,我现在讲我自己的观点。"而每当讲到晦涩难懂的法律问题时,程正康便旁征博引或打比方,让学生们一下子觉得法律趣味横生。

个性强、学问好、精力旺盛、不轻易夸人,这是很多人对程正康的印象。不拘一格的程正康对学生要求特别高,出题常常很难。

一次,有位学生补考,看着考卷上的题目还是不会做,于是翻书找答案,忽听得窗外传来程正康幽幽的声音:"甭找了,书上没有。"

即便如此,程正康的环境法、国际贸易法等课程仍然深受学生喜爱,哪怕只是选修,课堂里也坐得满满的。当邹碧华考取研究生时,程正康在国际经济法领域的研究已日趋成熟,同时,他在实务界的"驰骋"更令人折服。

20世纪90年代的法律系教授,不少人已经有了市场经济的头脑,程正康也是其中之一。自从邓小平南方谈话提出"不要纠缠于'姓资'还是'姓社'的问题讨论,计划和市场不是社会主义和资本主义的本质区别"后,整个社会为之一振,法律界的直接变化就是中国律师制度的根本性转变。

1993年,北京市司法局一举批准了六家合作制律师事务所。1994年,美国律师艾伦·德肖维茨(Alan Dershowitz)的新书《最好的辩护》成为北京街头大大小小书摊上的畅销书。在这样的背景下,不少北大法律系教授一边教学,一边开始走进律师事务所做起了法律实务。"律师"已经不再是过去那种只会出庭打官司的"国家法律的工作者",而是拓展到社会各个角落的"为社会提供法律服务的执业人员"。与此同时,企业也开始广泛寻求法律咨询、服务、顾问甚至项目代表,市场对法律服务的需求逐年上升。

程正康具备学术积累又不失经济头脑,他很快在实务界崭露头角,并成为学生眼中的"成功典范"。学校安排程正康做邹碧华的研究生导师时,正是他事业做得风生水起之时。

"做人要学会敬业,要有社会责任感,要去做一些对社会有用的事情,不要以为只有向乞丐施舍钱是在行善,你把自己的事情做好也是在行善。"程正康看出了邹碧华身上的潜力,他不断地把自己的经验告诉邹碧华,并且提醒邹碧华要善于开拓自己的视野。

当邹碧华询问专业课怎么安排时,程正康回答:"你要听课,去听我给本科生上的课就行了。上课是一部分,看书是一部分,更重要的是把做学问与理解社会结合起来,你要多参加社会活动和勤工俭学!"

邹碧华去勤工俭学了,他找到一家研究机构开始实习。正如程正康所说的,这家研究机构中不乏当代著名的专家、学者对于中国经济学理论和前沿性社会经济问题进行的高质量研究,邹碧华如饥似渴地吸收着知识的养料,获益匪浅。同时,他惊喜地发现,自己对于数字的内在逻辑变化有着非常敏锐的察觉。

一次,在向电脑输入数据时,邹碧华发现一份报告中的一系列数字存在异常,他立即向研究机构负责人提出,负责人大为惊叹。

与此同时,邹碧华开始把大量阅读和实务操作进行结合。"你要学会怎样在最短的时间里把握一门法律的精髓方法,怎样去剖析一个你根本就一无所知的问题。"程正康把自己在实务操作中碰到的实战性问题一个个"扔"给邹碧华去琢磨。

邹碧华很用心,在实务操作的锻炼中,他对法律的感觉犹如英语中的"语感"般,越来越游刃有余。程正康很欣赏这个学生的钻劲儿。邹碧华的优点在于,一旦确定目标便专注投入,而且不"死读书",思路灵活跳跃。

"一个人在遇到困难的时候千万不能低头,一定要学会独辟蹊径,实在没有办法的时候也要学会忍耐,等待时机一举攻克。"程正康对邹碧华说。

不过,邹碧华也有挨骂的时候。一次,程正康把邹碧华叫到家里。

"你是不是认为自己现在已经学富五车了?"程正康严厉地批评道,邹碧华低着头,那些天他读书有些不够用功。"读法律,单单靠研究生时学到的学问是很有限的,你国内的理论、实务要掌握,还需要增加到国外的阅历,更重要的,法律人要学会关于人生、关于理想的思考!这些你都想过吗?"

"好了,好了,来吃饭了,碧华过来!"师母在一旁看不下去了,出来打圆场。

吃完饭,程正康冷冷地丢给邹碧华一句话:"今晚你洗碗!"

自此以后,邹碧华再也不敢在学业上有所懈怠。他完全沉浸在国际经济法、国际投资法、国际金融法、国际贸易法、民法学专题研究、诉

攻读研究生时期,邹碧华的宿舍床上堆满了他买来的各类书籍。

讼法专题研究、国际私法等专业课程和具体实务的学习中了。

"碧华,毕业后你还回法院吗? 像你这么有丰富实践经验又是在上海市高级人民法院工作,别人都抢着要呢!"张智勇悄悄问邹碧华。

邹碧华没有作声。此时的他其实已经被中化集团看中,中化集团开出的月薪是每月一万多,而那时法院的收入还不足两千。他也知道,班里有些同学已经从法院辞职纷纷"下海",还有像赵新春这样的实务派,早早地联系好了金融机构,提前半年修完学分,做完论文答辩,正儿八经地到深圳上班去了。

"我还是读博士吧,我觉得自己的书好像还没读够!"邹碧华说。

"读博士?"张智勇有些吃惊,"你个人业务能力那么强,读完博士那不还得回原单位嘛?"

"总觉得有点高不成低不就的,不读够书会有点遗憾。"邹碧华低头翻着书。

邹碧华说的是实话。研究生的三年让他在学术和思想上有了长足的进步,北大浓郁的人文气息、导师对他近乎偏爱的指导,让他敢于面对任何法律上的疑难问题,敢于挑战任何学术思想权威,他享受在其中,成长在其中,不愿意浅尝辄止。

但是,院里会同意他继续考博吗? 邹碧华有些忐忑。

葛锦标就是眼前的一个例子。读民法专业的葛锦标一直对诉讼法很感兴趣,他早年在法院编过民诉法培训教材,写的《民事举证责任的基本制度研究》一文又在全国法院系统得了一等奖,连中国人民大学的教授都专程邀请他读人大的博士,但葛锦标所在的法院坚决不同意他继续读博,葛锦标犹豫是否从体制中走出来。

"你想好回法院了?"张智勇问。

邹碧华躺在床上,他想起了李国光三年前对他说的那句话——"现在轮到你了,邹碧华,你是我们法院第三个批准带薪出去读研究生的,我不希望你成为第三个带薪读研而最终撕毁协议的人!"

我不希望你成为第三个带薪读研而最终撕毁协议的人! 撕毁协议的人!!

——"回法院!"邹碧华对自己说。

邹碧华真的回法院了。

"李院长,我回来了!"邹碧华走进李国光的办公室。

李国光微笑着看了看邹碧华:"很好,你没有毁约,人品不错!"此时的李国光已经被全国人大常委会任命为最高人民法院副院长、审判委员会委员、审判员,58 岁的他即将动身前往北京报到。

邹碧华提出自己准备继续读博的想法,李国光点点头:"读书很重要,读完回来踏踏实实做人,不要有其他想法。你现在已经快 30 岁了,工作时间不长,是上海法院培养了你,以后读完博士,你的文凭就达到国内的顶峰,一定记得主要任务就是工作。"

邹碧华的眼睛微微有些湿润,老院长的肺腑之言让他动容。

"我是北大人,我很清楚北大的诱惑力,那么多的师兄师弟可以通过各种途径出去,你很好,回来了,我们留住了一个人才!"李国光感慨道。

3 月,邹碧华参加了博士生入学考试。

博士生入学考试不像当年考研那么苦，邹碧华提前半个月把北大前五年的试卷收集起来进行研究，然后给自己出了两套题，结果这些题目把正式考题全部覆盖。唯一辛苦的是英语，博士生的英语考试相当于 GRE 的水准，邹碧华每天在兜里揣着好几张卡片，每张卡片上密密麻麻写满单词，只要一有空，他就拿出来看。

功夫不负有心人，邹碧华最终以总分、专业、外语均第一的优势考取了北大国际经济法专业的博士研究生。

4 月，博士生面试。很快，录取通知书就来了。

7 月，他撰写的论文《国际货物买卖合同解释初探》顺利通过学位答辩，邹碧华获得了硕士学位。

"爸爸！"胖嘟嘟的邹逸风轻轻摸着邹碧华胡子茬茬的脸，邹碧华抱起儿子转了一大圈，邹逸风被逗得哈哈直笑。

8 年了，他已经在北大读了整整 8 年书，儿子也已经 3 岁，而他还要继续奋斗。想到这里，邹碧华用力地抱了抱儿子。

自从儿子出生后，邹碧华便开始了京沪两地往返跑的日子，只要有空，他就赶回家看看心爱的"大风"。邹逸风从小患有哮喘，每到季节变换时便会发作，有时候整晚哭闹，唐海琳只好抱着儿子睡觉，疲倦的她开始抱怨邹碧华了。

邹碧华有些郁闷。妻子的事业在发展，自己的学业要继续，孩子一天天在长大，好几个夜晚，他彻夜难眠。一个男人要担起一个家，必须靠自己赤手空拳去闯天下，在越来越现实的上海滩，职位、收入、前途，几乎成为身边很多人嘴里衡量成功的标准，尤其他还是一个"外地人"。

邹碧华想起了小时候外婆一摇一晃背着他走街串巷，想起了母亲不辞辛劳地上山砍柴，想起了父亲在寒风中埋头创作《竹乡雪》……他不是不会赚钱，但有了钱就是全部吗？

"人这一辈子，要有一些精神的追求，要活出自己的价值。"导师程正康的话回响在邹碧华的耳边。

读博

浓眉大眼的臧立刚入学就碰到了一件头疼的事。

虽说北大才子多,但才子们的生活习惯各不相同。臧立喜欢晚睡,同宿舍的室友来自广东省高级人民法院,天天早睡早起,两人生活习惯"牛头对不上马嘴",彼此折磨。

无独有偶,对门宿舍的邹碧华也和臧立一样痛苦。邹碧华习惯"夜猫子",烟瘾特别大,和他同屋的是来自山东省社科院人口所的赵峰,赵峰有神经衰弱而且最受不了烟味儿,两人为此老起争执。

"换一下宿舍?"臧立心里盘算着,但他不敢轻举妄动。毕竟不熟悉邹碧华,万一"又入虎穴"就糟了。

一个周末,臧立约了朋友去看电影,朋友有事没来。臧立打开宿舍的门,朝走廊里吼了一声:"谁要看电影——?"

"我去!"对面宿舍的邹碧华探出头来。

两个男人肩并肩地去三角地的大讲堂看电影了,一路上,臧立和邹碧华聊得特别投缘。

"哎,我和你那室友换换吧?"臧立忍不住问一句。

"好啊,那就来吧!"邹碧华高兴地说。

说换就换,臧立很快搬到了邹碧华的宿舍。一过来,臧立才知道,邹碧华比他睡得还晚,他一晚上最多读半本书,邹碧华一口气能读完两本书,而且只睡四五个小时就精神焕发。臧立虽然抽烟,但和邹碧华一比简直是"小巫见大巫",邹碧华一星期就能抽完臧立一个学期的烟。有时候,张智勇、葛锦标来宿舍玩,四个人凑在一起,满屋子的乌烟瘴气。

"你们厉害的!"臧立觉得自己身上的衣服都被烟味儿淹没了。

"走,走,买书去!"邹碧华笑着一把将他拉出门。

邹碧华喜欢逛书店,每次总是拉上臧立和葛锦标。北大附近有两家很有名的书店——"万圣书店"和"风入松书店",这两家书店的书虽然数量不多但内容很"精",很对这些学子的胃口,在师生圈里也很有影响力。

臧立发现,邹碧华买书特"阔绰",经常一捆一捆地买。

"你真舍得买书!"臧立眼红得不行。

"你帮我拎一捆到宿舍!"邹碧华大笑着把重重的书交到臧立手里。

邹碧华买的书与其他人不同。很多同学也买书,但大多买的是法律专业书,邹碧华涉猎很广、买得很"杂",法律、艺术、贸易、证券、哲学……只要感兴趣的他立马就买,有时甚至在买书的过程中就把这本书看完了。

"我来考考你!"一次,臧立想试试邹碧华的记忆力,随手抽出一本书,没想到邹碧华把书里的内容全都说出来了。

"你行啊!"臧立叹服,邹碧华嘿嘿地笑了。

书买得多了,宿舍里的床上、隔板上便时常堆满了书,邹碧华有时不得不定期把一些书带回上海。

"碧华,我们没钱买书,你就先让我们看,等看完了再把书拎走吧。"臧立和葛锦标笑着打趣。

"行啊,没问题!"邹碧华豪爽地一口答应。

一天,臧立和邹碧华打车去人民大学附近办事。车子行驶到西北三环和万泉河路的交叉路口时,一辆平板三轮车蹭到了出租车。

"对不起啦,没办法拉你们了,你们走吧,我不收你们的钱了!"女司机晦气地叹了口气,回头向邹碧华他们说道。

邹碧华从皮夹子里掏出钱递给女司机:"这钱给你,如果需要我们作证的话,可以和我们联系。"

臧立下车后不解地问邹碧华:"你为什么给钱,还多给钱?"

"一个女的出来开出租车,肯定家里很困难。车子出事了,她不仅不要我们付钱，还道歉，说明她很善良。我们不能占善良人的便宜，能帮的时候要尽可能多帮一下。"

臧立很感慨，拍了拍邹碧华的肩膀，这兄弟找对了！

日子一天天过去，臧立和邹碧华的感情愈来愈深厚，只有一件事，让臧立发飙了，那就是——落锁。

刚搬来的时候，臧立很自然地在书桌抽屉上装了一把锁。没几天，他发现锁被邹碧华拧了。

"为什么要拧我的锁？"臧立气疯了。

"我和你之间不需要落锁，不然就是你不相信我！"邹碧华声音也高了。

"我也有个人隐私！"

"你不落锁我也不会看你，但你落锁了就是对我极大的侮辱！"邹碧华寸土不让。

臧立妥协了："好，那你以后也不能落锁！"

"行！"邹碧华回答得铿锵有力。

没过多久，臧立发现邹碧华食言了，他居然在自己的抽屉上也装了锁。

"你给我拧了！"臧立恨恨地大嚷。

"千万不能拧，千万不能拧！这里面都是案子里的证据！"邹碧华急了，赶紧向臧立"讨饶"。

原来，博士生期间的邹碧华一边在北大读书，一边还要回上海参与案件的审理，京沪两地往返奔波，有时还要承担到北京司法鉴定机构送检的任务。

翌日，邹碧华把抽屉里的东西送到了司法鉴定部门。几天后，邹碧华取回物件又锁进了抽屉，上完课后便直接赶回上海去了。

"我请你吃饭，请你吃饭！"回来的时候，邹碧华主动把锁拧了，然后"哄"着臧立去了食堂二楼的餐厅。

读博和读研确实不同。读研的时候，邹碧华大部分时间在校外进行实务锻炼,等到读博,他一半时间回上海工作、照顾家庭,一半时间在北大做课题、看书,两地奔波非常辛苦。好在他的博士研究方向是国际经济法,导师依旧是情同父子的程正康,只要想到能跟着导师学到更多的东西,邹碧华觉得再苦也是值得的。

臧立最喜欢邹碧华从上海回北大,每次回来,邹碧华第一件事就是带着一帮兄弟出去吃饭,给大家弄点荤菜"改善改善生活"。邹碧华是在职博士生,手头比臧立这样的全日制博士生要宽裕些,而他的豪情万丈也让臧立、葛锦标这班兄弟感受到了《上海滩》里"许文强"的气息。

不过,最有趣的还是打保龄球。

每到下午,邹碧华和臧立一人捧一本书躺在床上看,看累了,便叫上张智勇和葛锦标来打打牌放松一下。邹碧华和张智勇的脑子特别好使,对方手里的每张牌都算得一清二楚。臧立最怕和邹碧华做对家,只要稍不留神出错牌,便会挨上邹碧华一顿臭骂:"你这牌怎么出的! 这不是低级错误嘛!"

打牌打完,吃完晚饭,大家继续看书。看到半夜一点左右,邹碧华、葛锦标、臧立、张智勇彼此心领神会地看一眼,然后开始"行动"。

20 世纪 90 年代的北京,有一阵子特别流行打保龄球。北大旁边有个俱乐部通宵营业保龄球,白天每局 10 元,晚上黄金时间 30 元,一到后半夜每局不到 10 元,早晨五六点时只收 5 元。

邹碧华不愿走远路,他带着臧立等人悄悄来到宿舍楼旁的一处围墙,墙的外面就是俱乐部。

臧立看了一眼那墙,墙外是一棵长得斜斜的国槐树,一根茶杯粗的树枝横着伸进围墙,由于地坪高度的不同,内墙离地面有一米三左右,外墙离地面有两米高。

只见邹碧华走到内墙边哧溜一下上了树,然后沿着树枝爬出墙外,轻松一荡便妥妥地跳到了墙外地面上。

臧立赶紧依葫芦画瓢一个鱼跃上树而去,跟在后面的葛锦标和张智勇深吸了一口气,互相看了看微微发胖的身体。

"上!"葛锦标下定决心,如法炮制地爬起树来,张智勇也硬着头皮紧随其后。

好不容易翻墙而过,邹碧华连连问道:"怎么这么慢哪?"

"谁像你啊,国家三级运动员!"张智勇嚷嚷着。一阵互相取笑打闹中,四人直奔俱乐部而去。

保龄球馆里的人并不多,邹碧华等人在球道里轮流打球。邹碧华和葛锦标,一个走技术流,一个走力量流,一打一个全中,一打一个补中,此起彼伏如有神助,看得臧立和张智勇瞠目结舌。

打完保龄球,天色已经微微发亮,四人又找到一家24小时营业的小面馆,舒舒服服地叫上四碗牛肉面大吃起来。

"咱们这是夜宵啊,还是早餐啊?"臧立戏谑地问了一句,四人大笑。

凌晨4点,邹碧华和臧立回到自己的宿舍,倒在床上呼呼大睡。等到醒来时,已经差不多吃午饭了。

"你们怎么一点不困呢!"臧立觉得睡不够,上课时老想打盹,看到精神抖擞的邹碧华,忍不住"咬牙切齿"起来,邹碧华同情地拍了拍他的肩。

上课、吃饭、看书、课题、打保龄球、回家照顾妻儿……邹碧华原以为自己的博士生活会在这样的节奏中度过,但一件事情的突然发生改变了一切。

噩耗

1996年10月的一天,邹碧华正在上海家中和儿子玩耍,突然接到博士班班长朱绵茂打来的电话:"碧华,程老师去世了!"

什么?! 邹碧华一下子懵了,大脑一片空白。

"碧华,碧华!"朱绵茂在电话里着急地喊。

"不可能,绝对不可能……"邹碧华的头皮开始发麻,拿着听筒的手不断颤抖着。

"是今天刚发生的事,他在外地出差时去世的,你快回学校吧!"朱绵茂在电话里喊。

"好,我马上回来!"邹碧华挂下电话,眼泪夺眶而出。

朱绵茂和邹碧华是程正康这一年收的第一批博士生,邹碧华研究的是国际经济法方向,朱绵茂则主攻国际环境法方向。

朱绵茂只见过程正康一面,那是在北大开学后的师生见面会上。

入校两个多月,朱绵茂第一次见到程正康:"程老师,我这个培养计划怎么填写?"

朱绵茂只读过两年法律大专,然后直接跳过本科考取了中央党校的硕士研究生,研究生两年提前毕业后,他又考上了北大的博士生。国际环境法是一门新学科,朱绵茂毫不犹豫地选择了它,但他从来没有见过导师程正康,即使是在 4 月的面试,那也是金瑞林教授替程正康对他进行了博士考试的面试。

"我现在没时间,改天再说吧。"程正康神色匆匆地和朱绵茂说了一句。没想到,这竟然是程正康对朱绵茂说的最后一句话。

晚上 8 点,北大南门。一脸憔悴的邹碧华乘飞机赶回了学校,徘徊在校门口的朱绵茂赶紧迎了上去。

"我们去老师家吧。"邹碧华低声对朱绵茂说。

"嗯!"朱绵茂点了点头。

邹碧华拿出身上的两百元,朱绵茂拿出一百元,然后买了一大束康乃馨,一前一后地向畅春园导师家走去。

程正康的家不大,80 平米的屋内弥漫着一种凄凉,邹碧华一踏进那扇熟悉的大门时,心整个儿沉了下来。

屋子已经变得十分陌生,灵堂赫然在眼前,两根烛火在一张黑白色的遗像前不断摇曳。这一切是在做梦吗?

邹碧华茫然地看着遗像中程正康的笑脸,戴着宽大眼镜的程正康在照片里慈祥地看着他。邹碧华的心抽得越来越紧,眼泪禁不住滚落下来,他分明记得导师上次来上海与他一起吃饭时也是这样笑着看他,眼神也是这样慈爱。如今,像父亲般关爱他的导师去哪儿了?

程正康的儿女默默站在遗像旁,师母不停地在哭泣。邹碧华默默对着遗像鞠了三个躬,从未有过的悲伤紧紧缠住了他。这是真的,老师是真的走了!

"师母!"邹碧华握着师母的手,说不出一句话。

"师母,千万保重啊!"朱绵茂一边哭一边安慰。

师母微微抬起头,哽咽地看着邹碧华:"碧华,你们帮我去整理一下他办公室的东西。"

"嗯!"邹碧华用力点了点头,眼泪洒在了自己的手背上。

三天后,程正康的骨灰被运回北京,近百名师生一起参加了程正康在北京万安公墓的落葬仪式。

一块两平方米不到的墓地,风轻轻吹着冰冷的石碑。不停地有人上前鞠躬、添一小抔土、然后放下一枝黄色的菊花……

"英年早逝啊!"有人在轻轻叹息。

"节哀保重啊!"更多的人在安慰哭泣中的家人。

邹碧华木木地站在人群的最后一排,任凭眼泪在脸上流淌。

"你要学会怎样在最短的时间里把握一门法律的精髓方法,怎样去剖析一个你根本就一无所知的问题。"

"一个人在遇到困难的时候千万不能低头,一定要学会独辟蹊径,实在没有办法的时候也要学会忍耐,等待时机一举攻克。"

"做人要学会敬业,要有社会责任感,要去做一些对社会有用的事情,不要以为只有向乞丐施舍钱是在行善,你把自己的事情做好也是在行善。"

……

程正康的话语一遍又一遍地回响在邹碧华耳边,泪眼蒙眬中,邹碧华仿佛看见了导师充满期盼的眼神。黄色的菊花花瓣随风散落在导师墓前,他的心碎成了一片。

邹碧华变了,变得沉默寡言了。

他仍然按时上课,但只要一下课便回到宿舍,一个人默默坐着,烟一根接一根地抽,什么都不说。

臧立有些担心,眼前的邹碧华就像一座雕塑,随时随地把自己冻结起来,而他又分明感到了邹碧华心底的那股莫名压抑,这份压抑不知何时就会突然爆发。

"碧华,去吃饭吧。"

"不去。"邹碧华吐出两个字,兀自抽着烟。

臧立只好从食堂把饭打回来,小心翼翼地放到邹碧华面前。邹碧华看了看,低头吃了两口,随即把饭盒推到一边。

烟,数不清的烟,一支接一支地抽。沉闷的空气笼罩着整个宿舍,臧立觉得自己快透不过气来了。

法学院主管研究生培养工作的副院长朱启超来找邹碧华和朱绵茂谈话了。

"现在程老师去世了,他带的博士生就你们俩,你们考虑一下,准备调整到什么专业,换哪个导师?"

"怎么调整啊?"朱绵茂问。

"看你想学什么专业。比如金瑞林老师,他是研究国际环境法的专家。还有吴志攀老师,他刚刚公布了博士生导师,他的研究方向是国际经济法、国际金融法。还有其他一些老师,你们考虑一下,我可以帮你们去和导师们谈,主要你们想学什么。"

"那……如果跟吴老师就好了。"朱绵茂表态,邹碧华一言不发。

——你好好学,在北大,也就你可以像我啦!

程正康生前的笑语在邹碧华耳畔回响,他默默低着头,独自咀嚼着恩师对自己的期许。

很快,朱绵茂的硕士论文交到了吴志攀教授那里,由于他撰写的硕士论文是研究国际经济法方向之反倾销法方面的内容,吴志攀看后觉得不错,便收下了朱绵茂,朱绵茂赶紧调整博士学习计划,全身心地投入到国际经济法专业的学习中去了。

"碧华,你怎么考虑的呀?这可不是闹着玩儿的,难不成你想休学啊?"臧立急了。

邹碧华抽着烟,愁云密布的烟雾如同他的心,在空气中不断缠绕、撕扯、跌落,最后粉碎得失去了灵魂。

是,他知道导师已经永远地离去了,他知道现在最重要的事是换导师,他知道自己再这样下去有可能连博士都读不成了,他知道!他知道!!他知道!!!

"来打牌!"邹碧华朝电话里的张智勇和葛锦标大吼着。

当一个人骤然跌落在人生最低谷时,他的大脑是麻木的,他的情绪是失控的,他所有的行为都已经不是他自己了。

一位慈母般的女教授看到了这一切,她就是北大法学院教授——贾俊玲。

贾俊玲于20世纪50年代进入北京大学法律系学习,毕业后一直留校任教。她著有《经济法原理》,主编《劳动法》、《劳动法与社会保障法》等法学论著,同时还创建了中国第一家专门研究劳动法、社会保障法理论和实践,并把劳动法学和社会保障法学作为专门学科进行建设的北京大学劳动法和社会保障法研究所,兼任中国社会法研究会名誉会长。程正康去世那一年,贾俊玲被批准招博士生,她的博士生方向有两个:经济仲裁和经济审判,劳动法与社会保障法。

换导师,无论对学生还是对导师来说,都是一种挑战。

对学生而言,突然转换自己长久以来就研读的专业,转而研究新的学科,心理和准备时间上需要一个适应过程。对导师而言,一个原本自己不熟悉的学生突然转入门下,他是否能够达到博士要求的水准,今后应该如何指导,这些都是棘手的问题。

朱绵茂在选择吴志攀教授前,曾经悄悄征求过其他教授的意见,但没有得到回音。现在,就剩下邹碧华了。

"贾老师,我……能转到您这儿读经济仲裁和经济审判吗?"在经过了一段沉闷期后,邹碧华选择了贾俊玲。

"好的,你考虑清楚了吗?"贾俊玲疼惜地看着邹碧华日渐消瘦的脸庞。

"考虑清楚了。"邹碧华说。

"好,那你就跟我吧。"贾俊玲点了点头,她没有问邹碧华为什么会选择她。

与此同时,有人鼓动邹碧华离开法院:"碧华,出来做律师吧!凭你的本事,只要你愿意帮我照看上海的分所,保证你每年几十万的收入,比法院好多了!"

邹碧华沉默不语。

1996 年 11 月 9 日,邹碧华抱着儿子在床上嬉闹。

突然,他听到碗橱里的碗"叮叮当当"地响了起来。紧接着,整个房子开始晃动。

不好,地震了!邹碧华连忙抱着儿子钻到了床底下,这是他所能想到的唯一一种避险方法。

床剧烈地摇晃着,墙壁里轰隆隆地发着声音。邹碧华紧紧抱着儿子,一颗心悬到了嗓子眼。

几十秒钟过去了,一切又恢复了平常。

"海琳!"邹碧华突然想起了妻子,着急地大叫。

"哎,我在我在!"在厨房做事的唐海琳也被地震吓懵了,听到邹碧华的喊叫时才缓过劲儿来,她连忙跑进屋里。当她看到邹碧华抱着儿子从床底下钻出来时,忍不住笑起来。

"你那时候什么感觉?"回到北大后,臧立在宿舍里和邹碧华聊天。

"我抱着孩子那会儿突然觉得,人这一辈子,说不定什么时候瞬间就没了。"邹碧华抽着烟慢慢说道。

"嗯。"臧立躺在宿舍床上,手枕着脑袋看着邹碧华。

"我还是想做点事情的。"

"嗯……，那你决定去做律师了?"臧立问。

邹碧华猛抽了两口烟:"还是法院吧！不管怎样,先把书读了。"

"那你为什么不入党啊?"臧立突然问道。

"大学本科时交过入党申请书,进单位的时候也交过,但都没够格。"邹碧华吐了一口烟。

"为什么不加入民主党派啊,升迁的机会更多些?"

邹碧华顿了顿,幽幽地说道:"不想搞功利主义了。以前申请入党,我承认自己有些功利性,但现在到了这个年龄,我觉得入党是个信仰问题。特别这次地震,我真觉得人的生命特别脆弱,这么短暂的人生,应该做点有意义的事去,不应该搞什么功利主义了。"

"嗯!"臧立拍了拍邹碧华的肩。

就是在这样的情况下,邹碧华找到了贾俊玲,希望她能做他的博士生导师。

"你考虑清楚了吗?"

"考虑清楚了。"

"好,那你就跟我吧。"贾俊玲点了点头,她给邹碧华开出了一张书单。

经济仲裁和审判是一门新的学科,不同于传统的民法、刑法学科,它没有众多的研究者和著作,但涉及的内容十分广泛,金融、财务、企业、管理,贾俊玲希望邹碧华能尽量多地涉猎这些领域,多看书、多听讲座,拓宽专业研究的思路。

没过多久,贾俊玲欣喜地发现,邹碧华对"经济仲裁和审判"专业的热情远远超过了她的预想。他看书比以前更"狠"了,诉讼法、经济法,尤其是公司法、合同法的基本理论问题,两大法系关于法律解释及合同解释的理论、法律规定及法律实践,哲学解释学对文本解释问题的基本理论及方法,这些内容深深地吸引住了邹碧华,他全身心地投入到专业研究中去了。

"贾老师,我很喜欢这个专业,它对我今后的审判实践非常有帮助。"邹碧华说。

"好啊!学术研究和法律实践相结合是最重要的。"贾俊玲很高兴。

弟弟

1997年8月的一个傍晚,在江西省奉新县文化馆上班的邹俊华像往常一样回到家,茶几上放着一封写给他的信,他拆开信封读了起来。

这是北京一个艺术类考前培训中心寄来的招生简章,培训中心在北京为第二年报考艺术学院的年轻人开班,分专业课与文化课,学期一年,授课老师由中央工艺美术学院的退休教授组成。

邹俊华有些心动,他把招生简章递给邹连德:"爸,我想去试一试。"

邹连德戴上眼镜仔细看了看:"嗯,我去问问你大哥的意见!"他立即给远在北京的大儿子邹碧华打去电话。

"很好啊!对提升俊俊的专业水准很有帮助,是个好机会,你让他来北京读!"邹碧华非常赞同。

"好。"邹连德应道。

邹家的孩子从小就在父亲邹连德的熏陶下对画画感兴趣,邹碧华选择了法律,邹俊华则一直没有放弃画画,只是在初中毕业时,由于父亲的一次"失误",邹俊华误打误撞地考入了艺校中专,邹连德对此一直懊悔不已。

那是在1992年,邹俊华即将初中毕业,江西省宜春文艺学校来奉新县招生,邹连德看着正在备考中的小儿子,忽然心生一念:"不如让俊华去这个中专学校考一考,锻炼一下考试经验?"

这样想着,他便让16岁的邹俊华参加了宜春文艺学校的专业考试初试。考试很简单,就是画一幅静物素描,邹俊华画完就走出了考场。全家人都没太在意考试结果,那只是一个考前预练而已,邹俊华继续闷头在家准备中考。

一天晚上,宜春市教委突然给邹连德打来电话:"你儿子怎么还没到宜春文艺学校报到? 马上要参加专业复试了!"

邹连德一愣:"我们只是借这次机会让小孩子去锻炼锻炼,没打算真的考文艺学校!"

"你儿子的专业初试已经通过了,被列入艺校的复试名单,复试就在明天,他必须参加,否则将取消中考资格!"

市教委的一番话让邹连德惊出一身冷汗,他赶紧带着邹俊华连夜赶到宜春文艺学校,参加了第二天的专业课复试。

很快,邹俊华通过了复试,又通过了中考,最后进入了原本并不打算去的宜春文艺学校。

艺校有艺校的好,毕业时学校包分配,毕业生可以进入国家公务员编制。但艺校的课程偏重于专业课,对文化课草草了事,甚至都没有安排英语课,这对于一心想考艺术学院的邹俊华来说非常不利。

邹俊华一直希望将来能够进入中央美院之类的艺术学院学习,但艺术学院的录取必须通过两个考试,一个是专业考,一个是高考,也就是文化考。如果通不过文化考,想进艺术学院就只能是个幻想。但现在他"不小心"进了艺校,文化课的教学水准一落千丈,连个英语课都没有,将来参加高考的难度可想而知!

1995 年,邹俊华从艺校毕业,然后进入文化馆工作,但他始终没有放弃报考艺术学院的念头。现在,机会终于来了!

1997 年 9 月,邹俊华登上了去北京的火车。

培训中心在朝阳区的管庄,平时上课是在北京市冶金管理干部学院的教室里,学员住宿也在那里。

几天后,邹碧华兴冲冲地来了。

"怎么样? 俊俊,培训班的感觉还好吗,这里的生活还适应吗?"邹

邹碧华(右)从小就非常照顾小弟弟邹俊华,邹俊华最爱听的也是大哥邹
碧华的话。

碧华从小就特别疼爱小弟弟,现在兄弟俩都在北京,他这个做哥哥的俨
然成了"半个父亲"。

"挺好的,挺习惯的。"邹俊华的性格比较内向,从小到大喜欢跟着
大哥,现在到了北京又看见大哥,心一下子踏实了。

邹碧华转过头和宿舍里的同学打着招呼,突然瞥见弟弟的床上有
一个用毛衣折叠起来的"枕头"。

"走,我们去买些生活用品和衣服去!"他拽着邹俊华来到培训中心
附近的商场,一口气买了许多日用品,包括一个枕头。

"你现在除了专业课,文化课也不能耽误,尤其是英语。我帮你在
北大找了个英语老师,你每周末到北大来补习英语。"晚上,邹碧华带着
弟弟走进一家小饭馆,点上两菜一汤,边吃边说。

"嗯,知道了。"邹俊华点点头。

"以后我每个月都会给你生活费,钱省着点用,不过吃饭不要省,吃
好一点,营养很重要!"

"噢!"

"这个周末你就到北大来上英语课,我周末去上海,你来了以后直接找我的同学——臧立和黄豪。"邹碧华给弟弟留了地址和姓名。

"好的。"邹俊华说。

走出饭馆,一阵夜风吹来,北京的秋夜特别凉。邹碧华在饭馆门口的水果摊买了一大袋梨,然后塞到了弟弟手中。

"我回北大去啦,你好好照顾自己,记得周末过来!"邹碧华千叮万嘱。

"嗯!"邹俊华对着大哥笑了笑。

目送着大哥的背影渐渐远去,邹俊华拎着一袋梨慢慢踱回了宿舍。

那个周末,邹俊华早早地结束了绘画课程,以最快的速度收拾好画具,然后直奔北大。

管庄离北大很远,几乎要横穿整个北京市区。邹俊华背着背包行走在小路上,两旁是热闹非凡的小店和服装摊位,商家此起彼伏地播放着任贤齐的《心太软》:"你总是心太软、心太软,独自一个人流泪到天亮……"邹俊华笑了,北京让他觉得既新鲜又有趣。

"112嘞,112嘞,地铁、东四、美术馆嘞!"小巴来了,售票员扯着嗓子在招揽生意,邹俊华挤上了车。

小巴的座位很有限,售票员在狭窄的过道里放上了小板凳,邹俊华只得坐在小板凳上将就一下。但小板凳毕竟不舒服,过了几站,后排的乘客下车了,邹俊华赶紧换了座位。此时,他听到车站上的人在问售票员"有座儿吗",售票员用夸张的声音喊道:"有,大——座儿!"那个"大"字的音拉得特别长,让邹俊华忍俊不禁。

走路、坐小巴、换地铁、乘公交,整整三个多小时,邹俊华好不容易来到了北京大学。走进北大南门,他感到一种别样的亲切,也许是因为大哥在这里读书,他觉得校园里的一切都那么好。

小心地推开宿舍的门,邹俊华看见了大哥的室友臧立。

"你好,我是邹碧华的弟弟……"

"哎,你来啦!"臧立热情地站起身,"来,来,进来坐!"

浓眉大眼的臧立把邹俊华请进屋,寒暄几句后便出去找黄豪了。一会儿,邹俊华听到走廊里传来一阵渐行渐近的脚步声,一抬眼,看见了黄豪。

一副银丝边的眼镜,深深的眼窝加上突出的眉骨,蓝黄格子的衬衫,浑身上下透着一股精明。黄豪是英语专业的博士,邹碧华委托他给弟弟安排英语辅导老师。

"太像了,和碧华太像了!哈哈!"黄豪盯着邹俊华看了一会儿,哈哈大笑起来。

不一会儿,一位女生翩然而至。

"来了啊,快进来!"黄豪招招手,然后转过头对邹俊华说:"俊华,这是你的英语老师。"

"你好,我叫高健,就读于人大外语系四年级。"女孩非常大方地冲邹俊华笑了笑。

"你好。"邹俊华不好意思地站起身。

"不打扰你们上课了。"黄豪对高健说道:"对他要求严格一点!"

"好的。"

于是,邹俊华开始了紧张的英语学习。每逢周末他便往返于管庄和北大之间,高健仔细地给他安排复习计划,同时要求他每周背诵一篇英语课文,增强语感和提高词汇量。

邹俊华渐渐和大哥的同学们熟稔起来,一次,他发现黄豪的宿舍里放着一架电子琴。

"我以前是学器乐的,也是从艺校毕业,我那个艺校也没有英语课,后来我发现自己成不了名,就开始自学英语,现在成了北大英语系的博士。"黄豪轻描淡写地说道。

邹俊华听得热血沸腾,黄豪的经历太鼓舞人了,原来眼前的博士和他一样也是艺校毕业后开始奋斗的。

"其实学英语也没什么诀窍,就是多花时间。碧华的英语很不错,他到现在还在坚持背单词,你要向你大哥学习啊!"黄豪说。

"嗯。"邹俊华很高兴听到别人夸赞大哥。

又一个周末,邹俊华来到宿舍,突然看到了熟悉的身影,是大哥回来了!

"俊俊,"邹碧华转过头,调皮地看着弟弟,"英语课上得还好吗?"

"挺好的。"邹俊华笑着向他汇报学习情况。

不一会儿,高健到了,邹碧华让出空间,径直走出房间,顿时走廊里到处都是邹碧华欢声笑语的打招呼声,整个楼层因为他的出现而变得热闹起来。

英语课结束后,邹碧华回到宿舍,一看臧立坐在电脑边上,赶紧跑过去把臧立"撵"开,自己一屁股坐下来玩起了电脑游戏。

"俊华,你挺乖的,不像你哥,简直就是一个坏蛋"! 臧立笑着对邹俊华说。

第二天上完英语课,邹碧华带着邹俊华、黄豪、臧立、高健一行来到北大旁边的"旺福楼"餐馆吃饭。

入座,点菜。一圈人围坐在包房的圆桌旁,左一句、右一句地聊开了。

"俊俊,你一定要有信心,英语肯定能学好! 当然,信心是建立在大量刻苦努力的基础上。"邹碧华表情丰富地说:"我刚参加工作的时候,每天坚持背单词,有一次在公交车上,钱包被人偷了都不知道!"

"哈哈!"周围一片笑声。

菜一道道上,气氛越来越热烈。邹碧华站起身,端着酒杯对黄豪和臧立说道:"感谢你们这段时间照顾我弟弟啊!"说完,豪爽地一仰头,杯中酒一饮而尽。

"俊华,你知道吗,你大哥和黄豪是我们宿舍楼里有名的'东邪西毒'啊,我们都叫黄豪为'黄药师',哈哈!"

"俊华,你以后有什么事尽管和我们说啊!"

"俊华,你有什么要求要和高健说啊……"

"俊华……"

邹俊华开心地笑着,满桌子的人都那么热情、纯粹、无邪,就像湛蓝的天空,没有一丝杂质。

就这样,邹俊华在北京的培训正式开始了。每周一至周五,邹俊华在管庄学习,周五下午直奔北大,周日赶回管庄的培训中心。邹碧华则频繁地穿梭于北京和上海两地,弟弟平时的生活基本由臧立来照料。臧立很细心,早上常常给邹俊华备好曲奇饼干和牛奶,中午、晚上则带着他去食堂吃饭。邹碧华要是回北大了,宿舍床不够,他和邹俊华就会轮流到其他宿舍里"蹭"床睡,反正博士宿舍楼里有的是空床。

天气渐渐变冷,邹碧华带着邹俊华去买衣服,看见弟弟用钱有点犹豫,他潇洒地说道:"俊俊,你不用担心钱,我现在赚得多!"

邹俊华的心里阵阵暖意,大哥对他简直就是掏心窝地好,而他能够报答大哥的就是用功读书!

背诵、默写、做考卷,邹俊华的英语很快有了起色。一次模拟测试,他考了 70 多分,这可是质的飞跃啊! 他欢天喜地地拿着试卷来到北大,邹碧华、黄豪、高健挨个儿传阅。

"美院的英语分数线是多少来着?"邹碧华问。

"60 分。"邹俊华喜滋滋地回答。

兴奋不已的邹碧华递了一根烟给黄豪,然后自己也往嘴里搁上一根,点燃后,猛吸了一口。"看来有希望!"他对着黄豪说。

"嗯,很有希望!"黄豪开心地说道。

邹碧华一口接一口地吸着烟,时而坐下,时而站起,更多的时间是在宿舍里来回踱步,弟弟的进步让他兴奋不已。当晚,邹碧华给了高健500 元以示感谢。

转眼之间,春天来了。北京的春天很少下雨,偶尔来一次湿润的雨丝,便把一个冬天储存的干燥一扫而尽。

"专业考试要开始了,你接下来要进行专业方面的冲刺,英语辅导暂告一个段落。"邹碧华对邹俊华说。

于是,邹俊华不再往北大跑了,他每天紧张地扑在画室里,时刻准备着各大艺术院校的专业考试。

每年的三四月是艺术院校专业考试的时候,培训中心的同学手上都拿着一大堆的招生简章,邹俊华也和别人一样,开始计划起自己的赶考路线来。每所院校都有自己的考试时间,一个考生可以同时报考多所学校,只要时间上能够错开。邹俊华首选上海戏剧学院,其次是南京和西安的两家院校。

4月初的一个上午,邹俊华打电话给邹碧华,将自己的赶考行程告诉了大哥:"我第一站去上海,大哥。"

下午,邹俊华接到邹碧华的电话:"俊俊,机票已经给你订好了,今天晚上的,你赶快准备一下,过会儿去机场!"

邹俊华顿时措手不及,他原打算过两天买张火车票去上海,没想到大哥竟然给自己买了飞机票!

"机票都订好啦,你哥对你真好啊!"同宿舍的人一边帮着邹俊华收拾行李,一边啧啧羡慕道。那年头,参加艺术类考试的考生都很清苦,为了节省路途开销,很少人会选择坐飞机,一般都是坐火车,而且是硬座,邹俊华这一"飞"在同学中着实奢侈了一把。

匆匆忙忙理完行李,所有的日常用品都装进了一只硕大的箱子里,邹俊华有些发愁,这么大的箱子可怎么带走啊?

"哥,我那些东西太多了!"他老老实实地打电话告诉邹碧华。

"没事儿,放我这儿。"邹碧华果断地说。

很快,两兄弟会合了。邹碧华拿走箱子,邹俊华则带着一些随身换洗的衣服和画具,轻装出发了。

上海、南京、西安,邹俊华一连考了几场专业考试,最后回到了奉新。

"一定要通过高考!"邹俊华给自己定了目标。每天早上6点,他起床吃饭,然后到河边看书,接着做练习,一直到凌晨两三点睡下。

邹碧华时常打电话来询问弟弟的备考情况,并不断提醒道:"要学会合理安排时间,每天抽点时间进行体育锻炼,保证健康的状态,我已经让妈妈这阵子给你补点营养了!"

7月,高考成绩下来,邹俊华的成绩比艺术类院校的文化分数线整整高出了六十多分,英语也考得不错。全家人都很开心,看来,这次只要坐等上海戏剧学院的录取通知书就行了。

时间在一天天地过去,意料中的录取通知书始终没有来。邹俊华开始担心了,艺术类院校一般都是提前录取,通知书也应该是最早一批发出,怎么到现在还没来呢?

邹连德托了县教育局高招办的熟人去打听消息,熟人回复:"一直没有看见邹俊华的档案,根据以往经验,如果这个时候还没看到档案,多半就是没有被录取。"

没被录取?! 邹俊华一下子懵了,邹连德也懵了。

"碧华,你去上戏打听打听,看看还能不能想想办法?"邹连德只得打电话给在上海的邹碧华。

炎热的七月,邹碧华赶到上海戏剧学院,空荡荡的校园里一个人都没有,他无助无奈又固执地站在那里,冷冷的教学楼俯视着他。弟弟一年的努力就这样白费了吗? 他突然有些欲哭无泪。

与此同时,江西省奉新县的老家里,邹连德和邹俊华沉默不语,空气凝固得令人窒息。邹俊华感到一种从没有过的绝望,想着自己在北京的日日夜夜,想着自己为高考做出的种种努力,想着大哥对自己的拳拳付出,他的心难受到了极点。

突然,有人在楼下扯着嗓子喊邹俊华。

邹俊华跑下楼,是父亲的一个同事。"这里有一封挂号信,是上海戏剧学院寄来的。"来人把信交到邹俊华手里,转身走了。

邹俊华拆开一看,竟然是上海戏剧学院发给他的一份通知,告知他已被录取,注意查收正式的录取通知书。

天呐,这真是老天爷给他开的一次玩笑! 邹俊华狂喜地将录取通知书拿给父亲,惊喜万分的邹连德赶紧打电话告诉邹碧华。

"碧华,刚收到上戏的来信,俊俊被录取了!"

"已经被录取啦!"邹碧华在电话里哽咽起来,嗓子也沙哑了,"录取了就好,录取了就好!"他反复说道。

1998年9月，邹俊华来到上海戏剧学院报到。几天后，邹碧华请了朋友们一起来为弟弟庆祝。

"来，祝贺邹俊华'蒙混过关'！"邹碧华开心地拿起酒杯招呼道。

所有的人都笑了，邹碧华笑得最灿烂、最舒心。站在一边的邹俊华默默看着大哥，他读出了大哥笑容里的那份疼爱和欣慰。

邹碧华(左)与弟弟感情笃深，在弟弟的眼中，他就像半个父亲。

"爸、妈，俊俊考上了上戏，以后我来供他！"邹碧华在电话里铿锵有力地对父母说道。多年以后，当邹俊华提起此事时，邹碧华说了四个字——"无怨无悔"。

入党风波

朱绵茂做了一件让邹碧华非常恼火的事。

朱绵茂自从跟着吴志攀转学国际经济法后，臧立常常逗朱绵茂，让朱绵茂喊他"师叔"。原来,臧立的博士生导师是芮沐,芮沐是程正康、吴志攀的导师,如此一来,臧立自然成了朱绵茂的"师叔"。

"不许喊!"邹碧华朝朱绵茂喝了一声。他和朱绵茂都曾是程正康的弟子,朱绵茂如果一喊,他的辈分也跟着下去了。

朱绵茂没顶住压力,喊了臧立一声"师叔",邹碧华气得嘴巴都歪了。于是,他开始恶作剧了。

一天,朱绵茂和一个老外正在交谈。朱绵茂是海南人,英语发音带有很强的地域色彩,老外半懂不懂地听着,朱绵茂不时地做着手势比划。

邹碧华和几个同学正巧经过,他看了看朱绵茂,然后走过去深情地对朱绵茂说了一句纯正的普通话:"说英语,行吗?"

此言一出,同学们顿时笑成了一片,朱绵茂尴尬不已。

方世荣是班里年龄最大的学生,他比邹碧华整整大了 10 岁,来北大读博时,他已经是中南政法大学法学院院长兼《法商研究》的主编、著名教授。

方世荣很看不惯这种"邹式幽默",他拦住了邹碧华:"碧华,我有句话要跟你说,我对你们这样很看不惯。每个人都有他自己的地方特色,大家都是在地方文化里成长起来的,每个人都会受到地域和背景的影响。在你们眼里,是不是把绵茂当傻子了? 你们这样欺负他?"

方世荣是班里公认的最德高望重的"老大哥",邹碧华没料到他会发火。

"他可能比你差,但这不构成你去嘲笑他、调侃他的一个理由,我们应该理解他,帮助他!"方世荣说完这句话扭头便走。

邹碧华站在原地一下子不吭声了,他整个人沉寂了下来。十几分钟后,他转身向方世荣的宿舍走去。

从此以后,再也没人随意调侃朱绵茂了。

"邹碧华这个人是个鬼灵精,他要是做坏人,肯定特别坏。如果做好人的话,也一定非常好,我们要拯救他!"方世荣对臧立说。

"是,他有思辨有想法,刚一接触,感觉很活泼,但又好像不够稳重,时间长了,又发现这家伙做起事来有章有法,完全不是无厘头的样子!"臧立笑着回应。

"要好好拯救他,那绝对是个非邪即正的人!"方世荣若有所思。

临近毕业,"拯救"邹碧华的机会来了。

邹碧华郑重地向臧立提出了自己想申请入党的想法:"我想做点有意义的事,你做我的介绍人吧!"

"我不行,让老方做你的介绍人,他资历老!"臧立乐呵呵地直接去问方世荣,方世荣一口答应了。

1998 年底,党委会正式召开。这次会议主要围绕邹碧华和另外一位入党积极分子的入党问题进行讨论,入党指标只有一个,两人当中选一人。

开始讨论邹碧华的入党问题了,有人突然说:"领导发话了,对邹碧华要慎重对待。我提议另外一位同志入党,她有着坚定的共产主义信念,学习也非常努力,各方面表现都不错。"

臧立愣住了,他看了看身边的几个同学,显然其他人与他一样诧异,不解地看着发言人。方世荣因为有事没参加会议,臧立对这一"变故"始料不及。

"那,邹碧华……?"他忍不住问。

"领导发话了嘛。"那人回答。

臧立憋不住了,他一下子站起了身:"这违反程序了吧!无论你选谁,都必须走程序,这是组织程序的正当性和严肃性,不能让我们就这样内部签一个字吧!大家完全可以讨论讨论比一比,哪个同志好,哪个同志不好!"

说完这些话,臧立的心开始"突突"地跳起来,他知道自己这回撞枪口上了。

"我同意臧立的意见!"瘦瘦弱弱的强世功也开了口:"我们都是学法律的,都应该知道办事要按照程序来,我不希望这事儿成为学法律的笑话!"

臧立吃惊地看着强世功,强世功平时说话一向斯斯文文与人和气,臧立第一次见他如此义愤填膺。只听强世功继续说道:"我们发展党员,是在帮助一个人,而不是毁掉一个人。我个人觉得,那位女同学是做老师的,邹碧华是法院系统的,发展党员对邹碧华的帮助会更多些。如果邹碧华因为没有入党而选择去做律师,他可能会成为一个非常优秀的律师,但法院就少了一个好法官。邹碧华如果做一个法官,他会是一个非常好的法官,他的入党没有投机心理,我们应该帮助他!"

强世功的一席话击中了大部分参会者的心,很快,越来越多的人开始为邹碧华鸣不平。

"领导不能这么否决邹碧华呀!"

"他老是不来学校。"

"他又要办案,孩子又小,两地往返也没影响考试啊!"

"我们都是没结婚的,要多考虑人家已经结了婚,不容易!"

"那女同学申请入党的时间不长,人又年轻,比邹碧华小 6 岁,以后还有机会。"

七嘴八舌的声音此起彼伏,场面一时难以控制。这时,朱绵茂站了起来:"作为班长我来讲几句,我认为应该发展邹碧华入党。第一,他从大学本科起就申请入党,光凭这点就很难得,属于坚定的入党积极分子。第二,他本科、硕士均毕业于北大,法学功底好成绩不错,半年里就能写出 18 万字的论文,能够做到理论联系实际,还拿到过光华奖学金和白仁杰奖学金。第三,他没有任何违法乱纪的事情,入党动机也很纯正。像这样的同志,我们应该积极吸收他,让他积极向组织靠拢!"

一锤定音,荡气回肠!朱绵茂的总结陈词与强世功的肺腑之言前后呼应,整个会议现场霎时一片寂静。

臧立看着发生的一切既震撼又感动,有那么多同学一片公心地为邹碧华"伸张正义"!

会议的最后,党委会进行了一次全体投票,除了第一位发言人投了女同学一票以外,其他人都把票投给了邹碧华。

不久,党支部汇总意见送到了校方,1999 年 5 月,邹碧华正式被批准为中共预备党员。

"入党了!要珍惜啊!"臧立一语双关地对邹碧华说道。

邹碧华笑了,他自然不知道这其中发生了什么。

不久,他提交了《关于合同解释的司法推理及规范选择——解释学在法律领域的一个实证》的博士论文,并很快通过了论文答辩。

6 月,天微微下着细雨,邹碧华穿上了博士服,他把心爱的儿子邹逸风也带到了北大。邹逸风穿着绿色的小裤衩、蓝色的小凉鞋在细雨中啪哒啪哒地奔跑,裤衩上的唐老鸭随着他小小的身影一晃一晃。

"大风!"邹碧华追上去,儿子呵呵地笑着,一只小手拉了拉邹碧华博士方帽上的流苏。

"碧华,来拍照!"臧立在不远处喊着,朱绵茂、强世功等人都穿着博士服等在未名湖边的大石头旁。

邹碧华(后排)和博士同学在未名湖畔的合影,北大是他永远都不会忘怀的地方。

"来啦,来啦!"邹碧华一把抱起儿子,奔向湖边。

博士、儿子,这是北大给予他的两大礼物,清新的细雨飘洒在教学楼、图书馆、食堂、球场、未名湖上……真的要离开燕园了,离开这个读了 11 年书的地方,邹碧华恋恋不舍,他就像电影《情约今生》里的比尔一样,在一段旅程即将结束时,远远眺望着绚烂的烟花在夜空中一朵朵绽放。

"这就是人生。"邹碧华还记得比尔说的最后那句台词。

他喜欢比尔,喜欢比尔面对命运的那份从容与坦然。因为——这就是人生。

第四章
华美的乐章

用金黄的麦秸
织成摇篮
把我的灵感和心
放在里边
装好纽扣的车轮
让时间拖着
去问候世界
车轮滚过
百里香和野菊的草间
蟋蟀欢迎我
抖动着琴弦
我把希望滚进花香
                欣城

邹博

邹碧华又回到了上海市高级人民法院经济庭。

这次回来,他已经不再是初出茅庐的新进大学生,而是众人眼里的"邹博"了。

1999 年的上海法院不同于 80 年代,法院的办案量不断增长,每年超过 20 万件。邹碧华回来的时候,调研指导工作已经成为上海市高级人民法院各审判业务部门迫在眉睫的任务,每个业务部门不仅要加紧办案,还要对一些法律规定不明确的问题进行研究,及时给下级法院提出指导性意见,统一全市法院的法律适用,规范审判工作。

"小邹,你来看看这个案子。"一天,高境梅把几本卷宗放到了邹碧华面前,邹碧华翻了翻,是一起拖欠货款的案子。

"被告拖欠货款,原告起诉要求被告归还,现在原告发现被告是一家虚假设立的公司,它把当时为被告提供验资注册公司的贸易城也告了进来,要求贸易城承担连带清偿责任。"高境梅一口气把案情介绍完,"你觉得这个案子怎么弄?"

邹碧华意识到这个案子属于经济审判中出现的新问题,私营经济城协助他人虚假验资的现象在当时的上海已经非常普遍,案子虽小,但它的判决将对规范市场经济秩序具有示范意义。

"我觉得贸易城有过错,尽管它没有直接给原告造成损害后果,但正是由于它的行为,才使得被告公司得以成立,并且从事与自己实际履行能力不相适应的交易活动,给原告造成了不应有的损害后果,所以贸易城应当在被告公司注册资金不实的范围内承担补充赔偿责任。"邹碧华直言不讳地说。

"嗯。"高境梅若有所思。

自从博士毕业回来,邹碧华常常参与庭里的案件讨论,有时和高境梅争得面红耳赤。"高老师,我有我自己的见解,不会因为你是我的师傅或者是我的组长,我就附和你。"邹碧华的"书生气"十足。

"我知道,我们谈的是案子,允许不同意见。"高境梅并不见怪。

这回,高境梅很赞同邹碧华的意见:"你马上写个处理意见,我们报最高人民法院。"

"好。"邹碧华点点头。

很快,最高人民法院肯定了这个案子的处理意见。但邹碧华总觉得缺点什么,他问高境梅:"能不能写个情况反映给市委,避免这种情况一再发生?"

"好啊,你写!"高境梅回答。

邹碧华立即写了一份《关于我市私营经济城涉讼问题的情况反映》。在这份情况反映里,他针对上海众多私营经济城、贸易城、私营经济区、开发区普遍存在的"空壳公司滥设行为"进行了仔细分析,指出空壳公司滥设行为会对社会产生严重危害,导致大量债权人的合法债权落空,而且会极大地破坏经济交易秩序,容易出现众多债权人因无法实现债权而成为社会不稳定因素的情况。邹碧华建议,有关部门应当及时采取措施,加强管理,避免继续出现类似情形。

邹碧华没想到,这份情况反映引起了上海市政法委书记刘云耕的重视,刘云耕作出批示,要求工商等相关部门对反映的问题进行调研并采取必要措施。《上海法治报》在头版刊登了题为《私营经济城滥设企业的情况亟待整治》的专题报道,工商、公安等部门也联合进行了综合整治。

邹碧华受到了鼓舞,他对自己充满了信心。

不久,邹碧华又主审了上海兰生股份有限公司与华侨银行上海分行、花旗银行国际托收纠纷案。这个案子审判难度很大,涉及冲突法、国际惯例的运用,每一方当事人对案件法律适用的归责原则都有着自己的看法,分歧很大。邹碧华走访了多位外贸专家和法律专家,并专门研究了国际惯例中的英文条款,最后作出了驳回上诉、维持原判的终审判决。判决结束后,邹碧华针对《民法通则》复代理制度存在的相关法律空白,写了一篇《关于我国复代理制度的思考》的文章,提出了法律完善建议,后来被最高人民法院主编的《公检法办案指南》采用了。

"侬老来赛额嘛!(沪语:你真行啊)"高境梅夸赞道。

"哪里,哪里,您是高博特!"邹碧华摇摇手。

"高博特?"

"对啊,我是博士,你是我的导师呀!"

"哎哟,那是高博导嘛!"高境梅被逗笑了,"我才不敢当你的老师呢,你是博士,我们都是半路出家学法律的!"

邹碧华微微一丝苦笑。博士,既是他的骄傲,也是他的压力。

出去读书那么多年,法院里有些人对邹碧华不是那么"舒服",那种隐隐约约的隔阂、猜忌有时就像一张无形的网,让他感到无奈和苦恼。他表现优秀,有人说他"有野心、只想着自己";他若差强人意,有人便会幸灾乐祸。无论如何,既然已经决定做一名法官,邹碧华希望用实际行动来证明自己的实力,他在心里铆足了劲儿。

但人生给他开了一个不大不小的玩笑。

1999年11月,也就是博士毕业后的第四个月,邹碧华参加了院里组织的审判员晋升考试,他竟然没有通过首轮笔试!

"还是北大的博士生呢,审判员都考不出来!"

"是呀,博士碰到实务就不行了!"

"博士生不如研究生、本科生啊,法院培养这些人干吗,浪费钱!"

风言风语在四周传开,邹碧华如芒在背。

下班了，他独自坐在福州路 209 号的办公室里。天色有些昏暗，外面的世界已经华灯初上，但他不想回家。

儿子大风在一天天长大，很快就要上小学了。邹碧华刚和老家的父母商量好，让两位老人到上海来帮忙煮饭烧菜、接送孩子，父亲为了长孙甚至放弃了版画创作和连任县文化馆馆长的机会。

"只要你们能够发展好，我们辛苦一点没关系！"母亲许贻菊宽慰邹碧华。

发展！邹碧华看了一眼窗外的车水马龙。是啊，发展！妻子的事业在如日中天地发展，而他在法院工作了 11 年，到现在还是一个普普通通的助理审判员。博士毕业，原以为可以一展才能，却没料到审判员考试……

邹碧华的眼泪出来了。他不是不会赚钱，有人向他伸出过橄榄枝，但他最终回到了法院。可为什么在法院的发展就这么难，总是有那么多的磕磕绊绊，让他几乎看不到未来的路！

胡曙光走了进来，邹碧华赶紧擦了一下眼角的泪水。

"别气馁，是金子总会发光的。"胡曙光安慰他。

会发光吗？邹碧华强忍着眼泪，他已经 32 岁了，靠着自己的努力把博士读了出来，但是在这论资排辈的机关里，似乎没有谁来欣赏他，也没有人在乎他的发展。博士又怎么样，能力再强又怎么样！

那天晚上，邹碧华回到家。母亲许贻菊把饭热了一下，然后端到他的面前。

"怎么又加班了？"

"嗯。"

"你弟弟最近读书得盯一下，你要让他好好念书啊！"

"嗯。"

"爸爸妈妈老了，希望你们以后都好啊！"许贻菊笑笑。

邹碧华的嗓子哽在那里，饭菜嚼在嘴里却无法下咽。

"碧华，你是不是身体不舒服了？"许贻菊有些奇怪大儿子的沉默。

"嗯,今天有些累。"

"那等会儿早点休息啊!"许贻菊摸了摸儿子的头。

"好。"邹碧华努力控制着自己的声音。

我要在法院干好,干下去! 那一夜,邹碧华彻夜未眠。

邹碧华的"落榜"也惊动了当时的上海市高级人民法院院长滕一龙。

滕一龙是位说话风趣、性格开朗的院长。1998 年,他被任命为上海市高级人民法院党组书记、院长。来到上海后,滕一龙对法院的队伍构成情况做了一次摸底调研。他发现,按照上海法院的发展情况,目前法官队伍的总体水平尚可,但如果要考虑上海法院未来的发展,解决法院未来的问题,还需要一批具备深厚法学功底的年轻人。

邹碧华给滕一龙留下的第一印象很好,工作用心、学习努力、表达能力强,性格阳光。滕一龙很纳闷,这个小伙子怎么会没有通过审判员晋升考试呢?

滕一龙把邹碧华叫到了办公室。

"你考得怎么样?"滕一龙看着邹碧华。

"……我没有考好。"邹碧华低沉地回答了一句。

"什么原因?"

邹碧华抬起头,缓缓地说道:"我一直习惯用电脑打字。这次考试要手写,我当时向监考人员提出是不是可以用电脑,我说我可以不用自己的电脑,用单位的电脑,但是监考的人说不行,考试一定要手写。我已经习惯用电脑写东西了,没有电脑,我就找不到感觉,写不出来,我也不知道自己是怎么回事,本来是件很正常的事,怎么到我这里就变得不正常了!"

邹碧华坦白地说道,滕一龙感到了他内心的痛苦,这个小伙子是有实力的。"没关系,以后还有机会!"滕一龙说。

在人生的最低谷,听到法院的一把手如此理解和鼓励自己,这对邹碧华来说犹如打了一针强心剂,他又"活"过来了。

邹碧华开始不断地写调研文章,《国企改制中产权问题的法律分

析》、《解释学情境与法官的主观约束机制》、《中国裁判文书改革的专题
研究》、《关于裁判文书改革的障碍分析》、《审判方式改革应重视法官主
观约束机制》……功夫不负有心人,他获得了上海法院优秀调研论文
奖。其中《关于中国裁判文书改革的专题研究》入选了福特基金会资助
项目"两大法系裁判文书改革的比较研究"的主论文,并被收录进上海
法官协会主编的《法官论裁判文书改革》一书。

与此同时,经济庭也开始安排邹碧华和胡曙光去上海法官培训中
心讲课,邹碧华主讲公司法,胡曙光主讲票据法。为了讲好这次课,邹
碧华从基层法院调取了几十本卷宗,提前两个月开始准备,一个人"窝"
在办公室一本本地看,边看边整理。

天道酬勤。2000 年邹碧华参加了一次面试,这次面试旨在挑选上
海的优秀法官前往美国联邦司法中心进行为期三个月的考察,考察主
题是美国法官助理制度。面试很激烈,通过者只有一名。

面试的前一晚,与邹碧华同屋的顾全回到房间,他惊奇地发现邹碧
华还没有睡。

顾全不参加面试,他是上海市高级人民法院经济庭的助理审判员,
在此次面试中负责翻译工作。

"你回来啦!"邹碧华打了一声招呼,继续埋头打电脑。

"你在干什么呀?"顾全很好奇。

"我在翻译国外的一篇法学文章,你先睡吧。"邹碧华笑了笑。

顾全愣住了,他第一次碰到如此刻苦的人!

美国联邦司法中心

2000 年 11 月,美国,华盛顿特区。

邹碧华放下行李,轻轻拉开了淡蓝色的窗帘。这是华盛顿特区的一个小酒店,没有大堂,房间很小,但是靠近宾夕法尼亚大街上的白宫,屋内特别安静、雅致。

"你是不是认为自己现在已经学富五车了?读法律,单单靠研究生时学到的学问是很有限的,你国内的理论、实务要掌握,还需要增加到国外的阅历,更重要的,法律人要学会关于人生、关于理想的思考!"邹碧华想起了程正康当年狠狠骂他的话,他的眼睛有些湿润了。

人的机遇有时就像夜空里的烟花,熬过了漫长的等待才会闪耀出刹那的绚烂。

邹碧华成为了美国联邦司法中心接受的第一位来自中国的司法访问学者。

他默默地看着窗外的夜色。16年前他从江西省奉新县只身来到北大读书,12年前他从北大毕业来到上海市高级人民法院,现在他跨出了国门。

"我是属马的,也许一辈子注定要天马行空吧。"邹碧华喃喃地对自己说。

美国联邦司法中心是一栋七层楼高的庞大建筑,坐落在华盛顿特区哥伦布东北环路1号,入口是由蓝色玻璃搭建而成的一个中庭,外墙上的石砖刻着"THURGOOD MARSHALL FEDERAL JUDICIARY BUILDING"。

这里是美国联邦司法系统的最高研究和培训机构,负责接待邹碧华的是美国联邦司法中心国际关系部主任米拉·古尔·阿瑞女士。

"这是您的办公室,邹法官。"温文尔雅的米拉引着邹碧华来到一间办公室,她轻轻地推开了门——一张不大的办公桌,桌上放着一台电脑,资料整齐地堆放在桌子的一角,好像在等待着主人的翻阅。一排深棕色的书橱靠墙而立,橱里是一本本厚重的法律典籍,同时还有一些小摆件。

邹碧华很喜欢这里的宁谧。

"谢谢!叫我Cliff好了。"他微笑着对米拉说道。Cliff是邹碧华给自己起的英文名,意为悬崖。

"Cliff,好酷的名字!"米拉笑了。她慢慢走到办公桌旁说道:"我们中心的图书馆为您随时开放,您可以随时打电话向资料员借取,也可以去图书馆看书、查阅资料或者免费复印您所需要的东西。另外我们还为您配备了助手,他们可以随时协助您安排一些会晤,比如和美国法院法官、行政总署官员、中心其他人员的各类会议。"

"非常感谢!"邹碧华点了点头。

米拉继续引着邹碧华参观整幢大楼,将他带到了资料中心。"Cliff,这位是资料中心的负责人,如果要做研究,他可以为你提供帮助,资料中心为全美的联邦法官提供查阅资料的服务。"

邹碧华连忙握了一下负责人马特·萨拉亚的手。只见身材高大的马特从他的办公桌底下拖出了一个巨大的纸箱子,然后微笑着对邹碧华说:"邹法官,半个月前,您曾经给我们中心发来了研究提纲,这是我根据您的研究提纲给您查找的资料。"

邹碧华愣住了,他没想到联邦司法中心的工作人员如此尽心尽职,在他到达的第一天就为他准备好了满满一箱子复印的资料书籍,这意味着自己的搜索资料时间被大大节省,他可以立即开始自己的研究了。

"谢谢! 非常感谢!"邹碧华感到了另一种文化所带来的冲击,这种冲击深深地存在于每一句话、每一件事、每一个日子里。

回来的路上,邹碧华从米拉那里得知,美国联邦司法中心一直有一个"访问学者计划",这个计划专门为各国法官提供常住美国进行考察的机会,法官们可以在这里近距离观察美国司法制度,然后从宏观、中观、微观的不同层面对美国司法制度进行比较研究。

一种兴奋渐渐从心底里升腾起来,邹碧华很快给自己制订了一张详细的计划表:考察美国最高法院、联邦巡回上诉法院、华盛顿特区联邦上诉法院、六家联邦地区法院及州地方法院,考察美国法院行政总署的运行模式,观摩各法院的审前会议、审前调解、仲裁和发现程序中的动议听证以及正式开庭,实地考察从接待、立案、案件分派到案件归档等法院内部辅助人员的工作方式。

"米拉,我需要您帮助我安排这些内容。"邹碧华将计划表交给米拉。

"好的。"米拉微笑着点点头。

如饥似渴的学习开始了,这是一次全新的旅程。每天,邹碧华与美国法官们畅快地进行交流、旁听各类庭审、参加各种会议讨论,笔记记得越来越多。

一天,邹碧华看见一位法官正在嘱咐专职秘书通知当事人开庭的时间。

"为什么法官不自己通知呢?"当法官离去后,邹碧华问那位秘书。

"由我们专职秘书去通知,可以避免法官单方面与当事人接触,避免当事人的合理猜疑。"秘书回答。

邹碧华被震撼了。这是一种司法文化的积淀,很显然,美国法院通过制度设计,一方面使专职秘书成为法官与当事人之间的桥梁,另一方面也让专职秘书与法官之间形成相互制衡的关系,从而体现了司法公正。

法官,它不是一个单纯的职业,而是一种蕴含着系统设计的文化。

邹碧华感觉到了制度设计的精妙,他开始对美国联邦法院法官和辅助人员之间的分类、配置方法、职责分工发生兴趣,为什么要设置这些职务? 这些职务之间的分工如何,对司法公正起到什么作用? 专职秘书、法官助理、书记官、院内法律助理这些职务当中,尤其是法官助理,如何来选拔培养?

"其实,由法官辅助人员帮助法官处理法律和行政事务的历史已经超过了一个世纪。"印第安纳州印第安纳波利斯市的约翰·丹德法官告诉邹碧华。

邹碧华立即去查阅了相关资料。原来,早在 19 世纪 70 年代,美国大法官荷雷斯·格雷在担任麻省最高法院首席大法官的时候,就已经开始使用哈佛大学法学院的优秀毕业生做他的个人秘书,随后他在 1870 年被任命为美国最高法院大法官,把这个做法带进了最高法院。

邹碧华(右)与美国联邦司法中心主任史密斯的合影。

20世纪60年代后,新类型的案件层出不穷,美国法官压力变大,法官助理制度得到加强,其他法律助理、事务法官、破产法庭法官和审前事务官、假释官等制度也得到了发展。

邹碧华对法官助理制度的课题越来越感兴趣,他开始广泛研究法官助理的基本职责、服务期限、薪金待遇、工作模式、行为准则、业绩考核、业务培训以及人事管理方面。与此同时,美国法官的职业修养也深深吸引住了邹碧华。

邹碧华在旁听庭审、听证中发现,美国法官无论是对待民事案件的当事人,还是对待刑事案件的当事人,无论是公司总裁,还是一般职员,很多都表现得不卑不亢,如果有当事人听不懂法官的问话,法官通常也会非常耐心地为当事人作解释。

美国法官的庭审技巧也娴熟到了驾轻就熟的程度,从庭前准备到证据交换庭,从各种动议程序到听证程序,从陪审团的挑选到正式庭审,从庭审过程中双方律师的激烈辩驳到法官要求律师召开庭审过程中的席前会议,邹碧华专注地观察着法官们落落大方又挥洒自如的一举一动,他觉得自己身上的某些细胞被激活了。

"Cliff,你很喜欢法律啊!"联邦司法中心图书馆的管理员笑着对邹碧华说。是的,他来得越来越多,复印的资料也越来越厚,这个聪明、好奇、充满活力的中国年轻法官令美国人印象深刻。

《statutes of limitation》(法定时效)、《Review of Litigation》(审查诉讼)、《Loyola of Los Angeles Law Review》(洛杉矶罗耀拉法审查)、《The Banking Law Journal》(银行法杂志)、《United States Court of Appeals, Second Circuit》(美国上诉法院第二巡回审判庭)……图书馆海量的藏书让邹碧华大开眼界,他沉浸于其中,大量搜集着最新的法律资料,每当他看到一本好书时,心里就兴奋不已。

这时候,有一件事深深触动了邹碧华。

一天上午,邹碧华打电话给资料中心,想找一本英国人写的《Interpretation of Contracts》,因为这本书的名字正好与他的博士论文《关于合同解释的司法推理及规范选择——解释学在法律领域的一个实证》相似,他突然很想看一看。

很快,马特回电:"邹法官,我查了一下,国会图书馆和华盛顿大学图书馆都没有这本书,只有乔治华盛顿大学图书馆有一本。"

"能否帮我借来一下?"

"好的,您急不急?"

"有点急。"邹碧华说。

中午,邹碧华吃完饭回到办公室,他突然发现,办公桌上赫然放着他要借的那本书!

邹碧华的心头一热,马特为了让他尽快看到这本书,显然放弃了当天中午休息的时间赶去了乔治华盛顿大学图书馆,而从联邦司法中心到图书馆,来回路程需要两个多小时。

"一个人如何认真对待自己的职业,如何将自己职责范围内的事情做好,决定了这件事情的成功和最后获得的认可。"邹碧华在心里感叹。他想起了前不久一位秘书为了给他安排好行程路线,也是同样尽心尽职地跟一家家航空公司、酒店电话商谈行程费用，最终让他的行程节省了一大笔开销。

这是美国人对中国法官的尊重，也是他们对工作敬业的体现！

邹碧华被深深地感动了，他意识到"尊重自己职业的态度"是多么重要，这不仅仅是个人问题，文化背景、知识教育、社会环境等方方面面都在发挥着细微的作用，"敬业"应该成为社会中的每个成员，尤其是法律职业人所应有的态度。

华盛顿特区的冬天并不是很冷，有时会下一场淡淡的雪，邹碧华对这里已经越来越熟悉，联合车站、国会大厦、独立纪念碑、最高法院、联合国会议大楼、国家艺术馆、福格莎士比亚图书馆……只要有时间，他都会去这些地方走一走，这些充满了浓郁历史色彩的建筑，仿佛在向他述说着以往的岁月。

邹碧华在美国最高法院前留影。

"MISSION AREA."一次，邹碧华驻足在教堂的一块牌子前，读着上面的字。

这已经是他第三次看见这样的牌子了,几乎所有的教堂前面都会竖着这样一块牌子。

"这是什么意思? 为什么要放在这里?"他好奇地问教堂里的一位执事。

"'MISSION AREA'是指,每个进入教堂的人在接受了思想洗礼后,离开教堂时都应该记住自己的使命。所以,这块牌子是面向从教堂走出去的人设立的,设立在教堂的边界,教堂边界以外的区域就是使命区域。"执事回答。

邹碧华的心被击中了。他依稀想起美国总统约翰·肯尼迪在就职演说中说的那段话:"不要问这个国家能为你做什么,而问你能为这个国家做什么。"

邹碧华深深地吸了一口气。如果说在此之前,法官和律师对他而言只是谋生的手段和职业,那么现在,"法官"这两个字对他的意义已经完全不一样了,那是一份使命,每个人都有属于自己的使命!

邹碧华更加投入了,他提前完成了《关于美国法官助理制度的考察报告》的2万字课题,接着开始自行对美国联邦法院的内部结构、人员构成及司法运作过程进行研究,准备再写一篇《关于美国联邦法院内部职责分工及法官辅助人员配置方法的考察报告》。

"在法官办公室里或在法庭上配备哪些辅助人员? 如何分配所有辅助人员的职责? 辅助人员和法官建立长期合作关系后,对司法会不会产生某些副作用……"

邹碧华的视野越来越开阔,他带着问题专程访问了耶鲁大学法学院德国司法管理问题专家,拜访了纽约大学法学院比较法专家,与专家们就世界各国司法管理以及诉讼法发展的新趋势进行深入探讨,他希望从中发现中美司法制度的不同点以及可以被中国法院借鉴的经验。

"Cliff,你是我见到过的最认真的年轻法学家!"有人赞叹道。邹碧华笑了,不同法律文化的碰撞,让他的思想火花不断迸发。

三个月的考察就要结束了,邹碧华向米拉提出了一个请求。

美国联邦司法中心在邹碧华
访问学者期结束时，向其颁发
的证书。

"米拉，我很想在回国前参观一家地区法院，最好位于华盛顿特区
之外，这样可以亲身体验一下在美国地区法院工作的感受，您可以帮我
安排一下吗？"

米拉很快有了回复："Cliff，伊利诺伊州皮奥里亚市的联邦地区法院
迈克尔·明姆法官很愿意作为东道主来接待你。"

Cliff

2001 年 1 月，邹碧华搭乘飞机前往皮奥里亚市。

飞机快要降落时，坐在窗边的他惊奇地发现，那些在夏日里种满玉
米和大豆的田野已经被一片茫茫大雪覆盖，太美了！他轻轻合上手里
的书，静静欣赏着窗外。

与此同时，有着一头银发、身材高大魁梧的迈克尔·明姆正和妻子
朱迪、三个孙子孙女在格雷特尔皮奥里斯机场等待邹碧华的到来。

明姆是伊利诺伊州中区地方法院的一名高级法官，1993 年起开始

从事国际法的工作。接到米拉的电话后,明姆和朱迪仔细商量了一下,他们准备邀请这位年轻的中国法官住在家里。

邹碧华拿着行李缓缓走向出口。突然,他看见了一条醒目的横幅:"欢迎邹碧华法官来皮奥里亚市!"

"您好! 是迈克尔·明姆法官吗? 我是邹碧华!"邹碧华大踏步地走向横幅那里。

"噢,欢迎您!"明姆笑着向邹碧华伸出手,他认出了电话里那个说着一口流利英语的中国声音。

"嗨,您好,邹法官!"三个可爱的孩子忽闪着大眼睛向年轻的邹碧华打量着。

邹碧华调皮地做了个鬼脸:"你们好,叫我 Cliff 吧!"明姆一下子喜欢上了这个年轻的中国人,睿智、开朗、充满好奇,加上非常不错的性格。

邹碧华在明姆法官家住下了。

每天早晨,邹碧华坐着明姆的车前往伊利诺伊州联邦地区法院,然后跟随明姆上班,美国法院的一切都让他兴趣盎然。

"明姆,这里的判决书都是对外公开的吗? 在上海,法院的一审案件除了法律规定外,全部都实行公开开庭,有时候还进行电视直播或者转播,但判决书一般只直接送达当事人和律师。美国这里的法律文书都是对外公布的吗?"邹碧华问。

"是的,我们这里每个案件都有供公众和新闻媒体公开查询的法律文书,不过也有例外,比如未成年人案件、一些家庭纠纷、子女抚养问题等,当然这些例外非常有限。法庭的命令和判决几乎一直对外公开,公众和新闻媒体都可以查阅和复制。"明姆笑着回答。

"法庭发出的离婚判决是否适合公开呢? 也许这对夫妻反对发布这些信息,他们并不喜欢自己的离婚被其他人知道,也许这是一个隐私权的问题?"邹碧华问。

明姆很惊讶邹碧华活跃的思维,他想了想说道:"这个话题确实有很多讨论，我曾经看到过一个特定小组讨论这个主题，他们认为某些信息不应该提供，比如少年犯记录、离婚诉讼及子女抚养权纠纷的细节、一定个人标识的信息、社会安全号码等。如果你需要这方面的资料，我可以让人汇编一些给你。"

"太好了，非常感谢！"邹碧华笑了。

"你的洞察力和人格魅力会给你的工作带来很多新东西。"明姆非常欣赏邹碧华的求知欲。

一天，明姆准备去开庭。

"Cliff，你愿意穿上法袍和我一起去法庭开庭吗？"明姆问。

"当然愿意，我太荣幸了！"邹碧华激动地用手扶了扶黑色的眼镜框。

迈克尔·明姆法官（后排居中）邀请邹碧华（前排坐者）穿上美国法官法袍一起走入法庭开庭，这段经历让邹碧华刻骨铭心。

明姆知道，邹碧华一直对法庭上律师与证人进行交叉盘问的过程非常感兴趣，他拿出自己的一件黑色法袍给邹碧华穿上，然后两人一前一后走进法庭。

"我有一位中国的法官朋友到美国来观摩我们的庭审,我邀请他坐在我边上,你们有没有意见?"明姆询问双方当事人的律师。

两位律师毕恭毕敬地站起来回答:"没有意见,法官大人。"

庭审开始了。邹碧华仔细倾听着法庭上的一切,这是他第一次如此近距离地观察庭审。

渐渐地,律师之间的火药味儿开始变浓,庭审很快陷入了唇枪舌战。明姆用手一招,两位律师立即走到法官席前。邹碧华凑过身去一听,原来,明姆正俯下身子提醒律师:"你们俩都是律师了,注意点职业形象,别让当事人笑话。"

"为什么不立即在法庭上制止他们的争论行为呢?"庭审结束后,邹碧华不解地问明姆。

明姆笑着回答:"Cliff,法官是不能在当事人的面前随意指责律师的。律师在法庭上是我们法官的助手,依靠他们的努力,我们才能够更快地弄清案件中的事实问题和法律问题,从某种意义上说,律师是法官延伸的眼睛和手足。"

邹碧华愣住了,他想起了自己曾在国内看到有些法官随意打断律师发言或者对律师提出的要求不置可否的一幕幕。

"法官与律师之间如果互相不尊重,最后破坏的是法治的根基——信任。"明姆说。

邹碧华充满敬意地向明姆点了点头,这位德高望重的法官教了他重要的一课,他将永远记得在法庭上律师与法官互相尊重的那一幕。

1月18日,明姆一家给邹碧华带来了两个大大的惊喜,朱迪为他烤了一个香气诱人的生日蛋糕,可爱的孙子孙女们则给他准备了生日礼物。

"Happy Birthday!Cliff!"孩子们一边唱着生日歌,一边大声欢叫着。只不过几天的相处,邹碧华就和孩子们"疯"到了一起,他像个大男孩般与孩子们在雪地里打雪仗,仿佛回到了童年时无拘无束钻在稻草堆里捉迷藏的时光。

邹碧华在迈克尔·明姆法官家中受到了热烈欢迎,这段中美法官之间的
跨国情谊也让他更加坚定了自己的法官之路。

夜深了,邹碧华和明姆坐在沙发上,其他人都已睡下。

"太谢谢了,明姆!我不知道该怎么说,我很想念在上海的太太和家人,但你们让我感受到了温暖,让我觉得自己就是这个家的一员。"

"Cliff,你本来就是我们家的一员,你对家庭充满了爱,对未来也满怀憧憬,你会成为一名非常好的法官!"明姆笑着说。

"谢谢你,明姆,这次考察对我来说非常有意义,我很渴望为自己国家的司法制度发展尽一份力!"邹碧华说。

"是的,不过司法制度的改革会很艰辛。"

"是,但它一定会成功,我愿意为它去面对任何困难。"

明姆静静地看着邹碧华,那是一张意志坚定而富有激情的脸,充满希冀的声音从这个年轻人的胸腔澎湃而出。

"我爱我的祖国!"邹碧华的嘴唇有些颤动。

"你是一个非常高尚的人,为人正直、工作勤奋,现在又励志投身于有意义的事业,我预祝你成功!"明姆被眼前的小伙子感动了。

一个星期的逗留转眼即逝,明姆一家送邹碧华前往机场。人的一生会走过很多地方,而一个地方能否让人印象深刻,不仅在于它的美景,更在于这片土地上的人给出的温暖。

"Cliff!"明姆的孙子孙女们紧紧拥抱着邹碧华。

"我会很想念你们的!"邹碧华动情地说。

"希望以后还能见到你!"朱迪的眼里噙满了泪水。

"如果你以后访问美国,一定要住到皮奥里亚来,这里就是你的家。"明姆有些哽咽。

"谢谢,明姆,再见了!"邹碧华用力拥抱了一下明姆,然后转身走向安检口。

"再见了,Cliff,一路保重!"明姆遥遥挥着手。

邹碧华的脚步渐渐沉着起来,短短三个月的考察学习,给予他的触动实在太大了,一种信念在他的心里像火焰般燃烧起来,他说不出是什么,但他知道是什么。

离开美国的前一晚,邹碧华去见了一个人——曾经和他一起在县城玩耍长大、在火车站接他去北京大学报到、如今已经定居美国的老邻居卢华。

四年前,卢华在美国建立了自己的实验室成为博导,邹碧华来到美国时,卢华正在俄勒冈州健康科学大学生化分子生物学系做助理教授(Tenure Track Assistant Professor)。当邹碧华拿着月饼来到卢华面前时,卢华一下子感受到了久违的乡情。

"在美国访问三个月学到了什么?回国能用吗?"卢华与邹碧华晚餐时直率地问道。

"学到了很多,开阔了很多视野,最高法院的一些重要议题对我也很有启发。"邹碧华说。

"那些讨论你都能听懂?"卢华很吃惊邹碧华的英语自学能力,他在美国多年,深知即使是土生土长的美国人对一些法律术语也不十分详熟,何况邹碧华是第一次来美国。

"都能听懂,我还在图书馆复印了很多书。"邹碧华微笑着回答。

吃完晚饭,两人行走在宁谧的山路上。卢华所在的大学坐落在美丽的 Marquam 小山上,从学校往山下俯视,整个波特兰市区和远处的 Hood 山尽收眼底。暮色渐近,天空慢慢暗淡下来,星星点点的灯光在半山腰的山雾里闪烁,一切都那么朦胧而又神秘。

虽然彼此的兴趣和领域大相径庭,但邹碧华和卢华聊得特别融洽,彼此相识的熟人、情趣盎然的童年往事、难忘的家乡风味,两人时不时地开怀大笑,而当邹碧华兴致勃勃地向卢华述说着此次考察中的点点滴滴时,卢华静静地在一边倾听着。

"我这次来,发现美国法院行政总署的调研工作很值得国内学习,比如行政总署常常采用统计的方法来分析法院的内设机构和职责分配,他们按照时间流程分段来研究事务,按照流程来统计案件耗时量,按照重要环节的时间来分配岗位职责,这种做法很科学,有可取之处。当然,每个国家的国情都是不一样的,我们也不能完全照抄照搬,要找到适合自己国家发展的道路。"

卢华停住了脚步,他感受到邹碧华身上的满腔抱负:"碧华,你真更成熟了!我们国家送你这样年轻有为的博士生出来做访问学者,说明中国已经非常注重司法改革这块内容了。你十分优秀!希望你这次的访问经验和对美国司法的了解对中国的司法改革有所帮助!"

"你也很优秀啊,在美国发展得那么好。"邹碧华笑着回过头。

"我有的地方不如你。你对事业有抱负,对父母也很孝顺。我在海外那么多年都没好好照顾父母,你一直帮父母挑重担,做得比我好。"卢华有些感慨。

邹碧华默默看着卢华,他想起了当年母亲三天三夜为他赶织的毛衣,想起了父亲为补贴他家用而寄来的版画,想起了此时此刻正在上海为他带着 8 岁儿子的父母。

"做儿女的,永远都比不过父母对自己的好!"邹碧华叹息了一声,他定定地看着远处的雪山,暮色里的雪山很美很静,犹如含着无限的往事默而不语。

变化

邹碧华回来了。短短三个月间，他埋头整理了从美国运回来的三大箱复印资料，一口气写出了四万余字的《关于美国联邦法院内部职责分工及法官辅助人员配置方法的考察报告》，这份报告被送到了上海市法官协会、上海市高级人民法院政治部以及福特基金会。

邹碧华在考察报告的最后这样写："结合我国法院改革的需要，我认为重点调研课题应包括法院内设机构之间职责分工的科学性研究、我国法院所需法官编制的研究、法院辅助人员与审判人员之间的配置比例和配置数量的研究、人事考核标准体系的研究，这些工作对我国法院机构改革的意义重大，必须从最基础的工作开始做起。"

紧接着，邹碧华一鼓作气撰写了《审判事务的分工与法官辅助人员之配置》、《关于建立中国法官助理制度的专题研究》等多篇文章，这些文章相继发表在法学专刊上，其中《关于建立中国法官助理制度的专题研究》入选最高人民法院"两大法系法官助理制度国际研讨会"的主论文，《审判事务的分工与法官辅助人员之配置》入选最高人民法院与世界银行联合举办的"法官职业化问题国际研讨会"交流论文。

可是一切似乎也就这样了。

邹碧华回到了上海，回到了高级人民法院经济庭，回到了一个普通的助理审判员生活。日子一天天平静下来，在美国考察时的巨大兴奋感、使命感随着时间的消磨在渐渐退去。

"怎么院里没有想用我的动静呢?"邹碧华有一丝困惑和踌躇，他的激情在不确定的担心里一点点退潮。

回到家后,他不再和父母多谈在美国的经历,只要抬头看见在银行工作得热火朝天的妻子,他的无奈就会多加一层。偏偏这个时候,孩子的教育问题又让他和妻子唐海琳时常发生口角,邹碧华明显感到了自己的焦虑。

"他这个人就是私心重,考虑自己比较多。"有声音开始袭来,邹碧华听到一些传言,似乎有领导对他长年在外读书感到不满,甚至还有人觉得他不可靠。

怎么会有这样的事!邹碧华陷入了深深的失落之中。

自己已经很努力了,才华也不比别人差,凭着本事通过面试去美国考察,现在回来了,却还是原地踏步,难道自己就永远这样下去了吗……职业发展的无望、未来道路的渺茫层层裹挟住了他,他彻底跌入了低谷。

刚来上海市高级人民法院担任常务副院长的齐奇发现了邹碧华的低落情绪。

齐奇毕业于华东政法学院经济法专业,在上海检察院系统干了十多年,1995 年担任上海市第二中级人民法院党组书记、院长,2001 年到上海市高级人民法院担任党组副书记、副院长。

"有的领导对我有看法,院里也没怎么用我。"邹碧华神情落寞地坐在齐奇办公室里。

"嗯。"齐奇坐在邹碧华的对面,仔细听着。

"齐院长,我很努力地读书、工作,就是想为法院做点什么,但是太难了,在法院里不是能干、做得多就有发展的!"

齐奇看着低头说话的邹碧华,微微笑了笑,他太熟悉年轻人的这种失落感了。

邹碧华不知道,眼前的这位副院长曾经在"十年文革"中遭受了严重的政治迫害,14 岁便被作为"囚犯"在监狱、牛棚、监督劳动中度过了十年青春。平反后,齐奇被分配到国营工厂上班,1979 年的全国高考中,只有初中二年级学习底子的他,五门功课总成绩超过了重点大学的录取分数线。

邹碧华感觉到了齐奇的注视,他慢慢抬起头。

"人不能有待价而沽的心态,"齐奇开口说道,"你英语好、有底气一路考到美国,这些当然说明你有一定的能力,但你也是幸运的,法院的老领导肯花这么大的本钱培养你,你要感恩,如果你当时碰到思想固化一些的领导,出不去也是有可能的。"

"嗯。"

"但行好事,莫问前程。"齐奇递给邹碧华一杯水,"人要学会自我归零。没有什么吃亏不吃亏,不要去问组织上怎么样,你就管你自己去做,这种人是最有竞争力的,最打不倒的!不要计较自己得到了什么,你能力好,不排除其他同志有妒忌。要学会归零,把握好自己的人生,只管自己去做,这种人的竞争力是最强的!"

齐奇的一席话震撼了邹碧华,他想到了老院长顾念祖、李国光对他的期望,想到了现任院长滕一龙对他的鼓励,一丝愧疚慢慢从心底升起来。

但行好事,莫问前程。

邹碧华变了,他又投入到工作中去了。当他看到一份牵强附会的判决书时,常常郁闷良久,在心中替当事人打抱不平。当他讨论一个问题时,有人举出专家学者的观点时,他会冷静地去分析专家学者的理由。只要能做一名法官,但行好事,莫问前程。

一天,邹碧华开庭,上诉人的代理人是位头发花白的老律师。庭审进行到举证阶段时,老律师突然找不到要递交给法庭的证据材料,站在那里急得满头大汗,双手微微发抖。

邹碧华坐在审判席上,安慰老律师:"请上诉方律师坐下来慢慢找,不要急。"

老律师感激地看了一眼邹碧华,坐下后再次细细寻找,很快找到了所要的证据。

"谢谢你,邹法官,谢谢你对律师这么耐心!"庭审结束后,老律师由衷地感谢邹碧华。

邹碧华突然感到了一种释然。他知道自己的身体和灵魂都已经完全爱上了法官这个职业，他所有的细胞都在帮他记录着求学路上的精华，这些精华已经融入了他的血液，在不经意的片刻，让他成为一名"更好的法官"。

晚上回到家，邹碧华在自己的工作笔记里写下了一段话："司法文明，首先体现为一种制度文明。但是除了制度要素外，法官的主观要素也是一个重要组成部分，比如法官应当和蔼可亲或不要冷漠地对待当事人及律师等等。实际上这是一个很难用制度来规范的东西，你很难用一个规则来改变它，它体现了一个人的综合素质。只有一个人格健全、性格适合的人方可担任法官，他还必须具有相应的人文精神，以一种'以人为本'的司法观来体现一种人文关怀，一种人文精神。"

就在邹碧华迅速成长的同时，整个中国的司法制度也在日新月异的发展之中。自从中国社会主义市场经济体制建立后，社会关系变化、利益格局不断调整，社会矛盾交织，全国法院面临着前所未有的复杂局面。管理体制和审判机制因为不适应形势而受到严峻挑战，各大媒体开始相继报道法院"案多人少"、"执行难"等问题。

1999年，最高人民法院根据党的十五大关于推进司法改革的要求，在总结了人民法院50年审判工作全面发展经验的基础上，通过多种方式征求各级人民法院、专家学者以及有关方面的意见，颁布了《人民法院五年改革纲要》。这份改革纲要是一份全国统一的纲领性文件，它对1999年至2003年全国人民法院的司法改革作了统一部署，内容侧重于审判方式、诉讼程序和组织人事制度方面的"基础建设"和内部关系的理顺。

邹碧华回国后，最高人民法院政治部正在紧锣密鼓地推进改革纲要中的一块重要内容——"深化法院人事管理制度改革"，改革的内容包括改革法官来源渠道、逐步建立上级人民法院的法官从下级人民法院的优秀法官中选任，以及从律师和高层次的法律人才中选任法官的制度,在保证审判质量和效率的前提下有计划有步骤地确定法官编制,进一步加强和完善法官交流和轮岗制度,建立书记员单独职务序列,等等。

法官员额、法官助理、聘任制书记员、人员分类管理,这些词语越来越多地出现在最高人民法院召开的各类会议以及各地法院的试点工作中。邹碧华身处这一历史发展潮流中,可谓"生逢其时"。

一次,邹碧华参加了最高人民法院组织的人事管理制度改革座谈会,会上,大家对人员分类管理改革畅所欲言。

"改革如果都看眼前、都高高兴兴的,那就不是改革了,充其量是改良。现在人员分类管理改革碰到瓶颈,案多人少的问题一直困扰着法院,究竟是增加法官数量还是给法官配备辅助人员,也有不同声音。今天,我们就是来听听大家意见的。"会议主持者说道。

很多人开始发言,邹碧华静静地听着。

"邹碧华,你去美国联邦司法中心做过访问学者,你谈一下!"主持者点了邹碧华的名。

邹碧华想了想,清清嗓子说道:"其实案多人少的情况在各国司法制度发展中都会碰到,美国法院是通过建立法官助理制度来解决这个问题的。在20世纪30年代之前,美国联邦法院法官人均结案数基本低于200件,而到了第二次世界大战前后,美国法院的收案量急剧上升,法官人均办案数上升到七八百件,最高时达到了930件,为了保持法官队伍精英化,同时又缓解案件数量的压力,法官助理制度应运而生。"

"法官助理主要做哪些工作呢?"有人马上问道。

邹碧华继续介绍:"法官助理的工作很多,比如从事法律研究、准备庭审备忘录、起草决定和判决理由。很多法官会与他们的法官助理探讨案件,并且同助理讨论自己准备作出的判决或决定。法官助理有时还会收集资料、出席庭审、在庭审过程中呈递证物等,地区法院的法官助理还常常出席由法官召集的各方律师会议。"

"那法官助理和书记员有什么区别呢?"

"法官助理主要负责案件的具体工作,帮助法官起草法律文书、召集当事人双方的律师开会等等,书记员则以行政工作为主要职责,包括一般行政、人事、财务、技术和部分审判辅助工作等内容。"邹碧华边做手势边解释。

"你这小伙子不错,做事认真,爱钻研,视野开阔!"会议结束时,有人过来和邹碧华握手,邹碧华不好意思地笑了。

此后不久,最高人民法院挑选上海、江苏等地开始试行法官助理和聘任制书记员制度。上海选择部分法院进行"法官 + 助理 + 书记员"的运行模式试点,同时推进书记员单独序列管理。

借调最高人民法院

2001 年对于中国来说,是个重要的世纪之年,在经过了 15 年漫长而又艰苦的谈判后,中国正全力以赴地准备加入 WTO。

入世,就意味着中国一方面可以享有世贸组织属下各项多边协定规定的权利,一方面也要承担相应的义务,很多涉外经济法律、法规、政策在一定程度上将受到 WTO 规则的制约。邹碧华敏锐地意识到,法院马上要面临大量的入世准备工作了。

邹碧华的预感没有错。事实上,早在中国加入 WTO 的前后,最高人民法院为了适应即将到来的新形势,已经开始研究对策,在立法、司法上做起了准备。时任最高人民法院副院长的李国光曾先后会见了中国政府贸易谈判代表和参加谈判的国务院法制办公室相关负责人,亲赴瑞士日内瓦 WTO 总部拜访了负责中国入世谈判的中国组组长,并频繁参加了国务院有关部委召开的会议。

入世的准备是一个浩大的工程,整个中国都在为之摩拳擦掌。国务院及各地政府一一修改所有与 WTO 规则不符,以及与中国对外承诺不相一致的涉外经济法律、法规、规章,立法机关不断起草、制定新的适应对外开放需求的法律法规,最高人民法院则全面投入了新中国成立以来的大规模清理完善司法解释工作。

清理完善司法解释的工作包括很多方面,比如及时清理和废除与WTO规则不符的司法解释和具有司法解释效力的司法文件,跟踪WTO争端解决机制中有关中国的案例,及时制定符合WTO规则的司法解释,争取通过司法解释和及时作出正确的判决,尽可能地在国内程序中消除一些潜在的国际贸易争端,等等。

这时,一则消息传来——最高人民法院准备借调邹碧华前往研究室工作。

"我总是在外跑,家里就靠你和爸妈了!"吃晚饭时,邹碧华歉意地对唐海琳说道。

"你去吧,有爸妈帮我一起照顾儿子呢。"唐海琳很理解丈夫。

"碧华,去北京要照顾好自己啊,吃好一点!"母亲许贻菊不放心地叮嘱着,她往邹碧华碗里夹了一块红烧肉。

"儿子又不是第一次出门,你老是瞎操心!"父亲邹连德在一边说道。

"外面的菜再好吃也没有咱妈煮的火红鱼好吃!"邹碧华做着鬼脸,许贻菊被儿子的调皮逗笑了。

2001年5月,邹碧华来到了北京东交民巷27号最高人民法院,并住进了"法官之家"。一个月后,他晋升为审判员。

此时的最高人民法院研究室正是忙得不可开交之时,院党组决定由研究室牵头、各业务庭室参加,共同对与WTO协定有关的司法解释进行清理,同时最高人民法院准备在全国法院系统召开有关"中国加入WTO的法律准备"的会议,统一全国法院在入世后如何开展审判工作的思想,研究室负责起草制定会议的相关方案和领导讲话稿的撰写。

邹碧华成为了研究室"入世小组"工作办公室的成员之一,他的主要工作是和办公室的成员一起参与起草领导讲话稿、入世准备工作会议的方案以及清理相关司法解释。

一天,研究室主任杨润时给邹碧华布置了一个紧急任务:"你根据全国高级人民法院院长会议精神和肖扬院长的重要指示,写一个人民法院应对入世准备工作的建议,想一想入世以后法院要做些什么。"

邹碧华不敢懈怠,连夜写了起来。最高人民法院研究室的工作一向"急、难、重、杂",邹碧华来了一段时间后,深切感受到这份压力。

很快,邹碧华把一份报告初稿交到了杨润时手中,在这份初稿中他一共写了12条建议。

"第一,加强学习,转变观念,充分认识入世给人民法院工作带来的挑战。建议尽快组织对WTO的若干重要规则的培训和学习,使审判人员迅速转变观念,充分认识WTO规则将对法院的司法活动带来的影响和冲击。

第二,加强指导,将入世的司法对策研究作为重点调研任务。尽快针对WTO规则的各项具体要求,确定人民法院在新时期的重点调研课题,下发各级人民法院,组织实施,尽快提出研究成果,并做好调研成果转换工作。

第三,尽快对WTO可能给司法审查权范围带来的重大变化进行研究,如目前涉及的司法审查的协议涉及《关贸总协定》(GATT)、《服务贸易总协定》(GATS)和《与贸易有关的知识产权协定》(TRIPS)等。

第四,加强审判公开的落实工作,适应WTO透明度原则的要求。明确有关立案、庭前准备、证据交换、开庭及宣判、公告、执行等方面工作的具体流程及各个环节的具体要求,向社会公开。在适当的时候将我国一些重要司法解释译成英语,使国际社会对我国有关经贸活动的重要司法规则能够深入了解。

第五,推进裁判文书改革,选择一些优秀的裁判文书译成英语,加强国际社会对我国司法活动的了解。

第六,允许社会各界查阅案件卷宗,强化社会监督,促进司法研究。尽快制定律师、当事人及社会公众阅卷的管理办法。

第七,开设人民法院的互联网站,将司法解释、司法裁判及其他方面的重要司法信息予以公开,为全社会提供快速便捷的查询渠道。

第八,加强全国人民法院的信息交流和总结工作,促进司法的统一性。建议组织全国各地人民法院进行各种形式的交流会和研讨会,以加强全国人民法院的信息交流工作,使各地人民法院能够互相借鉴,在司法方法和标准等方面缩小差距。

第九,抓好对人民法院程序规则和证据规则的研究。目前应当对各地审判实践中存在的问题加以全面的调查,在借鉴世界各国经验的基础上,推出并不断完善我国的程序规则和证据规则,使我国的诉讼制度与司法公正和效率要求相符。

第十,对人民法院所审理的涉外案件进行全面调研。首先,建立涉外案件的专项统计和专项调研制度。其次,确定涉外案件中的重要法律问题作为重点调研课题。再次,对我国法院涉外案件的审判力量进行摸底调查,以弄清我国法院涉外案件的审判人员的基本素质状况。最后,建议在总结各地法院审理涉外案件的经验的基础上,编辑《人民法院审理涉外案件审理手册》,作为内部业务指导。

第十一,抓紧对人民法院裁判效力的调研,提高司法权威性。可从两方面入手:一是对既判力规则的研究,尽快制订再审案件的立案规则、抗诉案件的受理规则及其他相关规则;二是对执行状况的调研,对有关国家的执行手段、法律规定加以研究,着重借鉴一些对我国法院有益的经验。

第十二,加强对人民法院入世前准备工作的宣传活动。通过报刊、网络等媒体加强对人民法院入世前准备工作的宣传活动,注意加强对入世宣传的准确性,把握好宣传口径,重点宣传我国政府对入世的方针和政策,防止片面宣传,成为WTO在我国的代言人。"

"嗯,不错!"杨润时看完之后满意地点点头,他很喜欢邹碧华身上的那股"钻研劲儿"。

邹碧华松了一口气,总算过关了。

"你工作这么高的效率是怎么做到的,短时间能找到那么多资料,你是专门研究这个领域的博士吗?"研究室的王艳彬悄悄问邹碧华。

"艳彬姐,我不是学习这个专业的博士,是学习经济法的。不过,我每天做两件事。"邹碧华扬了扬眉毛,"第一,我每天看书学习两小时,我有很多书,有一个书房里全是书。第二,我每天整理资料2000字。"

"难怪! 你能坚持这么做不容易!"王艳彬直夸。

邹碧华有些得意了,自己刚来最高人民法院没多久就得到部门领导的赏识,看来自己这个"博士"不是白读的。

王艳彬看出了邹碧华的"小得意",她笑了笑说:"我跟你讲个研究室的故事,听不听?"

邹碧华说:"听。"

"有一次我们研究室同事一起开会讨论一份起草的重要文稿,讨论到一半,需要查找党的十五大报告内容。主持会议的杨润时主任随口问了一句'谁现在手头有十五大报告?'坐在一旁的王立文立即拿出了一本十五大报告的单行本。你知道怎样?"

"怎样?"

"那本书上密密麻麻地写满重点,每一页的空白处都有王立文自己写下的理解和感悟!"王艳彬一边做着翻书的手势一边说。

邹碧华一下子愣住了。

"杨主任当时就感叹:'好! 好! 年轻人这么认真就对了! 最高人民法院最不怕你有本事,怕的是重要工作来了,你准备不足。我们研究室同志应当把完成每项工作都作为重要的'演出',每一场'演出'都没有彩排,每一次我们都要认认真真去做,所有的工作都没有下一次。工作交给你就要一次成功,没有时间能让我们反复。平时的积累很重要,研究室年轻同志多,这一点要引起重视。'"

"嗯。"邹碧华若有所思。

"杨主任还说:'研究室的颜茂昆博士,他是我所了解的读书最多的年轻人。大家要向他学习,建议大家养成阅读《人民日报》、《人民法院报》的习惯,研读头版标题、重要消息和社论。为什么要这么做? 大家慢慢去体会。'"王艳彬一口气把话说完,然后静静地望着邹碧华。

此时的邹碧华内心非常惭愧,他仿佛看到了王立文手中那本写满注解的书,看到了颜茂昆埋头看书的情景,难怪他经常看见研究室同事们的案头放着《人民日报》和《人民法院报》。

自己还有很长的一段路要走,千万不能自满。邹碧华不敢懈怠,他开始每天学习《人民日报》社论、评论、重要消息、头版标题,研究《人民法院报》《法制日报》的重要提法。不久,在杨润时的推荐下,他又开始读起了《解放日报》。

邹碧华去王府井书店买书也越来越勤了,党的路线、方针、政策、法律法规、司法实践、法学流派、专家名著,这些都成了他关注的内容。"我们研究室的人,每说一句话都要有根。"一位同事无意中说的话,成了他的座右铭。

经贸、民商、多边争端解决机制、乌拉圭回合、贸易技术堡垒……越来越多的资料在邹碧华的电脑里被搜集、整理。

"你这就像中药的百宝箱啊,一个一个抽屉都分着类!"王艳彬笑着说。

"我得多学点,咱们研究室的件有时今天来明天交,根本来不及现查资料,我得每天给自己做些准备,才能不耽误活儿。"邹碧华不好意思地说道。

这是一次里程碑式的考验,最高人民法院的宽阔视野、深厚的理论基础、务实的审判实践、严谨的工作风格、高效的办件要求,让邹碧华在中国最高级别的审判机构中得到了全面的锻炼。愚蠢的人总是在想怎么躲避应该做的事,而聪明的人知道怎样做好应该做的事,邹碧华如饥似渴地吸收着新知识,他全力以赴地努力着,尽管个体非常微小,尽管也许只是沧海一粟,但他嚼出了工作的意义。

2001 年,最高人民法院一共清理了与 WTO 协定有关的司法解释1200 多件,其中废除或修改的 20 余件,新制定 13 件。

天赋与勤奋

一个人光有天赋是不够的,还需要勤奋。王艳彬从邹碧华身上深深感受到了这一点。

2001 年,重庆市高级人民法院向最高人民法院请示《关于认定国有工业企业以机器设备、厂房为抵押物与债权人签订的抵押合同的法律效力的法律适用问题》,这类关于法律适用问题方面的请示,如果是具有普适性的重大问题,最高人民法院就要作出批复。"批复"、"解释"、"规定"、"决定"一起统称"最高人民法院司法解释"。

起草司法解释是一件考验法学功底和审判实践经验的事儿,邹碧华在上海市高级人民法院经济庭工作过,于是这个件交到了邹碧华手里。

邹碧华仔细阅读了请示报告,他对其中反映的问题产生了兴趣。重庆市高级人民法院在报告中反映,2001 年以来,随着国有工业企业改革和产业结构调整的推进,相当数量的国有工业企业在破产前的经营活动中以机器设备、厂房作为抵押物,向金融机构抵押贷款。而等到进入破产程序后,金融机构通常作为债权人要求对设定抵押的机器设备和厂房行使权利,此时受理的法院却往往从维护地区的社会稳定出发,裁定金融机构与企业之间签订的抵押合同无效。

受理法院判决抵押合同无效的理由是:第一,根据国务院颁布的相关条例,企业对关键设备、成套设备或者重要建筑物,经政府主管部门批准可以抵押。反之,若企业未经政府主管部门审批,就以上述资产向金融机构贷款,则属于越权行为。第二,在企业的一般固定资产与关键设备、成套设备或重要建筑物不易区分的情况下,机器设备、厂房应界定在关键设备、成套设备和重要建筑物的范围之内。第三,金融机构明知企业未经政府主管部门批准属于越权行为,还仍然与企业签订了抵押合同，则应确认抵押合同无效。

重庆市高级人民法院认为，如果没有其他法定无效的情形，法院不宜认定金融机构与企业签订的抵押合同无效。理由是：企业对自己经营管理的财产依法享有占有、使用、收益和处分的权利，设定抵押属于企业法人财产范围内的自主行为，法院判决时应当尽可能避免交易安全的弱化，而国务院的条例对于一般固定资产与关键设备、成套设备或重要建筑物的区别没有明确的法定标准，导致司法的随意性。

这是一个在国有企业改革过程中带有普遍意义的问题，邹碧华的兴奋劲儿上来了。对合同的研究一直是他的兴趣所在，早在北大读书期间，邹碧华就跟随硕士导师程正康系统学习了国际经济法、国际投资法、国际金融法、国际贸易法、民法学专题研究、诉讼法专题研究、国际私法等专业课程，后来又跟随博士导师贾俊玲研究了诉讼法和经济法尤其是公司法、合同法的基本理论，以及两大法系关于法律解释及合同解释的理论、法律规定及法律领域方面的实践。他的硕士、博士论文分别是《国际货物买卖合同解释初探》和《关于合同解释的司法推理及规范选择——解释学在法学领域的一个实证》。如今，这份请示中提到的合同效力问题正对邹碧华的胃口，他开始认真写起批复理由。

"首先，从价值层面上来看，国有企业以自有资产抵押贷款的直接经济上的利益就是得到了贷款，此类行为不仅不会降低企业的资产价值，相反它为国有企业资产的保值增值创造了良好的条件。

其次，从合同法的基本法理上分析，进入市场经济社会以后的现代合同法以维护交易安全为己任，也以维护合同的经济性原则为基本原则。

再次，国务院《条例》并非对国有企业抵押行为的禁止性规定，实际上是对国有企业的管理性规定。根据合同当事人自治的基本法理，只有法律或行政法规明文规定必须经过批准或登记方可生效的合同，未经批准或登记即为不产生法律效力，而对于抵押合同，《担保法》并未规定必须经企业上级主管部门批准方可生效的规定。"

邹碧华洋洋洒洒写了两千多字的理由,最后得出结论:从有利于国有工业企业的改革以及保护债权人合法权益的角度出发,重庆市高级人民法院请示中提到的抵押合同,如果没有其他法定的无效情形,不应当仅以未经政府主管部门批准为由认定无效。

"不容易啊!"王艳彬长期负责整理编审最高人民法院每年的司法解释、司法文件及其理解与适用,她看出了邹碧华在法律实务、综合性文稿、理论研究、司法实践上的功底。"你在下面法院审判实践过,最知道基层法院想要上级的什么'真经',现在到了最高人民法院又能从全局角度给下面法院指导,把件办得既好看又好用,这样的件才有生命力!"

邹碧华摸了摸后脑勺嘿嘿笑了。

不久,王艳彬准备陪同院领导一起前往美国考察 WTO,为了扎实做好考察前的基础工作,她询问邹碧华是否有资料可以提供。

"有啊,我这里有美国联邦司法中心的相关资料,我拷贝给你。"邹碧华一口答应了。看着邹碧华电脑里那么多分门别类整理好的文件夹,王艳彬从心里佩服他做学问的扎实。

研究室的汪治平对邹碧华也印象深刻。汪治平性格温和,年龄比邹碧华稍微大些。自从北大法律系本科毕业后,汪治平一直在最高人民法院研究室工作,邹碧华借调来后,两人才发现原来是校友。年龄相仿又是校友,汪治平有时候会去邹碧华的单身宿舍聊聊天。

两张小床,一张桌子,邹碧华的宿舍十分简陋。汪治平常常发现邹碧华一边听耳机一边看书。

"你们上海市高级人民法院的收入应该不错吧?"汪治平忍不住问了一句。

"怎么说呢,"邹碧华顿了顿,"以前有个外企想让我过去,给出的收入数额和我在上海市高级人民法院拿的工资数额一样,不过外企用的是美元计算。"

"那你可以考虑考虑。"汪治平看着他。

"学了法律那么多年,我还是喜欢法院的工作。"邹碧华摇摇头,坦诚地回答。

汪治平有些触动。从农村考到法院的人，通常都图个机关稳定，汪治平也来自偏远的农村，在机关里待久了，他偶尔会有情绪波动，尤其是过年回老家时，看着小学、中学同学个个比自己"光鲜"，他会有寒碜感。但回头一想，有个稳定的工作也不错，就这样，他在法院里安安静静地工作下来。现在听到邹碧华说"喜欢法院的工作"，汪治平有些诧异，也有些羡慕。

"喜欢就好，能做自己喜欢事情的人不多！"汪治平感叹。

邹碧华确实已经完完全全喜欢上了做法官，只要是和法官这个职业有关的，他都会带着好奇不断去学。对他而言，收入多少不是问题，关键是做自己喜欢做的事。

一天中午在食堂吃饭，邹碧华碰到了老领导李国光。

"李院长！"邹碧华惊喜地叫了一声。

"你到最高人民法院来开会啊？"李国光有些意外。

"不是，我借调到研究室来帮忙。"邹碧华回答。

李国光赞许地点点头："最高人民法院比较清苦，你离开了家庭和妻子，要自己照顾好自己啊。我不分管研究室，这次管不了你喽。"

"呵呵，谢谢李院长！"听到老领导略带打趣的关心，邹碧华开心地笑了。

起草综合文稿、办理各种各样的"件儿"、参加会议讨论，邹碧华已经完全融入了研究室的工作。

一次，杨润时对研究室的同事提出要求："最高人民法院从来不缺法律人才，但现在入世了，法院需要的是复合型人才，你们每个人都要学好英语，要有国际化的视野。英语学好了，你就如虎添翼了。"

很快，研究室里兴起了学英语的风气。邹碧华本来就喜欢读英文原版小说，学习英语自不必说，但他发现王艳彬似乎碰到了问题。

王艳彬正准备英语水平考试，她发愁地看着一本本厚厚的英语教材，一时不知道该怎么入手。

"怎么了,艳彬姐?"邹碧华问。

"过去很多时候我们都是为了学而学,学以致用少,英语这东西还真不是一朝一夕就能捡起来的。"王艳彬皱皱眉。

"有我呀,把教材拿我看看。"邹碧华接过教材看了起来。

第二天一早,邹碧华塞给王艳彬一沓翻译稿纸。

"这是我昨晚花了两小时给你弄的教材翻译。教材里面是英文的,我给你翻译成了中文。是中文的,我给你翻译成了英文。以后我每天挤出两小时给你不断翻译教材,但我要求你每天也花同样的时间复习英语,坚持下来一定行的!"

王艳彬没想到邹碧华这么认真,她感动得一时不知道说什么好。

"你要珍惜我的劳动噢!"邹碧华故意压低声音。

"呵呵,收到!"王艳彬笑出了声。

在邹碧华的督促下,王艳彬开始对英语进行"恶补"。每天坚持"啃""邹式教材","啃"不下去的时候,她就看看手表。邹碧华每天用两小时帮她翻译,她至少每天也得复习两小时才对得起邹碧华的劳动啊。

"我现在学习英语的感觉慢慢来了!"王艳彬对邹碧华说。

"这就对了,呵!"邹碧华咧嘴笑着。他和王艳彬在同一个办公室,每当王艳彬问到英语问题时,他便俨然一副老师的模样。

中午吃饭时间到了,王艳彬准备起身去食堂。

"等等,先说五句(英语)!"邹碧华抬起头笑着,他的座位就在办公室门的一边,正好堵着王艳彬出门的必经之道。

"好吧,说五句英语!"王艳彬笑着开始背起英语句子。

"嗯,好,优雅——"邹碧华老学究般地点点头。

"优雅——,优雅——!"以后每次见到邹碧华,王艳彬都会笑着说到这个词。

借调的日子快结束了,最高人民法院的入世准备工作已经全部完成,邹碧华低头整理着自己在北京买的两大箱书籍,准备回上海。

"碧华,你留下来吧?"研究室的领导征求他的意见。

邹碧华离开最高人民法院研究室时办理的最后一个文件。

"不了,我还是回上海,是上海市高级人民法院培养了我。但我从心里感谢最高人民法院研究室对我的指导,让我一生受益!"邹碧华感慨地说,眼神中流露出对最高人民法院研究室这段日子的依依不舍。

2001年8月底,邹碧华回到上海。9月,他被调到高级人民法院研究室担任调研二科科长。

11月10日,邹碧华从电视里看到了一则重要新闻:"在卡塔尔多哈举行的世界贸易组织第四次部长会议上,全体成员通过协商一致的方式,接纳中国为世贸组织(WTO)正式成员。"

他放下手里的饭碗,微微笑了。

2002年,最高人民法院审判委员会第1225次会议通过了邹碧华执笔完成的《最高人民法院关于国有工业企业以机器设备等财产为抵押物与债权人签订的抵押合同的效力问题的批复》,并于6月18日对外公告,6月22日起施行。由邹碧华署名的《〈最高人民法院关于国有工业企业以机器设备等财产为抵押物与债权人签订的抵押合同的效力问题的批复〉的理解与适用》也首次刊登在中国人民公安大学出版社出版的《公检法办案指南》丛书之中,并被收录进由法律出版社出版的《最高人民法院司法解释》(2002年卷)中。

根据统计,2002年最高人民法院共出台司法解释39件,邹碧华起草的批复是其中的1件。

研究室

人生中的每一段经历未必都会带来成功,但它一定会给你带来成长。

在经过了美国联邦司法中心和最高人民法院的磨练后,邹碧华的内心渐渐丰沃起来,他如同一个发现新大陆的探险家,在认准了自己的目标后,义无反顾地驾船向那里划去。风景是如此秀美,视野是如此开阔,他全力以赴地投入到了自己的事业中去。

从北京回上海后不久,邹碧华根据上海法院的调研现状写了一份《关于调研工作的几点想法》交给了领导。在这份材料中,他仔细分析了上海法院调研工作存在的问题,并提出了可行性的建议:

"第一,调研功能定位不高,未能充分发挥调研对审判实践的指导作用。对审判实践中出现的新情况、新问题调研不足,调研成果不能反映审判实践的热点、难点,调研只是研究室的事情、只是领导的事,对各业务庭的调研指导比较薄弱。

第二,调研人员的素质与实际需求不相符。有部分调研人员缺乏宏观素质,注意力过多投入于法律专业领域,往往不能从国家、从社会发展的高度看待审判及调研工作。有些同志缺乏专业素质,对审判实践中的一般性法律问题的敏感性不足,对个案中出现的具体问题的敏感性也不足。还有的同志缺乏归纳提炼能力,调研的主动性不够。

第三,调研方式不合理。研究室的调研成果主要还是闭门造车的传统方式,以交办为主,深入业务部门及基层法院的实践不足,调研方式不合理,单打独斗,各自为政。

读书调研成为邹碧华乐此不疲的事情，他在工作中找到了热爱，找到了动力。

第四，调研选题与审判实践、司法改革的需求不符。缺乏反映上海法院改革经验的调研成果，在法官考核、综合部门考核、法官晋升考核、有关案件审理质量的考评、裁判文书的考评、论文写作的考评制度等方面，一直不能形成一个连贯的统一制度。

第五，调研考核方式不合理。调研考核比重过低，单纯考核论文发表数量，法官的晋升、晋级与其调研能力几乎没有关系。

第六，调研成果的利用程度不高。调研成果主要是《上海审判实践》、课题招标论文、研究室自选课题的内部发行，成果利用率不高，向其他部门推广不力，未能发挥对具体个案的指导作用，为广大审判人员知晓。

第七，调研的基础建设薄弱。审判信息电子化程度较低，对审判信息的分类、采集及建库缺乏长期规划，检索方式不符合审判实践及调研方式的需要，缺乏与审判业务部门的沟通，缺乏一些重要的分数据库。"

对此"七大问题"，邹碧华提出了三点建议："第一，培养调研群体，推进整体调研。提高调研人员的素质，让他们把更多的精力投入到专业和理论修养的学习中,更深入地了解审判实务,参与办案,更广泛地关注社会现实、制度理性,为他们创造更多的交流机会。第二,完善调研考核制度。第三,抓好调研选题,比如从某一类案件中发现的事关改革、发展、稳定的突出问题,实体法适用中急需统一认识、统一执法的新、难、热点问题,程序法适用中涉及审判改革需要进一步明确的各类办案操作规范,提炼总结具有上海特点的法院工作的成功经验,最高人民法院和高级人民法院组织的重点调研课题。"

葛锦标第一个发现了邹碧华的变化:"碧华,我觉得你现在好像已经完全投入到法官这个角色中去了!"邹碧华嘿嘿地笑着。

博士毕业后的葛锦标在北京工商大学法学院做老师,每次来上海,他都会抽空去看望一下"铁哥们儿"邹碧华,两个大男人兴高采烈地聊天,内容不外乎"法律"两个字。自从邹碧华北京回来后,葛锦标明显觉得邹碧华看问题的角度变了。

"哎,最近广东那个莫兆军事件你怎么看?"一次,葛锦标问邹碧华。

"莫兆军事件"源自2001年9月广东省一家法院开庭审理的欠款纠纷,原告李某状告被告张氏夫妇一家欠自己1万元钱未归还,李某在法庭上拿出借条,而张氏夫妇则辩称借条是被李某及其朋友威逼所写。这起案件的承办法官是莫兆军,莫兆军一审判决借条有效,被告应予还钱。两个月后的一天中午,张氏夫妇在法院外喝农药自杀身亡。翌日,公安机关传唤李某及其朋友,李某供述承认借条系持刀威逼张等人所写,最终李某等二人被判处抢劫罪,分别判处有期徒刑10年和5年。震惊全国的是,不久,法官莫兆军被检察院刑拘,涉嫌罪名是玩忽职守罪。检察院认为,在办理该案过程中,被告已多次强调借条是受胁迫写的,但莫兆军对此没有充分重视并不进行全面调查,也不将审判情况向领导汇报,导致错误判案,令张氏夫妇含冤而自杀。

葛锦标与邹碧华谈起"莫兆军事件"时,整个法律圈都在高度关注这起事件的进展。

"据说现在广东有些当事人到法院打官司时,都扬言只要法官不判他胜诉,他就死在法院门口。"葛锦标说。

"嗯,我也看到媒体报道了,说一些法院的审委会讨论案件量比以前多了好几倍,法官们都不敢判了,统统提交给审委会,谁也不知道会不会再发生'莫兆军事件'。"邹碧华皱了皱眉头。

"其实被告败诉完全是因为自身的证据不足,法官依照双方举证情况作出这样的判决并不构成违法。"葛锦标有些为法官叫屈。

"是的!"邹碧华连连点头,"司法查明的事实只能是事后的查明,原始事实不可能完全在法庭上重现。从哲学角度说,人类认知的事实永远也不可能完全等同于客观事实,我们所能做到的只能是使认知事实最大限度地接近客观事实。"

"这说明诉讼法中'以事实为根据,以法律为准绳'的原则要在社会公众中进行普法教育,老百姓容易把其中的'事实'理解为客观事实,这是不正确的。"

"是的,很多国家的诉讼法在理解'以事实为根据'时,都将'事实'理解为'法律事实',就是通过法律规则、程序规则认知的事实,而不是绝对化的客观事实。"邹碧华说到这里顿了顿,他和葛锦标相视一笑,两人的想法几乎是不谋而合。

葛锦标喝了一口茶:"碧华,你现在是一名法官了,莫兆军采用证据规则来判决案件,如果被追究刑事责任,那么我们国家的法官真的是不敢判案了!"

"嗯。不过,莫兆军在适用证据规则的过程中还是有不足之处的,这样的后果也许是可以避免的。"邹碧华的眉毛扬了扬。

"怎么避免?"葛锦标看着邹碧华。

"他没有向当事人行使法官的阐明权,没有向当事人进行举证指导。"邹碧华一下子回到了学生时代的辩论状态,他扳着手指说道:"最高人民法院《关于民事诉讼证据的若干规定》第三条规定了法官的举证指导义务,比如向当事人说明举证责任分配、相关证明方法,等等。莫兆军如果向张氏夫妇说明,法官可以通过对原告及其证人采用证据规则中的隔离质证,在质证时适时采用法官发问权,这起悲剧也许能够避免。"

"你是说法官心证?"葛锦标一下子明白了邹碧华的意思。

"是的!"邹碧华铿锵有力地说道,"法官完全可以在发问阶段针对细节进行发问,然后运用法官心证把书面证据推翻了。"

"你越来越像一个法官了!"葛锦标戏谑道。邹碧华重重拍了一下葛锦标的肩,呵呵地笑了。

不久,邹碧华升任研究室主任助理,更多的调研课题和论文编撰纳入了他的工作范畴,他热切地投入到调研、论文、庭审中,浑然享受着法律带来的乐趣。

"你真够厉害的,法律、英语、理论、实务、综合文稿、法学著作,什么都行!"坐在邹碧华办公桌对面的余冬爱叹服道。

余冬爱于 1998 年进入上海市高级人民法院研究室工作,他性格开朗,为人随和。自从邹碧华调到研究室后,余冬爱每天与他面对面而坐,办公室里一共四人,都是年龄相仿的年轻人,每天除了调研、讨论、材料撰写,邹碧华满脑子的笑话常常让人捧腹不已。

"你这家伙太逗了!"同事们笑得喘不过气来。

不过余冬爱知道,平时不摆谱的邹碧华对工作特别严格,一点儿不含糊,他曾亲眼见过邹碧华批评一名下属,因为这个下属对手里的活儿没用心。余冬爱在一边听得心有戚戚,邹碧华批评人很有一套,有理有据,层层推进,一点不笼统,说得人哑口无言。

"你是怎么把每件事都做好的?"余冬爱问。

"这是一种工作态度。人要学会随时经受考验,每一次都要充分准备,有为才能有位,平台是自己创造出来的。"邹碧华习惯性地扶了扶眼镜,非常认真地说道。

"是吗?"余冬爱有些不解。

"嗯。有一次金长荣副院长召集上海法院的几个博士开会,想听听我们这些青年法官对人生发展的看法和对法院工作的建议,当时金院长并不认识我。我记得当时参会时有些法官发言比较紧张,我因为提前两天做了充分准备,根据自己十多年的法院工作经历总结了九条建议,所以条理比较清晰,金院长听了很震撼。所以,我们每一次都要充分准备。"邹碧华掏心窝地对余冬爱说。

"每一次都要充分准备。"余冬爱慢慢体味着,他觉得这句话很有道理。

不久,余冬爱遇到了一件令他非常难受的事。

2001年6月30日,九届全国人大常委会第二十二次会议审议通过了《中华人民共和国法官法》、《中华人民共和国检察官法》修正案。修改后的《法官法》第五十一条、《检察官法》第五十四条规定,国家对初任法官、初任检察官和取得律师资格实行统一的司法考试制度,国务院司法行政部门会同最高人民法院、最高人民检察院共同制定司法考试实施办法,由国务院司法行政部门负责实施。

2001年12月29日九届全国人大常委会第二十五次会议审议通过了《中华人民共和国律师法》修正案。修改后的《律师法》第六条规定:"取得律师资格应当经过国家统一的司法考试。具有高等院校法律专业本科以上学历,或者高等院校其他专业本科以上学历具有法律专业知识的人员,经国家司法考试合格的,取得资格。"

一石激起千层浪,《法官法》、《检察官法》、《律师法》的修改意味着国家统一司法考试制度正式建立,很多法官、书记员、检察官、律师、法律工作者、法学院学生开始议论纷纷,司法考试一来,以后谁想成为法官、检察官、律师就必须通过这个"门槛"。

余冬爱很清楚,司法考试的难度远远超过了上海法院自行组织的助理审判员考试,如果按照以前的规定,自己作为书记员只要工作满一定年限、通过助理审判员的全国资格考试,再经过上海法院的本院晋升考试,就可以坐到审判席上敲法槌开庭了。现在《法官法》一改,简直就是多了一场"天下第一考"。幸好,余冬爱赶上了上海法院助理审判员晋升考试的"末班车",他稍稍松了口气。

可是,匪夷所思的事情发生了——曾经在全国律师资格考试中获得上海市第一名的余冬爱竟然没有通过法院自行组织的年度助理审判员晋升考试！

余冬爱愣住了，受挫的他垂头丧气地坐在办公室里。

"冬爱，不要太在意！"邹碧华安慰道。

余冬爱苦笑了一下，助理审判员的晋升考试没有通过，意味着自己还得花精力去准备一场竞争极其激烈的司法考试，真是命运未卜啊！

"一个人的事业发展不可能是匀速运动的，不要太在意这些，相信自己！"邹碧华用力拍了拍余冬爱的肩膀，"你看我审判员晋升考试不也是受到挫折，现在不也过来了？"

"你是怎么看那件事的？"余冬爱慢慢抬起头。

"别人对你的评价总是多元的，不要活在别人的眼睛里，相信自己！"邹碧华看着余冬爱，他仿佛看到了两年前的自己。

"嗯！"余冬爱的心情稍稍好了些。

"抓紧时间，马上复习，正好把所有的法律知识点重新理一下，明年一定考出来！"邹碧华推心置腹地说道，余冬爱用力点了点头。

民法、刑法、行政法、民诉法、刑诉法、行政诉讼法、法理学、法制史、宪法、经济法、国际法、国际私法、国际经济法、实例分析、司法文书……司法考试的内容就像一片浩瀚的大海，四大本厚厚的教材、写满考点的考试大纲、不断翻新的试题集，短短不到三个月的复习时间，余冬爱和其他所有报名参加考试的人一样，每时每刻都上紧发条，辛苦地"备战"着。

2002年3月，首次国家司法考试在全国统一举行。

两个月后，司法部国家司法考试办公室发出公告，考试合格分数线为240分，考生可以自5月29日零时起通过中国普法网或声讯电话查询本人成绩。余冬爱从媒体的报道中得知，全国31万考生中只有2.4万人达到了合格线，占应试总人数的7.7%。

"怎么样，你考了多少分？"邹碧华在电话里急急地问余冬爱，余冬爱默不作声。

"考了几分啊?"邹碧华的声音更急了。

"269分。"余冬爱低低地、沉稳地回答道。

"呵呵,好小子!"邹碧华在电话里怪叫了一声,余冬爱忍不住笑了。

很多事发生的时候让人觉得很苦,一旦熬过来了,甜的滋味就会加倍。余冬爱很感谢邹碧华对他的鼓励,半年以后,他顺利晋升为助理审判员。

而此时的邹碧华也越来越忙了。最高人民法院颁布了《关于民事诉讼证据的若干规定》,为了使全市法院能够顺利操作该套规则,他作为研究室的主要执笔人,起草并完成了《关于〈关于民事诉讼证据的若干规定〉的操作规范》、《举证通知书告知事项及样式》,修改了《诉讼风险告知书》。同时,他还做着上海市高级人民法院重点调研课题"关于网络交易的法律问题"和一般课题"关于合议庭制度改革的专题研究"。

不久,研究室又接到了最高人民法院一个关于中国调解制度改革的重点调研课题。

"冬爱,你负责问卷调查。"邹碧华给办公室里的同事们分工,余冬爱分到了"最艰巨的任务"——给律师做问卷调查。

"你去设计一下调查问卷,然后拿给我看。"邹碧华只要一进入"兴奋"状态,语速就特别快,余冬爱明显感受到了邹碧华对这个课题的热情。

余冬爱不敢懈怠,他很快设计了几十个调查问题,然后交给邹碧华审核。

"嗯,很好,你去联系律协,落实一百份问卷调查。"邹碧华稍微修改了一下,就将调查问卷交还给了余冬爱。

一百份?! 余冬爱有些抓耳挠腮,到哪儿去找一百个律师呀! 他忐忑地给律协打了一个电话。正巧,律师学院正在开班给律师做年度培训。

"那我马上到您这儿的培训班来!"余冬爱赶紧在电话里和对方约好了时间。

一个滂沱大雨的下午,余冬爱冒雨跑到律师学院,将问卷一份一份地发到了律师手中,然后当晚回家做好了统计分析。

"太好了!"邹碧华拿到分析报告时高兴得直夸余冬爱,余冬爱心里也乐开了,虽然邹碧华批评人不留情面,但他夸起人来也是百分之百的真诚。

不久,由邹碧华执笔的《关于中国诉讼调解制度的专题研究》一文顺利完成,该文入选了第十八次全国法院院长会议材料,并获得了全国法院系统优秀调研成果特别奖。

邹碧华在这篇调研中提出:"我国应当建立一种调审适度分工,以审前调解为主、随机调解为辅,法官主导下的适度社会化的调解模式。具体应当进行以下改革:

第一,调审适度分工。确立专职调解法官或调解部门,在法院内部扩大调解人员的主体范围,逐步建立调解分工与案件分流相结合的机制。

第二,建立审前调解机制。尽量安排专职调解部门或人员在审前从事调解,以求最大限度地提高调解效率、节省诉讼成本。

第三,确立随机调解机制,使调解贯穿诉讼过程始终,并向诉讼外延伸。

第四,建立法官主导下的适度社会化机制。首先,确立院外专业人士参与诉讼调解的制度。其次,诉讼调解制度与人民调解、行政调解制度相衔接。最后,试行建立中立评估制度。

第五,建立审前调解机制,考虑与我国其他改革措施相结合,比如与证据交换程序或者其他庭前准备程序结合起来。"

很快,上海市高级人民法院党组开始将《关于中国诉讼调解制度的专题研究》课题中的观点提炼形成调解原则,运用到全市三级人民法院的审判工作中去。一段时间后,法院调解率提高了不少。

"法官,并不是要懂得全部的知识,而是要懂得如何去判断、确定一个规则,从而影响一批更多的法官,这样的法官才有意义。"邹碧华对余冬爱说。

"凭你的才华,在法院太浪费了!"余冬爱咕哝了一句。

邹碧华哈哈大笑:"做法官是我的理想!"

威斯康星培训

2002 年 7 月,邹碧华再一次踏上了赴美的旅程。这一次,他是和 19 位上海法官一起前往威斯康星州的麦迪逊市,参加由上海市高级人民法院、美国威斯康星大学法学院东亚法律研究中心、美国威斯康星州地方法院三家联合举办的审判技巧培训班,一共 22 天,邹碧华担任班长。

这是上海法院第一次尝试与美国法学院合作举办法官的培训,培训内容也不同于以往的参观访问,全都是"真枪实战"的上课、观摩庭审和庭外讨论,给法官们上课的是美国法律界知名的教授、法官、律师和专家,整个培训采用全英文教学模式。

为了更好地达到学习效果,出国前的四个月,上海市高级人民法院专门组织全体学员参加了三个月的"外语强化培训班"和为期一周的"出国培训预备班"。

所谓外语强化培训班,就是由上海市高级人民法院邀请上海同济大学的英语老师来为学员进行语言强化训练,从 2002 年 3 月开始,每周二、四、六、日上午上课,课程内容包括英语听力、英语口语、案例与辩论、新闻英语、影视英语和法律英语。

同时,美国威斯康星大学法学院东亚法律研究中心专门给上海市高级人民法院发来了大陆法系和英美法系司法体制的基本介绍、美国司法体系的机构设置和人员配置、美国法院内部诉讼程序规则、证据规则、威斯康星州法院的结构、程序规则、流程管理办法等英文材料,这些材料被印发给学员,让他们提前熟悉有关的培训内容。

"这次培训,是为了提高我们上海法官在中国加入 WTO 后的职业素养。提高法官素质是我们实现司法改革目标的保证,大家要珍惜这次机会,一定要勤奋努力、刻苦向上,尽力掌握更多的国外法律知识,扩大自己的视野,回国后更好地为我们国家的审判实践和司法改革服务!"滕一龙在外语强化培训班的开学典礼上对全体学员提出要求。

没有人敢懈怠。短短三个月,20 位年轻法官一边认真听着同济大学英语老师上课,一边在班里进行场景模拟的"实战演练",很多人的英语口语得到迅速提高,邹碧华的英语基础本身很好,自不必说。

很快班委成立了。邹碧华担任班长,负责制定培训班的总体计划和国内外联络工作,长宁区人民法院副院长王翔负责学员在国内外读书期间的具体困难和思想动态,卢湾区人民法院经济庭副庭长顾文凯负责收集学员对各项培训内容的信息反馈并安排讨论,高级人民法院王蓓华负责赴美前后的生活、后勤事务。

6 月中旬,在结束了三个月的苦练后,为期一周的出国培训预备班开课了。这是出国前的一次"热身",上海市高级人民法院特意邀请了美国教授来沪以全英文方式进行教学。

一周的课程安排满满当当,美国法院的司法体制、美国联邦和州法院审判实务、诉讼程序规则、证据规则、法官的裁决艺术以及案件管理……每天上午大家坐在课堂里听教授授课,下午和晚上则是学员与教授之间的自由讨论,邹碧华听得津津有味。

"班长,中午休息的时间能不能稍微长一些?"

"练习听力很费脑子啊! 中午休息好,下午、晚上才能保持清醒。"有人跟不上这么快的节奏,向班委提出请求。

"没问题,我们马上调整一下!"邹碧华立即和班委商量,把作息时间做了相应调整。

7 月 12 日,四个月的充足准备后,审判技巧培训班全体学员出发前往美国,一行人在上海市高级人民法院副院长金长荣的带领下,登上飞机前往美国威斯康星州首府麦迪逊市。

这是第二次赴美了,邹碧华静静地坐在靠窗的座位上,他隐约记得两年前自己只身前往美国时的新奇和陌生,还记得那时穿着厚厚的大衣在美国最高法院台阶前的留影,还记得自己在雪地里与明姆的孙子孙女在一起欢笑着打雪仗。日子过得好快!邹碧华凝神望着窗外,如今的他已经不是独自一人,而是跟着一个精英团队前往美国学习了。

机舱里的灯光渐渐暗下来,不少人开始打起盹来,窗外的云彩低低地浮在半空中,懒懒散散。

中国加入了WTO,司法改革已经紧锣密鼓,他也从一名助审员成长为研究室的主任助理,一切都在变化中。邹碧华伸出右手轻轻按了一下座位上方的阅读灯按钮,欠了欠身,拿出包里随身带的英文原版小说。

"你在飞机上还看书?"身旁的同事诧异地问。

"习惯了!"邹碧华笑着说了一声。

威斯康星大学是一所有着160多年悠久历史的世界顶尖高等学府。7月13日,培训班全体成员顺利抵达麦迪逊市。在经过市中心波光粼粼的曼多塔湖(Lake Mendota)后,美国最杰出的大学校园之一——威斯康星大学麦迪逊校区出现在他们的眼前。

"欢迎你们!"威斯康星州最高法院首席大法官雪莉微笑着向金长荣致意,在她身边站着威斯康星州联邦法官、上诉法院法官、地方法院法官、威斯康星大学法学院院长、威斯康星大学法学院东亚法律研究中心主任以及数位彬彬有礼的教授。

整个威斯康星州都轰动了,中国法官来威斯康星培训的消息很快通过《威斯康星大学法学院通讯》传遍了威斯康星州的法院、全美律师协会和其他法学研究机构。

邹碧华跟随队伍走进了风景如画的校园。埃尔维耶姆艺术博物馆、科勒艺术图书馆、米尔斯音乐图书馆、自然科学实验室、空间科学与工程中心、实验农场、植物园、健康科学中心……错落有致的教学大楼和科研中心让人应接不暇，邹碧华感到自己仿佛走进了一座充满学术氛围的"城市"。

"我们为各位法官办理了威斯康星大学的学生证，这样各位就可以充分使用我们大学的各种教学设施，比如图书馆和计算机中心。我们也将免费提供美国最大的法律电子网站——WESTLAW（该网站作为法律专业网站当时对外收费为每小时500美元）和LEXUS的密码给各位，您可以充分利用网络来查询法律资料。"法学院的工作人员仔细地介绍道。很显然，法学院为中国法官们的到来做了非常精心细致的安排。

威斯康星的全英语教学让学员们接触到了一个真实的美国法律人群体，这段经历对他们而言弥足珍贵。后排左三为邹碧华。

邹碧华低头看了一下课程内容，这是他在出国前根据上海法院的审判需求和学员知识结构的现状，和威斯康星大学法学院反复磋商后定下来的18门课程，全部课程以程序法为主，其中包括判决理由的写作技巧、法律研究与电子资源的运用、法官和陪审团的角色分工、举证责任分配规则、法官的职业道德、磋商与调解技巧、法官助理的使用、简易程序审理案件及小额诉讼程序、WTO 的透明性原则及相关问题等内容。

不过最让邹碧华兴奋的,还是法学院这次派出的强大师资队伍。在一份授课老师的名单上,他看到了这次将给培训班上课的资深教授,其中有著名的合同法专家格兰特、民诉法及证据法专家特克海默和约翰·奇德威尔、宪法学专家契屈和爱里希,还有在美国负责给法官及其助理人员培训裁判理由写作技巧的罗纳德·霍佛。而给学员们上课的法官则包括威州最高法院首席大法官雪莉、威州第四区上诉法院审判长玛格丽特·维格龙法官,戴恩郡法院院长麦可·诺瓦考斯基法官、尼可斯法官,联邦地区法院首席法官巴巴拉·克拉布,年逾 83 岁的美国第八巡回上诉法院麦龙·布赖特法官,明尼苏达州联邦地区法院法官,国际司法关系委员会主席保罗·麦格森,还有他的老朋友——伊利诺伊州联邦地区法院的明姆法官。

"Cliff!"当明姆看到邹碧华时,两人激动地拥抱了。

"太好了,明姆,再次看见你太让人高兴了!"邹碧华开心地说道。

明姆明显感到了邹碧华的变化,成熟、儒雅、落落大方,尤其周围的年轻法官也非常尊重邹碧华,明姆很高兴,他由衷地对这位好朋友说道:"你一定能早日实现你的理想!"

邹碧华又回到了读书时代。每天早晨,他精神抖擞地在校园里晨跑,到了晚上,他捧着英文版的法律书籍读到深夜,然后看上一部原版电影,最后睡觉。平日里,身为班长的他常常为其他学员翻译老师课上讲到的生僻词语,有时还忙着和班委一起落实学员们的住宿、饮食、出行用车、甚至购买感冒药物。

麦迪逊是一座安静的城市,邹碧华有时走在曼多塔湖边,路上的行人很少,连车辆都不太看见,路边的小松鼠和小兔子时不时地蹦跳出来,蔚蓝的湖面上白帆点点,造型别致的屋子掩映在远处的树荫里。

一天晚上,邹碧华和学员们得知州政府广场举行音乐会,便欣然前往。只见原本空旷的广场上铺满了五彩缤纷的毯子,很多市民提前三四个小时在草地上铺好毯子,点上烛光,放上鲜花,再加上可口的美食,每个人都尽情享受着夕阳西下的美景与音乐,令人心怡。

麦城人的诚信和热情也给中国法官们留下了深刻印象。一次,他们步行回家,突然一场暴雨不期而遇,法官们跑到一家健康食品店前避雨,眼看店铺即将打烊,食品店老板主动开车将他们送到了学校。还有一次,杨浦区人民法院的陈佳玉在跳蚤市场挑选了一个 10 美元的烛台,收银小姐一看,忙向陈佳玉道歉,原来标签贴错了,应该是 7 美元。

安静、浪漫、淳朴、本真,麦迪逊的气息让第一次到来的中国法官们由衷地喜欢,在经过一系列时差、生活习惯、饮食习惯的调整后,紧张的学习生活开始了。

美国教授们的讲课堪称"头脑风暴",每位教授都倾其所有地讲述各自最精髓的理论和见解:具有丰富案件审理经验的美国法官为学员介绍小额诉讼程序,擅长调解的资深律师详细"解剖"美国律师的调解技巧,宪法学教授则通过典型案例来讲述美国司法独立的有限性……不同的老师、不同的性格、不同的妙语连珠让中国法官们大受启发。

"ADR 是'Alternative Dispute Resolutions'的简写,也就是我们所说的非诉讼纠纷解决机制。"威斯康星州麦迪逊市戴恩郡法院首席法官 Michael Nowakowski 在课堂上侃侃而谈,"在美国,大多数法院通过利用第三方参与建立了简易陪审团审判、早期中立评估等混合型程序,这些程序不但为当事人协商提供便利,还有效地促进了管理案件。我所在的法院曾经做过一个统计,90% 的诉讼在开庭前得到解决,其中 80% 是在 ADR 方式下解决的。"

"这个 ADR 有明确的法律依据吗?"坐在下面听讲的陈佳玉忍不住问了一句。

"1998 年 10 月克林顿总统曾经签署了《ADR 法》,这部法律是 ADR 进入法院系统的最重要立法活动之一,它要求每个联邦地区法院根据当地情况制定一个 ADR 具体规则,并至少提供给当事人一个具体的 ADR 程序。另外联邦地区法院还被授权在得到当事人同意之后,参与调解及早期中立评估。目前,许多州已经制定了 ADR 法。"Michael Nowakowski 很欣赏陈佳玉的提问,笑吟吟地回答着。

律师 Koritzinsky 上课别有风趣。在谈到 ADR 制度时,Koritzinsky 幽默地说:"各位中国法官,你们都来自调解的故乡,作为一种'东方经验',调解在 ADR 制度中扮演着重要角色,美国人民感谢你们!"话音刚落,课堂里笑声一片。

"在美国,由哪些人来做调解员呢?"浦东新区人民法院的童凌举起了手,这位有着一双大眼睛的女法官,研究生毕业后进入浦东新区人民法院知识产权庭和派出法庭工作,她对 ADR 的运行机制很感兴趣。

"调解员通常是由在法院诉讼中富有经验的律师担任,他们一般接受过交流和谈判技巧的训练。不过,ADR 制度是一种审前程序,如果没有成功,调解员必须遵守保密制度,以免对审判程序产生不公正影响。威斯康星州戴恩郡律师协会在案件调解程序中明确规定,任何在调解中获取的信息,除非有当事人和其代理人的书面同意函,不得向任何人泄露。"Koritzinsky 微笑着讲解道。

最有趣的当属年逾83岁的美国第八巡回上诉法院麦龙·布赖特法官,他在课堂上铿锵有力地说道:"我从不相信那些贬低中国的话!"随后,他转身在黑板上一口气写下一行字——"美国爱中国"。

"我能有幸和各位法官合影吗?"布赖特法官问。学员们立即微笑着走到这位令人尊敬的法官身旁,在那行字前拍了照。

精彩的授课、亲切和蔼的老师,让学员们充分领略了美国法律人的职业精神,不过最吸引他们的,还是零距离的庭审观摩。

为了更好地提高年轻法官们的审判水平,东亚法律研究中心根据上海方面的要求,与威斯康星州的地方法院、上诉法院及联邦地区法院联系,为培训班安排了大量的庭审观摩。

7月15日起,学员们每周一、二前往戴恩郡法院进行各类观摩,包括与陪审团候选人共同观看陪审团的培训课程,在法庭中观察陪审员的挑选、宣誓过程,观看基层法院的动议或申请审查过程、辩诉交易过程,旁听民事、刑事、少年犯罪案件的庭审程序、上诉法院的上诉辩论程序等。

戴恩郡法院并不豪华,但法院里随处可见的细节让人感动不已:法庭里有为当事人专门提供的饮水机、衣帽架、纸巾,为原被告律师专门准备的法律用书;每位法官都有自己专用的办公室和法庭,每位法官的铭牌下都刻有盲文,进出法庭时残障人员只需摁一下按钮就可以自动开关;庭审中法警会给陪审员和当事人倒水;更有美国法官在法庭上的彬彬有礼,即使在重罪案件审理中,法官依旧会对被告人说"请你发言",而当被告人陈述完毕后,法官会说"谢谢你,某某先生"。

戴恩郡法院一共有 17 位法官,大部分法官都是从优秀的律师中挑选而来,在经历了二三十年的律师生涯后,这些已五六十岁的法官仍然非常敬业。每天上午 8 时开始庭审,中午在办公室匆匆吃完自带的午餐,下午 1 时继续工作,直至晚上 6 时回家。一位法官一个上午开 5 至 6 个庭,每个庭审都涉及不同类型的案件,离婚案、重罪案、未成年人纠纷案,庭审结束前,每位法官都会以最快的速度当庭宣判并陈述理由。

逻辑清晰的法律思维能力、驾轻就熟的庭审驾驭能力、游刃有余的法律解释能力,美国法官体现出来的职业素养让学员们深深叹服。

令邹碧华印象最深刻的,还有美国同行在法庭上展现的交叉盘问、隔离盘问、证人弹劾等技巧。

一次,邹碧华去旁听一起证据排除的听证。

"这是一起毒品案,犯罪嫌疑人认为警方是非法搜查,提出了排除毒品证据的申请。在毒品案中,如果毒品证据被排除,几乎可以立即宣布控方败诉。所以今天的听证主要围绕警方在破门而入准备搜查之前,是否留足了合理时间等待主人来应门这一事实。根据规定,警方搜查时在破门而入前必须留足合理时间待主人应门(美国联邦最高法院目前已取消了该规则)。"开庭前,主持这起案件的法官向学员们介绍案情。

"这么细微的事实能查清楚吗?"有人悄悄嘀咕了一句。

邹碧华也满腹狐疑,这样的细节应该怎样进行隔离盘问呢?在美国,隔离盘问是指对每名证人进行盘问时,其他证人不得在法庭内,并且在接受盘问前不得与其他证人和法庭内的人员取得联系,否则证人就会被"污染",不能再作证。邹碧华此前研究过隔离盘问规则,所以他很想看个究竟。

庭审开始了,辩方传唤了参与现场搜查的三名警察。

邹碧华非常惊讶地发现,美国律师在法庭盘问时技巧十分娴熟,一句句盘问环环相扣,不仅细致而且鞭辟入里,最后,三名警察无法达到相互印证,一个看似不可能查清的事实竟然在不到一个小时的盘问中查了个水落石出,结论不言而喻——警方确实未留足合理的时间就破门而入了。

"太厉害了!"学员里有人感叹。

邹碧华深深感受到了隔离盘问规则在查明事实上的强大威力,他转过头对那位学员说:"回去我们也要摸索出一套适合我们自己的证据规则。"

上课、观摩、查阅资料,三周的培训班日子转眼过去了一半。早在国内出发时,班委已经根据每位学员的专业特点和审判擅长组建了五个课题组,分别是非诉讼纠纷解决机制、简易程序、知识产权诉讼、证据开示程序与诉讼效率、证券赔偿诉讼。进入培训班后期,学员们都投入了紧张的课题调研中。

"培训不一定能解决我们目前审判活动中的一些问题,但这些学习可以提供给我们一些有启发的思路。每个课题组现在要充分搜集整理资料和理清思路,回去以后,在一个月内完成各自的课题。"邹碧华代表班委向学员们布置道。

五个课题组忙得不可开交。张冬梅、李澜、陈佳玉废寝忘食地在法律网站上搜索美国法律制度、诉讼制度的相关资料,王海文虽然出国前刚刚大病初愈,但仍然仔细地记着每一堂课的笔记,肖晚祥、钟可慰、王翔英语口语流利,常常向教授们请教各类法律问题。邹碧华自己则不断上网查寻资料,由于下载的最新资料与动态信息实在太多,他的手提电脑储存容量竟然满载了! 无奈之下,他只好把所需资料通过电子邮件的方式传回国内让妻子唐海琳代收。

"你们中国法官的努力让人敬佩!"东亚法律研究中心的工作人员忍不住赞叹。

"那能不能为我们安排一些非正式的座谈会,让我们和这里的法律人面对面交流一下?"邹碧华马上笑着问。

"呵呵,好的,我们马上安排!"工作人员也笑了。

很快,在东亚法律研究中心的协调下,培训班全体学员与威斯康星州地方法院和联邦法院的法官、在美留学生、访问学者、律师进行了多次座谈,研究中心还特意安排学员前往芝加哥全美律师协会总部,与那里的律协工作人员讨论了法官职业与业外活动的关系、法官的回避、有关程序规则、证据规则、陪审团制度、法官终身制与任期制的利弊等内容。

中国法官的勤奋、好学和活力赢得了美国同行的认可,研究中心甚至安排培训班学员分组到法官家中做客。

在友善、美好的做客过程中,中国法官们感受到了美国法官强烈的自律意识。

Flanagon 法官的家非常朴素,没有游泳池和豪华的装修,连汽车都是二手车。"做法官要时时注意自己的言行,否则开庭的时候当事人会说'你自己某某事也做不好',那会非常尴尬的。"他很直率地说。

首席法官 Michael Nowakowski 介绍:"我以前喜欢喝酒,做了法官以后就戒酒了。我常常问自己,如果我喝醉了公众会怎么看我? 因为在美国有一句话,'如法官般清醒',呵呵。"

"我们这里的年轻人结婚都以请到他为荣。"Nowakowski 的夫人在一旁浅浅笑着,她为丈夫在当地的威望感到自豪。

联邦法官 Mihm 非常幽默:"自从被任命为法官后,我就不再和我的一位律师好朋友联系了。直到几年前我们又相遇了，都想继续友谊，于是我回到办公室后第一件事就是让秘书把这位律师朋友的名字列入回避名单里。"

"这次真是不虚此行啊！"有学员感叹。邹碧华笑了，他太理解这样的心情了。

归国的日子终于来了。

在最后一天的晚宴上，邹碧华代表培训班用流利的英语向美方致答谢词，纯正的发音、落落大方的气质、真挚感人的话语彻底感动了美方，全场一片热烈掌声。威斯康星州最高法院首席大法官雪莉动情地说："我们 17 名法官很高兴认识 20 名来自中国的同行，但我更愿意说，是 20 位朋友。"

晚宴开始，随着惜别之情越来越浓，美国的巴特尔法官、尼可斯法官连续献唱了两首英文歌曲。

"晏圣明，你也来一个！"不知是谁喊了一声。

于是，培训班学员晏圣明在众人的欢笑声中站起身，他清了清嗓子，开始悠扬地唱了起来——

"乌苏里江来长又长，蓝蓝的江水起波浪，赫哲人撒开千张网，船儿满江鱼满舱，阿朗赫那赫尼那雷呀，赫雷那尼赫雷那！白云飘过大顶子山，金色的阳光照船帆，紧摇桨来掌稳舵，双手赢得丰收年，阿朗赫那尼那雷呀，赫雷那尼赫雷那！白桦林里人儿笑，笑开了满山红杜鹃，赫哲人走上幸福路，人民的江山万万年……"

也许是在异国他乡，也许是晏圣明唱得太入情，一曲熟悉的《乌苏里船歌》勾起了中国法官无限的思乡之情。

"我们热爱法律职业，热爱自己的祖国！"有人在掌声中喊了一声。

"邹法官，你们一定能够成为中国法治事业的未来！"东亚法律研究中心主任 Irish 教授对站在身边的邹碧华说道，邹碧华用力地握了握他的手。

归国，又一次 20 多个小时的长途飞行。邹碧华打开笔记本电脑埋

威斯康星的学习生活让年轻的法官们开阔了视野,对美国的司法制度和司法理念有了直观的了解。后排居中者为邹碧华。

头整理资料,他想尽快把资料翻译出来介绍给国内同行。

"碧华,你不休息啦?"有人惊叹于他的不知疲倦。

怎么会不累呢,整整 22 天的培训,邹碧华足足瘦了十斤。回到家后,他倒头睡了整整一天一夜才缓过劲来。

一个月后,五篇课题如期完成。邹碧华在出国考察的总结里这样写:"这次培训给学员们提供了观察不同法律背景下司法制度运作的机会,使我们能够感性、直观地认识现代司法理念。同时,培训也让我们能够近距离地观察美国法院的内部具体运作,有机会深入美国法院系统内部,从案件进入法院以后的几乎每个环节进行观察。

通过这次培训,美国法学院的教授们、美国的法官们对我们的司法制度也表现出了很大兴趣。我们给他们介绍的中国民事诉讼的审限制度,让美国法官感到了合理性的一面。我们的学员在学习中也了解到美国诉讼制度中存在的问题,比如诉讼拖延问题、陪审团制度带来的司法结果不确定的问题。这次学习是令人难忘的,我们不是被动地去学习,而是辩证地在吸收国外经验。"

"好,很好!"滕一龙看到培训班的反馈效果后非常高兴,"司法制度的进步和法官本身的刻苦努力是分不开的!"

"谢谢滕院长!"邹碧华感受到了院长的鼓励,"不过……我觉得我们的证据规则方面好像还不如美国。"

"碧华,我们生活的这个世界并不是美好的,正因为它不美好,我们才要去奋斗啊!"滕一龙笑着说,邹碧华顿时被眼前这位院长的智慧折服了。

2003年6月,邹碧华升任研究室副主任,厚积薄发的他全身心地投入到了工作中。组织课题招标,推出《调研动态》,策划新书出版,起草规范性意见,在全国性专业报刊上发表论文,为《上海审判实践》翻译"法律英语",参加最高人民法院的各类学术研讨会、司法解释讨论会,还有耶鲁大学研讨会、外交部联合国人权高专国际研讨会、法官助理国际研讨会……他忙得不亦乐乎。

上海法官培训中心开始频繁地出现邹碧华讲课的身影,合同法、公司法、物权法、证据法、时效制度,"邹博"的专业学识被越来越多的法官所认可。

一次,政治部一位工作人员拿了一份《上海法院培养选拔优秀年轻干部工作实施意见》向邹碧华征询意见,邹碧华仔细看了一遍:"这份意见非常好,我就提一些建议,不一定正确,仅供参考。"

"好,你尽管说。"来人答道。

"第一,是否可以考虑增加制定《上海法院优秀干部选拔程序规则》,使优秀干部选拔程序体现公正、公开、民主、规范等方面的要求。第二,是否可以考虑增加建立上海法院系统优秀人才分类体系的内容,将现有的人才库分类为基础人才库、特殊专业人才库及优秀人才库。第三,是否可以考虑增加建立、完善优秀年轻干部评价制度的内容。第四,是否可以考虑分类培养的方式,例如专业型、管理型及复合型年轻干部即应采用不同的培养方式。"邹碧华条理清晰地讲着,对方连连点头。

"碧华,你还是内敛一点,别太惹眼,容易让人嫉妒!"有人暗暗提醒他。

"我是做事情的人,要么说,要么就不说,不搞虚的。"邹碧华回了一句。

庭长

滕一龙非常欣慰地看着邹碧华的不断成长,在这位院长的心里,上海法院一定要有在不同学科都叫得响的"全国领军人物",刑事、民商事、行政、知识产权、金融……邹碧华是其中之一。

"碧华,你写文章没有问题,理论水平和学术专业都有了,但你现在能不能到业务第一线去,积累更多的实务经验?"滕一龙问邹碧华。

"滕院长,我也希望自己能够从后台走到前台去锻炼一下。"邹碧华坦诚地回答。

2003 年 12 月,邹碧华被调往上海市高级人民法院民一庭担任副庭长,主持全庭工作,同时兼任《上海审判实践》副主编。

"恭喜你啊!"余冬爱和同事们都替邹碧华高兴,但对他也恋恋不舍。邹碧华在研究室的两年,给整个团队带来了无穷的欢乐和活力,虽然工作很累,但大家收获颇丰。

邹碧华属马,余冬爱代表办公室同事送了一匹水晶玻璃马给邹碧华,邹碧华一看就喜欢上了:"谢谢呀,冬爱!"

"应该是我们谢谢你,你是我们的老师,我们在你面前不敢犯错误,你有无声的威严在那儿!"余冬爱"毕恭毕敬"地说道。

顿时,周围一片笑声,邹碧华连连拍着余冬爱的肩膀:"行啊,你!"

"碧华,祝你越来越成功啊!"笑声落定后,有人说了一句。

"是啊,大展宏图啊!"

"认真的人在任何岗位做任何工作都能出色!"

邹碧华有些动容:"谢谢,非常感谢大家!"

民一庭的工作就这样在老同事的一片祝福声中开始了。民一庭是"大民事"格局下的民事审判庭,管理高级人民法院的一个民事审判庭对年轻的邹碧华来说是一种挑战。

审判业务庭和研究室不同,身为庭领导,除了要对全庭的办案质量、效率、调研、审判作风进行管理、监督、指导和协调外,还要有全局意识,对群体性诉讼等社会影响面较广的案件有高度敏感度,在第一时间排摸情况,及时上报,统一处理。同时,高级人民法院民一庭还要组织全市民事条线的法官进行培训,对下级法院提出的法律适用问题进行指导,尤其在市场经济体制的转轨时期,前所未有的各类民事纠纷频频发生,如何抓好执法统一,如何避免同一个法律适用问题在不同法院之间、同一法院不同审判庭之间、同一审判庭不同合议庭或独任审判员之间出现裁判标准掌握不一的情况,尤为重要。

邹碧华来到民一庭时,正是庭里人员频繁调整的阶段,一批业务骨干相继被调到其他部门,审判力量有些削弱。

怎么办? 怎样既完成审判任务,又把民一庭的职责发挥好? 邹碧华和其他两位副庭长针对全庭情况重新做起了规划。

不久,邹碧华召开了庭务会。

"高级人民法院民一庭是上海民事审判的最高部门,我们在审判工作中的表现如何、案件质量如何,是下级法院目光聚焦的地方。所以接下来,我们庭里的调研指导工作方向,以培育民事法官科学严谨的法律思维、提升审判能力为工作主线,大家要努力培养自己的司法能力。"

邹碧华用目光扫了扫全庭的人,大家都在屏息听着。

"而且我们不能仅仅局限于埋头办案,我们要对民事纠纷进行前瞻性研究,对民事纠纷的发展走向有宏观思路,尤其是某一类法律适用的标准问题。以后凡是审判中出现的新情况、新问题,大家都可以拿出来,庭里开会讨论!"

安静,一片出奇的安静。

"我们要在庭里培养一批专家型法官,形成一个专家型法官群体,大家要一起努力。"邹碧华毫不含糊地将"目标"亮了出来。

说干就干。邹碧华的"强压"很快来了,他在庭里初步挑选了8人,根据每个人的专业特点和手里承办的案件类型进行了布置:蒋浩负责"合同解释案例分析"课题,张洁负责"如何认定竞业禁止"课题,竺琴拿到手里的是"胎儿保护理论分析"课题,还有薛文成的"预约本约案例分析"、武鹏的"农村宅基地"、孟艳的"定金赔偿金并用问题"、洪波的"违约金诉讼时效起算问题"、毛小琼的"无效工程合同处理问题",只要是有一定调研经验的法官和书记员,邹碧华"一个都不放过"。

紧接着,为了形成全市专家型法官的核心群体,邹碧华与各级法院的民庭庭长共同选拔了二十多位民事审判骨干,成立了"上海法院民事审判人才库"。

学习氛围渐渐浓厚起来,调研组的薛文成开始投入地写论文,蒋浩的庭审吸引了基层法院的法官慕名前来观摩,越来越多的人走上了全市、全国法官培训的讲台。中国首例涉及"英国皇家建筑协会JCT文本的建筑工程案"、"艾滋病群体诉讼案"、"丙肝群体诉讼案"、"锦秋加州花园群体性纠纷案"、"天天花园群体性纠纷案"、"大润发超市寄包案",邹碧华和法官们讨论着一个又一个被公众关注的大案要案。

"你怎么有那么多的精力同时完成那么多的事呀!"副庭长吴薇惊讶于邹碧华的旺盛精力。

"我习惯了,每天一两点睡觉。"邹碧华回答。

"哪能吃得消?你是铁人吗?"吴薇问道。

"嘿嘿,做不同的事情就是休息啊,睡觉只要四五个小时足够了!"邹碧华眯着眼睛笑了。

"超人!"吴薇嘀咕了一句。

邹碧华爽朗地大笑起来:"好了,正好有一件事想和你商量,我们民一庭以前的《民事办案要件指南》总结得很好,这对养成法官良好的法律思维方法很有指导意义,我们不要半途而废,要动动脑筋进一步发挥好指南的作用。"

吴薇叹口气,笑着点点头:"收到新任务!"

很快,民一庭开始组织全市民事法官针对各类案件进行细化,《缔约过失损害赔偿请求权的办案指南》、《侵权纠纷办案要件指南》、《婚姻家庭纠纷办案要件指南》——出台并下发给全市法院的民事法官,邹碧华还主持制定了《关于实施最高人民法院〈关于适用简易程序审理民事案件的若干规定〉的若干意见》、《关于加强民事诉讼调解的若干意见》、《关于审理公房承租权确定及使用权转让纠纷案件若干问题的意见》、《关于适用〈上海市消费者权益保护条例〉审理商品房消费者权益保护案件若干问题的解答》、《关于房屋动拆迁补偿款分割民事案件若干问题的解答》等指导意见。

激情四溢的邹碧华越来越适应民一庭副庭长的工作了。2004 年,上海市高级人民法院民一庭组织召开了全市法院调解工作座谈会,这一次,上海市委副书记刘云耕、最高人民法院民一庭副庭长杜万华亲自出席会议,对上海法院的民事调解工作给予了高度评价。

"不错啊,碧华! 年轻有为!"一些老同事忍不住称赞。

邹碧华的干劲儿更足了,他开始不断与市人事局、市劳动局、市房地局、市公安局等部门进行沟通,同时带领业务骨干对全市法院的 22 个派出法庭逐一进行调研,在对各法庭的建设情况及存在问题进行摸底后,他在全市范围内召开了人民法庭工作会议。

"我们这两年的案件收案量上升了 21%,但结案数也上升了 17%,收结案保持良性循环。"吴薇拿着统计好的数据向邹碧华汇报。

"嗯,接下来我们加大条线培训力度,就婚姻法、人身损害赔偿等司法解释,还有医疗鉴定等问题在全市进行专题培训。"邹碧华马上说。

"你真是有使不完的劲儿啊!"吴薇叹服。

2004年年底,上海市高级人民法院开展第四季度考核,民一庭名列全院第一。与此同时,邹碧华被聘为中国法学会民法学研究会理事,并担任上海法院法官培训中心民事审判研究组组长。

一天,邹碧华在旗忠村的上海法院法官培训中心上课,余冬爱坐在下面听课。课程结束后,两人聊了起来。

"你干得真不错啊!"余冬爱很钦佩邹碧华的头脑和干劲。

"你现在怎么样啊?"邹碧华笑着问。

余冬爱苦笑着摇摇头:"焦头烂额!"

自从2004年下半年考取了南京大学经济法博士研究生后,余冬爱的生活就变得越来越"举步维艰"。每星期不是上课就是上班,加上家里孩子刚出生,他常常一大早赶火车去南京读书,然后顶着星星月亮再坐车赶回上海的家,单位、学校、家庭、孩子、老人,无穷无尽的事情把他逼得快"崩溃"了。

"你不知道,有天晚上上课结束得实在太晚,连火车都没了,我好不容易搭上一辆长途大巴,回到家的时候已经凌晨三点。等到早上醒过来,我老婆对我说的第一句话是'昨天是我的生日',我竟然把这事儿忘得一干二净了!"余冬爱长吁短叹。

"要克服,要坚持下去。这一切都是过程,不是理由,这是你人生中必须经历的过程!"邹碧华坚定地看着余冬爱。

"嗯!"余冬爱点点头,亦师亦友的邹碧华总是能在关键时刻给他力量。

2005年6月,邹碧华被调回"老东家"——高级人民法院民二庭,不过这次回来,他被任命为庭长、审判委员会委员。

"碧华,庭里有的人以前是你师傅,有的人以前是你领导,你在管理上要把握分寸。"齐奇分管民二庭的工作,他提醒邹碧华,"对那些多年未晋升的同志,或者缺位竞争中未能如愿的同志,你要充分肯定他们勤勤恳恳的工作、埋头实干的贡献。对于那些在个人恋爱、婚姻家庭、子女问题上遭受挫折、不幸、飞来横祸和困难的同事,你要给予他们宽慰和关爱。"

"嗯,齐院长您放心!"邹碧华点点头。

齐奇继续说道:"高级人民法院的每个部门都要有整体观念、全院观念,分工不分家,互相多补台。你是年轻的中层干部,对两个或者三个部门联手做的事情不要推诿,不要去计较这个'炮仗'给谁去放,都是高级人民法院的形象、荣誉。"

"嗯,我明白的,整个法院就是一盘棋。"

"你知道做庭长最重要的是什么吗?"齐奇突然问。

"……抓好业务?"邹碧华被问得一愣。

"队伍廉洁。"齐奇缓缓地说了四个字。

邹碧华一下子领悟了这四个字的意思。民二庭与民一庭不同,民一庭主要审理民事案件,涉及老百姓的利益,民二庭则是商事审判庭,接触的当事人都是企业、银行,拿着工薪阶层工资的法官很容易受到诱惑,稍不留神就会"河边湿脚"。

"我是非常看重队伍廉洁的,业务上出点认识问题、水平问题不要紧,最怕队伍出问题。队伍首先靠庭长来带,公事要公办,不要私办,下属向你汇报案子,你只要偏一点,人家都懂的。"说到这里,齐奇加重了口气,"你要做出规矩来,部门领导就是一个标杆,别人来打招呼,在你邹碧华这里就是不能逾越、不能通融,无论你的老师、同学、朋友,甚至包括——你的夫人!"

邹碧华用力地点点头:"我知道,齐院长!前些年我们法院系统出过几个违纪案例,都是最后价值观发生了偏离。"

"对,选择了法官,就不要去想案子以外的事,尤其是钱,那就麻烦了!"齐奇不由自主地用手指敲击着桌面说道,"没有不透风的墙,鱼和熊掌无法兼得。高级人民法院是上海法院的上梁,如果上梁不正,你对下面所有的指导就成了空谈,队伍廉洁比业务更重要!"

邹碧华看着齐奇,他很感谢这位"老大哥"似的副院长这样掏心掏肺地提醒他:"齐院长,您放心,以后建设银行来的案子我们一律回避,其他案子如果有部门打招呼过来,全庭法官无论是谁,全部记录在案。庭里的重点案件我会时刻监督,如果发现哪个人有猫腻,他的案子我会一直盯着重点检查。"

齐奇非常欣慰:"好,我们做法官的就是要一辈子坚持公平正义,做到这一点也就够了,还图什么。"

邹碧华听着齐奇的话,心里莫名地感动起来,他想起了母亲许贻菊十多年前和他说的那句话——"要做一个有良心的法官!"

十大杰出青年

邹碧华牢牢记住了齐奇提醒他的"警戒线"。

一到民二庭,他立即对全庭情况进行摸底,男女比例、学历构成、年龄结构、党员情况、专业情况、人均结案数、案件类型分布,尤其是案件和调研情况,他听得特别仔细。

"邹博,这是民商事审判工作的会议材料,11 月 10 日左右我们准备召开一个关于公司法可诉性问题的研讨会,材料已经在准备了。课题方面,院里的重大课题我们报了公司法,提纲已经写好,情况组还在整理刑民交叉、知情权主体、股东部分行使优先受让权等课题,反诉问题的法律适用问答也在组织撰写。"宋向今担任情况调研合议庭审判长,后来又担任了庭长助理,她是邹碧华在经济庭的老同事,她知道"邹博"一贯讲求专业和效率。

"嗯,很好。"邹碧华边听边记录,"旭军呢?"

沈旭军是情况组的一员,一听邹碧华喊自己的名字,他马上拿出了一份庭审评比总结报告:"这是刚刚完成的评比报告,另外我这里还有三件案件,一件交办,一件已评议,还有一件已经开庭。开庭的是一件竞业禁止案例,涉及股份合作制公司是否适用董事竞业禁止的规定问题。"

"这个好,要仔细研究一下!"邹碧华点点头。

"邹博,我和李一萌手里各有三个案子。"轮到丁文联开始汇报案子。丁文联于 1997 年研究生毕业进入高级人民法院经济庭工作,2001年考取了对外经济贸易大学国际法专业的博士。

"这些案子里,有一个涉及分支机构诉讼主体地位和责任问题,我们考虑是不是需要和民一庭沟通一下,比如是否要增加告知性规定?还有一个案子涉及借贷合同中提前收贷是否需要解除合同的问题,判决主文里应该如何表述,如果判决解除合同的话,应该怎么确定解除合同的起算时间?"丁文联不温不火地说道。

"文联,你要多发挥自己的长处,多出调研成果的精品。"邹碧华停下笔,微笑着对丁文联说:"你以前写的那篇关于无权处分与合同效力关系的论文,到现在都是法律界讨论无权处分问题时引用最多的文献之一,这很不容易啊!"

"哪里,哪里,怎么能和邹博比!"丁文联不好意思地挠挠头,周围的同事笑了。

"三人行必有我师,我以前在经济庭,高境梅老师就是我的老师,以后大家要跟着高老师多学点本事。"邹碧华指着坐在一边的高境梅说道。

"我已经老了,马上要退居二线了!"高境梅连连摇手。

"怎么会!"邹碧华笑着对调研组的宋向今和高琼说:"你们以后要把高老师的东西整理出来,高老师如果到培训中心讲课,你们拿个录音笔把她讲课的东西录下来!"

"嗯,知道了!"宋向今和高琼笑着答道。

全庭的情况了然于胸,接下来,邹碧华在全市商事条线来了个彻底排摸。

2005 年 10 月 18 日、20 日,邹碧华用了两天时间分别在闵行区人民法院、松江区人民法院召开了民商事审判基层调研会议,第二中级人民法院、闵行区、卢湾区、奉贤区、金山区、徐汇区、长宁区、普陀区、嘉定区、松江区、青浦区等 11 家法院分别向他汇报了在审判工作中遇到的各种问题。

"集体企业改制引发的纠纷目前正在增加,一些集体企业在同一天内成立多家企业,每家企业都分别签订产权转让合同,这当中遗漏的债务应该如何承担?谁来承担?"

"公司解散后的清算问题也比较突出,公司股东是否有权要求解散公司?法院能否判决解散公司?案由如何定?清算程序如何操作?法院判决股东履行清算义务,如何确保公司股东履行该项义务?"

"车贷、房贷纠纷现在也越来越多了,仿造、骗贷、开发商以职工名义贷款的情况时有发生,这种合同的性质和责任到底怎么来认定?与刑事案件之间的关系如何处理?挂个人名义的贷款,个人来主张权利的话,法院应该怎么处理?"

"目前,我们法官对新证据的适用条件不够明确,高级人民法院这里是不是能够有一个统一规范?比如对证人的权利和义务,能否有一个相对统一的告知内容?"

分管院长和庭长们你一言我一语地轮流发言着,邹碧华非常仔细地倾听着。

"我们希望高级人民法院明年能加强审判指导,多出一些调研指导意见,加强执法统一,尤其是一、二审之间的统一。"有人提议了一句。

"对,对!"不少声音附和着。

邹碧华的心里也有同感,他清醒地意识到,党风廉政问题最容易发生在一、二审之间,这是个"火山口",金融、信贷、理财、破产、清算……太多的法律规定让当事人眼花缭乱,法官只要稍微顶不住利益的诱惑,就会发生所谓"弹性幅度内"的"名堂"。只有加强对下级法院的指导，才能真正保护下级法院法官独立审判案件的权利。

"我已经记下了大家的意见，大家说得都非常中肯。"邹碧华放下手中的笔，环视了一下周围，"当前案件数量越来越多、难度越来越大、程序要求越来越规范，这给在座的从事商事审判管理的同志提出了更为复杂的要求。我想要说的是，高级人民法院民二庭一定会立足全市、面向基层，为三级法院认定和处理一些问题提供相对统一的标准，这既有利于维护司法统一性和严肃性，又能促进司法公正。希望基层法院多配合我们的工作，及时发现问题上报上来，高级人民法院民二庭要发挥作用，必须依靠各级法院商事审判庭。"

很快，邹碧华开始在全市法院范围内建立"民商审判调研人才库"，整合三级法院的调研力量，同时在庭里确定"调研办件讨论制度"，并与相关业务庭室开展横向沟通，避免条线之间的法律适用差异。

"我们要定期深入中级人民法院和基层法院，及时掌握审判实践中出现的新情况新问题，加强调研，及时解决疑难老问题。"他对宋向今说。

宋向今很佩服邹碧华的闯劲，这是个优秀的人，只要认定方向就一定会全力以赴地去完成。"只要邹博你明确方向，我们就跟着你干！"她说。

很快，一个个执法意见"出炉"了，《关于公司担保行为效力若干问题的意见》《关于公司解散案件若干问题的意见》《关于委托理财若干问题的意见》《关于法律条文引用规范的意见》《关于消费信贷案件若干问题的意见》《关于代位权案件若干问题的意见》《裁判文书校对备考表》《关于〈中华人民共和国公司法〉适用溯及力问题的意见》……

"邹博，这是公司法课题的最终稿件。"一天，宋向今将最高人民法院重点招标课题"股权转让协议 效力判断及司法对策"稿件交给邹碧华，"你知道吗，跟你一起工作真的很开心，总是充满干劲！只是……"

"只是什么?"邹碧华问。

"只是你在走，我们在跑。"宋向今开玩笑地说，"你怎么有使不完的劲呢?"

"没什么,我就是胆大。"邹碧华嘿嘿一笑。

胆大的邹碧华也有心细的时候。在听过几次庭里案件汇报后,他发现传统的案件讨论制度存在很大弊端,承办法官汇报案件,但在讨论过程中,庭里并不清楚承办人汇报的事实是否经过裁剪。等到庭里表态,案子再出现问题就是庭里的责任。很多时候,面对经过讨论的案件,谁都说不清楚到底是谁出了问题,而实际上问题往往是因为承办人没有全面把案情汇报清楚。

怎么办,怎么在汇报案情这个环节上避免比较随意和事后无法核查的情况? 这一环节如果处理不好,廉政就会出现问题。

邹碧华想出了一个"有据可查"的办法,他在庭里宣布:"以后每次汇报案件,请承办法官把基本案情打印出来,签上自己的名字,交给庭里保管。"

庭里的人面面相觑,这个庭长厉害的!

随后,邹碧华又提出了一个意想不到的要求,每个承办人在汇报案件时一律采用 PPT 方式讲述,而不是往常那样拿着卷宗翻翻说说就行。

PPT?! 不少人愣在那里,谁会花时间弄这玩意儿!

"没有 PPT 就不用来讨论案子。"邹碧华在办公室里装了一个大大的投影仪,他笑嘻嘻地扔下了一句话。

"邹博,这种新科技我实在弄不来。"第一次讨论案件时,头一个汇报案件的法官只做了几页 PPT。

"没关系,你汇报,我现在就帮你做。"邹碧华一边说,一边拿出电脑开始做起来。当那位法官汇报结束时,PPT 也做完了。

"你看,归纳出重点就行,简单一点没关系。PPT 不光是为了给别人看得清楚,更重要的是,自己做一遍,对整个案子是个梳理。"邹碧华不慌不忙地把电脑屏幕转到那位法官面前,旁边的人都不吭气了。

"以后汇报案件,事实你要讲清楚,证据你要讲清楚,PPT 要学会自己提炼,法律的好多东西我不懂的哦,你们要准备好!"邹碧华扶了扶眼镜,环视了一下周围。

邹碧华(居中)在担任民二庭庭长期间,要求法官在庭内讨论案件时必须使用 PPT 的方式。

众人暗暗吸了一口气！不懂是假,考你是真啊！

理顺了案件讨论制度,邹碧华又忙着着手解决庭里工作量分配不均的难题。

他和副庭长胡曙光商量:"两个办案合议庭之间的工作量是不是可以进行一下调整？金融合议庭仍然以办理金融案件为主,其他部分常规性案件交由合同案件合议庭承担。破产合议庭和调研合议庭之间,可以让破产合议庭承担一些额外的调研任务,逐步过渡到第二调研合议庭。这两个调研合议庭要办理部分疑难、复杂、有指导意义的各种类型的案件,这样可以使他们的调研不脱离审判实践。书记员就采用轮换制,调研合议庭的书记员与办案合议庭的书记员定期轮换,解决工作量不平衡的问题。"

"嗯,可以。"胡曙光点点头,他知道,邹碧华对这个问题已经完全深思熟虑了。

除了严格要求庭里的同志,邹碧华自己也忙着不断"充电"。2005年他撰写了《论归一性股权转让协议之效力》、《事实劳动关系之司法认

邹碧华永远在不停地自我充电。

定初探》、《我们应当怎样看待证据规则》等文章,被陆续刊载于《法学》、《民事审判前沿》、《法律适用》等学术刊物上。同时,邹碧华还担任了最高人民法院全国法院重点招标课题"股权转让协议效力判断及司法对策"的课题组副组长,主持提出的《股权转让协议效力问题司法解释的建议稿》得到最高人民法院的肯定,其中的观点被相关司法解释所吸收。

"邹博真是厉害!"宋向今由衷地感叹,作为调研组的负责人,她发自内心地希望民二庭的调研成果被更多的法律法规、司法解释所吸收,那是一个法官、一个庭的荣耀啊。

"大家一起努力!"邹碧华信心满满。

2006年春节,邹碧华回了一趟江西老家,他在朋友的聚会上遭遇了始料不及的"尴尬"。

酒过三巡,一位久违的朋友突然神秘兮兮地站起身来靠近邹碧华:"碧华,你现在做了庭领导,肯定肥得很吧?"

邹碧华一愣,看着对面那双已经喝得通红的眼睛:"你不要瞎说啊,我们很讲规矩的,风气很正的……"

"切——!"邹碧华的话还没说完,周围一片嘘声。

"装得一本正经,还防着我们,你肯定油水很足!"那朋友笑着坐回位子上。

"真的不是这样的!"邹碧华急了,他突然有了一种跳进黄河也洗不清的憋屈。

桌子上的人们开始哈哈大笑起来。"你就是跟我们见外,你们这些人肯定是贪的嘛,无非就是你还肯做事,还能够为老百姓办事,这算是好的了!"

百口莫辩,莫名屈辱。本来能言善辩的邹碧华突然觉得自己的解释是那么无力,他有些愤怒,却不知道该怎么辩白。

"好啦,好啦,你不用再说啦!"在众人醉醺醺的酒语中,邹碧华终于沉默缄口了。

回到上海,他径直去了齐奇的办公室。

"齐院长,我真的很感慨,风清气正太重要了!"邹碧华吐出了一肚子的郁闷。

齐奇微微笑了笑:"不管别人怎么说怎么看,我们在自己的范围内坚持自己的追求,守住一方净土。"

"嗯。"邹碧华看着齐奇。

"想一想,每个人一生工作不过几十年,你当上再大的官,到头来也是要退的。趁在职的时候多为老百姓办好事、办实事,坚持公平正义,等到哪一天退下来了,自己问心无愧就足矣。"齐奇的话句句敲在了邹碧华的心里。

2006 年 7 月 20 日,邹碧华参加了由共青团上海市委员会、上海市青年联合会、上海市精神文明建设委员会办公室、解放日报、上海杰出青年协会、上海青少年发展基金会共同主办的第十三届"上海十大杰出青年"评选。

这次评选十分激烈,与邹碧华一起参选的有各行各业的精英:上海航天局局长助理、"神舟"系列载人航天飞船副总指挥、副总设计师秦文波，上海文广新闻传媒集团体育频道的著名主持人唐蒙，百安居中国区总裁、中国零售业十大风云人物卫哲，分众传媒(中国)控股有限公司董事局主席、首席执行官江南春，中国科学院上海微系统与信息技术研究所副所长、获国家杰出青年科学基金的王曦，上海市农业技术推广服务中心副主任、年轻的水稻栽培专家陆峥嵘……

不同领域的领军人物，出类拔萃的骄人业绩，每位参选者只能在台上有一段短短2分钟的演讲，然后回答评委的一个随机问题，接下来就由数十位评委打分，最后按照分数的排名选出"十杰"。

邹碧华穿着一套深色西装上场了。他有些紧张，走到台前，微微欠身朝台下鞠了一躬，然后调了一下话筒高度，清清嗓子讲了起来：

"各位评委，下午好。我叫邹碧华，是上海市高级人民法院的一名法官。

今天是7月20日，这是个很特别的日子。19年前的今天，我从北京大学法学院来到上海市高级人民法院报到。14年前的今天，我被任命为法官。去年的今天，我站在市人大常委会庄严宣誓，成为上海市高级人民法院审判委员会委员、经济庭庭长。

作为一名法官，我一直在思考，对法官来说，什么才是最重要的。

这些年来，我获得了北大的博士学位，成为华东政法学院的兼职教授、硕士生导师和我国第一位赴美国联邦司法中心的研究员，写了很多书和论文，获得过全国和市级大奖，还成为全国参加合同法、公司法司法解释起草的5名专家之一。但是我认为，这些对于一个法官并不是最重要的。

记得我第一次把当上法官的消息，告诉远在江西老区的一个小山村、只有小学文化程度的母亲时，她告诉我，要做一个有良心的法官。

十几年来，我审理了价值上百亿的案件，法律有时给法官留下的空间是很大的，这时能约束法官的只有良心。有的案件会有利益的诱惑，这时良心意味着自律；有的案件因为拖延，每天承受的利息损失相当于两辆奔驰，这时良心意味着效率；上海市高级人民法院经济庭是上海地区审理投资贸易和金融案件的最高审判机构,作为庭长,我要面临全市法院提出的各种疑难问题,我必须把法律的精神钻研透彻,因为一个决策失误,会影响上千件同类案件的审理,这时良心意味着责任。

各位评委,我读过很多法学名著,它们对法官都有经典的论述,但是在我内心分量最重的,还是母亲告诉我的,要做一个有良心的法官。谢谢大家。"

邹碧华越说越投入,越说越入情,当他的演讲结束时,台下响起一片热烈的掌声。总分排名第三,他顺利当选了"上海十大杰出青年"。

2006 年,邹碧华成为上海市法院系统第一位被评为"上海十大杰出青年"的法官。

那天晚上,邹碧华捧着奖杯回到家,母亲许贻菊正在厨房里忙着煮饭。

"妈,我回来啦!"邹碧华像个孩子般大声嚷嚷着。

"好! 好!"许贻菊一边炒菜,一边应着。

邹碧华一阵风似地跑到厨房。"妈,你看,我拿到的'十杰'!"他调皮地拿着奖杯冲母亲眨眼。

头发花白的许贻菊赶紧用抹布擦了擦手,接过奖杯仔细看了起来,邹碧华开心地笑了。

这就是邹碧华,无论什么时候,他永远都是母亲眼中最疼爱、最值得骄傲的儿子。

做中国最好的法官

2006 年 7 月,正当邹碧华获得"上海市十大杰出青年"称号时,一起涉案金额达百亿元人民币的社保基金案惊动了整个上海滩。

7 月 17 日,上海市劳动和社会保障局局长祝均一因涉嫌违规使用 32 亿元社保基金被隔离审查,消息一出,舆论一片哗然。

很快,一家神秘的民营投资公司"福禧"、一个管理着上海老百姓保命钱的社保局、一家优质的国企"上海电气"浮出水面。"福禧投资"董事长张荣坤被限制自由配合调查;"上海电气"董事长王成明、副总裁韩国璋被"双规";宝山区区长秦裕涉嫌严重违纪被调查……一则又一则的"爆炸新闻"成为上海街头巷尾议论的中心。有媒体报道称,中央已经派出超过百人的调查组进驻上海,准备清查这起上海自改革开放以来的最大腐败案。

8 月 17 日,为了足额、及时追回社保资金,上海市企业年金发展中心向上海市第一中级人民法院提起民事诉讼,要求上海沸点投资发展有限公司、上海福禧投资控股有限公司,上述两公司的关联公司以及张荣坤等 12 名被告返还 34.5 亿元及相应的收益。为确保社保资金的安全性,年金中心同时提出了诉讼保全申请。

社保资金是涉及上海老百姓切身利益和基本生活的资金,如何依法、合规、足额、安全地追回社保违规资金,成了社保基金案的难点之一。上海市高级人民法院成立了由高级人民法院、第一中级人民法院及相关部门组成的上海法院社保基金相关案件专项工作领导小组,邹碧华和高级人民法院执行局局长席建声、第一中级人民法院副院长许伟基参与其中,天天忙着去市里开会。

"秋玮,庭里的事情你多管一些,我这阵子要忙这个案子。"一天下班后,邹碧华一边吃着盒饭一边和副庭长俞秋玮交代着。

俞秋玮知道,社保基金案事关重大,邹碧华承受的压力很大,每次市里开会都开到很晚,有时候还会飞往北京协调事务。但因为有纪律在,关于案情的进展,她从来不问,他也从来不说。

"嗯,你放心吧!"俞秋玮说。

11月20日,年金中心向上海市第一中级人民法院递交了先予执行申请,请求法院依法先予执行。先予执行在《民事诉讼法》中有明确规定,即法院根据当事人的申请,除追索"三费"及劳动报酬等类型的案件外,还可对因情况紧急需要先予执行的案件裁定先予执行。先予执行必须符合两个条件:一是当事人之间权利义务关系明确,不先予执行将严重影响申请人的生活或生产经营;二是被申请人有履行能力。

接到年金中心提出的先予执行申请后,上海市第一中级人民法院立即裁定准许对沸点公司及福禧公司的财产先予执行,并将8起先予执行案件移送执行庭依法执行。

12月25日,福禧公司与年金中心通过谈判达成以股权和以物抵债的协议,三天后,福禧公司全部股权过户至年金中心名下,福禧大厦等项目也于不久后变现完毕。

38亿元社保基金被安全追回,中国法院历史上第一起对巨额诉讼标的采取先予执行的案件尘埃落定,专项工作领导小组的成员们都松了口气。事隔很久,俞秋玮才知道,这起38亿元大案曾一度陷入僵局,是邹碧华提出了"先予执行"的破解方案。

邹碧华处理事务机智果断,令人佩服,但他也有脾气急的时候,而且只要一发急,他立马两眼瞪出、脸红脖子粗,让对方猝不及防。余冬爱领教过一回，那是在余冬爱调到民二庭后。

一天，余冬爱的书记员将一份审判长联席会议讨论记录交到邹碧华这里签字，这是余冬爱参与讨论的一个案子，余冬爱任审判长。

邹碧华看了看记录，眉头越皱越紧，他拿起电话拨了分机："冬爱，你过来一下！"

余冬爱走进了办公室，邹碧华虎着脸站在那里。

"这份记录你看过吗？"邹碧华问。

"看过。"余冬爱轻轻回答，"之前书记员给我看过，我修改过一点。"

余冬爱没敢告诉邹碧华，其实书记员之前记得比较零散，他已经修改了很多，目前交上来的这份发言记录，他自认为还过得去。

"书记员记录不到位，你修改归纳也不到位！你作为审判长，是对这个案子最清楚的人，书记员可能不清楚如何准确概括讨论的法律要点，你就更应该认真归纳提炼，帮助她提高记录水平，马马虎虎做事怎么做得好！"邹碧华劈头盖脸一顿训斥，余冬爱顿时无言。

"工作就是工作，一定要认真，不能含糊，自己做不到怎么去要求下面人做到！"邹碧华的声音越来越响，"只有自己想把事情做好，才会真正把事情做好，以后这种笔录不要再给我签字！"

余冬爱拿着笔录一声不吭地走出办公室，虽然面子有点搁不下，但他知道邹碧华说的是对的。

2007年5月，邹碧华交给余冬爱一份材料，那是上海市高级人民法院与上海市金融办、上证所等单位合作完成的重大调研课题"上海证券案件的审判与证券市场的法律风险"。

"我们准备开个新闻发布会，齐院长要在会上发布有关证券风险防范的问题，我明天要出差开会，你今天写个新闻发布稿，明天发 e-mail 给我。"邹碧华急匆匆地布置着。

此时的余冬爱刚到民二庭不久，他的头皮开始发麻，两眼瞪大地看着邹碧华："我啥也不懂啊！"

"必须完成！"邹碧华扔下一句话。

当晚,余冬爱到处搜索新闻发布稿的范本,幸好还有研究室多年的文字功底,他快速浏览了材料中关于上海法院审理证券市场相关纠纷案件基本情况的介绍,然后整理出证券案件审理过程中的八大风险和原因,洋洋洒洒地写了起来。

"不管了,写了再说！"余冬爱挠挠头。

第二天一早,余冬爱忐忑不安地将邮件发给了邹碧华。

"写得很好,辛苦了！"下午,邹碧华发来了短信。余冬爱一颗悬着的心落地了。

很快,上海市高级人民法院"防范市场风险,保障市场安全"新闻发布会举行,40多家中央及上海媒体赶到发布会现场,齐奇在台上进行了主题发布。

"2007年是金融改革的关键一年,随着上海作为金融中心的功能和地位的加强,金融体制改革和金融业务的不断创新,上海金融业的积聚效应得到进一步的提升。与此同时,上海法院受理的金融案件也逐年增多,已经成为上海三级法院审理的主要案件类型。通过案件审理,我们感到当前中国的资本市场正处于新兴的转型期,证券市场还相当不规范,制度性的漏洞还很大,特别是在资本市场将呈多元化发展,各种新型融资产品和理财工具将陆续推出,而法律、法规仍相对滞后的情况下,违规、违法事件时有发生,为此,我们召开今天的新闻发布会,向大家发布我们在审理中发现的证券交易八大风险……"

齐奇的发布引起了媒体的高度关注,发布会一结束,各大媒体竞相报道上海法院分析的"证券市场八大风险和防范建议"。

邹碧华兴高采烈地找到余冬爱:"冬爱,齐院长打电话来了,我们的新闻发布会得到了国务院新闻办领导的高度肯定,齐院长要我把这个消息告诉庭里所有参与过发布会的人！你辛苦啦,付出了那么多的心血！"

余冬爱腼腆地笑了。

"哎,你是怎么总结出来这八大风险的?"邹碧华突然想起了什么,笑着问余冬爱。

"我就看懂了那篇调研文章里的这八块内容,后面看不懂的我就删掉了,你留给我的时间太短啦!"余冬爱说出了大实话,邹碧华笑得直拍他的肩膀。

庭里的工作越来越顺手,每个人都在各司其职地运转着,邹碧华完全进入了审判业务带头人的角色——从容不迫地指导庭里法官对公司法案件进行调研;完成《新公司法实施一周年司法调查》作为最高人民法院新司法解释出台前的参考资料;安排业务骨干编写《借款案件办案要件规范指南》、《票据案件办案要件规范指南》、《买卖合同纠纷案件办案要件规范指南》来统一商事办案思路;编辑出版《票据案例库》、《证据规则案例库》、《商事审判实体法规》、《商事审判程序法规》、《破产审判法规》;在全市民商事审判条线组织证据规则培训、物权法培训、庭审评比、优秀裁判文书评比,同时他还担任了最高人民法院全国重点课题"论法人人格否认制度的完善及司法对策"的课题组主要执笔人……

一次庭里开总结会,俞秋玮忍不住感叹:"碧华,你跑得太快了,你能不能跑得让我们看到你的影子,别看不到你了。我现在唯一感到欣慰的是,我至少还能看到你的影子。"

邹碧华哈哈笑了起来:"秋玮,不是我优秀,只是我热爱法律而已,你们都很优秀的。对了,想起一件事,你得去牵头做一下。"

"什么事?"俞秋玮问。

"商事案件讲求规则,要有一个科学的审理思路,现在有些法官庭审归纳、争点整理、诉辩引导这些方面能力不足,你写一个请求权基础的要件思路吧。"

"不行不行,这个太难了!"俞秋玮一听完就立马摇起头来,她对请求权基础理论做过研究,邹碧华说的这个任务难度太大。"这块内容直到现在学界都在争论,你要实务界来定论太难了,以我们现在的力量肯定不行!"她一口拒绝。

"学界有争论,不等于我们案子不要处理啊。"邹碧华看着俞秋玮,"案子是活生生一个个进来的,需要我们去稳妥处理,我们必须定一个统一的思路。学界有争论,那就说明到目前为止还没有哪一个是正确的嘛,我们完全可以自己整理出一个观点,按照这个观点去做。统一思路涉及执法公正,这非常重要!"

俞秋玮有些被邹碧华说动了。是啊,学界有争论,司法实务界完全可以提出自己的观点啊。

"好,可以!"俞秋玮想了想,干脆地答应了。

一年以后,上海市高级人民法院民二庭推出了相关指南,邹碧华笑了。

2008 年 6 月,邹碧华即将调任上海市长宁区人民法院代院长,俞秋玮接任民二庭庭长。

"你是博士我是硕士,你是男的我是女的,民二庭又都是大要案,市里经常需要开会协调,那些市里的人都是精英,我真是感觉底气不足。"俞秋玮有些忐忑,"碧华,你比我聪明,基础也比我好,你一直在高级人民法院,大家都认可你,我是从中级人民法院调过来的,大家还有一个接受过程,压力真的大。"

"没事的,你肯定做得好。"邹碧华鼓励道,"有两点掌握好,一个是多听意见,一个是多尊重人。"

"嗯。"

"这次最高人民法院条线开会我带你去,以后接上头了,事情协调起来就方便多了。"邹碧华给俞秋玮打气。

俞秋玮有些感动,其实邹碧华完全可以不必这样做,但他主动提出帮她适应新环境,这样真心实意的庭长真是没有一点私心。她有些说不出话了。

邹碧华发现了俞秋玮的沉默,他赶紧调皮地说道:"你看,我最欣慰的就是把一些历史老案啃掉了,没交到我的下一任庭长手里,对吧?"

"呵呵!"俞秋玮被逗笑了,"你这样全面的法官实在太少,太完美了!"

2008 年,也是滕一龙院长任期届满的一年,这位连任两届上海市高级人民法院院长的大法官对上海法院充满了感情,在中青年法官的座谈会上,他感慨地说:"我一直认为,同样是法学院毕业的人,如果你走的是检察官这条路,那么你的业务量可能不大但责任心要重。如果你走的是律师这条路,那么你的专业性和你的服务、收入成正比。如果你走的是法官这条路,那你是代表国家权力,只能讲贡献而不能讲待遇了。"

邹碧华静静地坐在下面,看着这位德高望重的老领导。

"我参加工作很久了,我把它分为三个十年。第一个十年拼命干,没有积累哪有成就。第二个十年,做什么事情都要做好,没有数量哪有质量。第三个十年,能不能成功就看你是否能够把握度,你没有把握好,事情就不一定成功。希望你们珍惜自己的机会,好好为法院的未来作出贡献!"滕一龙最后说。

是啊,三个十年!邹碧华在心里对自己说。从 1988 年到 2008 年,他已经走完了二十年,那么,下一个十年呢?

他想起了自己若干年前收起所有画笔时的痛苦和决然——做中国最好的法官。

手上的表在嘀嘀嗒嗒地走,邹碧华的嘴角微微笑了笑。

第五章
灵动的心跳

太阳烘着地球
像烤一块面包
我行走着
赤着双脚
我把我的足迹
像图章印遍大地
世界也就溶进了
我的生命

顾城

博士院长到任

生命的礼物往往是不期而遇的,当它来敲门的时候,你第一眼看到的是满眼的荆棘。荆棘很痛,但恰恰预示着之前所有的铺垫就是为了等待这场真正的磨练。

2008年6月25日,星期四,41岁的邹碧华走马上任上海市长宁区人民法院党组书记、代院长。

下午4点,邹碧华和高级人民法院政治部主任陈立斌、干部处处长孙磊一起从高级人民法院出发,半小时后,他来到了自己人生中的重要一站——位于虹桥路和宋园路路口的长宁区人民法院。

穿过略显陈旧的法院大门,走过矮矮的曲折走廊,一米八高的邹碧华慢慢踏上一级级楼梯。

今天是宣布任职决定,高级人民法院副院长沈志先和原长宁区人民法院院长盛勇强已经早早地等在了楼上的会议室,长宁区人民法院的其他党组成员也已全部到场,只等区委书记薛潮从市里开完会过来,任职宣布仪式就马上进行。

邹碧华有些莫名的兴奋和紧张,虽然在高级人民法院做了五年庭长,但一想到自己即将成为一名基层法院的院长,管理一个法院的事务,他多少有些忐忑。

以前担任庭长,他的主要工作目标是抓业务,只要把全市业务条线的问题解决好就行,队伍规模小管理层级少,思想容易统一,人员便于管理。现在要面对一个基层法院,班子人数多,部门繁杂,从院长、副院长、庭长、审判长、法官到辅助人员,大大小小有五六个管理层级,一个指令从院长处发到最底层,要经过相当一段时间,有时甚至还会发生指令内容的走样,而且整个法院的人员素质参差不齐,容易出现管理盲区。同样是"抓好班子、带好队伍、搞好业务",在高级人民法院的一个庭室和在一个基层法院,难度和要求有着根本的不同!

"做院长和做庭长的感觉完全不一样吧?"葛锦标在电话里笑着问他。

"不一样,不一样。"邹碧华在电话里坦白,"五年庭长的经验,对于一个院长来说是远远不够的,我现在等于是一次知识结构的大变革!"

怎么才能做好一名基层法院院长呢?邹碧华悄悄做起了功课,他走访了高级人民法院各部门,了解长宁区人民法院在全市各个条线中的位置以及各条线对长宁区人民法院的评价,然后又走访了近两年因为种种原因离开长宁区人民法院的人。接着,他想到了以前的老院长,于是一一登门拜访。

"滕院长,您看我应该怎么做才好?"邹碧华热忱地看着滕一龙,在这位院长面前,他永远是个学生。

滕一龙哈哈一笑:"法学理论和审判实践你都有了,现在缺少的是领导经验,你到了那里要多想办法加强管理。记住,把事情做对是方向,把事情做好是标准,把事情做巧是方法。"邹碧华连连点头。

已经从最高人民法院退休的李国光非常高兴看到邹碧华的发展,他直言不讳地对邹碧华说:"你到长宁区人民法院去做父母官,一定要在原有的基础上搞创新,不要凭空想象。长宁区人民法院少年庭是全国第一家成立的少年庭,现在北京海淀区人民法院已经赶上来了,你去了以后要打开少年庭的发展思路,保住这份荣誉!"

"嗯,我记住了,李院长!"邹碧华很感谢李国光的提醒。

已经调任浙江省高级人民法院院长的齐奇也打来了电话:"碧华,

听说你要去长宁区人民法院做院长了,祝贺你啊!不要觉得去基层有什么委屈,那是很好的锻炼,里面都是学问。好好干啊,有什么问题可以和我探讨。"

离开上海的老领导还时时刻刻关心自己,这让邹碧华很感动:"齐院长,我一定好好干!"

越来越多的老院长将自己的心得传授给邹碧华,他们有的善于发现问题,有的善于抓廉政,有的特别擅长沟通,还有的待人接物很有亲和力。怎么开好党组会、怎么在党组发生重大分歧时稳妥处理、怎么去关心最底层的人员……邹碧华仔细地听着,一个基层法院院长的轮廓渐渐清晰起来。

目标、管理、沟通,这是邹碧华总结出来的"院长必备三要素",他自忖了一下,后两者可能是他目前最缺乏的,得好好补一下。正巧市委党校中青班开班,他赶紧抓住这段时间猛读了30本管理学著作。

"有长进吗?"葛锦标在电话里一边呵呵笑着,一边问道。

"很有体会!管理学的书让人大开眼界,我也推荐你去看一下,德鲁克的《管理的使命、责任与实践》《卓有成效的管理》,彼得·圣吉的《第五项修炼》,吉姆·柯林斯的《从优秀到卓越》《基业长青》,还有远藤功的《现场力》《可视力》,非常不错!"邹碧华激动地在电话里如数家珍。

"好,考试马上要来了,看你这次考得怎么样啊!"葛锦标打趣道。

考试真的来了。

邹碧华静静地站在会议室里,区委组织部部长夏永泰正在大声宣读区委对他和盛勇强的任免决定:"……邹碧华同志为长宁区人民法院审判员、审判委员会委员、副院长,同时决定邹碧华同志为长宁区人民法院代院长,特此宣布。宣布完毕!"

掌声响起。

"下面请盛勇强同志发言。"陈立斌说。

"2003年9月22日我来到长宁区人民法院报到,如今已经过去四年零九个月了。马上就要离开这里,想说三句话。第一句,非常感谢区委、高级人民法院,尤其是全院干警对我工作的支持……"盛勇强慢慢讲了起来,言语中充满留恋,邹碧华很认真地听着。

"下面请邹碧华同志表态发言。"

邹碧华走上前,略微清了清嗓子:"首先,感谢组织上对我的任命,让我到长宁来工作,是组织上对我的充分信任……到了长宁区人民法院以后,我将注意以下几个方面:一是树立大局意识。要以科学发展观为指导,以社会主义法治理念来谋划各项工作,以人为本,最大限度地满足人民群众的司法需求,自觉接受党的领导和人大监督,确保依法行使审判权,注重研究和把握好社情民意,更好地实现法律效果和社会效果的统一。二是树立长宁意识。来到长宁,我就成为一名新的长宁人,就应当尽快熟悉长宁的区情、院情,紧紧围绕区委和区政府的中心工作,充分发挥我们法院的审判职能和延伸职能,为长宁的经济建设和社会发展创造良好的法治环境……

欢迎大家对我的思想作风、工作作风、生活作风进行严格的监督,我们一起把长宁区人民法院的工作扎扎实实继续推进好。"

话音落定,邹碧华朝周围的人点点头,又是一片掌声。

下午5点45分,任职宣布仪式结束,邹碧华送走了所有领导。当他转身重新走上楼梯时,才发现法院里已经空荡荡的了,下班时间早已过去,只剩下班子成员和院办书记员了。邹碧华笑了笑,他连自己的办公室在哪儿都没搞清楚,就已经完全置身于长宁区人民法院了。

重新回到会议室,邹碧华看见身后的班子成员在谈论着什么。

"如果大家有需要我马上作决定的事情,现在可以提出来。"他说。

"邹院长,确实有件事挺急的。"副院长张天轮上前一步,"是个信访老户的化解方案,需要党组马上开会讨论一下。"

"好!"邹碧华点点头。

六个人围着会议桌坐了下来,院办书记员周宜俊开始在一旁做起记录。

邹碧华第一次细细打量起他的班子成员来,副院长张天轮、冯浩、胡国均、陈萌,政治部主任宓秀范,再加上他,四男二女,这就是以后他最核心的执行团队了!

"这是市委政法委交办的信访案子,"胡国均年纪比较大,说起话来声音和缓,"上访人李江的丈夫王爱林与一家部队医院有医疗纠纷,曾经到我们法院打过官司,但因为超过了诉讼时效,法院驳回了他。李江不服,不断上访,街道、区委、广场办都接待过她,也参与过化解这个案子,李江、王爱林的态度前后出现过反复,目前这个化解方案是好不容易谈下来的。"

张天轮接着说:"这个案子研判下来,法院的诉讼不存在任何瑕疵,从医疗纠纷本身来看,医院一方也不存在根本性瑕疵,王爱林本身的身体状况是主因。"

"嗯。"邹碧华仔细地听着,其他人也开始发言。

"王爱林现在的状况比较可怜,整天卧床需要人照顾,但经济上还没到捉襟见肘的地步。"

"王爱林在涉诉信访案中是挑头的,比较有影响力,现在他们同意这个方案,我们应当继续推动这个方案。"

"我建议化解方案里的资金分期支付,避免他反复。"

"对,资金不宜一次性付清。"

"您看呢,邹院长?"不知是谁突然问了一句,此起彼伏的声音霎时停下来,五双眼睛齐刷刷地盯着邹碧华。

"你们是在考我啊!"邹碧华笑了笑,"化解方案来之不易,大家都做了大量工作,应当继续推进落实,但要注意和信访人讲清楚道理。我们的判决没有问题,现在是在帮困,不是有错补偿。另外,联系一下李江单位,他们不能对李江身上发生的事情袖手旁观啊!"

"好的。"五个班子成员异口同声地应道。

正在做记录的周宜俊忍不住抬眼看了一下邹碧华,他原以为今天这位新院长只是开会听听意见熟悉一下案情而已,没想到这么有魄力,当天就拍板了！

晚上六点半，邹碧华快步走下台阶，司机李小马已经等在了法院门口。

"老李，走！"邹碧华坐上车子后排，关上了门。

李小马踩了一下油门，车子朝东径直开去。

邹碧华摘下眼镜，用手揉了揉发酸的眼睛。他有些累了，一天的紧张在此刻放下，他翻出李小马在车上给他准备的芝麻饼，嚼了起来。

"这饼好吃！"邹碧华吃得津津有味。李小马瞄了一眼反光镜，忍不住笑了。

也许是缘分，李小马和邹碧华都属马，不过李小马比邹碧华足足大一轮，不善言辞的他在大兴安岭下乡了九年，他的性格和邹碧华一样——要么不做、要做就做最好。

"咱俩有缘啊！"邹碧华常常说。

李小马最喜欢听邹碧华说这句话，他很欣赏邹碧华的为人，邹碧华常常会下车掏钱给路边的乞丐，对清洁工阿姨和门卫说话也不摆谱。在李小马眼里，一个人心地善良比什么都重要。

"老李，明天早上七点一刻来接我啊！"邹碧华轻轻说了一句。

"好的。"李小马应了一声。

邹碧华侧过头望着车窗外的夜色，这是他在长宁区人民法院的第一天，回想党组会上自己当机立断的表态，他缓缓地舒了一口气。今天的第一场"考试"算是通过了！

棘手问题

院长的考试是无穷的。邹碧华到任后不久，棘手的问题一个接一个地摆在了他的面前。

7月2日一早,区里突然召开紧急会议传达市委相关精神。原来,就在前一天,一名男子携带尖刀等工具闯入上海闸北公安分局机关大楼,持刀捅刺、砍击楼内数名公安民警和保安人员,造成6名民警死亡、2名民警轻伤、1名民警和1名保安人员轻微伤的惨案。

区委书记薛潮、区长卞百平、副区长兼公安局长吴永志在会上传达了相关内容,并要求各单位回去后迅速做好安全保卫工作的部署。

邹碧华赶回院后,立即召开党组会,针对院里的安全保卫措施进行一一落实。

才过了一会儿,法院门口出状况了。二十多个人,一边拉着横幅一边大声叫喊"法院还人",惹得行人纷纷驻足而观。

"下面围了一大群人,是一个被执行人的妻子因为丈夫被司法拘留,现在带着农民工来给我们施压,还拉了横幅!"信访接待的法官急得打电话向院长办公室求救。

"我马上下来!"邹碧华听完周宜俊的汇报后立即站起身,"你打电话通知分管院长、执行庭庭长,还有全体法警,现在就到楼下现场!"

一定要想办法把那些拉横幅的人劝离门口!邹碧华一边飞快思索着,一边直奔楼下。他很清楚,如果围观的人滚雪球似地增加,后果将不堪设想。

门口已经是人声鼎沸,红色的横幅在人群中十分醒目。

"院长来了!"不知是谁喊了一声,所有人都转过了头。

"你们把横幅收起来,我们现在来接待你们,处理具体问题!"邹碧华的声音异常洪亮,威严的气势让周围人群一片肃然。

"将门口的人分批带进法庭,只要是不开庭的法庭就行。"邹碧华转身有条不紊地指挥着法警,然后安排执行庭庭长、信访接待法官在不同法庭与闹访者进行分开谈话,分管院长则专门负责接待闹访的组织者。

10分钟后,门口的人群渐渐散去。

领导干部没有应急处置能力可不行。邹碧华有些担忧,直觉告诉他,长宁区人民法院在应对群体性事件方面的准备十分不足,有些干部不积极、不及时、不果断、不得法,这种冷眼旁观、能躲则躲的态度最后只会使事态升级,工作陷入被动。

第二天一早,邹碧华召集党组成员观看瓮安群体性事件的录像。

"我这里有几篇关于群体性事件的分析报告,大家都学习一下。"邹碧华手拿《内参选编》说道:"另外,我建议我们院里制定一个《应急事件处置流程》,让全院干警学习执行。"

"好。"党组成员纷纷点头。

会议结束时,邹碧华叫住了周宜俊:"小周,你问政治部要一份全院人员情况给我,要有家庭人员、毕业学历这些内容的。"

"好的,邹院长。"周宜俊应道。

邹碧华的院长办公室里到处堆满了书。

不一会儿,政治部主任宓秀范来敲邹碧华办公室的门了。

"进来!"邹碧华应了一下。

宓秀范拿着工作记录本和一沓资料走进来。"邹院长,我来向您汇报一下全院人员基本情况。"

"好,坐、坐!"邹碧华笑着指了指办公桌对面的椅子。此时的办公室到处堆满了他从高级人民法院带过来的专业书：《中国民法史》《商法总则制度研究》《民法请求权论》《建筑法案例精析》……他还来不及收拾，很多书因为挤不进书橱而被直接堆在了地上。

宓秀范看了看满地的书，忍不住说了一句："邹院长，您的书可真多。"

"呵呵，习惯了。"邹碧华笑笑，"来，介绍一下具体情况吧。"

宓秀范坐了下来，翻开工作记录本，开始向邹碧华介绍起全院编制数、实际在编数，以及审判员、助审员、书记员、法警、工人的具体情况。"全院平均年龄41.2岁，年龄最大的59岁，年龄最小的22岁。"

"噢，有年龄段分布情况吗？"邹碧华问。

"有！"宓秀范翻了翻手里的资料，"35岁以下占30%，36岁到45岁的占32%，46岁以上占38%。"

"嗯，干部队伍情况呢？"

"中层干部正职平均年龄52岁，副职平均年龄46岁，全体平均年龄48岁。"宓秀范说。

48岁？邹碧华听得一愣。

"邹院长，现在我们院里最棘手的就是职级问题，一大批科员长时间得不到晋升，搞得老同志心态不平衡，年轻同志又上不来，最近5年里我们已经有三个研究生提出辞职了。"

"为什么职级得不到解决呢？"邹碧华听得云里雾里，他对职级问题的基本常识还不是十分了解。

宓秀范作了一番解释。原来，长宁区人民法院的职级晋升一直适用一份老文件，根据这份文件，基层法院审判业务人员中的处级、科级干部有着明确的比例。但20年过去了，法院的审判任务比以前翻了十倍，科级职数却还是老样子，没有相应提高。如此一来，长宁区人民法院的一大批助审员、书记员、法警得不到晋升，全都卡在了"科员"级别上。

"到2008年年底为止，我们法院已经没有科级干部退休了，现在超额的8个副科，还是我们与区里商量，由人事局对具有全日制研究生学历的助理审判员进行特批和借用处级编制来解决的。"宓秀范说。

邹碧华眉头紧皱。在法院那么多年,他很清楚,法院是一个既有自身审判职务又套用行政职级的单位,一般具有副科级别的助审员才有资格考审判员,而只有具备了审判员资格才能被选拔为中层干部。如果一大批人都卡在"副科"职级上,就意味着审判员也好、中层干部也好,都无法进入一个选拔的良性循环。

"其他法院的情况和我们一样吗?"

"有的法院已经注意到这个问题,而且有解决方法。"宓秀范翻出了资料,"徐汇区人民法院将'具有本科学历的、工龄满 15 年、定科员满 12 年,具有大专学历的、工龄满 18 年、定科员满 15 年'的纳入副科级晋升资格条件。杨浦区人民法院去年将工龄满 20 年的科员纳入副科级晋升资格条件,将工龄满 28 年、定副科满 8 年的纳入正科级晋升资格条件。黄浦区人民法院将科员 12 年以上、工龄 25 年的书记员纳入副科级晋升资格条件,将副科 14 年以上、工龄 25 年的助理审判员、书记员纳入正科级晋升资格条件,书记员中工龄长担任书记长职务的可晋升到正科级。还有闵行区人民法院,这些年他们一直将工龄满 20 年的科员纳入副科级晋升资格条件。金山区人民法院的书记员 18 年以上工龄就可解决副科,还可以继续升为正科。"

宓秀范停了停,拿出一份《人民法院书记员管理办法(试行)》递给邹碧华。"这是 2002 年中组部、国家人事局、最高人民法院联合下发的文件,里面规定了基层法院书记员职级最高配备为副科级,直辖市、副省级城市的基层人民法院部分书记员的职级配备可以略高于副科级,但我们现在受职数所限,实际工作中一直没有这样操作。"

"你把材料留在这里,我再看看。"邹碧华说。宓秀范立即把材料整齐地放在办公桌上,然后走了出去。

邹碧华慢慢翻阅起材料来,一排排的数据让他越看心情越沉重。

全院几乎一半的助审员职级还停留在科员,这些助审员有些工作已经长达十多年。

邹碧华忍不住摇摇头。在法院,尤其是基层法院,除了审判员之外,助审员是至关重要的办案人员,很多繁重的办案任务由助审员在第一线超负荷运转承担。这些年法院的收案数又逐年上升,如果助审员职级始终得不到晋升,这既打击了他们的积极性,也容易让法院流失人才,不利于高层次职业法官队伍的建立。

邹碧华继续往后翻阅,一组令人更担忧的数据出现在他的眼前——科员中,书记员占科员人数的 62%。其中有 12 名工龄长、任职年限长的老书记员,他们是 1993 年、1994 年面向社会招录的干部,因为通过司法考试有一定困难,所以至今晋升副科级仍然受到限制。

看来,这是一个长期困扰长宁区人民法院的"老问题",之前的几任院长反复与区里沟通,但因为限于政策的规定,区里相关部门在把握上也比较严格,通道不够畅通,所以在解决"老科员"的职级问题上收效甚微。

"这些老同志里面,年龄最大的 54 岁,最小的 42 岁,工龄最长 38 年,最短 22 年。有 6 名同志在 20 多年法院工作中获得过 14 次嘉奖以上荣誉称号,但都没有用,没有办法解决副科,到现在还是科员。"一位老院长忍不住告诉邹碧华。

邹碧华被震惊了:"50 多岁还是科员?!"

"那个工龄最长的还曾经上过老山前线!"

"他叫什么名字? 在哪个部门?"

"叫何勇,就在法院门口的传达室工作。"

法院里的老人

何勇弯着腰低头在挂号信三联单上写着字,花白的头发紧贴在他长满皱纹的前额上,他的背已经有些佝偻了。

一沓需要赶紧寄出的平信和挂号信,两旁是层层叠叠要分发到各部门的报纸、杂志,《人民法院报》《解放日报》《文汇报》《人民司法案例》《最高人民法院公报》《法律适用》《上海审判实践》……局促狭小的收发室里,何勇默默写着字,手指因为长期接触报纸而略微有些发黑。

这就是他的生活,每个工作日早上 6 点从家里出发,7 点 40 分到法院,8 点走进收发室,然后洗手、换工作服、发放报纸、收发文件、登记信件清单,直到下午 5 点下班,晚上 6 点 50 分到家,和妻子一起照顾年逾古稀的母亲和丈母娘。两位老人都体弱多病,何勇忙里忙外身心疲倦,几年下来人消瘦了许多。

日复一日,年复一年,他变得沉默寡言,不再喜欢说话,甚至连聊天也懒得聊了。偶尔累的时候,何勇便会想起 29 年前那次在越南边境的渡河。

那是在自卫反击战打响之后,何勇作为十一野战军二营四连的指导员,接到深夜 12 点强渡界河的命令,在地形、道路、敌人火力、兵器都不明了的情况下,他走在连队的最前面,带领战士们一路前进。

已经听见潺潺的流水声了,后面传来命令:四连停止前进,改为后卫连,六连上前渡河,成为尖刀连。

何勇清晰地记得,六连的副连长带着尖刀班战士经过他的身边,疾步奔向河边。

"轰——! 轰——!"爆炸声突然响彻夜空,副连长踩响了河边石滩下越南人埋的地雷。五六个战士瞬间倒下,副连长的整条大腿被炸飞,几秒钟后,血像流水般从他的伤口处喷涌而出,卫生员眼睁睁地看着副连长在水中挣扎,无能为力。

当战友们抬着遗体从何勇身边走过时,他隐隐约约看见那些盖在遗体上的军毯已经被鲜血浸透。何勇的泪水夺眶而出,如果刚才不是命令突然改变的话,那么第一个被地雷炸死的人就是他! 在残酷的战争中,每个人跨出的一步都是千斤重,跨出去了就不一定回得来了。

何勇喝过满是污泥的"救命水",见过脸色发灰的越南兵尸体,他最好的战友二排排长牺牲时浑身是血,上衣口袋里放着五张10元、两张2元的党费。

"同志们,为我们牺牲的同志报仇,冲啊!"何勇常常在梦中听见自己冲锋陷阵时的呐喊声,山上打来的子弹贴着头皮呼啸而过,身边的战友一个个倒下,每次醒来时他都泪流满面。

16岁去云南,下乡3年、部队当兵10年,13年的磨砺在他身上留下了深刻的烙印。何勇很想念那些逝去的战友,想念当初壮士断臂的悲壮豪情。

何勇继续在挂号信的三联单上写着,每天要寄出几百封的信,他必须把当事人的名字和地址一一抄下来以备查询。他老了,一点点在变老了。

何勇还记得自己复员回到上海时,复员安置办公室的工作人员抬头问他一句话:"你有没有高中文凭?"他犹如被当头一棒,打仗的时候没有讲要高中文凭,都是共产党员上啊。

因为没有高中文凭,何勇被安排在一家锁厂上班,不服气的他开始发奋读书,终于在1994年通过社会招干进入了长宁区人民法院。

那是个扬眉吐气的日子,在何勇心里,法院象征着神圣威严,他是一个军人,对军人而言,神圣就代表着光荣,代表着使命。"我就是一颗小小螺丝钉,到哪儿都要站好最后一班岗。"

但现实却让这位老兵越来越失落。自从进入法院后,虽然何勇在执行庭、办公室卖力地工作,但随着司法考试、书记员单独序列管理等眼花缭乱的改革纷至沓来后,他的职级一直在"科员"徘徊,工作岗位从原来的执行庭调到了档案室、仓库,最后到了收发室。

"何勇,你胃不好,收发室的老同志退休了,我们照顾你去收发室工作。"领导对他说。

何勇苦笑了一下。是,他的胃不好,打仗时落下的胃病让他现在碰不得任何冷辣的东西。好吧,既然组织上安排他去收发室,那就服从!

就这样，何勇开始了在收发室的日子。一晃那么多年过去了，他始终是一名科员级的书记员，当年和他一批招干进入法院的人常常在私下里感叹："我们工作那么久，级别还那么低，得不到认可，也抬不起头啊！"

何勇特别受不了这样的话，但他更受不了战友们聚会时的热闹。每当战友兴高采烈地举杯说笑时，他在一边如坐针毡。战友们都成了有头有脸的人物，有的还成了将军，而他这个当年的指导员却还是个每天挤着公交车的小科员。

何勇开始了"三不主义"：与战友不交往、不聚会、不碰头。渐渐地，喊他去聚会的人也越来越少了。

"何勇，今年区里没有指标。"

"何勇，区里说没有先例。"

"没办法，他们说书记员从来没有做到副科的。"

一次次希望，一次次失落，千篇一律的回答让何勇彻底失去了信心，他有些愤怒了，"低人一等就低人一等吧，大不了科员做到退休！"

何勇拿着老花眼镜努力核对着信封上的字，今天的登记特别慢，这些年轻书记员的字实在潦草，他不得不眯起眼睛使劲儿辨识信封上的字。

"何老师！"有人在背后叫他。

何老师?！何勇一愣，法院里面还从来没人这么叫他。他转过身，一个高大的身影正走进收发室。

"这是邹院长！"旁边有人提醒何勇。

何勇心头一热，他知道这两天新来的院长在各部门"视察"，这么多年了，从来没有什么领导会走进他这个不起眼的收发室，没想到今天新院长来了，还叫他"老师"。

"邹院长！"何勇赶紧喊了一声。

邹碧华握住了何勇的手，他环视了一下收发室："何老师，法院亏欠你很多呀！"

何勇的嗓子一下子哽住了："……邹院长，我是一个幸存者，一个越战中的老兵……比起那些已经牺牲的战友来说，我已经很幸运了，英雄们已经长眠。"

邹碧华的心里很不是滋味，一位为共和国出生入死的老兵，每天埋头在法院收发室工作，而他的职级问题却始终得不到解决。

"何老师，您这是在——？"邹碧华看到了三联单和信件。

"噢，我们法院每天要寄出几百封信，每封信的地址和姓名我都要重新抄一遍，有时真是来不及做。您看——"何勇拿起桌上的信封递给邹碧华，"这上面的字那么潦草，我要仔细辨认清楚才行，然后还要和书记员核对，重新写一下，不然信发出去了也会被邮局退回来，这不仅浪费法院的钱，也浪费法院的工作量。我在收发室做了五年，所有信件存根都一查一个准，有时候书记员把地址写错了，我都会去提醒他们。没人要求我这么做，但我这里也是法院的一个服务窗口啊，不然当事人会说'你这个法院怎么连封信都会寄错'，这是关系到我们法院形象的事！"

何勇越说越激动，邹碧华的心里起伏不已，他对面前的这位老兵油然地升起敬意："何老师，您说得对！这样，您统计一下现在的工作量，让我们来看看怎么解决这个问题。"

何勇懵了一下，自己只是发了一通牢骚，没想到院长那么认真！

"好，好！"何勇的声音有些发颤，从来没有人这么关注过他，他感到了一种久违的温暖。

离开收发室后，邹碧华迅速召集办公室主任曾俊怡和技术科的人到他的办公室开会。

"收发室的同志每天要抄几百封信，工作压力太大了，而且有的书记员字迹非常潦草。我记得我们上海法院有一套非常先进的信息化系统，那个案件管理系统中有个特别功能，传票、通知、查询函和信封都可以自动打印。为什么我们的书记员不用这个功能？"邹碧华问。

"因为不是每个办公室都配备了打印机，很多都是几个办公室共用一台打印机,而且打印信封还得用特殊的打印机才能打印。"

"那为什么不能网络共享打印机呢?我们完全可以通过技术手段实现网络共享啊!"

"邹院长,信封打印机比较特殊,只能与外部电脑连接。我们法院的内网都是涉密的,书记员必须把需要打印的内容从内网电脑里拷贝出来,然后根据保密要求到技术室转换,随后从技术室拷回到外网电脑才能进行打印。这样来回折腾,书记员都觉得还不如直接自己手写信封快。"曾俊怡看了看邹碧华。

"那能不能技术上改进一下,从系统里直接将信息调出来进行打印呢?不需要书记员拷进拷出?"邹碧华不依不饶地问道。

沉默。技术科的人和曾俊怡都没开口。

"你们成立一个技术攻关小组,赶快解决一下这个问题。另外再增加一个功能,就是电脑在自动打印信封的同时,把打印记录自动保存成一份清单。办公室把这份清单直接交给收发室,这样也不需要那里的老同志每天用手抄了,半天的工作量瞬间就可以完成。"邹碧华的口气不容置疑。

曾俊怡此前在长宁区人民法院民二庭、民三庭工作过,他一直听说高级人民法院有个专业很厉害的"邹博",这回,他领教了邹碧华雷厉风行的风格。

两天后,技术问题解决了。

邹碧华默默地坐在办公室里,这些天只要一想到法院里的那些老人,他的心就会说不出的难受。

一位年轻法官和他说:"邹院长,有时候我看看那些老法官,忙了一辈子,退休的时候收拾收拾东西就走了,想想自己若干年以后也是这样,唉,有什么劲儿!"

老同志是法院的宝,如果他们为法院工作了一辈子,最终却感受不到法院的尊重和温暖,那么那些正在慢慢变老的法院人,谁会继续愿意为法院的事业鞠躬尽瘁呢?

邹碧华想起了自己多年前在高级人民法院研究室时的一次亲身经历。

那天,研究室为一位老同志开欢送会,但老同志在办公室里迟迟不出来。怎么回事?邹碧华敲门而入,发现老同志竟然在里面流泪。

"我把一辈子的青春奉献给了法院,对我来说,法院是我感情最深的地方!"老同志抹着眼泪依依不舍,邹碧华永远不会忘记那一幕。

一个人把自己一辈子最好的时光献给了法院,这样的人难道不应该好好善待吗?要善待老同志!邹碧华立即和政治部商量,一方面继续保障老同志的各项基本福利,另一方面作出决定,今后每位老同志退休时,院里都要为其举办隆重的退休仪式。

黄凯华和曹海建成为长宁区人民法院第一个退休仪式的"主角"。黄凯华于 1979 年进入长宁区人民法院工作,先后在经济庭、办公室、政治部工作;曹海建则于 1985 年进入长宁区人民法院,长期在办公室工作。

"邹院长,你们那么忙,不用给我们开欢送会了!"当黄凯华听到邹碧华要给她举行欢送仪式时,不好意思地连连说道。

"要的,要的,你为法院贡献了那么多,欢送会一定要开的!"邹碧华笑着说道。

9 月,黄凯华和曹海建接到电话,去二楼会议室参加欢送会。

黄凯华和曹海建来到二楼,只见院长邹碧华已经早早地等在门口,门口两边是列队欢迎的干警。

"邹院长!"她俩赶紧迎上去。

顿时,欢快的音乐声响起。还没等黄凯华反应过来,邹碧华就陪着她和曹海建走进了会场,会场的正前方屏幕上打出一排红色的大字"黄凯华、曹海建同志光荣退休欢送会",全体党组成员、各部门负责人、黄凯华和曹海建所在部门的同志起立鼓掌,邹碧华和张天轮代表长宁区人民法院向她俩送上了鲜花和退休纪念品。

黄凯华和曹海建捧着鲜花有些受宠若惊,她们怎么也没想到欢送仪式会这么隆重！

入座，所有人都开始谈起了往事，欢笑声、感叹声不断，气氛非常热烈。

"下面，欢迎黄凯华老师来给我们发言。"主持人宓秀范说道。

黄凯华拿着话筒，手有些颤抖："我想说三点感谢：第一感谢在长宁区人民法院那么多年，有那么多人陪伴我，让我做出了那么多工作。第二感谢我能够到法院工作，我是1953年出生的，我的很多同龄人有些已经早早地下岗，我选择了法院，一直在法院工作做到退休。第三感谢邹院长，我很荣幸今天有这样一个隆重的欢送仪式，心里非常感动。我想告诉在座年轻人一句话，现在努力工作，将来法院是不会忘记你的，会给你一个美好的结尾，在法院工作是值得的！"

2008年邹碧华（居中）到任后，为黄凯华、曹海建两位老同志举行了一次难忘的退休欢送会。此后长宁区人民法院每年都会为退休的老同志举行欢送仪式。

黄凯华一口气说完心里的话，台下响起热烈的掌声。曹海建在一旁也心潮澎湃，她们和邹碧华的交集非常短暂，这位年轻院长刚来长宁工作，她俩就即将退休离开法院，但邹碧华对她们关心得如此细致，细致到直入人心，让人终生难忘！

仪式的最后，邹碧华代表院党组发言："黄凯华老师、曹海建老师几十年毫无怨言地将自己奉献给长宁区人民法院，奉献给中国的司法事业，值得我们在座所有的人尊敬。中国的法治建设是一场接力赛，今天她们将接力棒交给我们，交给在座的每位法律人，而她们从法院带走的是我们后辈发自肺腑的尊敬。在这里，我代表院党组也向黄凯华老师、曹海建老师提出三点希望：一是希望两位老同志能享受退休以后丰富的人生，退休只是职业生涯的结束，人生在另一层面上又展开了新的篇章、新的辉煌；二是希望两位老同志能继续把长宁区人民法院当作自己的家，长宁区人民法院已经留下了你们的烙印，我们在今后的岁月里要更加互相关心、互相帮助；三是希望两位老同志继续给予长宁区人民法院支持，一个相互理解的眼神，一句祝福都能给我们带来信心、力量和勇气。"

黄凯华和曹海建开心地笑了，能够这么设身处地为人着想的院长真是让人太感动了！

那天回到家，邹碧华在电脑上写起一个《序》来。原来，他决定和政治部商量，在法院里专门设置一个老同志的荣誉墙，在墙上贴出退休老同志的风采照片和个人业绩，让全院干警来学习。

"自长宁区人民法院 1952 年 9 月建院以来，经过几代人不懈的努力，获得了'全国模范法院'、'全国优秀青少年维权岗'、上海市精神文明建设'十连冠'等荣誉称号，审理了一批在上海乃至在全国都有影响的精品案件，形成了'少年法庭'、'为孩子父母学校'、'诉调对接中心'、'执行管理创新机制'等特色审判业务工作。

长宁区人民法院五十多年来所取得的成就，离不开离退休老同志的辛勤耕耘，离不开离退休老同志的智慧浇灌。长宁区人民法院的历史篇章，凝聚了离退休老同志对长宁区人民法院的一份爱心，洋溢着离退休老同志对长宁区人民法院的一片真情。

为感谢离退休老同志对长宁区人民法院所作出的贡献，我们把长宁区人民法院离退休老干部的相片以及主要经历,以相框的形式,图文并茂地进行宣传展示,以传承离退休老干部留下的宝贵精神财富,弘扬他们公正司法、一心为民的职业素养,学习他们兢兢业业、乐于奉献的优秀品质,增强长宁区人民法院青年干警爱岗敬业、廉洁奉公的事业心和责任感,激励全院干警为长宁区人民法院争创新的辉煌作出更大的贡献。"

"国亮,这个《序》以后放到荣誉墙上用。"第二天,邹碧华对政治部专门负责离退休老同志工作的诸国亮说道,"以后我们法院启动办公楼改建工程,要争取配置一个专门的老干部活动室,让老同志来到法院就有个条件较好的活动场地。"

"嗯!"诸国亮赶紧点头。

诸国亮退出了办公室,邹碧华则靠在椅背上静静地思索起老科员的职级职数问题。怎么办,怎么去解决?

副院长们也开始对邹碧华提出新要求了。

"职级、办公用房、装备、人员不足这些问题,实际上都需要和区委、区政府沟通联系,只有他们重视了,这些问题才能得到解决,不然永远是制约法院工作发展的瓶颈。"

"这些年我们和区里的关系比较微妙,法院在信访维稳方面需要稳控上访当事人时,各街镇都不太愿意伸出援助之手,对我们避之不及。我们法院现在有 89 件交办件,整个法院的力量用上去都不够啊!所以,真的要好好和区里沟通一下。"

"法院案多人少,激励不足的问题十分突出,但区里并没有意识到这个问题,一定要去和区里强调一下。"

邹碧华仔细地听着,他的眼前慢慢浮现出何勇身旁密密麻麻的手写清单,耳边是何勇略微颤抖的声音:"我已经很幸运了,英雄们已经长眠!"

"好,我们一起去和区里沟通!"邹碧华下定决心。

全线沟通

邹碧华开始了对区委、区政府的"全覆盖"拜访。

先是区里四套班子的所有领导成员,接着是组织、财政、人事、信访等重点部门。

"邹院长,最重要的是组织部、财政局和人事局。处级职级职数和晋升问题由组织部决定,科级职数由人事局掌管,财政预算、拨款、支出由财政局负责。"副院长们提醒邹碧华。

邹碧华开始带着副院长陈萌和政治部主任宓秀范登门拜访组织部部长、副部长和人事局长,一次又一次,但职级问题仍然很难推动。

"怎么办?"邹碧华在心里琢磨,这事看来一定得要区委主要领导发话。

"小宓,你们把全院的职级情况做成 PPT,我要专门给上面汇报。"邹碧华给宓秀范下达了命令。

一天晚上,邹碧华赶到区里,区委书记和区长都在会议室开会。于是,他一个人背着电脑包在会场外等了起来。

夜色越来越深,将近一个小时后,会议室的门打开了。

"碧华?"书记非常惊诧。

"书记、区长,我想向你们汇报一下院里的职级问题。"邹碧华看到书记和区长,赶紧迎了上去。

书记看了看手表,已经晚上 10 点了。

"这么晚还等着,好,过来说。"书记招了招手,区长和邹碧华紧随其后走进了办公室。

"这是我们法院目前的队伍情况。"邹碧华用最快的速度打开电脑,一边播放 PPT 一边讲了起来。

"我们法院的队伍建设现在碰到三个难题,分别是干部职级晋升困难、书记员负荷过重缺乏激励机制、人力资源不足日益突出。其中,干部职级晋升最为棘手,无论是处级职数还是科级职数都严重滞后,一大批科员长时间无法晋升到副科级,他们中平均任职时间9.4年,最长的18年。"

邹碧华指着电脑屏幕上的一个数据图说道:"近5年来,我们法院因为职级问题得不到解决而辞职的研究生已经有3名了。"

"嗯——!"书记和区长蹙紧了眉头,目不转睛地看着PPT上的数字。

邹碧华有些动情了,声音也渐渐激动起来:"现在我们法院一共有6名超过50岁的科员书记员,其中有一位叫何勇的老同志,55岁了,工龄39年,参加过对越自卫反击战,他的许多战友都牺牲在越南战场上。他进我们法院后,由于没有法律专业,现在在收发室工作,但他一直兢兢业业,所有的信件、报纸分发都做得非常好。他两次被考核优秀,一次被评为先进工作者,一次嘉奖,但现在面临退休了,还是一个科员!"

说到这里,邹碧华的嗓子突然哽了一下:"这些老科员20多年中获得过14次嘉奖以上的荣誉称号,他们看不到任何希望但仍然默默无闻地在工作,我们不能让老实人吃亏啊!"

空气似乎有一些凝固,邹碧华微微调整了一下情绪,然后抬头看了一眼书记和区长。他突然发现,书记和区长的眼里噙满了泪水!

"职级问题现在是按照什么标准来定的?"书记开口问了一声。

"现在仍然适用老文件,但法院现在的发展情况与20年前有了很大不同,上海其他基层法院也都在想方设法解决这个问题,金山区人民法院的书记员18年以上工龄就可解决副科,还可以继续升为正科。"邹碧华回答。

"政策是死的,人是活的,不能让这些老科员一辈子委屈下去,我会让组织部去研究一下,看看有什么途径解决这个问题。"书记坚定地说,区长也在一边点头。

邹碧华的鼻子狠狠地酸了一下,眼睛有些湿润了,所有的疲劳和艰辛在那一刻都不算什么了。

宁静的夜晚,马路两旁的梧桐树在路灯的照耀下脉脉不语。李小马稳稳地开着车,邹碧华斜靠在车子后排,微微闭着眼睛。他没有想到这次沟通会如此成功,因为从小和哑巴外婆共同生活的缘故,他一直很担心自己的与人沟通能力,但对于一个院长来说,沟通又是一个必不可少的素质。现在好了,他心里的一块大石头落地了,最困难的职级问题终于根本解决了。

"在长宁,如果街道书记们都支持你了,你的工作就已经成功一半了。"邹碧华想起自己在市委党校培训时,一位在长宁区委工作的同学这样和他说。

好吧,接下来和全区的部门、街镇进行沟通,要积极出击,不能等人上门!邹碧华信心满满。

整整一个月,邹碧华马不停蹄地拜访长宁区 40 多个部门和 10 个街镇,很多部门领导、街道书记被他的谦逊所折服,临走时纷纷握着他的手。

"邹院长,没想到你会亲自来,我们很荣幸啊!"

"邹院长,您一个局级干部到我们这个小街道来,我们能为法院做点什么,您尽管说!"

"邹院长,我们一定配合法院的工作!"

变化在一点点发生,以前涉法涉诉的信访人员由法院负责接待、化解和稳控,尤其是国庆等重大节点来临时,法院稳控力量严重不足。慢慢地,街道对法院的支持多了,一些过去由法院承担的稳控任务逐渐转由街道承担,区政法委书记也在大会上开始强调街镇稳控的重要性,区规划局、区府办等部门对法院的改造、车辆更新的支持力度也加大了。邹碧华感到一丝欣慰。

一天,一名执行法官气呼呼地站在电梯里,正巧邹碧华走进来。

"怎么了?"邹碧华看出了法官脸上的不快。

"我到一家银行去办事,结果被要求与普通顾客一起排队,一直等了半个多小时才办成事。"

邹碧华听了很难受,发生这样的事只能说明三个问题:第一,司法权威任重道远;第二,法官办事情还缺乏足够的沟通协调能力;第三,作为领导者、管理者没有能为法院工作开展创造良好的工作条件。

邹碧华马上针对市一级工商、房地、证券、金融等机构进行了一轮拜访。很快,协助执行机构的态度比以前"改观"了,过去需要专门派员上门查询的事项现在只需法院一个传真就能完成了。

邹碧华读着柯林斯写的《从优秀到卓越》:"解决现成的问题,只会使公司变好,而只有抓住机遇图发展,才能使公司卓越。"

他不禁一笑。是的,现在只是解决了现成的问题,整个法院的发展还需要好好谋划。

"小周,你通知政治部明天帮我安排一下周末的家访,我要对全体中层干部和司法文员进行家访,周六、周日去,每次可以安排四到五家。"凌晨 1 点,邹碧华给周宜俊发了一条短信。

司法文员还要家访? 收到短信后的周宜俊有些懵,他只听过院长家访中层干部的,从没听说过院长要去家访文员的。

"邹院长,是中层干部和司法文员吗?"第二天一早,周宜俊小心地向邹碧华确认。

"是的,司法文员干得和书记员一样多,有些甚至做得更好,但他们待遇很低,最不受关注,我们应该去关注他们。"邹碧华说。

"嗯,我明白了。"周宜俊不敢懈怠。

党组成员、中层干部、审判人员、书记员、其他工作人员,邹碧华在全院大范围地进行沟通,白天谈心、周末家访。

"邹院长,我们房产庭今年上半年受理的案件数超过了 1000 件,比去年同期上升 25%,但我们的办案人数与去年基本持平,所以人均工作负荷增大。"民三庭副庭长金练红在给邹碧华汇报工作。

金练红做事很干练,她曾经作为云南、上海两地法院系统交流工作的干部,在云南省大理白族自治州中级人民法院工作了一年。此前,金练红曾经听高级人民法院的人说起过邹碧华的高标准严要求,如今真正面对这位新院长,不免心里有些忐忑。

"嗯,现在有几个合议庭?"

"两个合议庭,一个负责房屋买卖,一个负责租赁。另外还设了一个建设工程的专项组,由一名法官专门负责办理建设工程类案件。这位法官对建筑工程比较熟悉,而且属于慢工出细活的人,建设工程类的案子需要耐心,我估算了一下,一年有 90 到 100 个左右,所以就让他一个人负责审理了。"

"嗯,对,房产庭的案子法律关系和事实认定都比较复杂,而且保全多、反诉多、管辖异议多、司法鉴定多,承办法官花的精力也相对多。"邹碧华很赞许,连连点头。

金练红很惊讶邹碧华的总结能力,她又继续介绍下去:"……对于超 4 个月审限的案件,我们现在采取每月报结后由内勤制作表格向承办人预警,审判长负责督促案件的审理进度。另外,我们还建立了全庭承办人员联席会议制度,每周三中午定期讨论各承办人认为需要讨论的案件。就这些了,邹院长。"

"嗯,思路很清晰!"邹碧华点点头,"汇报完了?"

"对,汇报完了。"

邹碧华笑了:"你再想想汇报完了没有?"

金练红一愣,她把该说的内容都说了呀。

"你廉政教育汇报了没有?"邹碧华缓缓说道。

廉政!金练红"噢"了一下,她不好意思地笑了,平时脑子里全是业务,忘记了这一块。

"作为一个主持工作的副庭长,廉政这块一定要抓牢,队伍出事比个别案件出事更严重。"邹碧华一字一句地说道。

"嗯!是的。"金练红低下了头。

中层干部的谈话进行得比较顺利,同时也让邹碧华注意到了干部队伍水平的参差不齐。有的干部事先会作好充分准备,对部门情况非常熟悉,有的则正好相反,非但了解不深,甚至还没有意识到部门里存在的问题。这支队伍要好好抓一抓!

周末的家访开始了,松江区、普陀区、浦东新区、杨浦区……邹碧华带着宓秀范、周宜俊跑遍了二十多个中层干部的家,不少交谈让邹碧华感触颇深。

"邹院长,你知道我们法院里有个'One Two Three Four'的顺口溜吗?"一位庭长不经意地说道。

"One Two Three Four?什么意思?"邹碧华十分不解。

"One 就是'混',Two 就是'拖',Three 就是'缩里',遇事躲着走,不承担责任,Four 就是'福',上班享享清福。当然,这只是一小部分人的心态。"庭长笑着摇摇头,递给邹碧华一杯水。

邹碧华笑不出来,他很清楚这种心态将带来"劣币驱逐良币"的后果。

"邹院长,不瞒你说,有些干部年纪都大了,革命基本到顶了,你要拖动他们搞管理,呵呵!"另一位庭长打着哈哈,欲言又止。

邹碧华意识到,他碰到了真正的难题——人的难题。

10 月,全市法院院长季度例会召开,邹碧华拿到一张全市法院质量效率数据统计表,他低头一看,顿时无语。

早在 7 月的季度例会上,他就发现长宁区人民法院有一个指标数字名列全市末位,那就是质效统计中的"信息输入差错率"。那次开完会后,他立即在全院中层干部会议上强调了这个差错问题,要求各部门回去整改。没想到一个季度过去了,差错率不降反升,从年中的 1800个上升到了如今的 2800 个,继续"领跑"于全市法院!

邹碧华震惊了,这究竟是怎么回事,问题抓比不抓还要厉害?分管院长明明都按照他的要求和部门强调过了,为什么还会出现这么多的差错?

回到院里,邹碧华让技术科对信息输入差错率进行了详细分析,结果显示问题出在审判人员、书记员和庭长身上。审判长、审判员和庭长从来不检查书记员的信息输入质量,书记员也从来不去核对立案环节输入的信息,有的书记员在输入身份证号码时,甚至只是随意地敲击了18下键盘!

类似的问题不仅出现在信息输入领域,还存在于裁判文书校对的环节。一位书记员图省事,在当事人向他索取调解书时,不愿花工夫去档案室调档,直接在电脑上打印了一份,结果打印的这份调解书偏偏不是最终定稿,当事人拿着文书到处上访。

责任心呐!责任心呐!邹碧华狠狠地将分析材料扔在了办公桌上,任何一个人的责任心缺失,都有可能会给法院带来灾难性的问题!

"你们将各部门承办人的差错数进行统计,然后把统计结果全部公布在网上!"邹碧华对办公室主任曾俊怡说道。

"全部公布?"曾俊怡看了看邹碧华。

"对!第一次没有解决问题,就是因为大家没有看见差错到底是谁,都不认为是自己的问题,所以就不花力气去解决。现在我们将数据全部公布,分解到部门和承办人,是谁的问题一目了然!"邹碧华皱紧了眉头。

"One Two Three Four!One Two Three Four!"邹碧华的脑海中反复出现这四个单词,他一定要想办法把人管好!

法官不是机器

11月的上海已经秋意渐浓,邹碧华穿着风衣走出了长宁区人民法院大楼,他下班得越来越晚,常常9、10点钟才离开办公室。

夜风已经有些凉了,邹碧华抬起头,发现楼上还有一处窗户亮着灯。

是谁也加班这么晚？他停下脚步，返身走回大楼。

"咔塔！咔塔！"暗淡的走廊里，传来页码机不断盖章的声音，每一声都像沉沉的呼吸，敲碎了夜的宁静。邹碧华循着声音慢慢走过去。

亮如白昼的办公室里，一名书记员低头用力盖着页码机，一页又一页，她不停地翻着卷宗里的纸张，两旁高高的卷宗几乎要把她淹没了。

"还在加班啊？"邹碧华走了进去。

"邹院长！"书记员停下了手里的活儿，坐在对面的承办法官也马上站了起来。

"辛苦呀，加班得这么晚！"邹碧华看着桌上一沓一沓的卷宗。

"月底结案没办法，我们拼命结案，她们拼命归档，卷宗都来不及订，已经加班好几天了！"承办法官叹了口气。

邹碧华发现书记员的眼圈有些红了。"怎么了？"

"……太累了！"书记员委屈地掉起了眼泪，"老是在这里加班，还是来不及。"

承办法官赶紧拿了一张纸巾给书记员，看得出来他也已经很疲倦了。

"邹院长，我们现在这个工作和车间工人差不多，除了每年审结那些阿拉伯数字的案子，赚一点养家糊口的工资，其他什么也没有。"

邹碧华的心被狠狠地抽了一下，一股深深的悲哀从心里慢慢升腾起来。站在他面前的是有责任心的法官和书记员，但他们曾经的理想在岁月里已经消磨殆尽，让一个人成年累月处于重复又重复的无望中，消耗他们生命中原本可以绽放光彩的宝贵时光，最终落得一事无成，那才是真正的冷酷无情。

邹碧华心情沉重地走出了法院大楼，他要改变这一切，一定要改变！

11月18日，长宁区人民法院所有人发现在法院内网上增加了一个"院长信箱"的栏目，邹碧华向每个人发出了《致全院干警的一封信》：

"全院干警同志们：大家好！来到长宁区人民法院工作已经快五个月了。这段时间里，得到了大家的鼎力支持，在此谨向大家表示衷心的感谢！

长宁区人民法院是一个有着光荣历史和崇高荣誉的法院。我们这儿有全国第一个少年审判庭，有全国第一个附设人民调解窗口，有全国模范法院的光荣称号……许多工作走在全市乃至全国法院的前列，在国际上也有一定的影响。能够到长宁区人民法院来与大家共事，我感到非常荣幸，同时，也感到肩上担子的沉重。

作为一名年轻的院长，我担任领导工作的时间并不长，缺乏做领导的经验，为此，来长宁区人民法院之前，我请教了许多老领导。其中，有一位老领导告诉我，要想做好院长，必须把每一个人都放在心里。这句话，给我印象很深。我将以此为座右铭。

来到长宁后，我一直致力于深入地了解长宁，虽然开了很多调研会，调阅了许多案卷，接待了一些当事人，但总感觉了解得还是不够深入。每次与院里的干警聊天，总能知道许多我不知道的事情。这为我的决策带来了很大的帮助。事实上，大家的每一条意见、每一条建议，对我、对党组都具有十分重要的意义。也许，其中的某一条建议会创造一个历史。我深深感到，不真正地了解我们法院，就不可能作出准确的决策。

为了更加方便与大家沟通，我在本院局域网上开通了'院长信箱'。我真诚而热切地希望大家就我院工作的方方面面，也可以就我本人，提出自己的想法、意见和建议，不拘形式。

大家在来信中畅所欲言，来信可以不署名。同时，经过技术设置，来信的内容也只有我一个人可以读到。但我还是希望同志们在来信时署上姓名，这样可以保证沟通的方便与及时。有道是'众人拾柴火焰高'，长宁区人民法院的工作要靠全体干警的同心同德、和衷共济，才能取得长足的进步与发展。我愿与同志们一起勤勉努力、奋发有为。"

院长开信箱了，公开在网上听意见了！这个消息很快传遍了整个法院。真的假的？有人开始尝试了。

"昨天中午开庭晚了，12 点半到食堂已没东西好吃，只能咖吧买个面包解决，建议食堂设个电话，同志们如果发现开庭晚了，可以直接联系食堂留下饭菜，法官或书记员是不会撇下当事人先去用饭的。"

"今天当事人问我，有没有地方扔垃圾？我环视法庭，没有看到，希望能够放置几个垃圾筒，供当事人使用。"

"每逢下雨，外墙顶部一处洞口就哗哗地往下喷水，建议主管部门解决这一问题。"

……

五花八门的问题开始反映上来，邹碧华立即安排综管办督促责任部门进行网上回复，一条条反馈意见开始"出炉"：

"你好，谢谢你的建议，我们会尽快解决。"

"你的建议已经收到，大家一定会尽力好好做的。"

"我们会尽快联系相关部门。"

这么含糊可不行！邹碧华看到网上的回复后，立即将综管办的人员叫到了面前。

"各部门在答复建议时，应当一律尊称'您'，这既是尊重同事，也是因为各项建议确实促进了我们法院工作的改进，应该受到尊重！"

"好的，邹院长。"

"回复的时候，不要使用一些不明确、含糊的用语，比如'尽快完成'、'好好做'、'尽快解决'之类的。三天就是三天，五天就是五天，完不成就告诉人家完不成，能够完成的一定把时间说出来。"邹碧华毫不含糊。

"明白了，邹院长！"

几天后，又一条匿名建议引起了邹碧华的注意。

"最近院里在召开党组民主生活会，听取干警们的意见，那党组就应该把民主生活会听到的意见在网上公示。"

邹碧华立即把纪检组组长叫到了办公室。

"这位同志写得非常好,他有责任心,站在整个法院的角度考虑问题。我们听了这么多,到底做不做、落实不落实、整改不整改,不公示的话,群众怎么监督。你把这次听到的意见统计一下在网上公示出去,到年底的时候,我们验收。哪些是能够做得到的、准备怎么完成、方案是怎样的,都放上去。哪些是机制性、体制性的问题,靠法院自己没法解决的,也都写清楚。还有的问题是长期的,每年只能是有一定的进展的,也写明白。"

"好的,邹院长。"纪检组组长点点头。

"要做到每件事情都有答复,每个建议都在落实。"邹碧华用力敲了敲桌子。

"院长信箱"开始热闹起来,每天,无论多晚,邹碧华都会去看看信箱里的建议。只要建议得当,他马上批示给负责部门,如果发现部门回复马虎,他会毫不客气地把部门负责人叫到办公室。

"这个院长厉害的!"

"嗯,有点司法为民的味道!"

越来越多的法官、书记员、文员对博士院长充满了好奇,他常常会在电梯里主动与他们打招呼,还会笑嘻嘻地听他们吐槽,就连清洁工阿姨,他也会去问问每天打扫的情况,这个院长有点不一样。

一次,邹碧华参加一个部门组织的活动,有位法官犹豫着走到他的身边,吞吞吐吐地问:"……邹院长,住房补贴的事能帮我们想想办法吗?"

"是怎么回事?"邹碧华一听,马上转过头来。

"是这样,政治部在年前报房贴方案的时候,我们有六个人的职级晋升还没正式发文,现在正式定级了,住房补贴方案却已经报上去了,我们六个人都没有份。"

"有没有向政治部说过这件事?"

"说过的,但政治部也有难处,补贴方案已经交到区里,区里也卡得紧,所以政治部说只能等到下一批时一起办,但下一批要等到什么时候就根本不清楚了。"法官苦笑了一下。

邹碧华"嗯"了一下。他有些自责，平时院里开会一直把"司法为民、以人为本、高效办案"挂在嘴上，但干警的切身利益他却没有及时处理好。

回院后，他立即询问政治部有关房贴的事宜，果然是遗漏了六个人。

"政治部立即补办！我们平时要求法官结案都是限时限刻完成任务，现在轮到我们为法官们办事，不要拖到下一批，该争取的一定要去争取！我们现在表现出来的作风，就是我们要求大家表现出来的作风。"邹碧华果断地说道，"这件事我也有责任，我现在就去和区里部门协商，马上补办手续，你们抓紧时间，立即把这件事情办好！"

很快，补办房贴的申请完成了。

"这个院长对普通干警都是笑容可掬，对我们中层却是说一不二、雷厉风行啊！"有人在背地里议论。邹碧华的风格让一些中层干部"发怵"。

一天，邹碧华召开中层干部会议，他和院党组成员提前等候在会议室。

开会时间到了，但台下还稀稀拉拉地空着几个座位，邹碧华皱紧了眉头，这样的迟到已经不是第一次发生了！

"中国传统文化一直强调言传身教，今天开会前，我先讲个故事给大家听。"邹碧华一脸正色，"美国有一位管理学大师叫德鲁克，德鲁克先生有一次到中国来演讲，一位中国企业家问他'管理最重要的秘诀是什么？'他回答'以身作则'，那位企业家大失所望，咕哝了一句'三岁小孩都知道'。德鲁克听到后马上说'是的，三岁小孩都知道，可是，我们大部分人到八十岁都做不到'！"

邹碧华往台下扫视了一周，坐在下面的中层干部们面面相觑，不知道院长葫芦里卖的什么药。这时，有位庭长蹑手蹑脚地走进来了。

"来，你是第一个迟到的，坐这儿！"邹碧华朝那位庭长喊了一声，然后用手指了指第一排的位子，"第二个迟到的坐你旁边，一个一个挨，最后一个迟到的坐最右边！"

庭长尴尬地拿着记录本坐到了第一排。

"你知道你迟到了几分钟?"邹碧华非常严厉地质问。

会议室里霎时一片安静,庭长低着头不吭声。

"我们都是干部,是管理别人的人,是领导者,我们每个人的行为都会给下面的人起到示范效应。如果我们自己不能严格要求自己遵守各项规章制度,那我们在下属面前就很难有说服力。你自己都做不到,你怎么去要求下属做到?"邹碧华的声音激昂起来。

鸦雀无声,所有的人都不敢多看邹碧华一眼。

"我,作为院长,要求大家做到的,我自己会首先做到!比如我要求大家养成日事日清的习惯,我自己也必须做到日事日清,每个文件夹都不过夜,再晚也要把所有的文件看出来,该作的批示只要具备条件的当天就批出来。我要求大家不迟到,我自己也会做到准时到会!"

那次会议后,再也没有中层干部敢开会迟到了。与此同时,"院长信箱"里的批评意见越来越少,建议越来越多,不少人开始往信箱里写表扬信了。

"碧华,你不容易啊,有魄力!"在一次年度总结的党组会议上,一位老院长感叹。

邹碧华笑了笑:"我有一个想法,一直想和大家交流一下。这半年来,我一直在思考,怎么才能让我们长宁区人民法院有长足的发展。我感觉下来,要想让干警以当事人为本,党组就必须以干警为本,干警自身的发展与成长应当成为我们党组的工作目的。我们不能把干警当作工具,党组必须关注每一个人,对干警的关心离不开物质层面,但应该更多地体现在精神层面,要体现在干警的职业价值观和职业能力的发展上。所以我建议,2009年全院的工作发展战略围绕八个字——重心下移,加强管理。"

"好!"党组成员异口同声。

2009年1月,长宁区人民法院举行新春茶话会。何勇像往常那样坐在会场的角落里。突然,他听到台上的邹碧华在提自己的名字——

"在恭贺新禧的同时,我们除了要感谢一线法官、书记员的共同努力,不要忘记感谢那些默默无闻的普通工作人员。像何勇老师,他这一年发放报纸7万份,发放杂志4422本,与法警交换文件3800份,收寄各类信件35600封,处理退信4000封,接待业务庭邮件查询、复印清单2300人次,纠正信件差错近200封,节约邮费760元。让我们大家一起为何勇老师鼓掌!"

掌声雷动。

何勇愣了一下,然后缓缓站起身,深深鞠躬,泪流满面!

看过无数战友牺牲、听过无数子弹从头顶擦过、三次大难不死的何勇,怎么也没想到,有一天法院里的同事也会为他响起如雷的掌声!

1月27日,何勇57岁生日,他收到了院里给他的一张生日贺卡,同时政治部正式通知他——党组已决定晋升他为副科。

2009年2月,邹碧华被高票选举为长宁区人民法院院长。

何勇的眼泪再也止不住了,他们这一批老科员的晋升问题终于迎刃而解!

2月,邹碧华被高票选举为长宁区人民法院院长。任职表态时,他深深地看了一眼台下的人大代表:"各位代表,区委书记在区委八届八次全会上说过一句话,给我留下了深刻印象,'事情不是一条一条说出来的,而是一件一件做出来的'。我已经说了许多了,所以,请大家看我们的行动!"

道和术

张枫默默地坐在会议室里。

今天是院里举行的"青年成才·职业生涯规划座谈会",二三十个年轻法官目不转睛地看着前方的博士院长邹碧华,张枫很不起眼地坐在靠边的位子上。

离博士院长那么近,张枫有些不习惯。他还记得自己第一次见到邹碧华的时候,那是在一次下班后,他朝办公室窗外望了一眼,正巧瞥见楼下的邹碧华疾步走上车子。车子一溜烟儿地开走了,那个高大挺拔的背影留在了张枫的脑海里。

"青年成才·职业生涯规划座谈会",张枫抬头看了看屏幕上的会标,不禁自嘲地笑了。

在长宁区人民法院待了 15 年,张枫觉得自己已经老了。8 年执行庭、7 年民一庭,如今的自己就像一只趴在窗户上的苍蝇,看看前途光明,其实找不到任何出路。每天朝九晚五地审案子,现实就像一堵厚厚的玻璃,他再也没有兴趣谈什么理想了,书基本不看,案子凭感觉在办,反正办案数也不落后,做好一个操作工,吃好一口饭。

"大家都听说过婚姻里的'七年之痒'吧,其实职业也有'七年之痒',很多人在进入职场的第六、第七年后就会觉得很无聊……"坐在前面的邹碧华开讲了。

职业的七年之痒? 张枫还是第一次听到这个新名词,他暗自算了算,自己已经有两个"七年之痒"了。

"今天举行这个座谈会,是想和大家一起聊聊职业规划。哈佛大学有一个研究,有目标感的人最后取得成就的概率远远高于没有目标感的人,所以无论你喜欢法院的工作,还是后来选择去做律师,或者过两天到公司去,都没有关系。但有一点是相同的,无论你做什么,你都得有个规划。好,下面大家可以畅所欲言,我来听听大家的意见。"邹碧华停止播放电脑里的 PPT,笑嘻嘻地看着台下。

没人开口,很多人有些犹豫。

"我来讲讲。"张枫第一个开口了,"邹院长,我是民一庭的张枫,我小时候的理想就是做个汽车驾驶员。"

话音刚落,台下笑成一团。张枫继续说:"后来读书读得多了,我也想做一个法学家。但是说实话,在开这个会之前,我已经没有什么理想了。您刚才说七年之痒,我已经在法院 14 年,已经 double 了!"

"哈哈哈!"张枫的话语把大家逗乐了,邹碧华也忍不住笑了起来。

"张枫说得很客观、很实在。我现在看着你们,就想起自己当初参加工作时的样子,稀里糊涂地来法院报到,稀里糊涂地去实习,实习完了稀里糊涂地开始上班了,5 年、10 年开始熬,熬到助审员,熬到审判员,熬一些级别。我也属于没什么政治头脑的,自生自灭型,只不过自己没把自己灭了。"

台下的笑声更大了,院长都在"自白"了,会场的气氛一下子轻松起来,七嘴八舌的声音此起彼伏。

"邹院长,其实我还是挺喜欢法律的,那时候考大学……"

"有一句话叫'理想很丰满,现实很骨感',现在案子那么多……"

张枫有些恍惚。在法院那么多年,从来没看见谁去解剖谈论自己,同事之间的说笑也不会涉及什么理想追求,没想到今天有那么多人发自肺腑地谈自己的理想。

"大家有没有听到过'蘑菇期'?"邹碧华突然问。

蘑菇期? 众人被问得一愣。

邹碧华笑着扶了扶眼镜,边做手势边说:"蘑菇期,就是指刚参加工作的人常常会被放到一个不受重视的部门工作,就好像长在阴暗角落里的蘑菇,得不到阳光又没有肥料,你还要去做很多你内心不情愿做的事。就比如你是学经济法的,你的工作岗位被分配到研究室、办公室,或者诉调中心,和你的专业没有任何关系,你会觉得特别难受,但岗位设置又不可能完全随你的心意,很多时候都是阴差阳错。即便岗位对口了,你还要从书记员这个'小皮匠'开始做起,你做的不是你的专业,你看领导八股文特别难受,但你又得写信息,你想这个信息有什么好写的,对吧?"

"呵呵!"有人被邹碧华一下子戳破心事,不禁笑出声来,第一次遇见这么坦白的院长。

"你千万不要这样想,一定要想办法调整心态。"邹碧华按了一下电脑键盘,背后的 PPT 投影仪上跳出两行字:"与其浑浑噩噩浪费时间,不如从你经手的每一件小事中得到成长。"

"要学会从每件小事里去成长。"邹碧华用手扶了扶眼镜,"就比如说扫地,大家看过《芙蓉镇》吧,里面姜文扫地扫得很讲究,我看了以后很感慨,扫地也能这样开心。同样的,如果你写信息,你能不能做到最好? 写法宣稿,你能不能写出最吸引人的文章? 写调研文章,你能不能把官样文章变成实实在在的文章,同时又符合官样文章的需要,你做得到吗? 你能把一件很无聊的事变成很有意义的事吗? 蘑菇期一般是 5 年到 8 年,如果你放松对自己的要求,8 年以后你就会被拉开很长一段距离,青年法官的平庸化都是在 8 到 10 年后出现。所以现在你首先问自己,你想不想提高,自己想不想提高?"

整个会场里的人都屏息了。第一次,有这样一位院长用这样的视角和他们的心灵沟通。

"心理学上有一个'荷塘效应'。"邹碧华扳起手指说道,"讲的是荷塘里有一片叶子,第二天变成 2 片,第三天变成 4 片,以此类推,一个月后荷塘里铺满了叶子。请问第二十五天时荷塘里有多少片荷叶?"

有多少片? 所有的人都看着他。

"我们可以倒推,第30天时100%,那么第29天50%,推算下来第25天时是三十二分之一。从第一天到形成三十二分之一,一共用了足足25天才达到荷塘的一个小小角落。而从第二十五天到第三十天把荷塘铺满,只需要短短5天!"

邹碧华的右手摊开着:"5天!我们很多人积累了很长时间,行百里者半九十,但最后却放弃了,只剩5天的时候放弃了,很可惜!我们要执着,要有持续改善的理念,每天都要有进步的目标,积小胜为大胜,把每一件简单的事做好就是不简单,把每一件平凡的事做好就是不平凡!"

全场的人都被邹碧华的一席话说得沸腾起来,一种久违的热情在会场内燃烧。

"长宁区人民法院是我们大家的,你们是我们法院的财富,我们的目标就是让干警与法院共同成长!"邹碧华最后说。

"邹院长,你的话把我一枪打中了!从今天开始,我的人生理想就是希望做一个受人尊敬的法官。"座谈会的最后,张枫很激动。邹碧华微微一笑,人生的改变往往就在一念之间。

第二天,邹碧华收到了一封年轻法官写来的邮件,信写得很长。

"邹院长:您好!昨天的座谈会上我发表了一些不合时宜的言论,会后有的同志支持我,有的同志说我很戆。其实我也曾经犹豫了很久,是说一些内心真切的感受出来,还是同样地做一篇官样文章出来。

我是长宁区人民法院最后一批本科招录进来的,可以说我是幸运的,如果再晚两年,我就是一个聘任制书记员。在法院的这几年,我通过司法考试进入审判岗位,发自内心地喜爱这份工作,喜欢开庭。目前,我们这一批35岁左右的本科生正在或已经成为审判一线的中流砥柱,但令我们困惑的是,当逐步在办案岗位上成熟的时候,我们也被局限了。我们希望不被过早地定位于跑量的办案机器,希望有更多的机会与时间参与到学习与调研之中。当然,研究生调研、本科生办案是合理的,但希望院党组能给予我们本科生更多同等的关注与机会。

您说您喜爱看电影,我曾经看过一部好莱坞经典电影《洛城机密》,其中的一句台词至今记忆犹新,一位初出茅庐的年轻警探问凯文·史派西饰演的中年警探:'你当初为什么当警察?'凯文·史派西思索良久回答'I don't remember(我不记得了)'。我看了这个片子就想,若干年之后我该如何回答? 正如您所说的,十年是个坎,我们究竟是成为一个办案的老江湖,还是有进一步的个人发展?

关于职级,其实我不是一个很在乎物质的人。在我看来,职级更多的是对一个人的社会评价,对一个人工作的认可。所以,正如您所言,诱惑是广义的,我对物质的诱惑并不太在意,但对得失的诱惑还须修炼。

您是法学博士,正是被您的人格魅力所震慑,让我有勇气第一次给领导写信。您在长宁也许就几年,我们在长宁或许是整个职业生涯。希望您不只是我们的领导,更是我们人生的导师。祝身体健康。"

邹碧华默默滑动着鼠标,一遍又一遍地读着信的结尾——"您在长宁也许就几年,我们在长宁或许是整个职业生涯。希望您不只是我们的领导,更是我们人生的导师。"

两面小小的红色国旗静静地站在办公桌的正前方,邹碧华想起了不久前刚刚读到的一段话,那是伦敦威斯敏斯特教堂里的一个碑文:"当我年轻时,我梦想改变世界。当我成熟后,我发现我不能改变世界,我将目光缩短,决定只改变我的国家。当我进入暮年,我发现我不能改变国家,我的最后愿望仅仅是改变一下家庭,但这也不可能。当行将就木,我突然意识到,如果一开始我仅仅去改变自己,我可能改变家庭、国家甚至世界。"

谁没有年轻过,谁没有犹豫过呢。邹碧华开始敲击键盘,给年轻法官写起了回信。

"谢谢你给我写这封信! 说真话一直是我个人的行为准则。记得多年以前,在高级人民法院的一个座谈会上,我发表了一些与当时高级人民法院副院长观点不同的言论,会后也有同志说我完了。实践证明,我并没有完。一个人的人品、德行、专业、口碑是欺骗不了苍天的,群众的眼睛是雪亮的,领导的眼睛也是雪亮的,所以,根本不必为说真话产生顾虑。

我知道,任何法官都希望有所拓展、有进步,希望不被过早地定位于跑量的办案机器,这可以理解,但其实关键不在于办案,而是在于我们怎么去办案,在于我们在办案的过程中是不是有意识地进行思考和总结提高,在于我们是持了什么样的价值观去办案。

办案指标和社会利益,二者时间上是冲突的。对于我而言,为了省出时间,我利用好下班以后的每一分钟,花大量的时间与精力来学习;为了解决判决书撰写中的某个法律问题,我会冥思苦想甚至查阅十篇二十篇论文;为了提高效率,我在法庭上就开始归纳当事人的诉辩争点、事实争点、法律争点,养成了日事日清的习惯;为了提高效率,我学会了高速打字,即使在机场也曾写出过像样的文章;为了提高效率,我必须把调研与办案完美地结合起来。当别人感叹我效率之高的时候,他们哪里知道,我背后的投入是什么。

所有这一切,都是由我们的价值观决定的。因为我认为,法官把一个案件中的法律问题、事实问题都搞清楚是法官最大的道德;因为我认为,法官的良心让我们不能看着当事人因为我们的拖延每天承受损失或精神折磨;因为我认为,法官也是一个完整的人,必须全面发展自己,必须全面实现自我超越。所以,要想不沦为机器,首先的力量来源于我们自己、来源于我们自己的价值观!从某种意义上说,是我们自己把我们自己变成了机器。

我还想对你说的一句话是,党组给你们的关注与机会是同等的,最后会产生差别的是,你们谁表现出来更好的结果。我知道你已经很优秀,但你还要追问你自己:你能给自己的表现打十分吗?你觉得自己已经尽了最大的努力吗?

恐有蛟龙起怒涛,铁锁都应拦不住。非常希望能够看到你们一批人能够成为长宁区人民法院的骄傲、上海法院的骄傲、中国法官的骄傲!这也是我孜孜以求的。"

邹碧华一气呵成写完了回信。

葛锦标来上海看邹碧华了。自从邹碧华做了院长后,葛锦标就发现这家伙比原来忙了很多。

"碧华,你在忙什么呢?"葛锦标把邹碧华约到茶馆。

"我最近一直在想怎么调动法院里所有人的积极性,提升整个法院的凝聚力。"邹碧华笑笑。

"哟,做了领导不一样啊!"葛锦标往邹碧华面前的茶盅里倒了一小杯茶。

"两百多号人,管理起来是有些难度。"

"你不可能对所有人都统一要求啊!"

"是,那不现实,所以我现在在考虑针对不同群体进行分层管理,目前初步定了六个层面,中层干部、老同志、书记员、青年法官和研究生、中年普通群体和法警群体。"

葛锦标看着邹碧华,后者正在沉思的表情让他感到诧异。碧华变了,变得完全和以前那个调皮捣蛋爱打保龄球的碧华不一样了!

"你别把自己搞得太累了!"葛锦标拍拍邹碧华的肩膀。

"其实我这一年里一直在思考一个问题,"邹碧华拿起眼前的茶盅,抬头望了一眼葛锦标,"我到底要做一个什么样的院长,是四平八稳求官运亨通,还是潜下心去做点事情?"

葛锦标呵呵一笑:"做官嘛,大家都过得去就可以了。"

"哎——,我不这么想!"邹碧华的眼睛瞪得又大又圆,"我认为,做一名领导者和管理者,他的价值恰恰在于做一名'灵魂的工程师'。他是一个团队的核心,他的核心价值观决定着这个组织的精神和文化。一个组织如果没有价值感和成就感,这个组织里的人就很容易沦为机器。所以现在,我有很强的使命感和责任感!"

"现在的人,价值观都是多元化的,你怎么来树立统一的核心价值观?"葛锦标反问道。

"可以把价值观进行具体分层啊! 分析每一层次价值观的内涵和

外延,然后针对不同群体进行推广,推广的时候根据群体特点采用不同的推广方法。"

"说起来容易。"葛锦标叹笑着摇摇头。

邹碧华立即扶了扶眼镜,滔滔不绝地说道:"我以前在美国做访问学者的时候,有一次到教堂去看他们布道,那场面真是让我瞠目结舌,教堂租了一个体育馆,几万人屏声静气地听一位牧师讲了近三个小时啊!反思我们自己的政治学习,政工干部总是喜欢念报纸、读文件,不把大家弄得昏昏欲睡不罢休。所以现在我开会、讲课都改进方式了,有一次我谈到'法官应当尊重人的价值',就引用了周国平在《人文讲演录》中的一段话,结果引起下面研究生的强烈共鸣,我趁机推荐大家都去读这本书。"

葛锦标向邹碧华竖起了大拇指,邹碧华像个孩子般地笑了起来。

"锦标,我现在读了很多哲学、宗教、管理方面的书,心比以前宁静多了。只有提升自己的思想境界,才有可能具备领导管理能力,才能去激励别人。这个就像中国古代哲学里的'道'和'术'一样,价值观是道,管理方法是术,道是决定性的,术是第二位的。"

葛锦标心疼地看着坐在对面的邹碧华,他想起了自己很久以前在南通中级人民法院的奋斗,想起了当初在高法班埋头攻读英语的日子。"别太累了,碧华!"

"我从来没有感到自己累,做自己喜欢的事情是不会感觉累的!"邹碧华笑着拿起茶盅,慢慢地品了一口茶。

教练员

邹碧华开始发力了。他先从全院的审判业务水平入手,对所有审判庭的庭审进行抽查,考察法官们的庭审驾驭能力。

"张枫,今天院长要来旁听你下午的一个案子。"院长办的人打电话给张枫。

"好的。"张枫应着,开庭对他而言已经是家常便饭了。

下午,邹碧华早早地来到法庭,低头坐在了旁听席上。

那是一起交通事故案件,庭审进行得很顺利。当法庭辩论结束时,张枫问了一下原告:"原告,你愿意调解吗?"

"我不愿意,被告太恶劣了! 我不愿意和他妥协。"

张枫想了想,然后对原告说道:"其实调解是解决案件的最好办法,如果你愿意调解,就可能减少上诉、申请执行的过程,你的损失很快就能得到弥补,你可以尝试一下。如果调解不成的话,法院还会依法判决的。"

原告停顿了一下:"好的,法官,我听你这句话,我愿意和他调解。"

张枫立即转过头问另一方:"被告,你是否愿意调解?"

"愿意调解。"

"好,现在休庭。"张枫利索地敲了一下法槌,然后开始做起当事人的调解工作。

"很好,你思路很清晰,知道怎么去引导当事人更好地维护自己的权益。"邹碧华连连表扬,张枫开心得直挠头。

张枫的庭审让邹碧华很满意,但并不是所有法官的开庭都让邹碧华放心。

经过几轮抽查后,邹碧华发现,不同的法官对审判思路的把握能力差异很大,一些法官庭审驾驭能力很弱,当事人随意发言也不予制止,证人出庭作证也不作有效隔离处理,还有一些初任法官,开庭审案基本都靠自己的悟性在琢磨,庭里没有安排专人进行指导和讲评。

一个实习生告诉邹碧华:"邹院长,我发现一个问题,我所在的那个办公室里有两个法官,结案少的法官总是比结案多的那位法官要忙,老是加班。"

老是加班,说明案子无法审结,无法审结的原因是什么?邹碧华对全院结案时间超过 12 个月的民事"老案"进行调查,发现法官审案时间长的三大原因分别是送达难、鉴定耗时、重复开庭。

"为什么会有那么多重复开庭呢?"邹碧华又对全院 4000 多起民商事案件进行摸底,从中挑选了 171 起开庭超过 5 次以上的案件进行抽样调查,结果让他大吃一惊。造成重复开庭的原因,有一部分来自于法官自身,比如引导当事人举证和固定诉讼证据不到位、归纳争议焦点不到位、当事人诉讼请求不固定。

邹碧华又调阅了 100 份判决书,在这些判决书中,有些法官写得既扎实又认真,看得出具备了相当深厚的法律素养,但也有些判决书既不能客观反映当事人诉辩观点,也没有强有力的说理逻辑性,引用的法律条文不准确,甚至还有文字上的低级差错。

法官如果没有一个清晰的审判思路,没有基本的职业技能,所有的司法价值目标都是空话!邹碧华忧心忡忡。

其实早在 2001 年,上海市高级人民法院民一庭庭长盛勇强就曾经对邹碧华说:"我想搞一套以要件为基础的审判方法。"邹碧华非常认同这一观点,因为审判思路不清在当时已经成为制约审判质量和效率的主要原因。2003 年,上海市高级人民法院推出了《民事办案要件指南》,对法官的实务指导非常实用。此后,邹碧华对审判思路问题进行了跟踪调研。

"很多疑难的法律问题之所以难解,恰恰是因为我们对一些基础理论没有弄清楚。"邹碧华经常和葛锦标在一起探讨。

"是啊,你看台湾的王泽鉴,他的'天龙八部'很重视方法论上的使用。我们现在的教学中常常和学生讲法律关系、主体、内容,这些都太抽象和静态了,我现在上课一般都结合实务,对一个案例进行分析。"葛锦标博士毕业后,一直在从事诉讼法和民法方面的研究。

"所以光有理论还不行,必须从基层法官的角度理出一条思路来。理论太过高深,基层法官不一定明白,需要把它还原成日常中能够把握的东西。"邹碧华说。

2007年,在阅读了大量国内外法律书籍的基础上,邹碧华根据自己的实践经验,提出了"要件式审判九步法",并开始在上海法官培训中心授课。

"现在我到了长宁才发现,我们在基层推广审判方法方面做得还不够,我们不仅需要把审判方法进一步具体化、步骤化,还需要配以裁判文书的制作标准给基层法官!"邹碧华在电话里对葛锦标说。

2009年1月,邹碧华对自己的"要件式审判九步法"做了更缜密的调整,他以要件分析方法为基础,将审判活动划分为九个步骤,分别是固定权利请求、确定权利请求基础规范、确定抗辩权基础规范、基础规范构成要件分析、诉讼主张的检索、争点整理、要件事实证明、事实认定、要件归入并作出裁判。

"我们每个法官都是从实践中摸爬滚打出来的,"邹碧华在全院法官培训讲座上说:"每个人处理案件都有一套自己的办法,很多也是行之有效的。那为什么还要提炼一套办案方法出来呢,是不是这个方法一定比大家自己的方法好呢? 那倒也未必,但我们把它提出来,是因为每个法官对案件的个体把握能力不一样,我们需要一套让每个人都能够去具体把握和拿捏的方法。尤其我要指出,审判方法是法官必须掌握的一种基本职业技能,我们并不能因为当事人不懂,而放弃运用一定的方法来组织当事人进行诉讼活动。"

邹碧华开始了对九步法的大规模推行,他不仅亲自给法官上课讲解九步法,还对审判长、审判骨干进行专题讲座,举行研讨会和案例评析会。每季度的改判案件检查中,他以"九步法"为标准分析责任原因,法律文书质量检查则以"八个一致"为标准进行总结点评。

"关于裁判文书,我要说两点:第一,裁判文书里面有一种差错叫低级差错,比如计量单位搞错、合议庭成员名字搞错、案号搞错。曾经有一位全国优秀法官在《人民法院报》上介绍他裁判文书差错很少的原因,他说他把经常遇到的差错汇集在一起列成清单,每次校对完文书就会逐项核对。现在我们审监庭把常见差错备考表专门汇集起来,可我们很多人居然不知道这个备考表,这是一个很好的工具,为什么不用?

第二,我们总结的'八个一致'原则:当事人的诉辩主张与卷宗记载一致、当事人的诉辩主张与其请求权一致、归纳的事实争点与其事实主张一致、归纳的法律争点与其法律主张一致、举证质证认证与其事实争点一致、判决的法律理由与法律争点一致、判决主文与诉讼请求一致、引用法律条文与判决主文一致。我希望大家写裁判文书时,自己一一对照,如果做到了,那就是很好的文书。"邹碧华竖起食指推了推鼻子上的眼镜,表情严肃地对法官们说道。

除此之外,邹碧华又在法院内网开设"九步法学习论坛",召集调研骨干和优秀法官组成"九步法攻关小组",制定了请求权/抗辩(权)基础备考表、九步法分解备考表、九步法运用实例解析和"八个一致"实例解析,并选拔优秀的青年法官组成"小教员"队伍,来讲授九步调解法等内容。

领导者就是教练,邹碧华坚信这一点。

在一次中层会议上,邹碧华提醒部门负责人:"理清审判思路就是最大限度地实现审判公正,最好的司法为民,离开了专业的思维方式,所谓的责任只能是一种空谈。"

台下的中层干部聚精会神地听着,要跟上这位院长的思路并不是一件容易的事。

"大家都知道刘翔跨栏很厉害吧,"邹碧华清了清嗓子,"但他也有个不好的习惯,就是在跨栏之前要迟疑。这个迟疑动作让他损失 0.01 秒,后来教练不断训练他,通过反复训练,每个跨栏可以提高 0.01 秒,整个比赛 10 个栏就提升了 0.1 秒。所以现在,我们做部门领导不是遇到事情简单开个会就解决问题了,更多地要通过反复教、练,帮助下属养成清晰的审判思路。"

培训、讲课、听庭,邹碧华不断督促着长宁区人民法院的法官们。同时,他又注意到了一个新问题——心理学技术。

一天下午,邹碧华从外面开完会回到院里,发现大厅里坐着一位老太太。老太太看了一眼穿制服的他,欲言又止。

"老太太,您有什么事情吗?"邹碧华停下脚步问。

"我早上八点半就过来了,接待我的人说完案子就走了,我也不知道该怎么走出去,也没人给我引路,只好在这里逛。"老太太嘴唇微颤。

邹碧华看了一下手表,已经下午一点了,他赶紧打电话让立案庭的人把老太太送了出去。

当事人在大厅里逗留了大半天的时间,竟然无人问津?!

邹碧华立即把录像调出来查看。这一看,他的心揪紧了! 有两三个法官和工作人员经过老太太身边,居然没有一个人搭理老太太。他又调取了接待室的录像,发现有一名法官在接待当事人时总是拿着手机,手机一响就忙着跑进跑出,全然不顾在一边的当事人。

当事人带进法院的绝不仅仅是法律问题,很多时候是把情绪和心理问题一起带进来的。邹碧华想起自己在抽查庭审时,偶尔也会看到法官不认真聆听当事人发言,或者咄咄逼人盯着一方当事人"穷追猛打"。还有一次他接待一个当事人的投诉,那名男子气愤地敲着桌子说:"法官在法庭上看了对方十八眼,只看了我两眼,这个法官有偏颇!"

怎么办? 邹碧华开始思考起这个问题来,一名真正优秀的法官,不仅需要具备娴熟的法律功底和审判思路,还必须具备一颗"将心比心"的心。法院里形形色色的纠纷,归根结底是当事人心理秩序失衡的表现,一些当事人投诉法官,往往不是法官真的有偏向性,而是法官太缺乏对心理学方法的认识和运用。怎么办?

邹碧华邀请了银河宾馆的培训师来给法官们讲接待技巧。

"如果你是大堂经理,有客户在大堂里大吵大闹,你必须三分钟之内让他安静下来,你怎么办?"培训师的课程吸引了很多法官。

"如果让我来处理的话,第一步,我会第一时间把他请到边上,让他离开人多的地方,这个在心理学上叫观众效应,人越多越兴奋,让你离开观众的视线坐到边上来,你就会不知不觉地平静下来。第二步,请他坐下来,这叫站立效应,人站着的时候比坐着的时候容易激动。第三步,送给他一杯咖啡,这叫互惠效应,我给你一点尊重,你也会回馈给我一些尊重。心理学的三个原理都用上,客户的情绪也会平复了很多,然后再慢慢和他说事情。"

"嗯——,有道理!"法官们频频点头。

邹碧华觉察到了这些微妙的变化,"也许可以鼓励全院法官去读一下国家二级资质心理咨询师课程?"他暗忖。这时,另一件事情的发生让他坚定了这个念头。

一天,邹碧华和党组成员们在院长办公室听取执行庭法官谢寿山汇报信访接待情况,突然有电话打进来,说楼下有个老人在立案大厅大吵大闹,需要谢寿山去接待一下。

"我先处理去了!"谢寿山一听,没来得及等院长发话便赶紧起身奔下楼去。

5分钟后,谢寿山三步并作两步地回到了会议室。

邹碧华有些吃惊:"你既然去处理事情了,怎么草草了事就上来了,随便敷衍打发当事人可不行。你处理好了吗?"

"处理好了。"谢寿山说。

"处理好了?"邹碧华一听来兴趣了,他原以为谢寿山至少要花上15分钟才能处理好事情。

"嗯,已经弄好了。"谢寿山肯定地点点头。

"你是怎么弄的,来给我们讲讲。"邹碧华好奇地问。

戴着一副眼镜的谢寿山不好意思地笑了:"我一过去,看见老人在那里发火,我就过去轻轻拍拍老人的肩膀问一声:'老先生,你高血压有没有? 心脏病有没有?',老人马上一愣,回过头说:'有啊',我就提醒他:'那你千万不能激动,太激动了对你身体不好',然后我把他引到旁边的椅子上,让他坐下来,倒了杯水给他,老人的情绪就平复下来了。我再问他:'你有什么事情跟我说,我帮你想办法',结果老人和我说了,我跟他说:'这个事情很重要,我们要对你认真负责,我们有一位同事对处理这种事情很有经验,我帮你叫过来,你有意见吗',老人马上说:'好的好的，你忙，我听听那位同志的建议'，结果我就把那位同事叫过来，然后跟老人说：'我们这位同志专门帮您处理这件事情，你慢慢跟他说，不要着急'。就这样，我就上来了。"

"呵呵！侬来赛额(你行的)！"邹碧华大声夸赞着谢寿山。

"心理咨询师果然不一样，有一套！"有人笑着说。原来，谢寿山早在2004年就考出了国家二级心理咨询师，是上海法院系统第一位考出心理咨询师资质的法官，同时他还担任上海市心理咨询行业协会的项目督导，在化解执行矛盾方面有着自己独到的专业优势。

那次执行会议后，邹碧华专门找谢寿山谈了一次心。

"寿山啊，你学了很多心理学知识，在执行接待方面很有一套，以后发挥你的长项，给你成立一个谢寿山接待室专门负责接待，怎么样？"邹碧华笑盈盈地问。

谢寿山一听，又欣喜又有压力。

"不过这个接待室除了负责执行方面的接待，还要对整个法院的接待负责，如果有其他部门的当事人到你这里，你也要接待，然后分流出去。"邹碧华补充道。

"嗯，可以啊！"谢寿山点点头。

"你还要学会管理，一方面管理好下属、平衡好各部门关系，另一方面要处理好上级领导的要求，做到既能够给当事人做协调沟通工作，又能不断提升自己、学会包容、融合同事们的力量，争取把这个接待室打造成代表法院形象的一个窗口，成为上海法院系统的一个示范！"邹碧华充满激情地拍了拍谢寿山的肩膀，谢寿山的兴奋劲儿被邹碧华的一席话给提上来了。

"好的，邹院长！"谢寿山连连点头。

和谢寿山说完了"未来愿景"，邹碧华又开始鼓励全院法官报名参加国家二级资质心理咨询师的培训。

"要让更多的法官既能运用法律理论和方法解决'法结'，又能运用心理学知识解开'心结'。而且法官也是普通人，一天开上三四个庭，接待了几拨当事人,有时候身心疲惫,普及心理学技巧可以让法官学会把负面情绪放下,保持心理健康。"邹碧华对政治部的同志说。

随着报考心理咨询师的法官越来越多,2009 年 4 月,邹碧华安排研究室牵头,开始收集、整理法官成功运用心理技巧解决案件的故事,并编写成体例统一的《法庭上的心理学》。

"当事人所面对的是充满人文品格的司法者,而绝非冰冷的法律适用机器。也正因如此,当事人所感受到的是法律对每一个人生命、人格、尊严、情感的尊重和保护以及法律真正强大的力量。"邹碧华在序言里写道。也就是在这一年,他被评为了首届全国审判业务专家。

中层

2009 年 5 月,上海市高级人民法院院长应勇在上海法官培训中心给全市法院院长上了一堂课——"怎样当好法院院长",邹碧华在长宁区人民法院接待最高人民法院的来人,没法儿去听课。几天后,他要来了上课的录像光盘,一个人静静地坐在办公室里听。

"实干是一种优秀品质,也是一种最好的领导方法。任何一项事业,大到党的事业,小到一个单位的工作,一个具体的案件,都是脚踏实地干出来的。小平同志曾经告诫我们,世界上的事情都是干出来的,不干,半点马列主义都没有。实践也证明,一切办法只有在实干当中才能找到,一切问题只有在实干当中才能解决,一切机遇也只有在实干当中才能抓住。

我们要在用人导向上把更多的眼光投向实干。一个单位、一个部门,要为那些想干事的人提供舞台,给能干事的人提供平台,为干成事的人提供领奖台,公道正派地发现人、考察人、使用人。"

应勇的声音在耳机里回响,邹碧华若有所思。

最近这一阵,邹碧华注意到一个非常有意思的现象,院里有几个非法律专业的中层干部,他们虽然不是科班出身,却能把部门管理得井然有序、凝聚力很强,尤其是几位军转干部。巧的是,邹碧华在书店看到了一本管理方面的书,书名叫《向解放军学习》,他翻阅之后恍然大悟,原来军队就是一个非常严格的管理训练场。

"任何组织都一样,组织的产品首先是人,其次才是物。具体到企业,首先是生产人,其次是生产产品。"当邹碧华读到这句话时,忍不住在旁边写道:"我们绝大部分的管理者都认为法院缺乏人才,似乎个个都不灵。其实,我们从来没有缺少过人才,我们缺少的是发现有人才潜质者的领导者、管理者,缺少的是那种能够把人培养成才的领导者。法院首先生产的是优秀法官,其次才是生产判决!!!"

邹碧华连用了三个感叹号,因为那几天他碰到了一件特别窝火的事——院里评选先进,有个部门报上来的先进人员名单里,有位入选者的绩效排名在该部门是倒数第四。

倒数第四还来报先进!邹碧华叫来庭长:"排名这么靠后为什么评他先进?我不同意!"

"邹院长,这位同志的工作漏录进电脑了。"庭长尴尬地说。

"那你们把记录补好!"

庭里很快把记录补好,邹碧华看了看,然后对庭长说:"你庭里的事务平时疏于管理,下次专门到党组会上作检查。"

"噢。"庭长低下头。

"另外,这位同志平时漏录了那么多工作,说明工作不认真,还是不能评先进。"

"噢。"庭长的头更低了。

绝不允许出现这样的评优做法!邹碧华皱紧了眉头。如果部门管理者都这样做,就等于向实干的人宣布绩效评价系统是个空架子,鼓励庸庸碌碌之辈跟部门管理者搞圈子关系。如此一来,一大片努力工作的人将会受到打击,原本设定好的绩效评价制度完全失效,不正之风迅速形成,最终使整个法院工作陷入一片混乱。

"一个单位、一个部门,要为那些想干事的人提供舞台,给能干事的人提供平台,为干成事的人提供领奖台,公道正派地发现人、考察人、使用人。"应勇的话勾起了邹碧华心底的一个"结"。

来长宁已经一段日子了,有三个问题始终萦绕在他的心头——中层班子年龄老化、干部梯队结构不合理、中层干部管理能力偏弱。

全体中层平均年龄48岁,全院审判长的平均年龄也是48岁,专业上有所造诣的年轻同志都挤在助理审判员的队伍中,有的大龄研究生甚至仍在担任书记员,中层干部和年轻同志之间存在一个明显的断层。

邹碧华曾经想物色一名年轻同志做一个庭的庭长,但结果令他大失所望,他把全院范围内的年轻同志来回梳理了好几遍,也没能找出一个合适的对象,最大的障碍就是资历太浅,他只能又选拔了一位年长的同志。

中层干部的管理能力也让邹碧华头疼。管理意识不足、管理者角色定位不清、发现问题能力不强、制度落实缺乏执行力、管理技巧简单粗暴、质量效率不佳,这些问题几乎每天都在法院里发生着。

有一次邹碧华去旁听一起案件,因为去得早,法庭里空荡荡的。只见一盏日光灯在天花板上一闪一闪,灯管里不时发出着"滋滋"的声响,窗帘有一半已经脱落,上面布满了灰尘,审判席旁的一块挡板已经脱胶,墙上的时钟足足慢了20分钟。

这就是法官天天开庭的地方?!邹碧华一阵心纠,眼前的一切告诉他,法院的后勤管理相当松散,管理制度完全没有有效执行,最可怕的是,这种不尽职责的行为在法官眼里已经习以为常,见怪不怪了。

还有一件事也让邹碧华感慨万千。那是他来到长宁区人民法院后,连续收到当事人的投诉来信,抱怨电话找不到法官,甚至有一位当事人说打了36个电话都没人接。

接听电话不是有明确的规定吗?邹碧华很纳闷。早在2007年,长宁区人民法院就制定了《电话接听若干规定》。按此规定,当事人打电话进来,如果承办人不在就由内勤来接,内勤不在由庭长来接,庭长不在由监察室来接,理论上不会再发生无人接听的问题。

邹碧华前往二楼中心机房旁的总机室去调研。

"徐老师,有人说找法官难,无人接听?"邹碧华询问总机接线员徐毅华。

"有的法官在办公室,他们不愿意接听。"徐毅华一语道破天机。

"你怎么知道?"

"我这里接电话看得最清楚,一分钟前还有信号在打电话,一分钟后当事人打过去就没人接了,等到当事人挂断,他那里又开始打电话了。"

"那你觉得是什么原因?"

"有的当事人确实难缠,法官手头有那么多案子,还要写判决书,哪里受得了他那么长时间的电话。"徐毅华坦白地说。

邹碧华又走访了几位一线法官,果然与徐毅华说的相差无几。他立即改革总机接线制度,增加总机接线员,由这些接线员将当事人的留言点对点发至法官,法官看到提醒信息后进行回电答复。

问题解决了,但邹碧华并不开心。党组制定的一个规定从一开始就未能得到执行,而且也无人跟上检查、监督和落实,有制度不落实比没有制度更糟糕。

"邹院长,明天早上9点有一个座谈会。"周宜俊轻轻敲了下门,推门而入。

"嗯,我知道了,我手机里有自动提醒。"邹碧华点点头,"小周,你以后也去买个智能手机,里面有任务清单、日程提醒,很方便的,不用总是拿个小本子记记记的!"

"噢!"周宜俊腼腆地笑了。

"对了,上次我要的那份规章制度怎么样了?"邹碧华抬头问。

周宜俊心里咯噔一下!十天前,邹碧华让他去向一位庭长要规章制度,那是邹碧华在调研庭里工作时给庭长布置的任务,哪知庭长忙于他事,给忘了。周宜俊一催,庭长才想起这事儿,周宜俊只好一边催着庭长快写,一边硬着头皮告诉邹碧华"庭长还在弄",没想到邹碧华现在又问了。

"你叫他今天给我。"邹碧华说。

周宜俊赶紧通知那位庭长,果然,还没起草好!

"还没弄好?"邹碧华问,"你把他叫到我办公室来!"

庭长来了。

"听说你还没起草好? 最近太忙了? 还需要几天?"邹碧华强压怒火,抬起头看着庭长,庭长顿时坐立不安。

两天后,庭长将起草好的规章制度交到了邹碧华的办公室。

邹碧华翻了翻内容:"嗯,还征求了其他部门的意见,考虑得挺周到。"他直视着庭长,"作为一名中层干部,最关键的就是执行力。这一点,我们要向季立辉等复转军人学习。要做好一名庭长,必须雷厉风行、以身作则、令行禁止,否则怎么带好自己的队伍?"

"是,是的。"庭长连连点头。

这真是一场磨练,邹碧华的额前微微沁出一些细汗。"作为一个领导干部,尤其是单位的一把手,最重要的工作就是如何营造有利本单位工作的内外环境。要注重内部关系的协调和优化,使整个单位从上到下、从班子内部到下面干部,形成一个心齐、气顺、劲足、实干的合力,有了这样一个环境和氛围,工作肯定能做好。"应勇的话在邹碧华耳边响起。

诚哉斯言! 他吸了一口气。自从做了院长,自己全部的精力都投在了对全院的调研摸底上,如今对"家底"已经了如指掌,现在最关键的是要培养一支齐心协力愿意共同与法院发展的干部队伍。

邹碧华开始在电脑上列起了计划:"第一,设立政治协理员制度,把一部分老同志分流到协理员岗位,将审判长的岗位让出来。第二,设立中层助理制度,为优秀青年干部的成长创造条件。第三,健全中层领导班子,为只有一位庭长的部门配好副职,政治协理员负责思想政治工作和部分管理工作。第四,每季度对全体中层干部进行一次管理课程培训。"

让邹碧华欣慰的是,这一计划很快得到了党组成员的支持。

"现在全院招录研究生 19 名,在职研究生 19 名,一共 38 名研究生。这些研究生分散在各个审判部门工作,但他们大多数人的结案数、平均结案时间普遍处于部门的平均线以下。"政治部对全院的研究生做了一次数据统计。

普遍低于平均水平?研究生在基层法院属于稀缺资源,怎么反映出来的工作状态却是这样?

邹碧华要求政治部立即展开对所有研究生的访谈,原因很快找到了。原来,研究生在各部门承担的审理任务基本都是难案,那些能够改善审判质量效率数据的案件都被其他快审承办法官审结了。同时,担任审判长的研究生还要承办来自合议庭其他成员移交出来的无法审结的案件,这样一来,数据怎么会好看呢!

"还是要给这些年轻人一个公道的发展机会的。"党组会议上,大家七嘴八舌地讨论着对这些青年人的培养,政治部拿出了中层助理的推荐任用方案。

"目前拟任用的名额和职位有民一庭、民二庭、民三庭、执行庭庭长助理各一名,政治部、办公室主任助理各一名。推荐理由我们初步想了一下,基本设定了结案数、审判效率、审判质量、审判效果、调研情况、获奖情况六个方面。"

"我建议,部门推荐要充分体现部门成员的集体意志,要体现民主,不能只有庭长来决定。"有副院长提出。

"庭长推荐也可以的,但要在一定范围内体现民意,不能一个人决定。"

"研究生的数据不是很好看,现在要看数据来推荐,得票数可能不高,对中层助理我们要有意识地培养,不能唯数据论。"

邹碧华点点头,整个党组都非常认真地讨论助理任用的方案让他感到很高兴。"这次选任助理是给年轻人提供一个岗位锻炼,让他们有一个展示的平台,为自己争取业绩,同时也为中层减轻压力。所以民意要了解,适当再做些引导,但不能完全通过得票数来推荐确定。这次仅仅是培养,在考核数据上不能仅看数量,有些数据要进行一些折算,比如速裁的电信案子与民三庭的案子不能同等考量,要折算,不能唯推荐论、唯数据论。"

"好的,同意!"其他人都点头了。

半个月后,6名部门助理候选人被推荐了上来。邹碧华一看,这些年轻人中有的撰写论文获得过全市法院学术论文奖,有的参与编写过法院的专业书籍,有的担任执行长擅长办理各类执行疑难案件,还有的文字能力非常强,参与起草过各类综合性文稿。

他露出了笑容,《向解放军学习》里的一句话在他脑海中跳跃:"把组织需要的人吸收到组织中来,并使之成为组织骨干,是解放军成为最有效率的组织的重要原因之一。"

部门助理的名单开始公示,与此同时,邹碧华对其他有上进心的年轻人也打开了求学之门。

"邹院长,我们法院在管理方面的人才比较欠缺,我们想推荐陆伟去参加公共管理硕士的培训。"政治部在党组会议上请示。

"嗯,我们现在的队伍结构一部分是部队转业回来的,在管理方面还可以,另一部分是法律院校毕业的,管理方面就有所欠缺。我们要加大对管理人才的培养,花点经费也是值得的,同意报考。"邹碧华非常赞同。

"邹院长,高级人民法院下发了《关于报考香港城市大学法学硕士研究生的紧急通知》,考取的人员要在香港城市大学学习8个月,在美国哥伦比亚大学学习1个月。一年内成绩合格者授予教育部认证的香港城市大学法学硕士学位,美国哥伦比亚大学颁发结业证书。我们院里的顾颖报名参加并且通过了考试,您看?"又有一个部门来请示。

"好,我们要支持顾颖继续深造,她外出读书期间我们要关心好她本人,包括对她的家庭也要照顾好。庭里人员缺位,庭长可以多挑一些,帮助解决一些案子。另外,政治部也要统筹考虑,看看其他庭室能否抽调一下人员,或者让其他庭帮助分流一些案件。"邹碧华细致地说道。

"这个院长真不一样!"越来越多的中层干部和年轻干警感到了邹碧华的"独特"。

2009年4月,中层干部的培训讲座也正式开始了。邹碧华在课前做了充分的准备,他要提高整个中层执行团队的管理能力。

"今后,我们中层干部每季度进行一次管理方面的专题培训。"讲课前,邹碧华开诚布公地对台下中层宣布道:"审管办、办公室定期对大家的管理情况进行调研评估,我也会带着分管副院长到各部门来听取工作情况汇报,对管理情况进行讲评。另外,我们法院内网将建立工作台账管理系统,你们每个人今后都会有自己的工作台账。"

台账?听课的中层们一愣。这是什么东西?

"这个台账是我们开发的一个系统,分为新建工作、将办工作、工作查询、工作监控、台账模板五个板块,每个部门可以结合自身工作实际,将各项工作要求具体化。我现在通过'工作查询'这个功能,可以随时查看全院各部门的工作安排、进度和完成情况。所以你们每个月要通过'任务生成'功能制作'任务清单',统筹安排部门里面的工作,台账里面设置了'提醒预警'功能,自动提示当日工作,还会对即将超期的工作任务进行红灯预警,大家一定要落实好这个台账工作。"

台下的人都吸了一口气,邹碧华看在眼里。

"可能有些人会觉得,建立管理台账是不是增加了工作负担?需要做的具体工作已经够多了,还要抽出时间来建立台账干吗。大家想一想,我们过去的管理是不是都停留在抽象的主观印象上?现在有了台账,我们可以框定自己管理工作的内容,确定哪些人、哪些事纳入到自己的管理中来。你把这个台账做好了,就能在工作中做到手忙脚不乱。我一直有一个观点,你忙可以,但是不能乱,忙而不乱是管理中的一项基本原则。

每个月在台账里做好工作任务分解表,队伍管理一二三,审判管理一二三四五,常规性的工作和特别工作都一一单列出来,这样就能让自

为了提高中层干警的管理水平,邹碧华定期开展培训,他雷厉风行的风格让很多中层干警在工作上不敢懈怠。

己心中有数。万事开头难,第一次写管理台账可能需要一定精力,以后随着内容的不断补充、修整就可以实现标准化管理。做台账本身不是目标,执行力才是我们的目标。"

有人开始在台下点头了。邹碧华笑了笑:"我们是一个团队。什么叫团队?'团',就是一个'口'加一个'才','队',就是一个'耳朵'一个'人',一个口才很好的人对着一堆人在讲话、做动员,一个团队就出去了。"

台下的人都笑了,邹碧华打开了自己的PPT:"好,现在我来给大家讲课,第一讲,题目是:《树立以人为本的管理观,让干警与法院共同成长》。"

可视化管理

邹碧华专心致志地坐在书房里读着远藤功写的《可视力——实现

可视化管理的 5 种方法》。

"企业的日常活动就是与各种问题进行斗争的过程,甚至可以说'问题解决活动'都不为过,及时察觉到日常发生的问题、挖掘出不容易被发现的问题、迅速解决问题——这些是决定企业竞争力的关键。"邹碧华用水笔在这句话下重重地画了一条线。

"可——视——化!"他轻轻念着这三个字。

做院长做得时间长了,邹碧华对管理渐渐有了心得,有时候直觉也特别准。台账制度运行后,他感觉到了一些中层的抵触情绪,于是亲自去庭里检查。

"台账做了吗?"

"做了,做了。"一位庭长回答。

"电子文档呢?"

"也做了。"

"好,电脑打开给我看一下。"邹碧华说。

庭长打开电子档案,里面一串法官的名字,每个名字上面都对应一个文件夹。

"好,把文件夹再打开看看。"

庭长顿时傻了,因为文件夹里全都是空的。

"弄一堆空的文件包放在里面算什么? 你们根本没有把我的要求放在眼里!"邹碧华把庭长批得不敢吭声。

"马上整改!"

一个月后,庭长以为风平浪静了,没想到邹碧华又来抽查! 又过了一个月,又来抽查! 再也没人敢不做台账和电子文档了。

"撒切尔夫人说过一句话:'小心你的思想,它会变成你的语言;小心你的语言,它会变成你的行动;小心你的行动,它会变成你的习惯;小心你的习惯,它会变成你的性格;小心你的性格,它会变成你的命运。思想决定命运。'你们要养成管理的行为习惯,日事日清、任务分解、问题导向、持续改善,一旦养成了自己的理念和习惯,很多事情就会迎刃而解。"邹碧华在培训课上对全体中层再三强调。

一个组织在正常运行时是不需要管理的,只有在出现"问题点"和"异常"的时候,才需要管理者。邹碧华很赞赏远藤功提出的"可视化管理",企业也好,法院也罢,其实任何组织的问题只有及时浮出水面,管理者才能及时分析原因,并以最快的速度拿出改善方案。关键是怎么让潜藏在现象之下的问题浮出水面?"可视化管理"不仅需要让工作状况看得见、工作问题看得见,还要做到问题原因看得见、改正方法看得见、改正效果看得见,这是一个非常高的要求,怎么去实现它? 邹碧华冥思苦想。

为了"让问题看得见",邹碧华曾经做过尝试,但做得非常辛苦。

那是在 2008 年下半年,为了查找信访和执行工作中存在的问题,邹碧华专门花了两个月调阅了 106 封群众来信和 60 件执行中止案件卷宗。

立案难、鉴定难、送达错误、材料丢失、多收公告费、笔录不规范、诉讼拖延、不中立、定案证据未经质证……群众来信中投诉了不少法院工作中存在的问题,尤其在执行措施不合理、执行不力、执行有疏漏等方面,信件里的抱怨比比皆是。

而在调阅了 60 件执行中止案件卷宗后,邹碧华坐立不安了,案件中反映出来的问题几乎让他睡不着觉。有的案件没怎么调查就中止了,有的案件拖了很长时间才开始启动调查程序,有的案件莫名其妙执行到一半时便戛然而止,有的案件调查手段没有用尽,还有的案件表现出很多不规范。一个执行法官对一起案件的控制权太大了,这个高风险区域如果管理不好,发生廉政问题是早晚的事。

怎么来解决这些问题? 怎么让这些问题以后不再发生? 法院的内部汇报总是报喜不报忧,单凭一个院长反复督促或者一个调研团队的跟踪调查,很难达到"可视化"的效果,邹碧华想到了法院的信息化工程。

2004 年,上海市高级人民法院尝试在全市法院推进信息化建设,除了在全市安装案件审判流程管理系统之外,还通过网络实现了全市法院开庭录像的在线传输。"长宁区人民法院完全可以开发一个信访投诉信息管理系统!"邹碧华琢磨着。

信访最大的问题就是"泥牛入海",曾经有一家法院的信访干部悄悄告诉邹碧华:"领导批了一封信,批下去一段日子,突然想起来要查信的下落了,结果兴师动众一两个月没找出信来,折腾了半天,不了了之。"

折腾了半天也找不到,而且还无法追究责任,邹碧华可不想出现这样的情况。同时,他还想到了一个更深层次的问题——每家法院都面临着巨大的信访压力,但目前解决信访矛盾的方式几乎都是领导下一个命令,然后由信访干部去"单打独斗"。

邹碧华并不赞同这种简单命令式的管理方法,这种方式已经被淘汰了,一个优秀的领导者应该是善于将领导层的意志转化为全院的意志,将"我要怎样"转变为"我们要怎样"。

如果有一套系统,可以让立案庭在收案时就留意哪些案件是矛盾激烈、涉及重大群体性、敏感性、关注度高的案件,让具体的收案业务庭和承办法官及时制定庭审预案,降低可能导致矛盾扩大和激化的因素,这样到了生效裁判和执行时,案件中的矛盾就能平稳控制在一定范围,而且实现了从"以一人之力解决信访矛盾"转为"举全院之力化解信访矛盾"。

信息化,只有信息化才能做得到! 邹碧华叫来了副院长胡国均和技术科:"马上启动信访投诉监控系统的开发,把所有来信来访都扫描输入电脑,设置领导批示、信件流转、进度监控等功能,要让信访的所有环节和责任人一目了然。"

三个月后,信访投诉监控系统开发完成。邹碧华每天在电脑里批示信件,然后分配到各分管院长,再下达到具体的业务部门,系统同时自动对投诉部门、法官、事由进行统计和排名。

一次,邹碧华发现有一名法官总是被当事人投诉。

"有一两封投诉信完全正常,但如果短期内出现十个不同当事人的投诉,那他一定有需要重视的问题,你可以尝试把他调整到不容易接触到当事人的岗位上,发挥他的其他特长,扬长避短。"邹碧华提醒部门负责人。换岗之后,这位法官的工作业绩果然大有好转。

及时、高效,这是邹碧华最愿意见到的结果。

信访投诉监控系统启用之后,初信初访转化为重信重访的现象少了。邹碧华又在各庭同步推行信访分析讲评制度,在监察室建立信访投诉内部听证制度。一段时间运行后,长宁区人民法院的信访投诉量同期下降 23%,而且呈持续下降趋势。

"很好,我们终于摆脱了低层次徘徊的状态!"邹碧华对技术科的努力非常满意。

"接下来再开发一套执行流程改革信息管理系统!"邹碧华笑眯眯地说道。技术科的人只觉得大脑"轰"地一晕,博士院长的思路就是快!

执行流程机制的改革不同于信访,它需要考虑合理分解执行权力,强化执行权的内部制约,让廉政监督力量渗透到执行工作的基本环节和重点环节。

经过仔细调研,邹碧华改变了以往执行法官"一人一案一统到底"的模式,提出了一套全新的细化方案,将执行分成专人接待、集中查控、适时研判、强制执行四个环节,由相应的执行接待组、财产查控组、执行研判组和强制执行组负责不同执行阶段的工作,每个执行环节的具体工作均有相应的工作标准,按照工作标准完成本阶段所有工作事项后,才能将案件移交下一工作环节,若前一环节工作没有完成,必须报经庭长同意后将案件退回,直至完成。他还参考了日本企业管理界提出的"3S 工作法"(Simplification 简单化、Standardization 标准化、Specification 专门化),以流程分工模式来代替传统执行模式。

"什么? 一个案子要分那么多环节、那么多人来做? 弄不来,弄不来!"有人撇撇嘴。

"不适应症"马上显露出来了。执行流程改革信息管理系统启动后,不少法官很难改变以往的办案习惯,对新流程持观望态度,执行庭庭长葛珍明成了"消防员",每天忙得没了方向。今天接待的人忽然冒出很多,几十个人在外面排队等候,于是她赶紧从查控环节调拨法官过来帮忙接待。过了两天,查控的人手又不够,她连忙到研判环节抽法官过来"救阵"。整个执行庭的工作似乎一下子乱了!

一个季度过去了,分管执行的副院长忍不住对邹碧华说:"邹院长,我们是不是把一部分案件恢复原来的做法?"

"不行,要做就做到底! 改革无论事先怎么论证,怎么完善,怎么讨论,在实际运作过程中肯定会碰到一些问题,做完一年后如果失败,咱们再回去。"

"那能不能缓一缓? 年底马上就要到了,很多执行绩效都要考核。"

"我情愿这一年的数据不要,我也要坚持把执行流程工作做下去。"邹碧华坚定地说。

半年后,执行法官们渐渐适应了新的流程操作模式,如果哪个环节出现延误或遗漏,相关环节的法官会急得打电话予以提醒,专业化接待、集约化调查、信息反馈和深度监控的优势开始发力了。

2009 年底,在人员没有增加、清理积案任务沉重的情况下,长宁区人民法院执行到位率提高了 63%,平均执行天数缩短了 50 天,执行信访投诉量大大减少。与此同时,长宁区人民法院有 17 项指标在全市基层法院排名加权平均数名列第六位,而在前一年,长宁仅名列第十三位。

"碧华,昨天我到你们长宁区人民法院走了走,执行庭的办公室里看不到几个人。我一问,都出去执行了。不错啊,工作这么有激情!"在一次市人代会上,长宁区的一位领导对邹碧华说。

邹碧华点点头:"法院工作很辛苦,尤其是执行,其中艰辛只有执行法官自己知道!"

一天,邹碧华来到执行庭开会,正巧听到"执行小总机"的工作人员吴理凤在接听当事人电话。

"喂,你好……对,张法官不在,有什么事情你告诉我,我帮你记录下来,我会替你转告他,他现在外出执行了,今天不在……你找不到他,我一定会负责帮你转告,让他回电给你。"五十多岁的吴理凤不紧不慢地说着,语调和缓。

邹碧华的心里突然一阵温润,他被眼前的情景感动了。吴理凤原先在街道工作,她来法院负责为执行法官接听电话,她每天只是坐在窗口重复地接电话,但她从心里尊重当事人,发自肺腑地体恤法官,一点一滴做得那么用心,那么难得。

"吴老师,您接待当事人比我们有些法官都到位!"邹碧华忍不住赞叹。

吴理凤没想到院长会突然出现在背后,赶紧站起身来,邹碧华连忙示意她坐下。桌子上放着吴理凤的一张工资单,邹碧华低头一看,一千多块。

"我对不住你啊,吴老师,这钱太少了!"

吴理凤不好意思地连连摇手:"没有没有,只要对法官有帮助,我就觉得很开心。"

一个人是什么样的心、什么样的心态,他的工作效果就会做到相应的程度,邹碧华从吴理凤身上悟到了很多。"道"比"术"重要,"术"是技术层面的东西,容易学到,但"道"是内心的精神层面,是一切的原动力。一个人仅有"术"没有"道"是不会成功的,组织也同样如此。

"我要去崇明了!"余冬爱突然给邹碧华打了一个电话,原来他要去崇明县法院工作一段时间了。

"好呀! 祝贺你!"邹碧华很开心,他很喜欢余冬爱的阳光性格。"告诉你啊,我当初知道自己要来长宁时,做了很多准备工作,在党校学习时就通过各种方式去了解长宁区人民法院。你要尽快进入角色啊!"

"我都没有什么心理准备。"余冬爱在电话里咕哝了一句。

"成为法院领导班子成员对自己是一个很好的磨练。我这两年在长宁做的事情大多是技术层面,现在我开始转向价值管理了。法院文化建设也好,管理也好,不是出几个规章、墙上贴几张照片就是你法院有文化有价值理念了。做院领导的,首先自己要有价值观,然后引领整个团队形成核心价值观,我现在每季度都坚持给中层干部上课培训。"邹碧华滔滔不绝地向余冬爱介绍起管理书籍来。

"呵呵,你绝对是个布道者,我争取学到你的真传啊!"余冬爱笑了。

"哈哈。"邹碧华也笑了。

布道者,这是他第一次听到别人这么喊他。

不久,邹碧华向长宁区人民法院的全体干警家属发出了《让我们共同来保护他(她)——邹碧华院长致干警家属的一封信》:

尊敬的干警家属您们好!值此农历阳春三月,春暖花开之际,我谨代表院党组并以我个人的名义给您们写信,一是借此机会表达一下我对各位家属的谢意;二是借此机会向大家发出一个倡议。

之所以要表达我的谢意,主要是想借此机会对您们多年来对法院工作给予的关心和支持表示衷心的感谢。因为,这些年来,我院广大干警、特别是审判一线的法官在案件多、任务重、要求高、难度大的形势下,恪尽职守、兢兢业业,经常加班加点,放弃双休日休息,有的甚至带病工作,正是全院干警团结奋斗,顽强拼搏,才使我们圆满地完成了十分繁重的审判和执行工作任务,各项工作都取得了令人瞩目的成就。同时,作为有着全国模范法院等多项荣誉称号的基层法院,我们的很多工作在全市乃至全国法院系统都有一定的影响。我们深知,以上取得的每一个成绩,每一项荣誉,都与各位家属的关心、理解、配合、支持密不可分。正是您们无怨无悔地付出、默默无闻地奉献,给他们以无微不至的关怀,解除他们的后顾之忧,才使他们能够全身心地投入到工作之中。为此,我再次对各位家属表示由衷的感谢和崇高的敬意!

所谓"倡议",即邀请各位家属加入到"让我们共同保护他(她)"的行列之中,就是保护我们的每一个干警——您们的亲人,能经得起腐败的侵袭,经受住糖衣炮弹的考验。之所以发出这样的倡议,是因为当前我国的反腐败问题十分突出,法院系统反腐败斗争形势也同样严峻。主要是我们国家正处在社会转型时期,大量的矛盾纠纷都将汇集到法院解决。一些人为了达到自己的目的,往往采取各种手段腐蚀拉拢我们的法官,甚至迂回侧击,从法官的配偶和子女身上打开"缺口"。法官职业已成为一个高风险的职业,法官周围形形色色的外在诱惑无时不在。法官经常面临着金钱的侵蚀、美色的诱惑、人情的考验。有的法官经不起这种考验,即走上了背离法官神圣称号的犯罪道路,丢掉了曾经令人羡慕的崇高职业和光明前途。有的家庭因此而支离破碎、妻离子散,有的父母因为子女的坠落而蒙羞,有的子女因父母的身败而受辱,还有那让人难以忍受的曾经熟悉的朋友、邻居、同事、同学等投来的鄙视和异样的目光。这其中,既有有着美好前途的领导干部和业务骨干,也有普通法官、书记员以及其他工作人员;既有我们陌生的法官,也有我们熟悉的同行。每当想到这些时,既让我痛心,又让我担心,更让我感到肩负的责任重大。

我经常在想,作为一名院长,不仅要带领全院干警完成好党和人民交给的审判工作任务,更要做好反腐倡廉工作,确保司法廉洁公正,并且从政治上关心保护好每一个干警,不让一个人迷路、掉队,这是每个院长的责任。值得欣慰的是,这些年来,由于我院不断加强党风廉政建设,反腐倡廉工作取得了可喜的成绩,没有发现一起违法犯罪行为,并连续多年没有发现违纪案件。但我们始终没有因此而放松警惕,更没有因此减少担心。因为,没有发现不等于没有发生,即便确实没有发生,我们也没有放松警惕的理由。我们必须清醒地认识到,现在的诱惑太多,陷阱无时不在,稍有疏忽,一时不慎,就有可能乱阵脚、陷泥坑,以致步步跌向深渊。因此,教育、保护好干警不受伤害,是我院今年乃至最后一个时期工作的重中之重。

如何来保护、保证我们这支队伍不出问题呢?这是每个院长都在思考的问题。诚然,党组和作为一院之长的我,负有义不容辞的教育、监督和保护职责,但要全方位保护好每一位干警,仅靠法院自身的力量是远远不够的,还需要家庭的配合,尤其是"八小时之外"的监督、保护,更需要借助家庭的力量,家属是干警"八小时之外"最好的"守护神"。

因为，家庭是社会的组成单元，尤其是夫妻关系，更是社会构成的最基本分子，我们古人常说"妻贤夫祸少"、家和万事兴，离开了家的个人是无所归依的孤独者，没有了家的时刻慰藉和心理矫正，再坚强、再睿智的伟人也难免偏离正道、陷入虚妄。所以，我恳请各位家属能配合我们，做一名"家庭廉政监督员"，与我们共同担负起监督和保护职责，共同努力保护好他（她）们。为此，希望每位家属经常为干警算算"政治账"、"经济账"、"家庭账"，当好家庭廉政监督员，对干警的日常行为多给予关心、监督，做到"八个问清"：收入反常时问清来源，不该得的坚决不得；带回高档礼品时问清是谁送的，不该拿的坚决不拿；有人上门送礼时问清原因，不该收的坚决不收；有人请客吃饭时问明原因，不该吃的坚决不吃；外出旅游时问清与谁一道，不该同行的坚决不与同行；借物时问清对象，不该借的坚决不借；到娱乐场所消费时问清是否正当，不该去的坚决不去；结交朋友时问清底细，不该交的坚决不交。

同时，真诚希望各位家属，对自己的亲人不仅在生活上一如既往地给予关心、工作上一如既往地予以支持，更要引导亲人为政清廉，公正司法，不要有贪欲之念；要常吹家庭"廉政风"，管好家庭"廉政账"，念好家庭"廉政经"，自觉做反腐倡廉的宣传员、监督员、守门员；要洁身自好，不收不义之财，不贪非分之礼，切实做到"不贪不占不巧取，戒奢戒骄戒招摇"；要及时提醒和督促我们的干警自重、自省、自警、自励，谨记"贪廉一念间，荣辱两重天"！做到：当他人的请托超出法院纪律的允许时，一定要为您的亲人"挡驾"；当您的亲人有逾越纪律或法律底线危险时，一定要毫不犹豫地督促其悬崖勒马。

各位家属：一个廉洁勤政的干部令人尊敬，一个幸福美满的家庭令人羡慕，为了珍惜来之不易的工作岗位，为了守护家的宁静和欢乐，让我们携起手来，共同保护好我们的干警，使我们每个干警家庭都能成为廉洁、温馨的幸福港湾，让他们能始终做到"一身正气上班去，两袖清风回家来"！最后，祝您和您的家人身体健康，万事如意！

升华

人生的意义是每个人自己赋予的，如果想过一种有意义的生活，就必须自己赋予这种意义，赋予什么样的意义，就会发生什么意义的人生。

邹碧华在杭州开会，一个陌生电话打到他的手机上，他没接。过了一会儿，一条短信发过来，他低头一看，是臧立！

快十年没有见面了。邹碧华的心头一热，紧紧握住了手机。

快十年没有见面了。臧立不时地看看手机，等着邹碧华的回音。

1999年博士毕业后，臧立请邹碧华在北京正义路的一家小饭馆里"撮"了一顿，那时邹碧华借调在最高人民法院研究室，看着邹碧华乐呵呵地低头吃菜，臧立笑着打趣："大学里都是你请我，现在终于我来请你一顿了！"

四年以后的一个周末，邹碧华来北京出差，即将调任上海市高级人民法院民二庭庭长的他在办完公事后兴冲冲地叫上葛锦标，然后两人给臧立打电话。

"臧立，现在、立即、马上过来，碧华人生中的重大决定来了！"葛锦标在电话里头卖关子。

臧立正在和女朋友看电影，他一看手表，都快晚上11点了。"什么事啊？"

"没什么事，你过来！就是请你喝酒。"邹碧华在电话里嚷嚷。

身边的女友脸色沉下来："臧立，你要去，咱俩就掰儿！"

臧立尴尬不已，赶紧压低声音问葛锦标："到底什么事啊？"

"没事儿，就是请你喝酒！你骑自行车也得过来，否则从此以后绝交！"那一头也不依不饶。

臧立傻在那儿,最后决定陪女朋友看电影。

第二年臧立去上海开会,不巧邹碧华远在崇明岛指导基层法院工作,于是两人又失之交臂,此后大家各自奔波生活事业,未再谋面。

"呵呵——"臧立想着当年电影院里手机震动的情景,不禁笑出声来。

年少轻狂,一晃十年,昔日的欢闹仿佛还在眼前,自己的心境却今非昔比。这次来上海参加会计学院的独立董事培训,臧立一下飞机就想到了邹碧华,突然就想见见这家伙了。

臧立问葛锦标要了邹碧华的手机号码,打过去没人接,他只好又发了一条短信。

手机响了,是邹碧华!

"臧立,我在杭州开会,你无论如何等着我! 我尽快处理完这里的事情,马上过来见你!"还是那样的热血沸腾,还是那样的张扬不羁,臧立的心一下子激动起来。

人有时候真是矛盾,毕业十年,各自忙着工作、挣钱、养家,谁都不希望被别人看见自己最艰难的一面,希望别人看到的永远是自己最成功的一面。

臧立还记得,博士毕业后,自己曾经怀揣着一万元回家过年,一圈儿压岁钱发下来,身上的钱也没了。他只好硬着头皮问家里拿了1000元,当时的心情简直郁闷透顶,快30岁了还不能养活自己。

做律师吗,臧立并不喜欢,虽然也有机构找他做案子,他自己也有过挣钱的欲望和冲动,但有些东西他不愿意放弃,只好一路自相矛盾地走着,走着。挣扎也好,犹豫也好,抉择也好,十年就这样不经意地稍纵即逝了。十年了,该稳定的都稳定了。

"你这家伙,总算来看我啦!"邹碧华一见面就嚷嚷,臧立乐开了。

"来。"臧立递过一支烟。

"不抽了,我现在不抽了!"

"嗯?"臧立睁大眼睛盯着邹碧华,"改邪归正啦?"

邹碧华嘿嘿一笑："我要求下属不抽烟,自己也得以身作则,几年下来也就不抽了。"

"行啊!"臧立看着昔日的"大烟鬼"忍不住笑起来,想当年邹碧华抽得宿舍里满屋子烟味儿,把他都呛出了房间。

"你也别抽了,对身体不好。"邹碧华竖起右手食指,点着左手的大拇指,和臧立说起了抽烟的危害。

"呵呵,好,好!"臧立被"教导"得只剩点头。

戒烟、往事、家庭、孩子、信仰,整整一个晚上,邹碧华和臧立仿佛回到了学生时代,畅所欲言。

"你现在觉得日子过得怎么样?"臧立侧过脸问邹碧华。

"幸福感很高,我一直在做自己喜欢的事,其乐无穷。如果你对自己的职业没有热情没有感情,你会觉得自己每天都在数日子、耗日子。"邹碧华笑着说。

"做院长也做得很开心?"

"嘿嘿,如果说之前的人生都是铺垫的话,做院长对我来说就是一场真正的磨练。我以前做的一个行为,写的一篇法学论文,可以为法律的进化作贡献,现在我培养的一个中层干部,接待的一个信访当事人,都可以体现法律人文关怀的力量,这让我觉得很值! 我有时候和中层聊天,他们讲'邹院长,你到长宁来很投入、很用心、很积极,什么原因呢? 因为你很年轻,还有很多上升空间,所以很努力',言下之意我到59岁的时候就不会这样了。我后来告诉他们,一定不是这样的,因为认真做好每件事情,是我的人生观、价值观。呵呵!"

臧立被邹碧华的执着震撼了。这还是他认识的"调皮大王"邹碧华吗?

他想起了多年前邹碧华付车费给出租车女司机的一幕。"一个女的出来开出租,肯定家里很困难。车子出事了,她不仅不要我们付钱,还道歉,说明她很善良。我们不能占善良人的便宜,能帮的时候要尽可能多帮一下。"邹碧华当初的话语还在耳畔。

是的，当年那个碧华还在眼前。心存善念，勇往直前！

"好好干啊!"临走的时候，臧立对好哥们儿说道。

邹碧华望着臧立的背影久久伫立。十年，十年的变化不会改变他和臧立如兄弟般的友情，也不会改变他对自己坚如磐石的信念。

手机突然响了，是立案庭副庭长、信访办主任滕道荣。

"邹院长，王翠玲又到北京去了!"滕道荣急急地说:"刚才十点钟我收到她发过来的短信，里面写'滕庭长你好，我的冤假错案到下个星期已经 13 周年，心情特烦恼。今天到北京释放些，明天准备到全国人大去，这几天我不在上海，望谅解。'"

"她发短信给你，说明她对长宁区人民法院还是信任的，你马上和她保持联系，争取把她劝回来。"邹碧华立即说。

"嗯，我刚才已经回她短信了，我跟她说:'你的心情可以理解，但这几天是党的生日敏感期，我们不应给北京添乱!'"

"很好，继续保持联系，有什么情况马上告诉我!"邹碧华提高了声音。

"好!"滕道荣挂了电话。

邹碧华迅速地坐上车，脑子飞速地运转着。王翠玲是长宁区人民法院的"老上访户"之一，接待上访户是邹碧华目前付出心血最多的一项工作。他刚来长宁时，信访老案的交办件有 89 件，后来有了区里、街镇在稳控方面的支持，院里又开发了信访投诉信息管理系统，他身先士卒地投入接待上访户的第一线，目前信访的老案数量已经下降到了 7 件，新的交办件也没有再产生。不知道为什么，邹碧华越来越感觉到这项工作对他而言已经超越了"工作"本身的含义。诚然，在上访户那里他可以了解到平常管理中不太注意的细节，可以迅速接近法院最隐秘的问题，这些对他的法院管理是有帮助的，但他的内心似乎还有一种说不清的力量，接近于一种使命感，不断地在引导他。

邹碧华想起前不久看过的一段澳大利亚力克·胡哲的演说视频，力克是一个生下来就没有双臂、双腿的"海豹肢症"患者，但他说的话却让邹碧华感同身受——"跟从你的心，假若那就是你想成为的人。"

滕道荣正在尽一切努力说服王翠玲回上海。这是一位做事很干练的女法官，从来不喜欢叫苦。2008年3月，滕道荣从自己擅长的少年审判调入立案部门负责信访，她有些忐忑的，因为当时院里的交办件居高不下，中政委交办件就有80多件。

三个月后，邹碧华来到长宁区做法院院长，滕道荣和这位年轻院长的接触越来越多，邹碧华和她在短短一年中接待了信访人员132人，走访了30多个"老上访户"，王翠玲便是其中之一，而这其中的艰辛，滕道荣最清楚。

2008年8月29日上午10点，天气酷热，穿着制服的邹碧华和滕道荣、周宜俊一起来到王翠玲家走访，这是邹碧华第一次登门。

王翠玲打开门看到大汗淋漓的邹碧华，一下子有些懵了。

"请进，请进！"她忙不迭地将邹碧华等人请进屋，乱蓬蓬的头发零乱地扎在后脑勺。

邹碧华微笑着走进门，抬头看见房间中央挂的一幅版画。"咦，你也喜欢版画啊？"

"就是喜欢，谈不上专业，邹院长不要见笑啊！"王翠玲语气有些放松了。

来王家之前，邹碧华非常仔细地翻阅了案件卷宗。根据卷宗的记录，1996年7月的一天，王翠玲的丈夫朱国汉与邻居张英洁发生吵打，造成张英洁轻伤，张英洁花去医疗费、误工费、护理费、鉴定费、交通费共计37000余元。此后，长宁区人民法院受理了张英洁起诉朱国汉故意伤害刑事附带民事一案，由于双方无法达成调解，朱国汉又坚决不认罪、悔罪，1997年1月，法院决定对朱国汉采取逮捕的强制措施，慌乱之中的朱国汉潜逃至西班牙。1998年10月，法院裁定中止审理这起故意伤害案的刑事部分，同时对民事部分作出判决，判决朱国汉赔偿张英洁经济损失37000余元。这时候的王翠玲下岗失业，带着刚满十岁的儿子，她开始写信到市、区人大、高级人民法院，先后赴京上访22次，这起信访案件被列为中央政法委涉法涉诉交办件、上海市委政法委涉法涉诉交办件,由长宁区委政法委交长宁区人民法院办理。

邹碧华看着眼前的王翠玲,那是一张充满痛苦、郁闷的脸,虽然在勉强微笑,但看得出备受内心的折磨。

"……邹院长,我老公是被冤枉的,两个耳光怎么可能构成那个人轻伤呢!"王翠玲絮絮叨叨地开始讲起来,邹碧华全神贯注地听着。

"发生那件事的时候,我老公才45岁,单位业务也没了,满口牙齿一颗一颗往下掉,抽烟,喝酒,心里烦闷得很,没办法才逃到西班牙去的!老公每次打电话来也没有别的话,就是问'案子怎么样了',我说'没这么快的',也没有别的问候可以说……邹院长,我苦啊,十几年就做了上访这一件事,没有其他心思了,饭也不烧,就到旁边的食堂吃,亲戚朋友们也劝我不要去北京上访,但我受到的伤害太深了!十几年啊,人家问我:'你想老公吗?'怎么不想,所以,我就是要上访,讨个说法。也有人说:'你干嘛呀,跟老公离婚,不值得为他这样,'听到这话我最生气了,我从来没想过离婚。"王翠玲哽咽了一下。

"嗯。"

"好在儿子挺懂事,我跟儿子说:'妈妈花一分钱就少一分钱,妈妈赚不了钱了'。邹院长,我自己一个人在家里没事就掉眼泪,睡在床上也掉眼泪啊!"王翠玲擦了擦湿润的眼睛,"验伤单绝对有问题的,笔迹都不统一,上面写的皮下组织挫伤7%……"

"我记得上面写的是'皮下瘀斑占体表7%左右'。"邹碧华纠正了一下。

王翠玲一怔,她看了邹碧华一眼。

"我很理解你,这件事把你的人生彻底改变了,你原来有一个多么幸福的家啊!"邹碧华看着她。

"邹院长……"王翠玲再也控制不住了,泪水汹涌而出,滕道荣赶紧递给她一张纸巾。

"人要学会释放,把心里的委屈慢慢释放出来。"邹碧华缓缓说道:

"每个人的人生都会遇到不公正的待遇,被误解的情况常常会发生,但千万不要拿别人的过错来惩罚自己。恨就像一条锁链,把人会捆住,即使身体不坐牢,心也在坐牢,愈恨锁链就愈紧。"

"嗯。"王翠玲呜咽地点点头。

"我以前在高级人民法院做书记员,有一次去老北站乘车,明明排队了,工作人员硬说我没排队,还打我。后来我到调度室去反映,他们调查了,还让我拿出工作证来。一看我是上海市高级人民法院的,就问我要什么赔偿。我说赔偿不要,赔礼道歉就行。后来他们就赔礼道歉了,我心里的怒气也就释放了。"

"嗯。"

"人生碰到的事很多,要学会站起来。我给你讲我的故事,是希望你不要那么纠结,要学会释放自己的情绪。"

王翠玲不断点头,从来没有一个领导会把丈夫的案子看得这么仔细,也没有哪个领导会这么真诚地把自己的故事告诉她。

"邹院长,人都是平等的,有人理解了,有人同情了,我这心里也好受些。"

"这就对了!"

"可是我想不通,验伤单有问题,法院怎么就认定了呢?"

"法律规定,证据必须要经过法庭质证后才能予以确认,现在你老公作为当事人都不在国内,证据还没有进行庭审质证,何来认定?"

时间一分一秒地过去了,整整四个多小时,邹碧华不断地与王翠玲沟通着,王翠玲的情绪慢慢平复下来。

"邹院长,你和别人不一样,我相信你!我只希望法庭能给我们一个期限,案件能尽快地解决。"王翠玲张大眼睛看着邹碧华。

"现在你老公不到庭,让法院如何审理案子,我希望你能配合法院妥善处理问题。我知道你这些年一直上访,走的路太多,腿都得了静脉曲张,以后一定要照顾好自己,生活作息时间要恢复正常,或者找一份工作做做,有一份寄托。"邹碧华关切地说道。

"嗯,我晓得。以后不去北京了,奥运会来了我也不去了!"王翠玲再次哽咽。

"今天时间不早了,我们先回院里去了!"邹碧华说。

"啊呀,你们饭也没吃,水也没有喝一口。"王翠玲醒悟过来。

"没事,没事,我吃粒糖!"邹碧华笑笑,剥开桌子上的一粒糖放在嘴里,一行人走出王家。周宜俊跟在后面默不作声,只有他知道,邹碧华患有低血糖。

"这样的上访户我们要多关心她。"邹碧华心情沉重地对滕道荣说:"一个没有精神家园的家庭,不可能思考自己生命的意义和价值,也不可能对别人有真正的情感关切,对社会有真正的责任心,我们要把工作做得细一些。"

"嗯。"滕道荣点点头。

深夜 12 点,王翠玲终于答应不去上访,第二天从北京回来。滕道荣赶紧给邹碧华打了电话:"邹院长,问题已经解决了,我已经在电话里说服她了。"

"好,太好了,你辛苦了!"邹碧华说。

接待上访户是邹碧华在长宁区人民法院付出心血最多的一项工作。

2010 年的小年夜,邹碧华坐在办公室里给上访户写慰问信。

"王翠玲女士:……在接待和走访您的过程中,我注意到在很多问题上已经得到了您的理解和信任,我们已经达成了一些共识,并且您也给予了积极配合。在此,我真诚地向您表示感谢!此外,我也注意到,您在某些问题上还有所保留。这不要紧,因为我深信,我们已经架设起了沟通的桥梁。人生不如意十之八九,我们在当时会觉得难以逾越,但回头一看,才发现原来那些只不过是人生旅途中的点点涟漪而已。生活的感觉是每个人的心态所决定的,当我们不断纠缠于外界的烦恼,痛苦就会不断被放大,但如果我们用乐观的眼光去看待世界,我们就会发现,我们的周围其实充满了阳光。在新的一年里,我希望您一定要相信党和政府,保持良好的心态,保重身体,保持健康。有一句话说得好,没有一个冬天是不可逾越的。再次祝您新年快乐!"

"胡大海先生:……历史对待我们生活的每一天,就像翻书一样,一页一页翻过去,一转眼,一年的时间就被翻了过去。所以,我衷心希望您能早日摆脱这起历史老案所带来的烦恼,安享幸福晚年。我注意到,您曾经因为生病而动过大手术,您的老伴也于前段时间动过手术,目前,您的子女还未找到工作,家里生活遇到了一些困难。这些并没有让您退缩,这固然让我钦佩,但我认为,在可能的情况下,您还是应该创造一些条件让全家人更加幸福地生活。这一定也是您的心愿。我也衷心希望,能够在我力所能及的范围内,给您及您的家庭提供一些帮助,使您及您的家庭早日走出困境。只要您有一天未能走出阴影,我的忧虑就一天不会消除。帮助您走出阴影并走上心灵和谐之路,是我的责任……"

"陈明珍同志:……我要感谢您能够直言不讳地指出我们工作中存在的问题和不足,这给了我们进行反思并加以改进的机会。您就您所涉的相关案件提出了若干质疑意见,对此我高度重视,已经按照我对您的承诺,要求相关部门开始了有针对性的调查,我还要求我院的相关人员及时与您进行沟通,确保可能的调查线索不被遗漏,我也希望您能在调查方面继续提供线索。总之,我希望能够最大限度地让查明的事实与客观事实相一致。如果您还有什么不能理解的问题,我和我的同事都会愿意聆听并加以解答……"

手机响起,是母亲的来电。

"碧华,还在工作吗?很晚了,早点回家!"许贻菊催着。

"好,好,快了!"邹碧华答应着,无论他工作到多晚,母亲总是要等他回到家才睡,真是没办法。

关上电脑,离开办公室。邹碧华走在安静的走廊里。

他突然想起了外婆,那遥远的小山村,那充满欢笑的捉迷藏,那香喷喷的豆豉汤。生活就是这样,它会吞噬人的灵魂,也会锻炼人的灵魂。

党校学习

2010 年 2 月 22 日,邹碧华和党组成员们在 710 会议室开会。

"我今天已经正式接到通知,这个月的 27、28 日我要去中央党校报到,参加为期一年的培训。在我培训期间,由天轮院长主持工作,包括党组会、审委会的召集、文件的签发、各部门事务的协调、会议的出席等,都由天轮院长代行。"邹碧华说。

"嗯。"党组成员们点点头。

"2010 年的工作总体思路还是八个字,去年是:'重心下移,加强管理',今年是:'厘清思路,强化责任'。"邹碧华看了看参会人员,继续说道,"今年有几项重点工作大家要共同努力做好。第一,大楼改造工作。抓紧时机改造好现有大楼,加建附楼,扩大诉调对接中心和立案信访窗口,后面建一个立体式车库,现有的附楼可以改建成一个空中长廊。第二,诉调对接中心和少年审判这两项特色工作一定要继续抓好,陈建明有什么好的意见和建议要同冯院长讲。"

"好的,邹院长!"新任政治部主任陈建明应道。

"第三,新的特色工作要进一步健全完善。信访软件、反馈工作、院庭长接待制度需要进一步加强,让当事人有讲话的机会。……"邹碧华一项一项仔细布置着工作,会议室里的人不停地点着头。"以上这些工作,有任何问题都可以打电话联系我,院办每天下班前把院里的情况和信息传真到北京,我要阅批。"

"好的。"众人异口同声。

邹碧华很欣慰。来到长宁两年,整个党组的沟通已经非常顺畅。政治部连续两年对全院做了"干警满意度及管理现状"的调查问卷,九成以上干警认为院党组值得信任,认可党组开诚布公的沟通方式,干警对中层干部专业水平的认可度也在逐年提高。

"你现在是运筹帷幄喽!"葛锦标在电话里笑称。

"刚刚起步,以后我还要完善绩效考核机制、推出法官助理制度。"邹碧华信心满满。

2010年3月1日,邹碧华正式开始了在中央党校第10期中青年干部培训二班的学习。

"……在党校学习有两个问题需要着重学习,第一个是执政信心的问题,也就是忠诚问题。第二个是执政能力的问题,也就是本事的问题。中国特色社会主义是我们经过千辛万苦探索得来的,来之不易。在增强党性提高修养的同时,我们要注意对精神世界的整理,对精神垃圾的清除。"开班仪式上,培训部负责人在台上动员讲话,一百六十余名学员安静地听着。

"我们每个人都始终处在三个'上下左右'之间,在单位,是领导、同事、下属;在家里,是老人、孩子、亲戚;在社会上,是朋友、同学、熟人。我们不停地在这三个'上下左右'里面奔波周旋,唯独没有了自己。所以,从工作中安静下来回到自我,只有在精神上不断地收获真善美,生存才有足够的动力,生命才能走向远方。反之,虚伪、仇恨、贪婪,这些邪恶的东西如果滋生起来,那么就会鸠占鹊巢,心灵世界必然鸡飞狗跳……"

嗯!邹碧华微微点头,这话说得不错。自从做了院长之后,他越来越体会到人的精神世界是多么重要。他很喜欢科林伍德的那句话——"未经思考的人生是不值一提的,只能说是生存而已。"如果一辈子只是浑浑噩噩、随波逐流地混日子,无论你做什么工作,都和行尸走肉没什么区别,生命又有什么意义呢?

"我们到党校来学什么? 第一步,夯实理论基础,学马列、读原著,把理论基础的问题解决掉。第二步,解决战略思维。领导干部必须要有战略思维。你没有战略思维就看不到长远,怎么推进工作。第三步,拥有世界眼光。眼光开阔了,自然而然就能在不同方案中找寻到最佳方案。第四步,党性修养,跟别人交往的时候,是不是有原则性? 遇到困难的时候,能不能百折不挠? 遇到挑战的时候,敢不敢知难而上? 遇到诱惑的时候,能不能风清气正?"台上的声音荡气回肠地响着,每一句话都深入邹碧华的内心。

入学第五天,党校给新生们做了一次入学测试。邹碧华拿到卷子,上面有一道题目:"'人类始终只提出自己能够解决的任务'这句话是不是出自马克思的《〈政治经济学批判〉序言》一文?"

邹碧华没有读过这篇文章。人类怎么可能只提出自己能够解决的任务呢? 难道人类就不可以提出目前还不能解决,而将来能够解决的任务吗? 在没有飞机之前,人类从来也没有停止过为自己提出飞上天的任务啊,从古至今有多少人为此付出了性命。邹碧华毫不犹豫地提笔回答:"这一观点不是马克思提出来的。"

回到宿舍,邹碧华找出了《〈政治经济学批判〉序言》,让他诧异的是,马克思在文章里明明白白地写着:"人类始终只提出自己能够解决的任务"。

邹碧华一愣,马上细细阅读起来,这一看,他被深深震撼了。原来中学时代那些植入自己脑海的耳熟能详的话语全部都出自这篇文章,他顿时有了一种"他乡遇故知"的感觉。

不到两千字的篇幅，马克思对历史唯物主义原理进行了精辟的阐述。"我觉得预先说出正要证明的结论总是有妨害的，读者如果真想跟着我走，就要下定决心，从个别上升到一般。"马克思在文章里写。邹碧华笑了，这是多么值得尊敬的治学态度和对真理的强烈自信。

邹碧华想起了以前在市委党校学习时，有一位学员问老师："你成天在党校里教马列枯燥不枯燥？"老师回答："你有没有自己读过马恩原著？"

他现在真正体会到了老师这句话的意思，原来马列著作蕴含了那么多丰富的哲理，只是可惜它被一些政工干部教条化了，变成了令人生厌的标签，被所谓的物质市场所掩埋。

邹碧华开始大量阅读各类政治、哲学、历史专著：《关于费尔巴哈的提纲》《共产党宣言》《资本论》《路德维希·费尔巴哈和德国古典哲学的终结》《论俄国革命》《实践论》《矛盾论》《树立和落实科学发展观》《毛泽东传》……很多内容让他深有感悟。

党校的课程也让他大开眼界，当代世界经济发展趋势、中国法律的国际挑战、现代科学技术的发展和创新战略、推动文化大发展大繁荣、我国互联网的发展和管理、西方哲学对西方文明的反思、可持续发展与低碳经济法律问题、我国农村和农村问题……尤其是涉及国家经济发展、金融、安全等方面的战略思维讲座，对提高邹碧华的领导能力有相当大的帮助，一种悄无声息的变化便在邹碧华身上发生了。

"邹院长，听说您来北京了，我请您吃个便饭啊！"法律出版社大众分社社长韦钦平打来电话。她与邹碧华在4年前的清华大学商法论坛上相识并合作出书。

"不用客气，我们有时间再碰面。"邹碧华笑了笑，"对了，我最近在整理以前讲课的讲义，我想把它写成一本'要件审判九步法'的书，市场上肯定好卖。"

韦钦平一直对审判实务领域的图书选题有着浓厚兴趣，她敏锐地

党校学习期间，邹碧华作为中青二班学员前往日本参加集体考察，这张照片后被作为邹碧华"庭前独角兽"新浪微博里的头像。

感觉到九步法的不同一般，在简单询问了书的内容后，韦钦平果断地对邹碧华说："没问题，你把它写出来，我给你支付版税！"邹碧华开心地笑了。

要件审判九步法是邹碧华的另一个"孩子"。2009 年底长宁区人民法院对九步法推行的效果做过一个统计，结果显示，民事法官当年人均结案 224.42 件，比全市基层法院平均水平高出 57.29 件；一审案件上诉维持率 90.8%，比全市基层法院平均值高出 4.23 个百分点；民事案件平均审理天数 46.1 天，同比减少 9.8 天，12 个月以上未结案下降 40%。

法官的办案技能、法律适用能力、判决说服力和案件审判效率都比以前得以提高，邹碧华的心里一阵喜悦。

原最高人民法院研究室主任、人民法院报社社长杨润时找到了邹碧华，邀请他参加法律适用方法课题组。2009 年 11 月 14 日，人民法院报社与上海市第一中级人民法院、长宁区人民法院联合举办"司法方法研讨会"，重点研讨"要件审判九步法"。

"大家能否在司法实践中按照你所想的'九步法'中一步步来做?"上海大学教授李清伟是研讨会的点评专家之一,也是邹碧华的北大校友。

"目前,长宁区人民法院的法官们已经这样做了。"邹碧华微笑着回答。

"那你在全国能做到吗?"李清伟追问。

"我们一步一步努力嘛,努力总比不努力强,九步法的根本目的是为了实现司法公正,司法公正的本源是法律的核心。"邹碧华坦然地说。

碧华对理想的追求还是和从前一样啊!李清伟在心里赞叹。

李清伟的博士也在北大攻读,他比邹碧华早一届。曾几何时,那个打牌时神采飞扬、妙语如珠的邹碧华仿佛还在李清伟的眼前,"你这牌到底是怎么算的啊!"李清伟还记得自己和邹碧华在宿舍里的欢闹声。如今,眼前的碧华已经成长为成熟的法律人,令人刮目相看。

华东政法大学教授、日本法研究中心主任李伟群也很清楚邹碧华在九步法研究上所花的心血。2008年9月,李伟群邀请了日本名古屋大学法科大学院院长、日本法制审查会民事诉讼法部会委员本间靖规教授来给华政的数百名研究生演讲。演讲结束的第二天,华政日本法研究中心专门以"日本的司法改革和民事诉讼法动向"为主题,安排了一场与华政诉讼法专业教师进行交流的小型圆桌会议,组织方邀请了邹碧华参加会议,已是一院之长的邹碧华准时赶来参会,并且在会上与本间教授进行了面对面深入交流。

"我很想了解日本在要件审判方面的实际做法。"邹碧华向本间教授请教,本间教授被他的专注感动了。

2009年,李伟群前往日本东京大学访学。临行前,邹碧华塞给他一张书单,李伟群一看,20多本书全都是日文的法律书籍!

"怎么都是日文的?"

"我准备去报日语班,这样就可以读懂原汁原味的日文法律书籍了!"邹碧华嘿嘿笑着。为了研究一国法律而去读一门语言,李伟群佩服之至,这也许只有邹碧华能做得到!

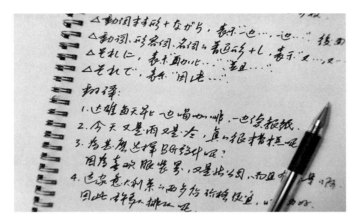

在党校学习期间,邹碧华每个周末乘坐地铁前往日语班学习日语,图为
他学习日语时所写的笔记。

　　11月的司法方法研讨会十分成功,《人民法院报》先后刊登了《长宁要件审判九步法创出新境界》、《要件审判九步法　法庭上的剑谱》两篇报道,开始有媒体把"要件审判九步法"称为"法庭上的独孤九剑",天津、吉林、江苏、浙江、福建、北京等地的法院纷纷向长宁区人民法院打来电话,希望学习九步法经验。来党校报到前,邹碧华收到的讲课邀请已经源源不断。

　　"碧华,本间教授想邀请你去日本进行司法交流。"李伟群给在中央党校学习的邹碧华打来电话。

　　"我这里不能请假啊!"邹碧华遗憾地说。

　　2010 年对于邹碧华来说确实太忙碌了。白天上课,攻读八门必修课和六门选修课,聆听中央部委领导、专家教授所作的"形势与任务"报告、"当代世界"讲座,参加小组讨论、支部学习、学员论坛、从政经验交流、读书交流。每天下午 5 点,长宁区人民法院的信息情况传真件准时从上海传来,邹碧华批阅后当晚传真回长宁。每周末,他坐地铁去日语班学习日文,晚上回来撰写"要件审判九步法"的书稿,同时担任最高人民法院全国重点课题"关于执行权优化配置问题的调研"的课题组长。

除此之外,邹碧华和其他 4 位党校学员还共同组成"党建工作评价标准主观化问题及对策——兼论'可视力'理论之借鉴"课题调研组,邹碧华是组长之一,负责总报告的撰写。另外,邹碧华还参加了党校组织的延安革命圣地的现场教学,在革命先辈战斗过的地方,领会艰苦奋斗的延安精神。

时间就在这样的忙忙碌碌中一瞬而过。

7 月 13 日,邹碧华和课题组成员启程前往新疆,对新疆维吾尔自治区及新疆建设兵团党建工作的基本现状、评价标准、经验、存在问题进行现场观摩、实地走访和问卷调查。

凌晨两点,车子穿行于茫茫的戈壁中。

邹碧华仰起头望着天空,满天的星星点缀在浩瀚的夜空里,无声无息,他突然觉得自己是那么渺小。

"你孤独吗?"有人问他。

邹碧华嘴角一笑,这个问题问得好。

"人来到世界时是孤独地来,离开世界时也是孤独地走啊!"那人感叹。

邹碧华没有回答,他默默地看着远方的星星——真正的孤独并非来源于空间,而是来自于灵魂深处。不过孤独并不可怕,人可以自我实现和自我超越,从而为社会、为人类贡献出自己的生命、时间和精力。所以,人是孤独的,又是不孤独的。——一个声音在他的心里悄悄说。

"碧华,我发现你变了,彻底改头换面了!"朱绵茂来北京出差,抽空来母校中央党校见一下邹碧华。

"什么变了?"邹碧华笑着问这位同门师弟。

"说不出来,变化很大,愿意献身中国法治事业了!"朱绵茂半开玩笑地说,邹碧华笑了。

8 月 19 日,邹碧华终于完成了《要件审判九步法》一书的写作,他在邮箱里填上了法律出版社编辑的电子邮箱地址,然后鼠标点击了"发送"。

一秒钟后,电脑上跳出"邮件发送成功"。

他有些莫名的感动,一个"孩子"即将诞生了!

9月16日,《要件审判九步法》在沈阳召开的《民商事审判方法》研讨会上首次亮相,全国各地好评如潮,完全出乎邹碧华的意料,书的销量也直线上升。

入夜,他兴奋得难以入眠,忍不住推开了宿舍的窗户。

天气已经渐渐转凉了,校园里树影婆娑,空气中飘散着青草的味道,一切犹如在梦境般。

"夏虫也为我沉默,沉默是今晚的康桥。"邹碧华想起了徐志摩的诗。

党校的一年学习对于邹碧华来说是一段修心之旅。

11月,党校安排中青二班前往日本集体考察,邹碧华事先给李伟群打了电话,希望能在日本与本间教授见上一面。

本间教授从名古屋赶到了神户,他高兴地握着邹碧华的手:"一直期待你来啊!"

邹碧华开心地笑了,他拿出一本已经签上自己名字的《要件审判九步法》恭敬地送到本间教授面前:"这是我刚出版的一本书,谢谢您一直给予我的帮助和支持。"

"啊,太好了!"本间教授没有想到邹碧华出书速度如此之快。

"您这儿能否给我一点要件审判方面的书籍,让我回国看呢?"邹碧华笑盈盈地问道。

"没问题。"本间教授一口答应。

11月20日,中国人民大学民商事法律科学研究中心、人民法院报社、法律出版社联合在北京举行了民商事审判方法研讨会,回国后的邹碧华在会上介绍了"要件审判九步法",最高人民法院和部分高、中、基层法院的法官,中国人民大学、北京大学、中国政法大学的专家以及律师对九步法产生了浓厚的兴趣。

与此同时,本间教授也读完了《要件审判九步法》一书,他深有感触地对李伟群说:"这本书的不少内容吸收和借鉴了现行日本民事诉讼法中的最精要部分,我很佩服邹碧华出众的理解能力、鉴别能力和外语学习能力。"

2010年底,邹碧华拿到了一份最新的长宁区人民法院统计数据:2010年长宁区人民法院审限内结案率达98.81%,二审改判发回瑕疵率同比下降近18个百分点,平均审理天数同比减少近10天,一审服判息诉率达91.11%。长宁区人民法院在全市法院综合审判质量效率排名中位居前列,并被评为全市政法系统信访工作先进集体。同时,最高人民法院"百万案件评查"上海复查组对长宁区人民法院的案件评查工作十分满意,准备在最高人民法院以专报形式予以推广。

人生的快乐在旅途,而不是在目的地。邹碧华满意地笑了。

大风

又是新年后的第一个工作日。

邹碧华低头吃着早饭,今天是儿子新学期的开学典礼,学校邀请他去给学生们演讲,他得早些去。

虽然已经给很多本科生、研究生、法官、律师上过课,但今天是第一次面对中学生演讲,尤其儿子还在下面听着。

想起儿子邹逸风,邹碧华总有些内疚,他有时候对儿子太严厉了。

一次,邹逸风在学校里打篮球,把同学的眼睛撞出了血。邹碧华把儿子叫到书房,拿起鸡毛掸子一顿猛抽:"看你以后还敢不敢乱撞!"

晚上儿子迷迷糊糊地在房间里睡了,他默默走进去替儿子把被子角掖了掖。

"你呀,也不问问孩子怎么回事,我想想那鸡毛掸子就心惊肉跳。"妻子低声埋怨了一句。

"你以为我不心疼大风啊?儿子最大的毛病就是控制不住自己的行为,所以老闯祸。生活中许多事情是不允许发生的,万一发生更大的意外就不得了了,这次的祸已经不算小了,要是不让他记住,以后还不定闯什么大祸呢。"邹碧华回了一句,但心里也隐隐后悔自己打得狠了。

如今的邹逸风已经读高中了,平时住宿在学校,周末回家。只要想到儿子在一天天长大,邹碧华的心里就很欣慰。今天给儿子和学生们讲些什么呢?

铺着红色塑胶跑道的操场上,30多个班级的学生们穿着统一的深蓝色校服整齐地站在那里。邹碧华跟随校长、校党委副书记一起走上了讲台。

国歌响起,那熟悉的旋律让邹碧华想起了江西老家的奉新一中,一晃已经30多年过去了,自己的儿子也快考大学了。

礼毕。

"下面我们有请高级法官、华东政法大学硕士生导师、兼职教授邹碧华先生发言,大家欢迎。"校党委副书记说道,邹碧华笑着点了点头,走到话筒前。

"各位同学,早上好!非常高兴今天能够来到这里。我一直在想,我该讲什么？想了想，还是跟大家分享一些我的思考和人生体会吧。我给自己的讲话起了个题目——知识改变生活，勤奋创造人生。

我们为什么要到学校来学习？因为有了知识，我们能够让人类生活得更加美好。学校是我们传承知识、更新知识、最有效率的场所，任何一个个体的学习都比不上集体的、有组织、有系统的学习。

为什么说勤奋创造人生？今天我走进校园，想起了我的小学。我的小学在江西老区的一个小山村，就是一间茅草屋子。后来我到县城上中学，也非常简陋，每天早晨 5 点多钟跑到学校，学校大门还没开，我和一些同学就在路灯下看书。有时候刮风下雨，我们就在学校旁边的门洞里点一支蜡烛，站在里面看书。

艰苦的环境磨练了我们的意志。当年考大学，我考上了北京大学法律系，那一年北大在江西的招生总共 10 个人。后来我又报考了北京大学法学院的研究生，那一年这个专业只招收一名，只有一个名额，我很幸运，最后那个人是我。后来报考博士，我的总分和各科成绩都是第一名。再后来我参加最高人民法院组织的全国法院系统出国人员外语考试，成为我国第一位赴美国联邦司法中心的访问学者。所有的这一切，靠的就是'勤奋'二字。

我们求知的过程中，有很多方法性的东西，但最终能够决定命运的是我们自己的勤奋，只有勤奋才能够让我们在追逐知识的过程中获得优势，才能够让我们自己的人生变得更加成功。

我跟大家分享这些体会，目的是希望大家能够在追逐知识的过程中不断地完善自己、不断地去创造自己的人生，让我们人类的生活更加美好。我祝愿大家获得更大的成功，为自己未来的人生创造更多地精彩，也希望我们学校能够成为各位同学走向人生辉煌的一个起点！我就说这些，谢谢大家！"

邹碧华一口气讲完，整个操场上响起了掌声。

"邹逸风，那是你爸爸啊！"有同学带着羡慕的眼光问邹逸风，邹逸风笑了，老爸今天讲得还不错。

"儿子以后大学考什么专业?"唐海琳问邹碧华。

"读法律啊。"

"还是读金融好。"

"……那让他自己选择吧。"邹碧华想了想。无论儿子以后选择什么专业,邹碧华都希望他能独立地闯出自己的天地。

深夜,邹碧华搭乘飞机前往广东,第二天他要给那里的法官们上课。

候机时,他在手机的网页里读到了"香港电台主持人梁继璋写给儿子的一封信":"……我不会要求你供养我下半辈子,同样我也不会供养你的下半辈子。当你长大到可以独立的时候,我的责任已经完结。以后,你要坐巴士还是奔驰,吃鱼翅还是粉丝,都要自己负责……"

邹碧华的眼睛有些湿润了,他想起大学里看的那部电影《美丽人生》,当男主角基多在生命的最后时刻面对纳粹士兵的枪口时,他还朝着躲在箱子里的儿子挤了挤眼,以玩游戏的方式让儿子保有了童年的快乐与天真,最后自己倒在了一阵枪声中。

他亏欠儿子太多了! 邹碧华叹了一口气。

邹碧华与年幼的儿子在草地上玩耍,无论在什么地方,儿子永远是他心中深爱的人。

儿子出生后,他去北大攻读硕士、博士。儿子读小学时,他去了美国和最高人民法院培训。等到他回到上海,又开始担任部门领导,工作一年比一年忙。儿子每天上下学,都是老父亲不论刮风下雨地去接送,儿子吃饭不好,都是由老母亲想尽办法地调换口味,就连学校家长会也几乎都是爷爷去参加。还记得儿子小学毕业前最后一次家长会,班主任反复强调要父母来参加,但最终还是老父亲去了,成了那天全场唯一一个参会的爷爷。

邹碧华有些自责,他虽然也指导过儿子作文,陪他看过英文原版书,但作为一个父亲来说,他做得太少了!人生福祸无常,谁也不知自己可以活多久,儿子以后终究要独立面对人生,他这个做父亲的是不是也应该告诉儿子一些什么呢?

"大风,爸爸在飞机上写这些文字,准备陆陆续续地都发短信给你。如果你觉得内容还可以,可以把相关内容写到你的日记中,以后可以作为自己写作文的素材,我觉得应该会有点用。当然,主要目的还是为了跟你一起探讨学习问题。

第一,我们来谈一谈学习的意义与学习的快乐。

为什么要学习?学习中会有快乐吗?为什么有那么多人会觉得学习是一件苦差事?弄清这些问题对于我们实在是太重要了。我们为什么要学习呢?我想,这个问题可以有很多种理解。

首先,学习是为了提升自己,让自己能够摆脱愚昧。古人说,'读书明理'。人与动物的最大区别,是人有智慧、有文明。人类有属于人类的文明,这种文明是人类数千年积累的成果。也正因为有了文明,人类才会知道荣辱、智慧。学习,就是对人类文明的习得过程,不学习就无法掌握人类文明,就会处于蒙昧之中。人通过学习,可以改变和提升自己的层次,动物界就缺乏这种系统的学习。麻雀教孩子的,只有飞和寻觅食物,那些只是动物生存的本能。而人类不同,人类从出生以后,拥有比任何动物都要长的学习期。与老虎相比,人在老虎面前从来不是格斗的对手;与鸟相比,人类从来也不曾仅凭自身的体能飞起来过,但人类之所以能够成为地球的统治者,是因为人类拥有智慧;拥有可以传承积累以及可以共享放大的灿烂文明。学习,对于摆脱愚昧、走向文明非常重要。

其次,学习可以开阔自己的视野。一个人来到世界上,会遇到许多令自己疑惑的、不明白的事情,通过学习可以看到许多先贤和哲人们如何理解和阐释这些问题。古人有'井底之蛙'之说,一个人一辈子什么也没有见过,什么也没有体验过,就会处于孤陋寡闻、心智未开的状态,那是何等悲哀！所以,古人常说'读万卷书行万里路',就是让我们见多识广,打开自己的心智,开拓自己的视野。

再次,学习可以开阔我们的心胸。一个人一生中不免会遇到许许多多的不公平事,不免会遭遇委屈、冤枉,不免会遇到各种挫折与磨难,人生不如意者十之八九。因此,在不幸事件降临之前如何预防和规避,在经历不幸的事件时如何运用自己的智慧化解,在不幸的事件降临到我们头上时如何坦然,这是我们必须要解决的问题。学习可以帮助我们正确地应对以上难题,一个学习透彻的人,可以做到泰山崩于前而不变色,学习可以丰富我们在这些方面的人生智慧,大大开阔我们的心胸。

最后,学习可以帮助我们立志。一个人的求学过程也是一个立志的过程,也是明确自己人生价值观的过程。许多伟人年轻时都为自己立下远大理想和志向,这方面的例子相信你在学校里已经学到了许多。

其实,学习的过程本身是一个充满了智慧与乐趣的过程。不少人会觉得学习的过程很痛苦,认为学习毫无乐趣可言。这是为什么呢?第一,他们还没有悟出学习的目的及价值,没有搞明白为什么要学习。第二,我们的教学制度太过追求功利(比如分数与排名),抹杀了学生的个性与创造力。以分数为唯一的目的,最终使许多原本可以十分有趣的教学过程变得索然无味、毫无乐趣可言。第三,许多人还没有找到科学的合理的学习方法,没有掌握方法就会始终处于被动、疲于应付的状态。

除了学习的目的,学习方法对于学习效果的影响是十分关键的因素。毛主席说:'我们的任务是过河,但是没有桥或没有船就不能过。不解决桥或船的问题,过河就是一句空话。不解决方法问题,任务也只是瞎说一顿。'这段话清楚地说明了方法对于完成任务的重要性。我们在进行学习的过程中,要掌握好学习的方法问题。有人说,21世纪的文盲是不懂方法的人。换句话说,即使是认识很多字,如果不懂得方法,也不知道如何学习,这样的人同样不知道如何让自己智慧起来。例如,当今世界的互联网上信息浩如烟海,如果我们不知道如何筛选信息,就会被信息的海洋'淹死',不知东南西北。而这个'筛选'信息正是方法的运用过程。掌握方法,会让我们事半功倍。不掌握方法,我们就会事倍功半。

每次看到儿子在一点点成长,邹碧华的心里就特别欣慰。

第二,我们再谈一谈关于情商的问题。

情商的学习之一。有一种学习方法我们一定要注意,那就是向生活学习、向大自然学习。许多人误以为只有在学校里才是学习,其实不然,生活也会教会你很多,这个生活也包括课堂之外的生活,向你周围的人学习,向你的长辈学习,向你的玩伴儿们学习,向你所能接触到的一切学习。比如,我们会发现有的商场特别能够吸引我们下次再去,而有的商场你刚走进门就会产生掉头就走的想法。为什么? 那是因为有的商场设计师在设计时考虑到了顾客的购物心理,日本的设计师认为商场货架的高度不能超过顾客眼睛的高度,这样就会给顾客一种透气的感觉。你看,同样是逛商场,其中也充满了学问。我们在生活中处处有值得思考的东西,只是关键我们有没有认真去关注、认真去观察而已。一个善于观察和思考的人才是真正懂得学习的人。你现在已经开始长大了,真的需要培养自己独立观察和独立思考的能力了,这一点将会对你的人生起到非常重要的作用。

情商的学习之二。我们在生活中学习,还有一个非常重要的内容,那就是学习他人的长处,学习别人是如何安排好自己的生活,如何面对生活和工作中遇到的难题,学习别人身上的优点,学习他人的智慧、勇气、毅力,等等。生活中,几乎所有人都会有独特之处,孔子说'三人行必有我师',学习他人身上的优点,是迅速提高自己的有效方法。爸爸在去长宁区人民法院当院长前,曾经向十几位老院长请教过如何当院长。你知道,他们都很高兴地把他们以前当院长时的一些心得体会告诉了我,让我避免了许多容易犯的错误。当然,你也要注意避免去犯别人所犯的错误,这本身也是一种学习。善于避免犯他人所犯的错误与善于学习他人的经验同等重要。

情商的学习之三。在生活中学习,还要学会磨练自己的性格,学会与人和谐相处,这些内容往往是书本上很难学到的。人一生的发展过程中,起作用的两个关键因素——智商与情商。现代心理学研究表明,情商在一个人的生活中所起的作用是决定性的。高情商的人会更加快乐幸福,因为他更加善于应对人生中所遇到的失败与挫折,能够坦然面对已经发生的失败与挫折,能够从失败中总结经验教训,能够在失败中找到通向胜利的道路。比如毛主席在革命道路中就曾经历过许多次失败,但他没有一次向失败低头,一直坚持到自己生命的最后一刻,这种精神就非常值得我们学习。爸爸也是这样努力的,在爸爸内心里,有一种永不言败的坚持。在我们的生活中,有些高智商的人不能正确处理人际关系中遇到的种种问题和烦恼。例如,中国有一位留学美国的博士,因为追求一个女孩子被拒绝,结果开枪杀死了那个女孩子及其他无辜的生命,这位博士就是一个畸形发展的典型,他只是发展了自己智商的一面,却未发展自己人格精神的一面。所以,他不善于处理自己的人际关系,不善于应对生活中的失败。我们要学会处理自己的情绪,提高自己的情商。

情商的学习之四。提高自己的情商,首先,必须让自己拥有一颗善良而真诚的心。古人云,仁者无敌。也就是说,一个心地善良的人,一个真诚的人,是无敌的。当你用一颗善良而真诚的心去与人交往时,就会很容易收获友谊。其次,要用乐观的心去与人相处。乐观的人往往人缘会很好,这是因为乐观的人会给别人带来快乐,会很容易让别人放松下来。所以,你在生活中要学会让自己保持乐观向上的心态,这一点对你尤其重要。大风,你一定要记住,爸爸希望你考试成绩能够好一些,但是爸爸更希望你能够保持良好快乐的心态,希望你能一生都学会享受生活的快乐。高情商的人都善于调节自己的情绪,安排好自己的生活,比如什么时间学习、什么时间休息、什么时间锻炼,等等,都有极强的计划性。这样他就不会因为长时间的书本学习而感到苦不堪言。所有这些东西的学习,是一个漫长的过程。有的人一辈子也没有处理好这些问题,所以一辈子处于痛苦之中。爸爸希望你能够在今后的人生积极主动地去思考这个问题,去感悟。这对于你今后人生的成功会大有裨益。

第三，我必须要和你聊一聊学习方法。

学习方法对于我们非常重要，没有掌握科学的方法就会始终处于消极被动、疲于应付的状态。比如说，你想背诵一篇文章或一段课文，如果你没有掌握理解的方法、联系的方法、结构分析和归纳提炼的方法，记忆效率肯定不会高，记忆效果也很难持久。爸爸曾经跟你讲过，黄河流经哪些省自治区？ 老是记不住，于是我就自编了一句顺口溜：'青四甘宁内蒙古，山西陕西河南鲁'。由于非常押韵、顺口，所以一下就记住了。这就是联系记忆法，把本来没有规律的东西变成有规律的东西，使之与我们喜欢的、习惯的东西联系起来，就好记了。所以我们一定要重视方法对于加强学习效果的作用。关于详细的学习方法与技巧，爸爸会在以后告诉你。"

写完这些，邹碧华关上了电脑，下飞机后他准备转到手机里发给儿子。

——"大风，爸爸爱你。"他在心里默默说道。

纯粹

"The court is the capital of the reich, the judge is the law of the princes. (法院是法律帝国的首都，法官是法律帝国的王侯)"邹碧华默默念着德沃金在《法律帝国》中的话。

自从党校回来以后，他就特别忙，院里的很多工作都在有条不紊地推进着。

2011 年 2 月 12 日，"谢寿山接待室"正式揭牌，长宁区政法委书记刘玉鹏、高级人民法院副院长孙建国、高级人民法院执行局局长余志强、第一中级人民法院执行庭庭长奚强华出席了揭牌仪式。

邹碧华主持仪式并致辞："……谢寿山同志是国家二级心理咨询师，又是上海市心理咨询行业协会项目督导，在接待当事人、进行心理疏导及化解执行矛盾等方面有独到的优势。'谢寿山接待室'揭牌意味着我院拉开了执行接待工作新的序幕，也使我院在执行接待专业化道路上又上了一个台阶。"

邹碧华在台上讲着，谢寿山在台下听得心潮澎湃。

"寿山，要把这个接待室打造成上海第一家、在全国有影响的一流接待室，为老百姓办好事、办实事，成为长宁区人民法院乃至全市法院的品牌啊！"与领导们合完影，邹碧华微笑着对谢寿山说。

"嗯！我一定努力！"谢寿山点点头。

与此同时，审判大楼的改造工程正在启动，东、西两幢辅楼已经完工，主楼的内部装修在紧张施工。几乎每天下班后，邹碧华就会和曾俊怡、设计师一起去现场察看施工进度。

"考勤卡系统现在弄得怎么样了？"邹碧华一边低头看着工人在现场铺设电线，一边问曾俊怡。

"有难度，"曾俊怡咕哝了一句，"其他法院以前也有过试点，后来都推不下去了。"

"为什么？"

"法官都是从旧有模式里走出来的，大家都觉得自己是机关干部，每个月审案子讲指标，已经搞得像车间工人了，再弄张考勤卡就更像工人了。而且推考勤卡制度必须要有相应的后勤管理能力支撑，现在没有配套设施的人跟上，很难做。"曾俊怡大着胆子说。

"干部也是人，工厂里的工人也是人，为什么工人可以干部不可以？"邹碧华突然爆发了，"机关里的身份难道就决定你这个人有特殊性了吗？我以前在美国做访问学者，无论到国外什么地方，包括 FBI 这种机关，都是要门禁通行卡的。拿了卡就是打卡族了？那是你的身份认证！"

施工现场的人都愕然了，曾俊怡尴尬地站着，设计师一声不吭。

"一项制度的推进,包括改革,思维转变总是会有碰撞的,关键是在困难面前你采取什么样的态度! 你是要容忍残缺,还是要继续往前引领!"邹碧华声色俱厉地扔下最后一句话。曾俊怡大气不敢喘,整个空气沉重地像压上了一块大石头。

邹碧华向市委政法委领导介绍长宁区人民法院审判新大楼的建筑理念和具体构造。

自从邹碧华来到长宁区人民法院后,曾俊怡这个办公室主任可能是中层干部里被院长骂得最多的一个。电子台账、非审判岗位绩效考评体系、审判大楼建设、考勤制度改革、审判辅助流程改革,每一项都有邹碧华自己的思路,每一项都离不开大数据的信息化技术。就拿法庭的改造来说,以前长宁区人民法院的法庭和调解室一共有 33 间,各庭室都有固定的几间,然后按照各自的审判工作排期使用。现在大楼重新改造设计,邹碧华要求曾俊怡对 33 间房的使用率、空置率进行调研计算,改造后的法庭和调解室一律实行集约化分配,由全院统一调度,书记员由书管办统一调度,避免出现忙闲不均、法庭空置的现象。

"你计算一下,一个案子大约要多少时间开庭,如果开庭时间延长,后面的案子进不了法庭,那就提供一个备用法庭,你设计一套管理系统。"邹碧华说。

这不就是精细化管理嘛！曾俊怡吸了一口气。如果按照邹碧华的这个设想，管理系统全部运行起来，法院就不再是传统意义上的法院了，它将是一个紧密衔接的信息化运作，一个生产判决书、生产公正产品的场所，每个环节紧密相扣，一条流水线平稳操作。

"法院的未来是怎样的？法院的发展是怎样的？法院的定位到底是什么样子？"邹碧华在设计讨论时不断地强调。

此后不久，曾俊怡跟随上海市高级人民法院代表团前往德国参观交流，国外的这段经历让曾俊怡终于理解了邹碧华的理念——"法官是法院的中心"，这就是未来法院的定位。

理想很丰满，现实很骨感。邹碧华打造的全新现代法院，从立案、开庭、判决、执行一直到文书归档，对旧有的体制、观念、理念都是一次很大的冲击，每增加一个管理配套设施，就意味着一个新的流程再造，这简直就是一次脱胎换骨。

曾俊怡碰到了前所未有的困难：大楼外观要有现代感，内部要精致，色彩要柔和，体现司法文明与开放；立案大厅排队叫号系统要有全程记录和录音录像，接待人员所说的话、接待所用的时间全部进行数据化分析；审判业务庭的法官，每人一间独立的办公室，改变以往审书配合的工作模式，事务性工作由审判辅助人员完成，推行法官助理，配置法官辅助集群；推行"云计算"平台，将信息化管理运用到法院管理中……他的头都要炸了。

那天晚上，曾俊怡回去得很晚。路上他收到了邹碧华发来的短信："法官也好，裁判者也好，首先应该是制度的遵守者、表率者。制度出来了，让人们逐渐在执行中适应，然后把制度严格化，以后逐步成为注入生命的血液。如果都是随波逐流的话，有的东西是推不出来的。不竭的动力、发展的动力关键在于你的信心、你的观念、你的态度！"

曾俊怡低头看着短信，虽然被劈头盖脸骂了一顿，但他心里还是非常钦佩邹碧华。这个院长不像有些领导，只要"太太平平过好、不出事情、数据指标过得去就行"，也不是那种"事情我已经干过了，做得成做不成听天由命"，他是属于只要朝前走一步、这件事情就一定要干成的人。

"法官是法院的中心。"曾俊怡轻轻念了一句。的确，落地了，具象了，大家才能感受、才能生根，才能使人信服。

曾俊怡想起了当初宣布设计方案时，很多法官为之一振的情景。是啊，以前只有一定级别的行政领导才有自己独立的办公室，法官和书记员都挤在一起，现在院长把空间让给了法官，这不容易！

2011年9月，在深圳工作的赵新春到上海出差，他约了邹碧华在酒店见面。

"15年没见啦！"邹碧华笑着握住赵新春的手，昔日在北大研究生宿舍里的一幕幕顿时浮现在眼前，往日的学生情怀油然升起，两人忍不住哈哈大笑起来。

入座，交谈，整整一小时。

"我们这些人在当年都还算不错的，考上了北大，然后在社会上那么多年，经历了国家那么多事情，总算现在做得还算对得起自己。"赵新春喝了一口茶，"但我直到现在都很迷茫，人生的终极意义、价值到底是什么？你那么忙家庭、忙工作是为了什么？"

"为什么？"邹碧华轻轻一笑，"人的归宿都是一样的。所以活着的时候，要坚信自己的'本心'，按照自己原本光明的'本心'去从事世间的事业，去积极履行自己的职责，自己的人生便是光明的。"赵新春愣了一下，他吃惊地发现，眼前的老同学已经完全不一样了。

结束见面，赵新春坐车赶往机场。坐在候机楼里，他忍不住发了一条短信给邹碧华："碧华，上海一见，时光已逝15年，人生烟云始终无法常驻，然见你乐观向上，生活有成，十分高兴。终极关怀也许没有统一的答案，人有高贵也有卑贱，但殊途同归，价值和通道的问题仍然不能确知，只能祝你身体愉悦，心情愉悦。有机会来深圳。"

过了一会儿，手机响了一下，是邹碧华的回信："新春，非常高兴久别重逢。更为高兴的是十五年后的促膝长谈，鲜有探讨人生价值的机会，故甚觉珍贵，只是碍于时间，颇觉不够酣畅。终极价值问题，确有悲乐两观之说。窃以为自己赋予价值即可。活当下，致良知，求知行合一，物喜己悲两忘，宁静之和，惟有自知。心安则气定，气定则神闲，神闲则从容。窃国窃城者，虽显赫一时，终非久计，无可羡之。维世之美，须先行自美。余虚长数岁，语出赤诚，绝无倨慢之意。弟可一笑置之。后会有期。碧华。"

碧华真的不一样了！赵新春感叹。

两个月后，邹碧华带着妻子和儿子前往广州观看亚运会中国男篮和韩国男篮对决冠亚军的比赛，家住广州的姚真勇也带上妻子、女儿陪同前往观战。

萝岗广州体育中心里人山人海，邹逸风这个"小球迷"兴奋不已。

好不容易排队进了看台，经过看台旁边的过道时，邹碧华看见垃圾箱旁边胡乱扔着很多垃圾，一些是冰淇淋的外包装盒，还有一些是空矿泉水瓶和饮料杯子，散落一地，有点扎眼。

邹碧华蹲下身体，从口袋里掏出纸巾，用纸巾细心地将垃圾箱旁边的包装盒与纸杯一个个捡起，放进了垃圾箱。

"爸爸，你看邹叔叔，正在帮清洁阿姨捡垃圾呢！"姚真勇的女儿悄悄和父亲说道。

姚真勇有些惭愧，碧华的素养确实不一样。"嗯，做这种事情对邹叔叔来说已经习惯成自然了！"

过了一会儿，运动员开始入场，军乐队奏起了国歌，邹碧华神情严肃地望了儿子和妻子一眼，邹逸风和唐海琳立即和他一样站起身来，邹碧华又侧过脸示意姚真勇一家站起。

国歌响起，姚真勇瞄了一眼身边的邹碧华，邹碧华正自豪地把右手贴在心口，高声唱着《义勇军进行曲》，高昂雄浑的男中音不仅带动了旁边的球迷，周边看台上的球迷也纷纷站立起来跟唱。曲毕，邹碧华向姚真勇习惯地绽开了一个经典的"邹式微笑"。

激烈的比赛一波三折,当比赛趋于尾声时,中国队的王治郅以一个漂亮的灌篮锁定了 77∶71 的比分,场上球员兴奋地将王治郅抛向半空,邹碧华顿时与儿子开心地笑个不停。

国歌再次响起,这次是为中国队获得冠军颁奖而响起,所有看台上的球迷几乎都齐刷刷地站了起来,齐声高唱:"起来……起来……我们万众一心……前进进!"

"爸爸,邹叔叔真的很了不起!"姚真勇的女儿忍不住和父亲说道。

一个纯粹的人,一个富有家国情怀的人!姚真勇望着邹碧华,心中赞叹。

涅槃

考勤制度的推行果然在长宁区人民法院碰到了阻力,试行三个月以来几乎是在"空转",无论大会小会如何重申,最后运行的效果总是不尽人意。

"这得有个监督机制,每个月要通报、要拍照,但哪里做得到!"有人议论。

邹碧华考虑了许久。这是对管理能力的一次考验,也是一个突破、一次提升,关键是敢不敢管、要不要管?

"这样,每个人每月允许有三次 15 分钟以内的迟到或早退。"他释放出了一条政策。于是,全院皆大欢喜,考勤制度顺利运行。

"一步步深入地做下去,只要慢慢习惯了,就推动了。"他对曾俊怡说。

此时的曾俊怡又碰到了一个大问题,那就是在部门推行"非审判岗位绩效的考评体系"碰壁。

邹碧华来到长宁区人民法院后发现不少干警对院里的绩效评估结果不满意,渐渐地,他和党组成员们也开始不满意了,有时候院里评优,一些表现不太好的人评估结果跑在了前面,而平时工作努力的人却因为某些指标出现失误落在了后面。邹碧华开始反思,现行的质量效率评估指标体系是否能够客观反映法官们的真实工作状况?

为了建立一套更为客观真实的绩效评价体系,邹碧华常常深夜在书房里大量阅读绩效考评方面的书籍。

"我们应该借鉴企业管理的'平衡记分卡'做法重新拟定关键指标,实现考核标准的客观化,启动非审判岗位绩效评价体系。"2009 年邹碧华下定决心,他计划在综合部门通过测定各岗位工作时间,使所有人的工作实绩可量化、可视化。审判业务部门则通过确定各类案由的权重系数,准确反映承办法官的实际工作量,实现业绩考核和案件审判管理的标准化。一旦这两大块的岗位绩效考核标准确定下来,党组将把其运用到晋升和评优的考核中,这样就不会出现以往"干多干少都一样"、"干好干坏都一样"的不公平局面。

法警大队做了"第一个吃螃蟹的人",他们根据工作特点设计了一批指标,试行效果很好,驾驶员们一改以前"看见事情躲着走"的态度,大家都抢着活儿干。

邹碧华很满意,开始要求其他综合部门也推行非审判岗位绩效的考评体系,并提出了"定人、定量、定岗、定责、定标准"的"五定"原则。

于是,曾俊怡的"麻烦"来了——在他的部门里,没人理解为什么要这么做。

办公室的工作头绪多、事务繁杂,平时负责接待、会务安排、信息撰写、法宣报道,还有常规的财务、档案、技术、后勤保障等。

"我为什么要这样做,我本来做得挺好的,给我提这么多要求干什么?"有些老资格的同志"发飙"了。

"你们不是一直和我说忙吗,那忙了些什么呢? 拿出来啊,我们把工作量折算成具体的系数啊!"曾俊怡苦口婆心地说。

"他办公室盖章的,你档案室阅卷的,还有搞法宣写稿子拍照片的,这工作量怎么等同法,你倒说说看!"

"我们可以把工作量折算成系数嘛!"

"那凭什么他的系数是 1.1,我的系数只有 1!"

翻天覆地的争吵让曾俊怡头痛欲裂,他心里很清楚,对于那些做事松散的人来说,搞系数考评就等于给自己加了个"紧箍咒",谁喜欢自己被盯死,谁喜欢工作里的"水分"被"见光死"?

跟不上、不配合、懈怠、阻力,原本就不是非常精干的部门一下子矛盾百出,曾俊怡简直推不下去了,有人婉转地对他说:"办公室人员的现状就是这样了,能不出事、太太平平就可以了,没必要搞这些花头。"

就在曾俊怡焦头烂额的同时,那些庭长们管理的审判业务部门也出现了问题,不是每个人都能理解"权重系数"的意义。

"为什么要弄这样一个系数?"

"用这么复杂的方式来计算绩效就科学了?"

邹碧华召开了全院会议,他要统一全院干警的思想。

"……我们的考核评估制度仍然不够完善。我为什么说这句话?

现在很多数据不够客观。就拿审判业绩档案来说,对不同类型的案件采取的是同一种统计标准,办理一起非常简单的电信费案件和办理一起极其复杂的破产案件,在统计结果上是完全相同的,复杂案件和简单案件没有办法折算,不同部门之间的案件也没有办法折算,到最后,勤勤恳恳工作的人分数和别人一比,还不如人家高。还有综合部门,因为某一个因素扣分了,一下子扣得分都没了,分管院长也不明白,这个同志特别辛苦,怎么分数一下就给扣得没了? 所以,我们原来的那套指标采集不客观,指标设定也不客观,很难真实反映法官和部门的情况,我们今年启动绩效考核方案的调整、重新设定岗位目标。

现在立案庭已经推进到一大半了,办公室也在进行当中。其他部门也要跟上,我们一定要改变过去对法官办案指标'以数取胜'的考核方法,我们要根据案件的难易程度给予不同的分值,完成案件权重设定。

权重这个概念可能大家还不太熟悉,它来源于美国,美国法院为了确定人员配置数量,统计了不同类型案件所需要消耗的工作量,换算出每种不同类型的案件所需占用的劳动力,为了使工作量统计结果更加客观,他们引入了'caseweight'也就是'案件权重'这个概念。我们现在下决心要解决的,就是权重这个问题。

政治部牵个头,审判管理办公室和综合事务管理办公室加强这方面的研究,利用统计数据把不同类型案件的权重给理出来。至于批量案件,包括一些窗口的案件怎么处理,我们院里要有一个统一处理,不要每个部门各自为政。另外,一个部门应该怎样调整考核方案呢? 比如执行庭,执行庭是按照流程分工的,那就要根据自己的具体情况做出调整。我们要向法警大队学习,他们已经给出了响亮的答案,尽管有难度,但他们闯出了自己的路。

有问题是正常的,关键是想办法把它解决,把它平衡换算好,这些东西都要我们去思考。希望大家能同心协力做好这项改革!"

很快,案件权重系数的核算工作正式全面推开,政治部在前期民事案由调研的基础上,从高级人民法院数据库中调取了长宁区人民法院

2009 年至 2010 年间各类结案的审理天数、笔录页数、报告页数、开庭时间、法律文书校对时间等数据,针对十几万的数据进行校对,选取较为客观准确的数据,进行浩大的案件权重分析工程。邹碧华对考核制度的设计、项目的设定、权重的确定内容进行全程指导,很快,案件权重系数开始在民一庭、民二庭、民三庭模拟运行。

"你这么做累不累?"葛锦标来上海办事,正好与邹碧华见个面。

"领导者和普通人的区别在于,领导者的信念坚定,而普通人往往会为短期利益所退让。"邹碧华嘿嘿一笑。

"哈哈,有你的! 你怎么会对数据那么感兴趣呢?"

"数据真实性对评价公平性的影响很大,如果我们不能确保数据的真实性,就会出现弄虚作假、投机取巧的情形,大家的精力就不会放在如何改进工作上,而是放在如何'处理'数据上,通过数据'处理'去获得好的排名!"邹碧华认真地说。

"数据能解决法院立案难、执行难吗?"葛锦标点了一支烟。

"'立案难'既有客观原因,也有主观原因。"邹碧华立即说道:"在我们的绩效评估数据中,有两项指标会对各家法院形成影响,一个是同期结案率,一个是均衡结案率。有个别法院投机取巧,发明了一个方法迅速提升这两项指标。"

"什么方法?"葛锦标问。

"就是到月底控制收案。每个月能结多少案件,法院就收多少案件,这样同期结案率就可以实现 100%。正是因为这个原因,所以才会出现当事人临近月底、年底到法院来立案非常难的情况。"邹碧华回答。

"呵呵,你现在十分精通法院管理啊!"葛锦标笑着说。

"我是打算准备写一本《法院管理》的书,把我这几年的管理体会总结出来!"邹碧华侧侧脖子,调皮地笑了。

2012 年 3 月,邹碧华在长宁区人民法院正式推行法官助理制度,政治部专门组织了法官助理专项培训,他进行了动员讲话。

"我们这次搞辅助人员配置方式改革,法官助理工作是核心,它是直接为法官减负的一项改革内容。

有一点我跟大家说明，一开始做这项改革肯定要折腾大家，因为改变固有习惯会付出代价，原来模式里的优势会随着改革而消失。实际上，改革无论事先怎么论证、怎么完善，在运作过程中肯定会碰到问题。

比如以前法官和书记员是一对一的关系，办任何事情总有一个书记员固定跟着法官，磨合到一定年限会形成一种和谐关系。改革一来，就会把这种关系打破，法官助理是几个法官共享的，不完全听命于一个法官。

另外，有了法官助理之后，法官和助理之间就是一个指导关系，法官不单单要把案子办好，还要管理好自己的时间、自己的学习以及身边的辅助人员，每个法官都有一个管理角色在里面。

所以，法官助理这项改革遇到的问题，我相信将远远超过执行流程改革，这个我们要有充分认识，但是我希望大家能够共同努力克服这些困难，争取让改革走向成功……"

所有的人都在惊叹邹碧华的旺盛精力，绩效考核、案件权重、法官助理，一项项改革对法院来说都是"质"的变化。与此同时，越来越多的领导走进了长宁区人民法院，上海市委书记俞正声，市长韩正，两届市委政法委书记吴志明、丁薛祥先后到长宁区人民法院视察，邹碧华忙得不亦乐乎。

11月18日，一个周末的晚上，邹碧华从法院匆匆赶到婚宴现场，这里正在举行办公室文员吴承妮的婚礼，邹碧华是证婚人。

"……各位来宾，新郎姜涌涌先生就职于机械制造有限公司，担任区域经理。经济适用男一枚，踏实、自信、乐于拼搏，责任心强，愿意包容。爱篮球，爱电影，爱烹饪，爱一切老婆喜爱的事物。

新娘吴承妮，现就职于长宁区人民法院，任办公室文员。搞怪纠结女一枚，乐观、勤奋、勇于挑战，喜欢尝试新鲜事物，偶尔犯懒。爱生活，爱旅游，爱美食，爱一切老公喜爱的事物。"

"哈哈哈！"台下的宾客被邹碧华幽默的致辞逗笑了，邹碧华停了停，笑盈盈地看着宾客们，继续说了下去。

"……我祝愿新郎新娘在五十年后的金婚时刻,能够想起今天这个喜庆日子,同时也希望在座的各位能够在五十年后再次见证他们的金婚,这里我想借用仓央嘉措的几句诗表达我的祝福:

那一刻/我升起风马,不为乞福/只为守候你的到来/那一日/我闭目在经殿的香雾中/蓦然听见你诵经的真言/那一月/我摇动所有的经筒,不为超度/只为触摸你的指尖/那一年/磕长头匍匐在山路,不为觐见/只为贴着你的温暖/那一世/转山转水转佛塔,不为修来世/只为途中与你相见……"

邹碧华深情地念着,绚烂的光束打在他的身上,那一刻,他想起了自己最爱的人。

"我把这首诗送给新娘新郎,祝愿他们从今以后,无论贫富、疾病、环境恶劣、生死存亡,都一心一意忠贞不渝地爱护对方,在人生的旅程中永远心心相印、白头偕老,美满幸福。谢谢大家!"

掌声响起,邹碧华灿烂一笑。

李小马坐在下面的桌席上,身旁是法院里的年轻同事。"从来没有见过这么忙精力还这么充沛的人,一会儿又要回去忙工作了!"李小马感叹。

"还要回去?"同桌的人都愣住了。

话音未落,邹碧华已经像一阵风似地走了过来。

"邹院长!"

"邹院长!"

全桌的人都站了起来,邹碧华一一打着招呼。"以后你们结婚都要记得叫上我啊!"

"邹院长,你怎么一直这样精神焕发啊?"

"因为我擅长自我激励啊!"邹碧华调皮地眨眨眼,然后和李小马匆匆走了出去。

锁定目标,积极进取,有目标的奋斗,有目标的劳苦,邹碧华充满干劲地行走着。突然,他接到了一纸调令——他被任命为上海市高级人民法院副院长了。

"这里的一切都要和我无关了吗?"邹碧华一下子沉默了。

整整三天,他将院长办公室的物品全部整理出来,然后把自己关进了隔壁的一间空屋里,一声不吭。

四年半,他把自己的全部热情都注入到长宁区人民法院的每一天里,每间办公室、每个法庭、每级台阶,甚至每个走廊的天花板,他都走过、看过、丈量过。每个法官、每个书记员、每个工作人员,甚至保洁的阿姨、食堂的师傅,他都叫得出名字,知道他(她)烦恼的是什么。法院大楼明年就可以竣工,法官助理刚刚起步,案件权重系数已经试点运行,他还有很多事情要做,还有很多理想要实现,现在,他突然不是这里的院长了。

院长办公室已经腾出,新的院长马上就要来了,他再也不能对这个法院施加任何影响,再也不能指挥它做任何事了,他只能一个人待在这个屋子里。这种感觉简直如同一个濒临死亡的人,尽管意念还在思考,但自己的躯体再也无法动弹,一切都无奈而又无力了。

邹碧华吸了一口气,他真真切切地感受到了一种濒死的感觉!"这一切都要离我而去了吗,我所在乎的一切就这样无法挽留了?"

他突然顿悟了!这么多年的奋斗,他始终在为一个"我"在奋斗,那个小小的自我非常投入,以至于越投入就越执着于"我"这个角色。现在调令来了,"我"突然不再是"长宁区人民法院院长"了,"我"就非常痛苦。

"做事情要百分之百地投入,但还要百分之百地不执着于'我'。做事情的当下放开自己,全身心地投入进去,把'我'脱离出来,这样事情就能做得更好,能量发挥得更大,做成的事情更有智慧!"一个声音在对邹碧华说。

邹碧华笑了,他终于发现了更大的幸福——投入,但不执着。

"2009年重心下移,加强管理。2010年厘清思路,强化责任。2011年规范到位,稳步提升。2012年夯实基础,务求长效。"他看了看自己之前写在纸上的字,站起身来,走到房门前。

"嗒——"邹碧华打开了门。

面朝大海,春暖花开!

第六章
谁的生命在流逝

黑夜像山谷

白昼像峰巅

睡吧！合上双眼

世界就与我无关

时间的马

累倒了

黄尾的太平鸟

在我的车中做窝

我仍然要徒步走遍世界

沙漠、森林的偏僻的角落

顾城

布道

岁月有时候就像一片叶子，懒懒地睡在宁静的湖面上，偶一回首，才发现身后已经荡出了层层涟漪。

2013年的春天，华东政法大学长宁校区东风楼。唐豪臻静静地等在面试考场外，穿着一身西装的他已经26岁了，尽管在华东政法大学读了四年本科、三年硕士，但今天是博士面试，他心里还是有些紧张。

唐豪臻从小在上海长大，对于读书他花的工夫并不多，高中时他担任学校里的团委副书记，热衷于搞社团活动，后来被评为"上海市中等学校优秀团干部"。

高考时父母问他："志愿方面你怎么考虑？"

"只要不碰数理化就行。"他回答。

"考法律怎么样？"

"这个好！"唐豪臻脱口而出。他喜欢香港律政剧里那些法官、检察官、律师们在法庭上侃侃而谈、风度翩翩的样子，充满了正义感。

因为有"上海市中等学校优秀团干部"的称号，唐豪臻在高考时可以加20分，而华东政法大学针对"优秀团干"还可以另外再加10分，于是他毫不犹豫地选择了华东政法大学民商法专业。

大学的生活丰富多彩，唐豪臻一边读书一边担任法律学院大学生服务中心主任，忙得不亦乐乎，直到本科三年级，他才奋起直追苦读学业,早出晚归地上自修课,埋头复习司法考试。

命运有时候就是这么有趣,唐豪臻本科毕业时,一家公证处看中了他,但他已经考研成功,于是放弃了公证处。等到硕士毕业时,一家涉外律所看中了他,而他又通过了博士笔试,于是他放弃律所,选择读博。

"你拒绝这么好的机会?!"有人觉得不可思议,读那么多书不就是为了找一份好工作嘛。唐豪臻笑笑,这大概就是命吧!

"唐豪臻!"有人叫了一下他的名字,他站起身走进房间。

房间里坐着五个导师,除了邹碧华外,其他的导师唐豪臻都认识。毕竟在华政读了七年书,也做过大学生服务中心主任,脑子活络又讲求实干的唐豪臻与老师的相处一直非常融洽。

唐豪臻读研的时候非常刻苦,他一边跟随华东政法大学的冯菊萍副教授、李锡鹤教授攻读民商法硕士学位,一边又参加了华东政法大学与新加坡国立大学法学院的合作项目,攻读新加坡国立大学的国际商法硕士学位。考博前,唐豪臻想找一个实务派的博士生导师,而学校里的老师偏学院派的多。邹碧华是长宁区人民法院院长,又是全国首届审判业务专家,符合唐豪臻的选择标准,于是,他选择了邹碧华。如今,唐豪臻又听说,自己选择的这位导师已经成为上海市高级人民法院的副院长了!

上海市高级人民法院副院长?那将是怎样的一个导师呢?

唐豪臻小心翼翼地入座,抬起头,迎上对面邹碧华直视过来的眼光。这是他第一次见到邹碧华——戴着一副斯斯文文的眼镜,高大帅气面带微笑,看上去挺和蔼可亲。

"你为什么会对商法感兴趣?对公司法里的意志代表权感兴趣?"邹碧华坐在那儿,笑着问道。

唐豪臻的硕士论文题目是《公司意志代表权探究》,他想了想说:"公司意志代表权争议其实是公司自治机制失灵、内部矛盾激化的体现,也是公司内外各个相关主体对各自实体权益的争夺。我很喜欢这个点,想深入研究一下。"

"你研究公司意志代表权,那实际上就是研究公司到底是拟制法人,还是一个抽象的主体,还是实实在在地和自然人一样的人,这样的争论只是停留在理论上,没有多大意思。"邹碧华说。

唐豪臻开始有些冒汗,这不是在彻底否定他的硕士论文吗?

"你的博士论文准备写什么方向?"邹碧华又问。

"我打算做'反向法人人格刺破'方面的论文。"

"这个主题太前卫,现在中国连最基本的人格刺破都还没有实践运用,你做这个研究不具有实用性。"

唐豪臻越来越紧张,这个导师看着笑嘻嘻,说话却那么犀利,这该如何是好!

邹碧华又抛出了一个问题,这回唐豪臻彻底没了反应,都不知道该怎么回答了。

坐在一旁的高富平教授开口了:"小唐,你不要紧张,这个问题是不是傅鼎生老师教科书里写得比较少,你没有印象了?"

邹碧华身旁的傅鼎生教授也接过口:"这个问题是这样的……小唐是伐?"

"啊……是,是的。"唐豪臻又尴尬又惭愧,头皮不断发麻。

走出房间的时候,唐豪臻的感觉差到了极点,他没想到自己今天的表现会这么逊。

晚上,唐豪臻有些寝食难安,自己的这个博士看样子有点悬!他决定给邹碧华发一个私信,此前和邹碧华从来没有什么接触,唐豪臻只知道邹碧华有一个新浪微博叫"庭前独角兽"。

"不好意思,邹老师,今天我有些内容没有回答好,有些没答上来。"唐豪臻在私信里写。

几秒钟后,邹碧华的回信来了:"一定要成为国家法治的栋梁之材,你把你的简历和照片发给我。"

唐豪臻大大地喘了一口气,心里一块大石头落地了,邹碧华收下他了,他开心地笑了。

邹碧华在电脑的另一头也在笑。自从在华东政法大学、上海财经大学、上海对外经贸大学、上海政法学院做了兼职教授、硕士生导师后，他越来越喜欢"老师"这个身份。给每个学生建立成长档案，在学术和司法实务上进行指导探讨，每年定期和学生聚餐交流思想，他仿佛看到了自己当年在北大的身影，仿佛看到了程正康、贾俊玲对自己的微笑。

桃李不言，下自成蹊。当邹碧华看到学生们一个个毕业后都成了法官、律师、公司法务、企业职员时，他的心里就充盈着喜悦，这种喜悦如同看着一个个小生命来到世界一样，意义非凡。

什么是幸福？邹碧华有时候在想。

他喜欢克雷顿·克里斯汀生在《你要如何衡量你的人生》一书中的话："我认为，将来上帝衡量我这一生的标准，不是我帮别人赚了多少钱，而是我影响了多少人的人生。"

李清伟很欣赏邹碧华的这种"传道"情结。2007 年，在上海财经大学法学院任教的李清伟打电话给邹碧华，询问他是否愿意来上海财大做校外导师，邹碧华在电话里一口答应了。

"清伟，我既然答应你了就一定会做好。不过，你们学校的标准不一定适合我，肯定要按照我的标准来。"邹碧华说。

李清伟明白，邹碧华是想实实在在地培养学生。这些年高校的教育制度时常受到质疑，比如"法学院培养的人，社会上不需要"，邹碧华很清楚高校教育中需要改进的地方，也非常了解司法实践中需要什么样的人才，所以他的教学更具有现实性和实用性，这也是李清伟挑选邹碧华的原因所在。

"我觉得我们国家的法学教育最大的问题就是理论化、概念化，涉及方法层面的这种形而下的东西在学校里训练得比较少，这样造成学生在方法上没有做统一的训练，接下来到司法实践中就会出现问题。"邹碧华直言不讳地说。

"可以啊！我完全同意。"李清伟说。

2010 年邹碧华在华东政法大学指导的硕士生夏关根、王珊、张萍

萍三人毕业,邹碧华发了一段洋洋洒洒的千字短信给他的"弟子":

"关根、王珊、萍萍,昨天是你们的毕业典礼,很遗憾我没能赶上,但我还是有几句话要告诉你们。首先,祝贺你们顺利拿到学位并毕业!其次,你们是最优秀的学生,我以你们为骄傲! 相信你们到新的工作岗位后会体现出你们的优秀本色。

你们要知道,从今天开始,你们就要进入你们的社会角色了。今后的人生是否顺利,与你们最初几年的努力是密切相关的,俗话说万事开头难。

第一件事情,你们必须高度重视的,就是尽快适应社会。趁现在有时间抓紧阅读卡耐基的《人性的优点》和《人性的弱点》,其中有大量的人际关系沟通技巧需要你们细细品味。我当年刚刚工作时恰巧读到了后一本书,结果一生受益,在同龄人中获得了一定的竞争优势。另外,《你在为谁工作》一书也要好好看看。

第二件事情,多向实践学习。到单位后,你们会发现自己学过的专业知识好像都派不上用场。不要急,从理论到实践有一个转化过程,这个转化过程需要你们有意识地多下功夫,大量学习同事、师傅们的案例、材料。

第三件事情,不怕吃亏,不计较名利。'吃亏是福'这句话近乎真理,多干不计较,才会获得认同。有的人干活儿挺多的,但最后坏在一张嘴上了,唯恐别人不知道他干了,然后还不时暴露出不平衡的心态,好像全世界全欠他的,这样极其不好。

第四件事情,一定要讲求效率。有的人接到领导交办的任务,总是拖拖拉拉,结果弄得领导老是盯在屁股后面催。什么叫效率? 效率就是在自己能力范围的第一时间内就把事情做完。随着时间的推移,你们的工作事务越来越多,很容易手忙脚乱,所以你们要养成记工作清单的习惯(自己做一个小本,把交办事项都记录在上面,每天早晨第一件事就是看哪些是当天必须完成的)和日事日清的职业习惯,当天事情当天毕。低效率的人在任何单位都不太受欢迎。

第五件事情，一定要用心。比如，我需要给领导写报告，那我就必须把领导曾经做过的报告都收集起来，用心阅读，体会领导的思想、表达习惯、文风及喜欢用的术语，等等。再比如，我要处理一起案件，我就必须得把这起案件的前因后果都弄清楚，做到心中有数，既是对别人负责，也是对自己负责。又比如，做律师，一定要把案情吃透，该做的调查一定要查了以后再说，决不凭感觉，写的意见书或代理词一定要把思路理过以后再理，直至自己都觉得非常严密(到那个境界，你们会在其中体会到一种美感的)。

第六件事情，专业上一定要不断学习。办案过程中，一定要把遇到的问题记录下来，一定要把这个问题的前因后果弄清楚，养成勤看勤研究勤写的好习惯，该投稿发表的就投稿发表，有本事也要表现出来，更重要的，那也是为法学昌荣作贡献的一种方式，日积月累必成大器。从现在开始，谁能够保持持续的专注状态，谁就能站到成功的巅峰上。

第七件事情，保持洁身自好。对于关根和萍萍来说，进入的是权力领域，今后会有很多人通过各种各样的关系找到你们，你们一定要耐心听取他们反映的情况，但决不可把私利带入其中，否则会有违司法良心。外面的诱惑是巨大的、巧妙的，一定要从一开始就筑牢思想堤坝。

第八件事情，从现在开始记住，你们将是中国新一代法律人，时代赋予你们的使命就是让你们成为中国最优秀的法官或律师，中国法治的进步在期待你们!"

多好的提醒啊! 夏关根三人没想到会收到老师这样一份用心的"礼物"，不禁满怀感恩。

"和我一起去参加同门聚会吧!"一天，邹碧华笑盈盈地对唐豪臻说。

"好啊! 好啊!"唐豪臻高兴极了。

于是，邹碧华带着唐豪臻一起来到了"邹门弟子"聚餐的饭店。餐桌上，师生们谈笑风生畅所欲言。

邹碧华和邹门弟子的最后一次聚会合影。

"婷婷,你在律所工作得怎么样吗?"邹碧华笑着问其中一位女生。

"挺好的,同事们都很照顾我,不过,我工作上好多事情都没做好。"女生不好意思地红着脸。

"没关系,慢慢来,我相信你!"邹碧华铿锵有力地说道。

"老师,法院现在还是在论资排辈,年轻人又累又看不到希望,我们院里最近有人辞职了!"有人咕哝了一句。

"我来给你们讲一个故事。"邹碧华微笑着说,"原子弹之父奥本海默有一次举办演讲会,让人搬了一个几吨重的大铁球到礼堂,让大力士拿大铁锤敲它,结果敲了半天大铁球也纹丝不动。接下来,奥本海默从口袋里拿了一个小小的锤子开始敲铁球,一直不停地敲。十分钟过去了,二十分钟过去了,开始有人退场。到三十分钟的时候,很多人走了。"

讲到这里的时候,邹碧华顿了顿,环视了一下四周,学生们都在专心致志地听着他讲。"等到四十分钟的时候,大铁球开始有一点点晃动了。接下来,越敲越晃得厉害。这时,奥本海默坐下来发表了一个很短的演讲。他讲:'在成功的道路上,你没有耐心去等待成功的到来,那么你只好用一生的耐心去面对失败。'所以,我们要坚持,要执着。"

"嗯!"大家纷纷点头。

"可是邹老师,我们庭里有些人很怪,他自己不咋的,也不希望你太能干,有时还会打击你、压制你!"

邹碧华扶了一下眼镜:"我以前有位老领导告诉我:'当你看到一个残疾人在路边过马路时,你是不是会上去扶他一把、帮他一下? 同样的,你碰到了精神上的残疾人呢,你会去和他们计较吗,我们是不是应该反过来同情他们呢?'"

"嗯!"学生们若有所思。

"在我刚刚参加工作的那些年里,没有人直接点拨我,我只知道努力工作、努力学习。到了研究室后,领导交给我的事情我认真完成,他没交给我的事情,我想办法找出事情来做。我们每个人都要学会五个'不怕'——不怕苦、不怕累、不怕烦、不怕输、不怕吃亏,这样的人生没有不成功的道理。索达吉堪布说过,面对同样半杯水,悲观者会哀叹于杯子一半是空的,而乐观者会满足于杯子一半是满的;面对同样一朵玫瑰,悲观者会哀叹花下有刺,而乐观者会赞叹刺上有花。"邹碧华认真地说着。

唐豪臻听得津津有味,很少有一位导师能这样旁征博引地和学生们一起敞开心怀聊人生、聊理想,他越来越觉得自己的幸运。

回来的路上,唐豪臻大着胆子问邹碧华:"邹老师,我看见您的博客里有一篇文章,里面这样写:'不是时间在流逝,是我们在流逝',这句话听上去挺伤感的。"

邹碧华哈哈一笑:"是的,那是叔本华说的,不过他后面还有半句:'我们流逝了生命,却收获了人生体验,而人生的价值就在于体验。'"

人到中年

唐豪臻看到的那篇文章,是邹碧华于2012年清明在老家与高中同学聚会后写的文章。

邹碧华常常想起那次聚会,尤其是在夜深人静的时候。好哥们儿帅圣极已经有了自己的工作室,温卫宏在学校里开心地做着班主任,余毛毛则当了奉新法院的刑庭庭长,还有谢东东的女儿独立开了公司……人生,有时坚硬得如同岩石,有时也会柔软得如同芦苇。

他还记得那天聚会中,在文化馆大院一起长大的贺虹也来了,穿着一身"惹人爱的绿",苗条依旧,女生们纷纷赞叹,男生则在一旁谈笑风生热闹非凡。

酒过三巡,脸色红润的邹碧华突然想起了什么:"我这里有一段话写得非常好,是'梁继璋写给儿子的一封信',今天酒喝多了,我想给大家念一念!"他拿起手机划拨着屏幕。

满桌子的人笑着看他,胖胖的温卫宏走到邹碧华身边,正儿八经地用自己的手机开始录音。

"可以了吧?"邹碧华回头问,温卫宏点点头。

"这段话是这样的,"邹碧华右手拿着手机,左手食指点着屏幕念了起来:"我儿,写这备忘录给你,基于三个原则:第一,人生福祸无常,谁也不知可以活多久,有些事情还是早一点说好。第二,我是你的父亲,我不跟你说,没有人会跟你说。第三,这备忘录里记载的,都是我经过惨痛失败得回来的体验,可以使你的成长少走不少冤枉路。以下,便是你在人生中要好好记住的事:……"

空气一下子安静下来,邹碧华的声音在房间里回响,男生们拿出打火机点上了烟,女生们则低着头屏息听着,愁丝般的烟雾萦绕在餐桌的半空，久久不能散去。

"……第一，对你不好的人，你不要太介怀，在你的一生中，没有人有义务要对你好，除了我和你妈妈……第三，生命是短暂的，今日你还在浪费着生命，明日会发觉生命已远离你了。因此，愈早珍惜生命，你享受生命的日子也愈多。与其盼望长寿，倒不如早点享受……"

坐在邹碧华身边的帅圣极不由自主地用手挠了挠头，坐在另一侧的贺虹浅浅微笑着，每个人都静静地聆听着。

"……第七，你可以要求自己守信，但不能要求别人守信；你可以要求自己对别人好，但不能期待人家对你好。你怎样对人，并不代表人家就会怎样对你。如果看不透这一点，你只会徒添不必要的烦恼……第八，亲人只有一次的缘分，无论这辈子我和你相处多久，也请好好珍惜共聚的时光，下辈子，无论爱与不爱，都不会再见了！"

沉默，接着掌声响起。

"来，为我们这辈子的缘分干一杯！"邹碧华喊了一声，缓过劲儿来的众人笑着拿起了酒杯。

回上海的路上，邹碧华久久沉浸在聚会的气氛里，他打开电脑写了一封长信。

"亲爱的同学们，又是匆匆一晤，匆匆一别。不知为什么，这次见面感受比以往要多许多。在返沪途中，写下了这篇人到中年的感悟，以资纪念。

记得那句'恰同学少年，风华正茂'吗？想当年，我们是何等的无忧无虑、无拘无束！豆蔻年华的焦虑与冲动、一个眼神带来的心跳与欣喜、穿着新裙子在心仪男生面前走过的骄傲与期待、篮球场上飞扬的头发与欢声笑语，甚至一场吵架一次罚站，在今天想来也是那么充满乐趣与回味。这一切，曾经带给我们多少快乐呀。

人们都说，时间在流逝。可叔本华不这么认为。他说：'不是时间在流逝，而是我们在流逝。'是啊，我们的生命正一点一点地在流逝。在生命的持续消耗中，儿时的纯真，少年的飞扬，青春的激情、鲁莽、理想和野心都已成为记忆；曾经踯躅于校园里老槐树下的憧憬和诗意，都已随风而逝；夏日雨后操场上泥土的芬芳虽然似乎还能够在空气中依稀闻到，可确确实实已经被厚厚的水泥地埋葬。我们曾经共同经历的那一切，正在随着时光的洗濯，渐渐离我们远去。曾经的青春年华，竟在不知不觉间不告而别，悄悄地溜走了，留给我们微白的发际和细细的鱼尾纹。蓦然回首，我们都已步入中年。如今的我们，每个人都有了属于自己的日子、属于自己的生活，在这个永不停息的世界上，大家还在不断地打拼和努力着。这么多年来，我们经历了尔虞我诈、嫉妒、失意，有的甚至经历了生活变故、经历了背叛与伤害，伤痕累累。更让我们唏嘘的是，有的同学已经远离我们而去……

　　这一切，正明白无误地告诉我们：'我们正在流逝'，正在以一种不可逆转的速度从我们生活的这个世界流逝。这听上去挺令人伤感的。但我们不必悲观，因为叔本华还说过：'我们流逝了生命，却收获了人生体验。而人生的价值就在于体验。'难道不是吗?！岁月在侵蚀我们生命的同时，也给我们积累了丰富的人生阅历。在人生的长路上，我们有的同学得偿所愿、小有所成；有的桃李满天、心旷神怡；有的仍在默默耕耘、不问收获……我们已经懂得，人生如何发展并不重要，重要的是如何真正生活；如何奋斗并不重要，重要的是如何珍惜和享受生命中最宝贵的那一个个瞬间。我们已经获得了足够多的生活经验，我们已经掌握了中年人才有的自我缓释能力，因而我们的生活不再那么紧张。所以，有人说：人到中年，'性格圆熟了，像水果的成熟或好酒的醇熟那样地圆熟了'，于是我们对人生也逐渐地宽容起来，对待周围的一切开始持有一种祥和的态度。聚会上，我看到了卫宏的大哥风范、胡健陈彬韩林的沉稳、采兵丽华东东的爽朗豪情、圣极立新的才华、晓红建蓬的含蓄恬静、毛毛的宁静智慧、何琴小玲的小鸟依人、李勇明诚超平的低调……从每个人脸上，我感受到了同学们洋溢出来的成熟、宽容与谦和，感受到同学们已经找到自己心中的向往，不一定有多么伟大却不失为属于自己的收获，犹如夏日的树林那般郁郁葱葱，虽无春日的鸟语花香,却已蕴藏着秋日的金黄成熟,感受到了深深的真诚和浓浓的情谊。这些让我十分熟悉亲切的特质,其实大家在中学时代就已经有了,经过了这么多年的生活磨砺,全然未变。这就是坚持,这让我由衷地感到温暖,也感到欣慰。

昨天,当我离开家乡的时候,阳光正静静地照着潦河的水面。白色沙洲上,飞鸟们正自由地玩耍。岸边金黄色的油菜花,似乎透过清凉的空气向我招手,又似乎在开怀地欢笑。那欢笑中有宁静、有智慧、有成熟,也在暗示着秋天的果实。于是我不禁想到,生命中最为可怕的,不是青春的流逝,比那更可怕的,是生命热情和诗意向往的流逝。我们已经开始步入人生的平和、稳定、闲逸和满足的时期,这个阶段应该开始细细品味人生的韵律之美,像欣赏交响曲一样去欣赏人生的起起落落。

林语堂说过:'我们对于人生可以抱着比较轻快随便的态度:我们不是这个尘世的永久房客,而是过路的旅客。一般人不能领略这个尘世生活的乐趣,那是因为他们不深爱人生,把生活弄得平凡、刻板,而无聊。人生真是一场梦,人类活像一个旅客,乘在船上,沿着永恒的时间之河驶去。在某一地方上船,在另一个地方上岸,好让其他河边等候上船的旅客。'好在我们大家仍然在人生这条大船上,那么就让我们一起共同欣赏两岸的风景。如果人生可以重新开始,我仍然会选择跟大家同学,会更加珍惜我们在一起同窗的日子,会设法参加每一次同学聚会,会很认真地去做好以前没有为同学们做好的事情……亲爱的同学们,祝大家天天快乐、时时幸福! 下次聚会再见。"

写完最后一句话的时候,邹碧华有些为自己感动。

他记得一位哈佛教授曾经对毕业生说:"如果你要做喜欢的事情,那毕业五周年的聚会你不要去,因为那时你正处在最艰难的时刻,而你的同学们大多在大公司里平步青云。同样,十周年聚会你也不要去。但是,二十年的同学聚会你可以去,你会看到,那些坚持梦想的人与随波逐流的人,生命将有什么不同。"现在他离高中毕业已经整整 28 年了,而自己的信念还在,自己的理想还在,这应该算是一种幸运吧。

2013年北京大学八四级六班的聚会来了,不知是谁无意中提到了王柏的英年早逝,不少人摇头惋惜。

邹碧华的心开始痛起来,他想起了二十多年前,自己和王柏在火车站挥手送别姚真勇的一幕——啊,王柏,王柏!

默然,起身,被同学们称为"歌王"的邹碧华点了首吴奇隆的《祝你一路顺风》,然后拿起麦克风,一改往常的男高音,以低沉的音调唱了起来:

"那一天知道你要走,我们一句话也没有说/当午夜的钟声敲痛离别的心门/却打不开你深深的沉默/那一天送你送到最后/我们一句话也没有留……"

屏幕上的歌词在一排排变换,画面里的吴奇隆充满了青春朝气,站台、火车、铁轨,擦肩而过……

就在四年前的聚会,王柏曾经在妻子的陪同下来到北大,深受直肠癌折磨的王柏用了"痛不欲生"四个字来形容自己:"我现在这么瘦,是因为我还在坚持,我希望能撑过两年看着自己的女儿上大学,我也就含笑九泉了……亲爱的同学们,但愿你们的病都让我一个人带走了。"

如今,王柏的声音犹在耳边,人却永远地走了。——啊,王柏,王柏!

泪水从邹碧华的眼里流淌出来,彩灯下的他哽咽地唱着:"……我知道你有千言你有万语　却不肯说出口/你知道我好担心我好难过却不敢说出口/当你背上行囊　卸下那份荣耀/我只能让眼泪留在心底/面带着微微笑　用力地挥挥手……"

邹碧华再也唱不下去了,众人凄然。

职场沉浮、世事变幻,谁会知道自己的生命将何时逝去? 那曾经欢笑的未名湖畔,那令人留恋的燕园呢喃,如同夜空里闪亮的星斗,空谷中飘来的幽兰。

王柏,王柏,碧华还记得你。一个人如果被记得,他又何曾离开过!

法官与律师

2013 年 3 月 2 日,邹碧华走进了上海律师学院,谭芳微笑着迎了上来。

谭芳是中华全国律师协会民事专业委员会的副主任兼秘书长、上海律协民事业务研究会主任,她与邹碧华偶遇在半年前的一次电台节目中。那天,上海人民广播电台"法眼看天下"节目邀请谭芳作为嘉宾参加一场"法官与律师的关系"的讨论,谭芳到场后发现,受邀的三位嘉宾中除了她和另外一位律师,还有一位高大帅气的法官——长宁区人民法院院长邹碧华。

直播间里的邹碧华激情澎湃,从长宁区人民法院的《法官尊重律师的十条意见》一直讲到自己的新博文《法官应当如何对待律师》,滔滔不绝的口才令谭芳惊讶不已。

"法官应当确立法律职业共同体的理念,司法公正是我们整个法律职业共同体的共同任务,单靠法官是难以完成司法公正与高效的重任的,法官应该把律师当作自己的职业助手。在法庭上,律师通过充分阐述事实、证据之间的联系,可以协助法官发现关键的事实和真理。如果缺少了律师的参与,法官在法庭上只能上演'独角戏'了,要么就是和检察官一起演'二人转'了"。

"呵呵,邹院长很会打比方啊!"邹碧华幽默的话语把主持人和其他嘉宾说乐了。

邹碧华也笑了,他继续说道:"所以我们长宁区人民法院在 2000 年推出了《法官尊重律师的十条意见》,明确规定法官在庭审中应当认真听取律师意见,避免随意打断律师发言,不得训斥、嘲讽、不尊重律师,不宜当着当事人的面指责、批评律师。还有,法院应当注意保护律师在法院

2012年8月23日,时任长宁区人民法院院长的邹碧华(右二)受上海人民广播电台"法眼看天下"节目邀请,就"法官与律师的关系"这一话题进行讨论。

期间的人身安全,如果在案件出现矛盾激化或可能激化的情况时,法官应当采取必要措施,包括通知公安机关等,保护律师安全离院……"

谭芳看了看自己手里的A4纸,这是她为这次谈话节目专门准备的参考材料,其中就有《法官尊重律师的十条意见》。她又抬头看着眼前的邹碧华,他正脱口秀般地讲着,案例、数据信手拈来。

谭芳不由得佩服起这位年轻院长来。看得出这是位实干的人,能够这样自如地在媒体面前谈法院的"十条意见",说明这是他深入骨髓的思想,而不是所谓的法院形象工程。

谭芳曾经在法院做过11年法官,担任过审判员、审判长、副庭长,她一直很欣赏说实话、干实事的人,因为她自己也是如此。12年前,谭芳辞职做了律师,凭着丰富的庭审技巧和诉讼经验在律师圈声名鹊起,中央电视台邀请她参加过《法律讲堂》的录制,担任过东方卫视、上海电视台众多法制节目的特邀嘉宾,《新闻晨报》《新民晚报》《青年报》等媒体对她进行专访,还有一些杂志和网站也为她开设了个人专栏,遇见邹碧华之前,谭芳已经是新浪微博的"大V"了。

"大家有微博吗?"节目结束后,谭芳问其他两位嘉宾。

"我是你的粉丝,我们已经互粉了。"邹碧华说。

谭芳吃了一惊:"是吗?"

"'庭前独角兽'就是我啊!"邹碧华咧嘴笑了。

"噢——,难怪!"谭芳恍然大悟,也忍不住笑了起来。

自从有了微博以后,谭芳习惯通过微博发布自己参与过的行业活动信息,一位微博名为"庭前独角兽"的网友时常会给她提出中肯而周到的建议,其中一次说道:"当诉讼双方在法庭上越是富有探索精神、交锋越是激烈的时候,真理就越有可能被发现,所以认真听取双方阐述就应该成为法官的品格。"谭芳非常认同这个观点,后来在给律师们讲课时常常引用此话,没想到"庭前独角兽"竟然就是邹碧华!

"不敢,不敢!"谭芳笑着说,"邹院长,您推出了法官应该怎样尊重律师的意见,现在我们律师学院给新执业律师讲课时,已经将律师必须充分尊重法官的内容加了进去。"

"太好了,这才是共同体嘛!"邹碧华开心极了。

"法律职业共同体"这个概念并不是邹碧华的独创。早在 2001 年,邹碧华的北大校友强世功就在《中外法学》上发表了《法律共同体宣言》,强世功的文采非常好,他在文章里这样写:

"法律因为有了法官才具有了生命,法治因为有了法律共同体才具有了灵魂。现代法治绝不是一台自动运行的机器,它要法官掌握方向盘,检察官不断加油,律师踩住刹车,法学家指挥方向。法律共同体是我们现代法治的保护神……

无论是最高人民法院的大法官还是乡村的司法调解员,无论是满世界飞来飞去的大律师还是小小的地方检察官,无论是学富五车的知名教授还是啃着馒头咸菜在租来的民房里复习考研的法律自考生,我们构成了一个无形的法律共同体。共同的知识、共同的语言、共同的思维、共同的认同、共同的理想、共同的目标、共同的风格、共同的气质,使得我们这些受过法律教育的法律人构成了一个独立的共同体:一个职业共同体、一个知识共同体、一个信念共同体、一个精神共同体、一个相互认同的意义共同体。我们承继的不仅仅是一个职业或者手艺的传承,而是一个伟大而悠久的文化传统。"

强世功在写这些文字的时候,邹碧华正在美国联邦司法中心做访问学者,他亲眼目睹了美国法官明姆在法庭上如何尊重律师的一幕。

但十多年过去了,"法律共同体"始终只是个美好的影子,虽然最高人民法院、司法部的电视电话会议上,法官、检察官、律师共同参加的论坛上会提到它,但那只停留在一个模糊的愿景上,相反一个非常奇怪的现象在慢慢出现——律师不与公诉人对抗,反而同主持庭审的法官进行对抗,律师与法官成了"对手",律师开始"死磕"法官。

邹碧华身在法院多年,目睹了这一切的演变,这其中既有律师的素养问题,也有法官的心态症结。

他还记得有一次去基层法院旁听案件,坐在审判席上的法官很强势,不愿意多听律师的解释,当律师多说了几句后,法官生气地质问律师:"你怎么说的和你以前说的不一样!"说完,法官一下子把卷宗举起来要拍,举到一半时突然发现邹碧华坐在下面,才悻悻地将卷宗放了下来。

"我们是法官呐,法官怎么能在法庭上如此表现!"邹碧华非常痛心。

到了长宁区人民法院后,邹碧华旁听了几乎所有法官的庭审,然后作出了一个惊人的举动,他要推出一个文件,强化法官尊重律师的意识,促进法官和律师的良性互动,那就是《法官尊重律师的十条意见》。

一个基层法院在全国法院系统推出保障律师权利的正式文件,这在法律圈里闻所未闻!新闻媒体纷纷报道,长宁区律师工作委员会则向全区律师发出了律师尊重法官的倡议书。当邹碧华听到谭芳谈及上海律师学院也有所行动时,他的心里非常欣慰。

2013年3月2日,上海律协就新民诉法举行实务培训班,谭芳邀请邹碧华来上海律师学院讲课,邹碧华一口答应了。

"邹院长,今天还有一些外地律师也冲着您赶过来听课呢!"谭芳一边说一边微笑着把邹碧华引进了教室。

有着一头灰白头发的蒋勇正坐在台下座位的最前排,他回过头来看见了谭芳和邹碧华。

蒋勇一直笑称自己是个"爱折腾"的人。1994 年他从中国政法大学本科毕业进入最高人民法院工作,六年后辞职,创办天同律师事务所,辞职理由是"想看看外面的世界是怎样的"。蒋勇创办的天同所也确实让人刮目相看,律所设在北京天安门边一处古色古香的四合院儿里,律所接办的所有案件不靠某一律师单打独斗,而是由一个法律团队整体运作。最特别的是,律所里面还设置了一间"模拟法庭",每逢一些当事人内心"纠结"于某个问题时,"模拟法庭"便会启用,为当事人模拟庭审、评估案件裁判走向,令人称奇的是,"模拟法庭"的评估结果与法院的裁判结果几乎惊人的相似。几年摸爬滚打下来,天同所的名气越来越响,成为中国在高端商事诉讼领域的精品代表,而此时的蒋勇又开通了"天同诉讼圈"微信公众号,乐此不疲地做起了法律新媒体。

谭芳此次也邀请了蒋勇给实务培训班来讲课,在谭芳眼里,蒋勇和邹碧华堪称是律师界、法官界的两位"大拿",两人都具备了高超的学识、过人的才华和"互联网+"的思维,所以在同一天,谭芳安排蒋勇上午讲《民商事诉讼的艺术与技术》,邹碧华下午讲《裁判的理念与方法——要件审判九步法的实践与思考》。

蒋勇上午的讲课非常成功,他在课程中提及的"如何处理律师和法官关系"的精辟见解,得到了台下众多律师的认可。

"一个什么样的律师,法官会喜欢?在法庭上运用什么技巧,法官会听进去?哪些方面做得不够好,会导致法官对律师产生抵触?"蒋勇的一双眼睛炯炯有神,他非常自信地在台上讲解。

"我先讲一个特别简单的道理,如果哪一天律师和法官在法庭上互相对骂,当事人和外界会怎么看?

他们不会管什么律师和法官,他们只会说这几个字——'你看那帮

搞法律的!'

所以,这是一个'一荣俱荣一损俱损'的道理,律师越是说法官怎么贪赃枉法、怎么搞关系乱收钱,其实越说明律师没用,因为当事人只要找人把钱送进去就行了,找领导去压法官就行了,找你律师干吗! 只有法官这个职业越受尊敬,我们律师才有存在的价值,你也才能被当事人信任,才有生存的空间。

所以,与其抱怨不如自己做些什么。就我的经验而言,在民商诉讼这个领域,很多法官比律师更专业,我们律师应该提升自己,我们在诉讼中的任务就是帮助法官在庭审中搞清楚案子。

我们不要丧失信心,法院可以通过更开放更宽容的举动获得律师的认同。同样,律师界也需要更理性的声音和更加客观的思考去看待问题。不要跟风似地去指责,好像谁骂法院谁就是英雄,谁说法院不公平他就有多伟大。

美国最高法院有一个关于法官与律师关系的准则,何帆法官前不久翻译出版了一本书,书名叫《谁来守护公正》,书里写的是对美国九位现任大法官的访谈。书中提到,莫琳·马里奥律师曾在最高法院出庭22 次,并取得 20 次胜利,她曾担任过伦奎斯特首席大法官的法官助理,其第一次在最高法院出庭,是被最高法院指定的。对此伦奎斯特大法官敢于直接告诉公众,全美国也没有一个人会去怀疑首席大法官徇私枉法。所以说,一个真正的公开的法律圈子的互相信任和职业道德的共同遵守,是我们法律共同体发展的根基。"蒋勇的话音刚落,台下一片掌声。

现在蒋勇静静地坐在了台下,这位律师界的精英默默看着台上即将上课的邹碧华。——这位上海市高级人民法院的副院长会讲些什么呢?

"……法官如果在庭审中跟律师争执起来,法官首先就失大雅。毛泽东以前问刘少奇,什么叫军事,什么叫政治。刘少奇回答一大堆,毛泽东最后告诉他,军事就是打得赢就打、打不赢就跑。政治就是支持我们的人越多越好,支持敌人的人越少越好。"邹碧华的话把台下的律师逗乐了。

"法官在法庭上也一样,你坐在法庭上,你的表现应该让当事人和律师对你有一种很服气的感觉,很愿意让你来审这个案件,而不是要你来和他们吵。

我曾经在美国联邦司法中心做过访问学者,有一次去一家地区法院调研,那位高级法官很有意思,他让我穿上他的法袍和他一起去开庭,结果那天坐下来后,法官首先询问双方律师:'今天有一位中国法官来观摩我们的庭审,我请他坐在法庭上,你们有没有意见?'双方律师非常毕恭毕敬地说'我们没有意见,法官大人'。法官在律师面前所表现出来的那种权威,那种受尊敬的气度,我印象特别深刻,那完全是律师发自肺腑的尊敬,然后两位律师还很礼貌地向我问好。后来庭审中,双方律师开始争执,声音响起来了。这时法官招招手把两位律师叫到审判席前,说了一句'你们俩都是律师,注意点职业形象好不好? 别让当事人笑话'。就这么一句话,不当着当事人的面训律师,这就是一种法律职业共同体的文化。

上次德国人到我们长宁区人民法院来开模拟庭,我们观察下来,他们的庭审程序跟我们中国的差不多,但德国的法官和律师在法庭上表现出来的那种从容,让人记忆犹新,那是一种让人看了之后心里马上就会踏实下来的感觉。

所以我在长宁区人民法院的时候,经常给我们的法官上课,我提醒法官,如果你当庭指责或者嘲讽律师,对当事人的心理冲击将会是巨大的,这不仅会直接影响律师的职业权威,同时也会降低法官在律师心目中的形象……"

邹碧华在台上激情澎湃地讲,不时地用毛巾擦着额头上的汗。蒋勇全神贯注地坐在台下听,心里兴奋无比! 他已经很多年没有这么投入地听一堂课了,邹碧华讲得太好了,这份好不仅仅在于内容上的旁征博引,最重要的是,邹碧华讲的很多观点与蒋勇自己上午所说的内容有着惊人的默契，而他们此前都没有听过对方的授课，这简直就是一种惺惺相惜！

"我这里再谈一个问题，就是可视化的概念。所谓可视化，就是什么事都要看得见，你作为律师，怎么用一种视觉化的手段帮助法官迅速进入你所涉及的逻辑思路，你怎么去影响法官，这是体现法律执业的实力问题。"

邹碧华一说到这，台下顿时都笑了，连谭芳都忍不住悄悄向蒋勇挤了一下眼睛。原来，就在上午的课中，蒋勇大力建议台下的律师们采用图表的有形化文件与法官沟通，协助法官更好地理解自己所要阐明的案件事实和法律关系。没想到，邹碧华在下午也提到了这个！

"我在高级人民法院做民二庭庭长时，有一个房地产案件，那位律师特别用心，他把那个小区的地块图形从 google 地图上下载下来提供给法院，然后又亲自到现场拍摄小区照片，加强法官的印象。我们在审委会讨论整个案子的时候，大家在 PPT 里看到这些地图和照片时，马上就有一个想法——这个开发商太不像样了！"

台下的律师们"哗"地笑开了。

"这就是一个很有力地运用视觉化手段协助法官办案的例子。另外，我也曾经去美国华盛顿特区拜访过一位纽曼法官，他向我介绍他是怎么让律师来协助他工作的。当律师提交一份很厚的材料时，他通常会要求律师提供一个简化版给他。这就是法官与律师之间的一种良性互动，在看得见的层面彼此互动，法官和律师之间应该建立起一种健康的关系。……"

类似的语言结构，类似的观念想法，坐在台下的蒋勇感叹与邹碧华相见恨晚。

整整三个半小时过去了，邹碧华的讲课引人入胜，他的话语也让人越来越受到鼓舞。

"现在大家看到司法不公、一些案件判得不好，大家不要抱怨。法院的发展有一个代际更新，到现在才两代人，慢慢地换到第三代、第四代以后，整体素质就能提升上去。这是一个历史过程，我们处在这个历史过程中，遇到不平的现象不用着急。我的理念是永不抱怨，做那些能够改变的，一些暂时不能改变的先接受它，尽努力把自己的心态调整好。只有在追求自我实现的时候，人才会迸发出持久强大的热情，才能最大限度地发挥自己的潜能，最大限度地服务于社会。最后我用乔布斯的话结束今天的讲课——活着就是为了改变世界！"

掌声，持续不断的掌声。

谭芳微笑着把台下认真听讲的蒋勇请上台，和邹碧华一起坐到了主席台上。"今天邹院长的课和我们蒋勇老师的课做了一个很好的呼应，蒋老师讲'与其诅咒黑暗，不如燃亮灯火'，邹院长说'永不抱怨，活着就是为了改变世界'，让我们感谢这两位大家的精彩讲课！"掌声雷动。

"我刚才收到两位律师的私信，信里说'不管邹院长说到多晚，你一定要给我们十到二十分钟的时间，让我们和邹院长、蒋律师互动一下，毕竟他们太大牌了，我们难得听到一次'。"谭芳说到这儿，邹碧华和蒋勇都笑了。

"好，现在提问开始。有一个要求，我们的提问不讲个案，只讲一些共性的东西。"

话音刚落，律师们开始争先恐后地提问，邹碧华和蒋勇开始一一进行解答，幽默的话语不时引起阵阵掌声。天色越来越晚，台上台下意犹未尽。

"最后，让我们用热烈的掌声感谢邹院长和蒋老师！"谭芳最后说道，掌声再度响起。

散场时，一位年轻的律师悄悄对谭芳说："今天真是一场思想的盛宴，像过节一样。"谭芳开心地笑了。

"邹院长，我此行最大的收获就是听了您的精彩讲课，从此我就是您的铁杆粉丝了！希望能够成为您纯粹的、与您的身份地位无关的法律圈朋友，多多向您学习请教。"蒋勇发自肺腑地对邹碧华说。

"客气了，客气了，我们互相学习共同提高！"邹碧华笑嘻嘻地回答。

"我们天同有三大法宝：诉讼可视化、模拟法庭、案例大数据，我很想和您探讨一下信息化方面的内容啊。"

"嗳,这个好！我最近正在写一本《法院的可视化管理》,准备给出版社呢！"邹碧华对蒋勇赞赏有加。

"那送我一本吧！"蒋勇脱口而出,随即顿了一下,"哦,不妥不妥,还是去书店买一本吧。"

"哈哈！"邹碧华笑了,"送你一本,今天能够碰到你也很难得。"

谭芳微笑着站在一旁,看着两位法律界精英的"惺惺相惜"。这时,她的手机响了一下,她拿起一看,是一位老律师发来的短信:"我是一名执业 18 年的律师,由于失望,几年前不再做我喜欢的诉讼业务,但邹院长让我看到了法治的希望。今天是一个全新的开始,让我终生难忘。"

谭芳有些感动,为老律师,为法律人。

高级人民法院副院长

2013 年 4 月,59 岁的崔亚东来到了上海市高级人民法院。

崔亚东有着近 40 年的政法工作经历,这次他从贵州省委常委、省政法委书记、省公安厅厅长、党委书记的岗位上转任上海市高级人民法院党组书记、代院长。从西部的贵州来到中国最发达的城市上海,从"打击犯罪第一线"的公安系统来到了"维护公平正义的最后一道防线"的法院,心里做好了接受新挑战的准备。

崔亚东转岗来到一个新的环境,大家对他的工作都很支持。崔亚东是个性情直爽的人,工作中他发现,副院长邹碧华能畅所欲言地表达自己的意见和建议,他为能有这样的下属而感到欣慰。

"崔院长,送你一本书。"邹碧华微笑着走进崔亚东的办公室,崔亚东接过一看,是《要件审判九步法》。

"这是我在长宁时候写的。"邹碧华说。

"好,我认真研读。"崔亚东接过书,随手翻阅着。"听说你在长宁搞了个总机的制度?"崔亚东提起了另一个话题。

"是啊!"邹碧华一提到工作就兴奋,"那时有当事人写信给我,说打了36个电话找不到法官,我就下决心要解决这个问题,建立了小总机接听制度,解决当事人联系法官难的问题。后来我还专门在执行庭设立了一个分总机,执行方面的信访投诉就下降了很多。"

"是这样,什么时候我去看看!"崔亚东说。

崔亚东之所以提这个话题是有原因的。自从来到上海后,崔亚东深入全市各法院进行调研,他感受到上海法院的总体情况较好,一年受理40多万起案件,虽然收案数量不断上升,但司法公正指数始终位居全国第一,法院裁判的社会认同度高。3600多名法官,本科、研究生、博士生占95%以上,近五年内入选的最高人民法院公报案例和指导性案例占地方法院入选数的29%,分布在全市的30家人民法庭基础工作扎实,虽然任务繁重但工作开展得有条不紊。

然而,崔亚东也发现了令他担忧的地方,那就是"案多人少"的矛盾很突出,尽管上海这些年也陆续增加了一些编制,采取了一些措施,但案件增幅与编制增幅之间的落差还是存在,尤其是基层法院的法官加班加点、超负荷运转,一线办案法官的年人均结案量是全国法院平均水平的两倍多,办案压力很大。与此同时,上海又是改革开放的前沿阵地,涉外案件、新类型案件、重大敏感案件出不穷,经济主体发展的阶段性特征、人民群众日益增长的多元司法需求,对人民法院及法官依法履行职责、维护公平正义提出了新挑战和新要求。

正当崔亚东在全线调研时,2013年7月,网络上连续出现了多名律师投诉上海一些基层法院立案窗口存在问题的舆情,对于"立案难"、"执行难"的问题反映强烈,这一情况引起了崔亚东的高度重视,他立即要求立案庭实地考察相关法院的立案窗口工作情况,核查律师反映的情况,分析问题存在的原因。同时,他又邀请了特邀监督员、特邀咨询员、律师代表来高级人民法院进行座谈,并拜访市律师协会,听取多方面的意见。没想到参会的律师一见到他,便对"案件查询难"、"诉讼咨询难"、"电话找法官难"、"立案难"、"执行难"等问题接连吐槽。

一位律师拿着手机账单历数着自己遭到的"冷遇",一位律师对崔亚东说:"你是否敢承诺,我 12 月 30 日来立案法院能受理?"还有一位律师说:"我多次参加过这样的座谈会,改进不大,我已失去了信心。"

反映如此之强烈,崔亚东没料到,律协的负责人也没料到。

怎么办?崔亚东在思考。

"崔院长,我以前在长宁也碰到过这样的问题,当事人打电话找不到法官,就怀疑法官故意回避他。其实,有时候法官不接电话,是因为他安排了很多庭,人在开庭时,根本无法接听电话。还有的时候,法官不接电话是因为那些琐碎的询问电话总是会打断他的思路,让他无法专心去写法律文书。"邹碧华开诚布公地讲。

崔亚东点点头。此前有人规劝他:"崔院长,你刚来,你不了解,他们给你出的主意不妥,法官怎么能去接电话呢?这不符合司法规律,这是不对的!"

这怎么不对呢?我们走的是中国特色的社会主义司法制度之路,司法为民是我们的宗旨,诉讼服务中存在的几"难",如果连个电话接听都做不到,怎么叫司法为民呢?崔亚东要改变这个现状,要回应群众的需求,解决"立案难"、"执行难"、"联系法官难"等难题,而长宁、虹口区两家人民法院"总机制度"的成功实践给了他信心。

2013 年 8 月,在对长宁、虹口区人民法院总机接听制度进行充分调研的基础上,上海市高级人民法院决定建立上海法院 12368 诉讼服务平台,在全国率先开通了集在线诉讼服务平台、远程审判平台、网络庭审直播平台、裁判文书附录法律条文及上网平台、当事人远程查阅电子诉讼档案服务平台的功能。全力开发集电话、短信、传真、微信、邮件、APP、网站于一身的"上海法院 12368 诉讼服务平台",进而将各家法院 70 条热线并入 12368,一号对外,方便群众。

邹碧华很高兴"一把手"对长宁举措的肯定和推广，而此时的他也正抓紧时间在上海市高级人民法院副院长这个新岗位上"充电"。

来到高级人民法院后，邹碧华分管的条线是刑事、少年审判、研究室、审管办和法警总队。做了那么多年的民商事专家，突然要分管刑事条线，不仅是邹碧华本人，就连高级人民法院刑二庭庭长徐立明也一愣——邹碧华是民法、公司法的专家，突然来管刑事，行不行？高级人民法院的刑一庭、刑二庭面对的不仅仅是高级人民法院的刑事案件，还有上海整个地区的刑事审判，一些敏感、疑难、涉及民生的重大案件还要公开审判、召开新闻发布会、引导社会舆论，邹碧华行吗？

徐立明与邹碧华此前有过两次接触。第一次相遇是在审委会上，当时邹碧华担任高级人民法院民一庭副庭长，同时也是审委会委员。那天，徐立明拿着一起刑事案件上会讨论，复杂的案情涉及很多民商事法律关系的知识点，邹碧华发表意见时，一口气把刑事违法性、民事违法性、行政违法性分析得鞭辟入里，徐立明被震住了。

第二次相遇是在 2006 年的一次高级人民法院组团出访活动中。团里一共八人，徐立明和邹碧华住在同一间屋子，共处了十多天。他惊讶地发现，邹碧华的精力非常旺盛，在整个考察过程中，无论到哪儿都带着一本英文小说和一个电子辞典，只要有空就会低头看看小说，查查辞典，乐在其中。考察行程很满，旅途也很劳累，邹碧华却比谁都精神饱满，每到一处都意气风发，对外交流中不断提出新问题、新思路，说话又特别幽默，还常常背着一个相机沿途摄影。

"停，别动，很好！我给你拍，就这样!"每当邹碧华端起相机"突袭"团里成员时，大伙儿都会被他逗得一片欢笑。

出访结束后，邹碧华把所有照片整理成精美的影集，一本本送到团里的成员手中。一个审委会委员，一个庭长，一点架子都没有，难得！

现在邹碧华要来分管刑事条线了，徐立明有些期待，邹碧华会怎么管呢？

邹碧华在默默用功，他用了几周时间看完十多本刑事理论书籍，然后把近两年上海法院刑事审判条线的会议材料和重大规范性指导文件搜集出来一份份研究,同时大量翻阅疑难复杂案件的卷宗,和刑庭法官、书记员进行交流。

一天,徐立明走进邹碧华的办公室,看见邹碧华埋头在看一沓卷宗,旁边是他已经做好的摘录和整理出来的证据表格。

"邹院长,这些事情让承办法官来做就好了!"徐立明忍不住说道。

"我要认认真真先自己学习一下,"邹碧华笑道:"立明,我最近在业余时间看了不少书。"他一连串地报出了几个书名,徐立明笑着摇摇头,这个分管院长真沉得下心来学习。

邹碧华必须要做好充分准备,因为2013年对整个中国法院来说是考验的一年。这一年,一系列重大刑事案件将法院推向了社会舆论的风口浪尖,刘志军案、曾成杰案、薄熙来案,法院的一举一动成为国内外各大媒体和社会公众关注的焦点。

与此同时,最高人民法院纠正了张氏叔侄强奸杀人案、聂树斌案等一批冤假错案,最高人民法院副院长沈德咏专门撰写《我们应当如何防范冤假错案》一文发表在《人民法院报》:"审判是诉讼的最后一个环节,也是实现司法公正的最后一道防线。刑事审判生杀予夺,事关公民的名誉、财产、自由乃至生命,事关国家安全和社会稳定,坚持依法公正审判,防止发生冤假错案,是我们必须坚守的底线。"

2013年10月14日,邹碧华前往北京参加了第六次全国刑事审判工作会议,这次会议被媒体称为"一个可能影响未来中国刑事审判走向的重要会议",最高人民法院院长周强、副院长沈德咏在会上都作了讲话。

"近年来,刑法、刑事诉讼法相继修改,人民法院作为国家审判机关在贯彻实施'两法'中担负着重要责任,当前和今后一个时期必须要在树立科学的刑事司法理念、突出庭审中心地位等方面下更大功夫……

下一步,除了继续推进证据制度建设外,应当把更多精力放到证据制度的落实上来。各级人民法院要坚决贯彻疑罪从无原则,坚决守住防止冤假错案的底线;要认真落实证人、鉴定人出庭作证制度,发挥庭审质证特别是对质、交叉询问制度的作用；严格执行非法证据排除制度，切实履行证据审查把关职责……"

邹碧华认真地听着，思考着。

"立明，非法证据排除规则这块内容我们要认认真真抓起来，这是新刑事诉讼制度下，在证据规则和人权保障方面的一个重要机制。"他对徐立明说。

徐立明有些惊讶，邹碧华居然能够在这么短的分管时间内抓住"关键点"，敏锐度可见一斑。

很快，上海市高级人民法院刑二庭开始着手编写有关非法证据排除规则如何适用的规范性文件，同时针对高级人民法院二审维持、报最高人民法院核准的死刑案件，刑庭法官一改过去只有律师或被告人提出申请时才去审查被告人供述是否涉及非法取证的做法，改为主动审查被告人的供述过程，并且在审查结束后由法官在审理报告中写明情况，作为一个确定事项向审委会报告。

但邹碧华的另一个决定让徐立明感到压力巨大，那就是大案、要案的公开。

公开是一种考验，如何公开？怎么公开？公开以后，如果法院的角度是这样的，社会舆论的思维角度是那样的，弄得不好就会引起反向的连锁反应，舆论压力会一下子集中到法院，到时怎么办？徐立明心里有些担忧。

但邹碧华很坚持："敏感案件、重大案件、涉及民生的案件必须公开，公开审判、公开发布消息、召开新闻发布会。"

10月下旬，高级人民法院刑二庭审理的李旭利"老鼠仓案"即将二审判决，这是一起受到金融界高度关注的大案，被告人李旭利是上海重阳投资管理有限公司的首席投资官，也是中国基金经理中耀眼的明星之一。自从李旭利东窗事发后，全国近百家财经类媒体对其进行了密集性报道，无论是开庭还是宣判，记者们都闻风而至，扛着"长枪短炮"的照相机、摄像机到法院排队申请旁听，而在这起案件的前期报道中，"李旭利落泪当庭翻供，称因受威胁而作伪证"、"'老鼠仓案'入罪证据'三缺一'"、"李旭利二审全盘翻供"等字眼在各大媒体上频频出现，法院的压力巨大。

刑二庭紧张地准备着，徐立明和邹碧华却因为案子里某一个观点的表述争得面红耳赤，谁也不肯退让。走出办公室的一刹那，徐立明心里一落："今后工作难做了，和分管院长吵翻了！"

隔了几天，邹碧华来刑二庭找徐立明。

"上次争执……"徐立明欲言又止。

"没什么呀，我跟你是一个脾气，我喜欢这种性格的人！"邹碧华轻松地笑道。徐立明有些惭愧，如果自己的下属和他这样脸红脖子粗，他会像邹碧华这样坦然吗？

10月29日，李旭利"老鼠仓案"如期宣判，上海市高级人民法院裁定驳回上诉，维持原判。根据原判，李旭利因犯利用未公开信息交易罪，被判处有期徒刑4年，并处罚金1800万元，违法所得1071万余元予以追缴。

宣判一结束，邹碧华快步走进新闻发布会现场，和上海市高级人民法院新闻发言人吴偕林、刑二庭副庭长肖晚祥一起坐到了话筒前。

上海市高级人民法院召开新闻发布会，邹碧华（居中）就李旭利一案的基本案情和审理经过向媒体进行了通报。

"各位记者朋友,李旭利利用未公开信息交易案二审刚刚宣判,我院依法裁定驳回李旭利的上诉,维持原判。该案具有一定的代表性,引起社会舆论的关注,现就该案的相关情况通报如下……"邹碧华就李旭利一案的审理情况向坐在台下的媒体做起了通报。

"好,现在请各位媒体记者提问。"邹碧华介绍完之后,吴偕林主持道。

"邹院长,李旭利本人在二审中推翻了自己此前的供述,法院仍然认定他有罪,依据是什么?"

"请问邹院长,李旭利的辩护律师提出过,李旭利指令他人购买工行、建行股票不符合情理,他的行为不构成利用未公开信息交易罪,法院是怎么看这个问题的?"

"李旭利交易和获利数额巨大,为什么法院只判他4年有期徒刑?"

"邹院长,你能不能具体谈一谈老鼠仓案件的走势?"

记者们的问题此起彼伏,邹碧华穿着黑色的法院制服、系着红色领带,坐在台上开始回答,身边的肖晚祥稍稍有些紧张,不时地低头翻看着手中的材料。

"从这类案件的走势上来说,第一,《刑法修正案(七)》设立利用未公开信息交易罪并实施以后,对老鼠仓行为的抑制作用还是很明显的,相关行为人不敢明目张胆地实施老鼠仓行为。同时这也带来了这类案件的第二个变化,即这类案件犯罪行为出现了异化,犯罪手法更加隐蔽,主要是账户的隐蔽性和下单行为的隐蔽性,这样就大大增加了案件的认定难度……"邹碧华镇定自若地回答着。

上午11点,发布会结束。上海市高级人民法院在腾讯微博上公布了法院的二审裁定书,各大媒体开始竞相报道:人民日报以半版形式刊登《李旭利案终审宣判"股仓硕鼠"为何频现》;人民法院报作了5000字案件深度解读;中央人民广播电台连做"现场连线"和"晚高峰"两档新闻专题;新华网、中国新闻网、人民网、中国法院网、腾讯网、东方网以文字、图片、视频方式予以报道;正点新闻、记者视点、专家专访、热点播

邹碧华在上海市高级人民法院新闻发布会现场接受媒体的采访。

出……短短三天,李旭利一案的新闻报道达到43000多条,法院裁决全方位地呈现在公众面前。

徐立明松了一口气。没多久,又有一个新的刑事系列案件在上海滩炸开了锅——上海家帝豪电子商务有限公司传销系列案,涉案金额10.9亿、代理商人数超过6万人,黄浦区、虹口区、宝山区、闸北区等4家基层法院一共受理了相关案件51起,涉及家帝豪公司和79名被告人,包括家帝豪公司的主要负责人、部门负责人和部分代理商。

法院会怎么判? 判决以后受害人的损失怎么办? 一时间,媒体群起观望,大量传销受害人也涌向了受理案件的基层法院旁听庭审。

基层法院不断将舆情上报高级人民法院,邹碧华的脑子飞快地运转着,他立即布置刑二庭召开协调会,对各法院的宣判日期、法庭内的秩序维持、法院内外的安全措施保障进行周密部署。"媒体记者如果来旁听,我们一定要配合,法院的判决一定要让社会公众看得见,听得明白。"邹碧华坚持说道。

12月24日,黄浦区、虹口区、宝山区、闸北区等基层法院同时宣判,11名家帝豪公司主要负责人、部门负责人分别被判处有期徒刑13

年至有期徒刑 2 年 6 个月(缓刑 3 年)不等,并处罚金 1000 万元至 5000 元不等。68 名代理商分别被判处有期徒刑 3 年 6 个月至拘役 1 个月(缓刑 2 个月)不等,并处罚金 180 万元至 1000 元不等。各家基层法院的旁听席上都坐着前来听庭的媒体记者,一切都在井然有序中进行。

判决一结束,铺天盖地的报道在媒体上出现,《上海借"消费养老"组织传销系列案在 4 家法院同时宣判》、《沪上金额最高传销系列案一审宣判 51 起案件涉案 79 人》、《聚敛 10.9 亿元 "消费养老"噱头背后实为传销》……新华社、中新社、人民网、中国法院网、新浪网、腾讯网、上视新闻、东广新闻台,几乎所有的媒体都在重要版面和正点新闻中深度解读了法院判决,并向公众指出传销行为的危害性,那些抱有怨气的传销受害人开始回归理性,社会舆论普遍支持法院的判决。

徐立明服气了,邹碧华的前瞻和魄力确实不同一般!

使命降临

2013 年年底,崔亚东做了一个惊人的决定——在全市法院开展纠正"立案难"问题的专项治理,纠正一些法院年底、月底不立案或限制立案的做法。

"凡是发现该立不立、故意拖延或不当立案的,查明原因,坚决纠正! 对立案作假行为实行一票否决,同时追究有关单位和人员的责任,即使考核排名全国倒数第一,也必须纠正立案难。"崔亚东在党组会上强调。

邹碧华很佩服崔亚东的魄力。"立案难"是法院长期以来存在的一个顽症,一方面是法院"案多人少"客观存在,另一方面则是因为法院的审判绩效考核指标设置不合理、考核导向出现偏差。于是,一些法院为了片面追求数据、注重排名，采取了有案不立、限制立案和延期立案的做法，虽然使最终数据排名上去了，但却损害了当事人的合法权益，违背了司法为民的根本宗旨，法院内外对此反映强烈，所以，必须下决心解决这一问题。在这样的背景下，崔亚东做出了这样的决定，他督促高级人民法院相关部门制定了《关于进一步加强和改进立案工作的意见》《关于进一步加强和改进审判质量效率评估工作的意见》，并于11月在全市法院开始纠正"立案难"专项治理。

邹碧华当时分管质效评估工作，他认真贯彻党组决定，积极推动质效评估改革和立案改革的落实。2013年12月，上海法院共收案45786件，同比增长42.84%，"立案难"问题初步得到解决。与此同时，"上海法院12368诉讼服务平台"也作为全国第一个省级规格的法院综合性诉讼便民服务平台开始试运行，电话接转找法官、案件信息查询、法律咨询服务、信访投诉……上海三级法院的坐席接线员们忙开了。

此时，更大的一项使命落在了邹碧华身上。

2013年11月，十八届三中全会对司法体制改革作出了重大决策部署，新一轮司法体制改革正式启动。这次司法改革不同于以往，它是中央第一次通过自上而下的顶层设计来推动的改革。上海市高级人民法院作为全国首批试点单位，责任重大，使命光荣，任务艰巨。为此，上海市高级人民法院成立了司法改革领导小组，崔亚东亲自担任组长，同时领导小组下设办公室，负责全市法院司改工作的谋划、协调、指导。于是，一个现实的问题摆在了崔亚东面前——谁来做这个司改办主任？

崔亚东想到了邹碧华。

邹碧华在上海法院工作了25年，从书记员到法官，从高级人民法院研究室主任、庭长、基层法院院长到高级人民法院副院长，他不仅具备长期的司法实践经验和扎实的法律功底，而且在美国还专题研究过法院内部机构设置和法官助理制度，对司法改革有着深度的思考和研究。所以，他应该是最合适的人选。

但邹碧华会愿意吗？崔亚东有些担心。毕竟，上海的这次改革是全国司法改革的试点,没有经验可抄可搬,几乎是"前无古人"的探索,而且中央确定上海改革试点五项任务都涉及司法领域深层次根本性问题、困难、风险、压力、挑战……

崔亚东找邹碧华谈心,后者的回答非常干脆:"我愿意! 组织上信任我,我一定会尽全力把它做好。"

崔亚东笑了,邹碧华也笑了。

邹碧华对司法改革有着一份特殊的感情,12 年前,还是一名助理审判员的他只身前往美国联邦司法中心研究法官助理制度,当年便写下了4 万余字《关于美国联邦法院内部职责分工及法官辅助人员配置方法的考察报告》,此后,他不断观察和思考着中国司法改革的每一步发展,并且在身为基层法院院长之时,就开始了法官助理制度的改革尝试。

"不过,司法制度的改革会很艰辛。"

"是,但它一定会成功,我愿意为它去面对任何困难。我爱我的祖国!"

12 年前的那个夜晚,他与美国法官明姆的对话犹在耳边。

从 1999 年的人民法院"一五纲要"到 2009 年的"三五纲要",从最初参加最高人民法院人事管理制度改革座谈会,到后来在长宁区人民法院力推法官助理制度、案件权重系数,邹碧华的心里始终有个力量在不由自主地推着自己去学、去做、去实践。原来这一切都是在磨练,如今,一个更广阔的平台在等着他去奋斗!

那天回到家,邹碧华心潮澎湃,沉积在心底十多年的梦想即将付诸实践,很多想法汩汩地冒了上来。吃完晚饭,他赶紧跑进书房打开电脑写了起来:

"司法改革要处理好五个关系:第一,处理好党的领导与法院独立行使审判权的关系。司法权是党的执政权的一个组成部分,树立司法权威就是树立执政权威。司法改革既要树立司法权威,又要防止走西方式司法独立的道路,而且需要看到的是,一党制与法治之间并没有绝对的对立关系,在一定条件下是可以相统一的。当然,减少内部和外部那些会干扰公正司法的隐形的、个人的因素还是必要的,十八届三中全会决定提出的外部去地方化、内部去行政化是有道理的。

有人认为审判权运行机制改革就是法官独立，这个观点非常欠妥。首先，这个问题在本质上与坚持党的领导是同一个问题。其次，即便在技术层面也不具有可能性，法官的代际更新到目前只有两代，而且我国选择了大众化的道路，未选择精英化道路，所以，司法改革不仅不应削弱管理和监督，反而应当加强管理，我国应当走管理型法治之路。当然，这种管理与传统的行政化管理有所不同。传统管理带有服从性、不透明性、非确定性。管理型法治的管理则讲求程序性、公开性及规则性。因此，对领导与法院（官）两个维度都要加以规范，避免个人随意性。

第二，处理好顶层决策与地方积极性的关系。十八届三中全会决定推动省以下法院人财物统一管理，但地方法院反响并不热烈，积极性不高。其原因是，统一管理可能会影响到基层法院现有的物质保障，如果处理不好可能会出现就低不就高的现象。因此，要想推动地方积极性，必须充分考虑各地的实际情况，尤其要考虑各地案件数量的不同及地区收入的合理级差。

第三，处理好提升司法公信与外部支持的关系。司法公信力的提升与外部支持不可分割，外部支持是基础，包括政治保障、物质保障与行政辅助资源保障，在许多时候甚至会起到决定性作用，但外部支持加强并不等于可以忽略司法内部的自身努力，那种仅仅停留在通过司法改革提高政治和物质待遇的观点是片面的，司法改革非常艰巨的任务还是来自于内部，人员素质、审判权运行、人员配置、绩效评估、优胜劣汰等方面，这些亟待通过改革形成长效机制。

第四，处理好司法自身改革与法治环境变革的关系。有人认为，通过司法体制和外部资源配置等方式进行改革后，法院就应当能够立即取得良好的表现，其实不然。司法改革是一个系统工程，与任何事物一样有一个自身成长的艰巨而漫长的过程。司法环境也有一个成熟过程，脱胎于现实法治环境的司法，不可能会超越法治环境而单独成功，一蹴而就的观点是不正确的。

第五，处理好改革措施与改革评价的关系。现在提出一系列司法改革的举措，但有一个重要问题必须立即着手进行思考，那就是如何确立一套正确评价改革成效的评价体系。否则，司法改革会陷入混乱。在改革过程中，这是我们存在的最大软肋，很难找到制度运行的评价体系、人的表现的评估评价体系、领导力及管理能力的评估评价体系。必须承认，这是一个专业领域，必须花大力气去学习。"

挥斥方道，一气呵成！邹碧华写完这篇《司法改革要处理好五个关系》，看了看电脑右下角的显示时间，已经是凌晨两点了。他揉了揉有些酸疼的眼睛，满墙的书静悄悄地望着他。

也许这就是人生，只要你有足够的耐心，在某一处转角、某一个站头，生命的礼物就在那里等着你。

2013 年 11 月 27 日，最高人民法院在深圳召开"全国法院司法公开推进会"，邹碧华碰到了最高人民法院司法改革领导小组办公室的何帆。

何帆比邹碧华小 11 岁，他先后在武汉大学法学院和中国人民大学法学院攻读硕士和博士。和邹碧华一样，何帆说话语速极快，逻辑性很强，脑子属于快速反应型，在公安系统干了 4 年，他于 2006 年获得刑法学博士学位，随后进入最高人民法院工作。

学刑法出身的何帆对民商法专家邹碧华并不熟悉，2011 年何帆参加了一次"法官与律师关系"的微博讨论，与"@庭前独角兽"的 ID 聊了几句，感觉特别投缘，私信交换身份后认识了邹碧华。

第二年，何帆到上海出差，在浦东新区人民法院开完会后，他和同事一起前往长宁区人民法院，终于见到了邹碧华。

一米八高、笑容真诚、态度谦逊、善于倾听、毫无官僚气息，何帆很欣赏邹碧华，尤其是邹碧华富有感染力的语言表达能力，仅一个上午就用三个 PPT 系统展示了长宁区人民法院的信息化建设工程。何帆与同事不禁感叹，与其砸那么多钱开发软件，还不如认认真真总结上海经验、研发推广。

自此，每到上海，何帆总会给邹碧华发个微信。只要时间得空，两人就会聚在一起聊上一番。这回到深圳开会,机会难得,第一天开完会,何帆便约了邹碧华在酒店大堂的咖啡吧里碰面,两人边吃边聊,话题围绕着即将全面启动的司法改革。

"你们一定得注重发挥信息化的作用,依托信息化手段,采集人案数据,为法官员额制做好准备……要开发裁判文书智能化分析技术,推动法官认真说理,而不是敷衍应付……要探索建立互动式评价机制,法院工作外界满不满意,不能光是法院自己说了算,但也不能全由当事人说了算,得有一个科学、客观的第三方评价机制……审判辅助人员不到位,法官员额制就彻底失败了,但是一定要给辅助人员预留足够的发展出路,不给出路,谁给你好好干……"邹碧华兴奋地说着,时不时地扶一下鼻梁上的眼镜。

新一轮司法改革才刚刚起步,法官员额制和新的审判权力运行机制尚在酝酿,邹碧华已经在超前思考各种改革举措的实现路径,这让何帆很惊讶,他赶紧拿出手机,在备忘录上一边记一边聊。

"碧华,你最近在看什么书?"聊到最后,何帆随口问了一句。

"最近我看了几本书很有收获,你也去看看,《大数据时代》、《定位》、《基业长青》。"邹碧华立即推荐道:"我们做司法改革的,光懂审判业务和法院那点事情还不够,必须吸取其他学科的最新成就,可视化、大数据、移动终端,这些都是未来的大趋势,法院现在不研究、不跟上,将来就会被别的行业嘲笑。"

何帆笑了,邹碧华的眼界确实开阔。

"那本《定位》写得不错,"邹碧华微笑着说:"一个人,如果希望别人对你有什么样的定位,你首先就得给自己一个定位。比如我,过去我把自己定位为一个审判专家,我就去讲九步法,现在我把自己定位为法院管理专家,我就去研究法院管理这方面的内容。"

何帆咀嚼了一下邹碧华的话,觉得很有道理。在此之前,何帆曾写过《刑民交叉案件审理的基本思路》、《大法官说了算:美国司法观察笔记》等著作,翻译过《九人:美国最高法院风云》、《谁来守护公正:美国最高法院大法官访谈录》等域外作品,但现在自己走上了司法改革的前沿阵地,看样子以后重点得放在中国的司法体制改革上了。

深夜,何帆悄悄回到酒店房间。

"你俩在聊什么心灵鸡汤呢? 大家傍晚出去活动时就看见你们在大堂聊,等到回来了你们还在聊!"同屋的人问。

何帆笑了笑:"在取经!"

忙碌的节奏

2013 年 12 月 5 日,上海市高级人民法院成立司法改革领导小组。领导小组下设办公室,主任为邹碧华担任。

司法体制改革的节奏渐渐快了起来,2014 年 2 月,崔亚东带队,邹碧华和第二中级人民法院院长王信芳、闵行区人民法院院长王秋良、宝山区人民法院院长汪彤和高级人民法院相关部门负责人组成调研组,一行人前往四川省高级人民法院、成都市中级人民法院对审判权力运行机制改革等工作进行学习考察。

唐豪臻发现自己的导师越来越忙了,有好几次与邹碧华相约在高级人民法院办公室见面,邹碧华不是和下属研究工作,就是在批材料和文件。桌上的分机时不时地响起,唐豪臻坐在一边的沙发上静静等候。

邹碧华的办公室和唐豪臻想象的法院领导办公室完全不同,房间里到处摆满了书,角落里还放着一个划桨的健身器。"这大概是休息时锻炼用的吧。"唐豪臻暗忖。

"小唐,来!"邹碧华办完手里的事儿,朝唐豪臻招招手,唐豪臻起身坐到了办公桌对面的椅子上。

"老师,您的时间排得好满啊!"

"所以要学会管理时间啊!"邹碧华笑笑,"以前我在长宁做院长,到区里开会常常提前半小时到,到了以后我就坐在车里看看书写写东西,哪怕只写15分钟,有时候也可以完成一篇不错的稿子噢。"

"那也太辛苦了!"

"不苦不苦,我的整个人生都是这样享受过来的,呵呵,做人很开心。"邹碧华摊开右手,左手作写字状:"你去看一本书,叫《清单的革命》,那里面告诉你,每天早上把当天要做的事情列出来,然后完成一件划去一件,你会很有成就感。"

唐豪臻笑了,邹碧华的话让他想起台湾民法学专家王泽鉴来华东政法大学讲课时说过的一句话:"早起一点,晚睡一点,多勉强自己一点。"

其实,邹碧华的勤勉远远超出了唐豪臻的想象。那段时间里,上海法院连续受理多起备受关注的刑事大案,首例在华外国人非法获取公民个人信息案、复旦研究生林森浩故意杀人案⋯⋯每起案件都需要请示、审核、决策,高级人民法院刑一庭、刑二庭接连不断地将报告和材料送到邹碧华的办公室,邹碧华白天办完司法改革和信息化的事情,晚上赶着处理各类报告和批件。与此同时,少年审判的工作也是紧锣密鼓,最高人民法院准备于11月在上海召开全国法院少年法庭三十年座谈会暨第三届少年审判论坛,会议规模空前,中共中央政治局委员、上海市委书记韩正,最高人民法院党组书记、院长周强都将出席,中央综治委、司改办、全国各高级人民法院院长、全国49个试点中级人民法院院长以及部分全国人大代表和政协委员也将来沪,高级人民法院各部门为了筹备这次会议忙得不可开交,会务方案、创新案例汇报、专题片拍摄、新闻发布会素材⋯⋯每一份材料都急等着邹碧华的指示和协调,他必须在当天晚上完成批示。

李小马发现,邹碧华的下班时间越来越晚了。晚上9点、10点、11点⋯⋯甚至凌晨3点。

"邹院长,你这样太透支了!"李小马一边开车,一边从反光镜里看着疲倦的邹碧华,邹碧华正微微闭着眼睛静静养神。

"老李,你什么时候退休?"邹碧华问。

"到今年11月底就差不多了,如果你要我开,我就继续开。"

"当然要你开啦!"邹碧华马上说。

李小马开心地笑了。给邹碧华开车是件很累的事,邹碧华的时间永远是一年当成两年来用,开会、调研、讲课、买书、做 PPT、写文章、辅导学生……有时候李小马送完邹碧华回到家,妻子已经沉沉地入睡了。但他还是愿意给邹碧华开车,说不清为什么,邹碧华的身上有一种让人感到亲切、舒服和善良的东西。

2014年3月5日,一个平常的日子,上海市高级人民法院干部处副处长、司改办副主任顾全带着陈雷和李则立一起前往市政法委开会。

顾全是邹碧华在经济庭的老同事,如今在干部处任副处长主持工作,他曾经设计开发了全市法院法官(干部)业绩档案综合管理系统。陈雷是干部处干部二科科长,参与过浦东新区人民法院和南汇区人民法院合并、卢湾区人民法院和黄浦区人民法院合并的大项目,撰写过法官职务序列方案。李则立2009年考入上海市高级人民法院,这位年轻的研究生写过有关法官职数的调研和法官流失方面的研究报告。

顾全等人走进市委政法委的会议室,很快,上海市高级人民法院"领受"了一个艰巨任务——制定《上海法院司法改革试点工作方案》,这个方案包括五项司法改革内容,分别是人员分类管理制度改革、完善司法责任制改革、法官职业保障制度改革、人员统一管理体制改革、财物统一管理体制改革。

司法改革领导小组一下子进入了紧张的司改"战役"中。市委政法委虽然明确了五项内容,但这些内容只是一个基本框架,如同一张待建大厦的规划图,虽然未来目标明确,但大厦的建筑成本、结构分布、楼层安置都急需进一步的细化。这是一项庞大而繁杂的工程,而留给法院的时间并不多,因为中共中央政治局委员、中央政法委书记孟建柱即将于4月来上海就深化司法体制改革、开展改革试点工作进行深入调研,上海市高级人民法院必须在此之前交出具体的细化方案。

整个司改办都开始忙碌起来了，根据"胆子要大、步子要稳，统筹兼顾、先易后难，试点先行、循序渐进"的工作方针，整个团队分成三组，分别是完善司法责任制工作组、人员分类管理制度和职业保障制度工作组、省以下统一管理体制工作组。在这三个组中，重点抓好前两组：完善司法责任制工作组由邹碧华分管，主要负责审判权力运行机制改革；另一组人员分类管理制度和职业保障制度工作组由政治部来负责，主要针对人员分类管理制度改革。无数个"5＋2"、"白加黑"的日子来临了。

从长宁区人民法院遴选到司改办的陆伟被分在完善司法责任制工作组，无穷无尽的加班让他觉得自己就像电影《兵临城下》里的瓦西里，刚下火车就有人塞给他一把枪，然后冲进斯大林格勒保卫战役。"这日子简直不是人过的！"陆伟每天回到家都筋疲力尽。

李则立也陷入了昏天黑地的加班，他被分在了人员分类管理和职业保障工作组，组里一共只有4个人，却要对全市法院的队伍结构情况、案件审理情况、职业保障情况进行全面数据摸底，还要根据人员分类定岗情况进行模拟套算。算！算！算！

陈雷觉得自己快要疯了，她连和顾全细细讨论的时间都没有，便直接开始写起了人员分类管理方面的内容。没有任何先例可以参照，陈雷每天坐在电脑前，脑子里不断地核算着各类数据：有多少法官在一线？一线有多少人在办案？院长、庭长、副庭长办案情况？最高值、最低值、均值、高低差？院际分布情况？她唯一的乐趣，就是晚上和组里成员"凑份子"去高级人民法院附近的小餐厅吃饭，然后赶回院里继续加班写材料，有时一写就是一个通宵。

而被司改团队称为"技术神大叔"的邹碧华，整个人已经完全沉浸在了司法改革中。从"一五纲要"到"三五纲要"，从中央、市委有关司法改革的会议到最高人民法院的讲话精神，他夜以继日地反复研究，不断琢磨。在司法改革刚开始的日子里，邹碧华主要负责分管审判权力运行机制方面的改革内容，同时统筹推进司改办三个小组的工作进程，根据成员分工撰写的内容以及信息技术部门提供的庞杂数据,整合出实施方案以及"可视化"的 PPT。

葛锦标越来越感到邹碧华的"踌躇满志"了,好不容易来上海碰一次面,邹碧华嘴里讲的全是司法体制改革。

"我最近一直在思考审判权运行机制的问题,怎么处理审判权与管理权的关系。"邹碧华左手托着下巴,右手轻轻转着茶盅。

"你觉得法官们真的准备好了?"葛锦标点上一支烟。

"你这个问题提得好!你看,中国的法官其实并没有选择精英化的道路,而是选择了职业化道路,这就决定了我们在人员招录、遴选、考核晋升制度上,存在起点不高的现状。而且即便是职业化,法官的政治素养、专业素养、人文素养和职业操守还不能完全与法官这个职业相适应,中国的法官还没有做到完全经过高等院校的专业训练,毕竟恢复法院才三十多年,从代际更替的角度看,还没完成两代更替。"

"嗯,说实话,我们国家的法官受到的干扰可能是全世界最多的,但全世界法官普遍遵循的一些约束性裁量规范,在我们的司法活动中又难觅踪影。"葛锦标微微一笑。

"所以啊,这就带来第二个问题,如果让法官独立行使审判权,法官还需要管理吗?"邹碧华扳着手指说道:"审判质量和效率出现问题怎么办?对庭审、裁判文书还需要进行检查评估吗?工作作风、廉政、日常行为规范出现问题怎么办?人员之间的管理性沟通还要不要?绩效管理、法宣、调研和信息化等工作怎么办?"

"你不是去过美国吗,美国那里是什么样的?"葛锦标抬头问。

"中国和美国不同,美国法院走的是精英化道路,司法管理模式也有自己的模式,中国有中国自己的特点。"

"那你说,法官管理应该怎么管?交给法官自己管?法官能够做到高度自律吗?会不会又产生合议庭行政化问题?"葛锦标问。

邹碧华摇摇头:"交给法官自己管肯定是不现实的,但如果交给管理人员来管也会面临三个问题:第一,如何避免管理人员对法官的控制,尤其是隐性控制? 第二,最佳的管理单元和层级是什么? 以庭为单位,还是建立单独的审判管理机构? 还需不需要保留庭长、分管院长? 让院庭长都去当审判长,管理的任务如何解决? 第三,如果成立专门的管理机构全面负责管理,这样的机构能否真正胜任? 会不会形成新的隐性控制力量?"

葛锦标笑了,他给邹碧华倒上一杯茶。"来,来,喝茶! 你这脑子里现在都是司法体制改革了!"

"哈哈!"邹碧华举杯,一饮而尽。

司法改革如火如荼,上海法院的信息化建设也进入了新一轮的快速发展阶段。上海法院网网页、一键通、在线诉讼服务平台、法官工作平台、数据可视化、审判管理平台、12368 平台 APP……各种各样的系统设计全线开始。

邹碧华向兄弟法院介绍上海法院信息化建设情况。

3 月 10 日,最高人民法院院长周强在全国两会期间的最高人民法院工作报告中表示,要加强司法公开技术支撑,制定人民法院信息化建设五年发展规划,推进全国法院信息网络"天平工程"建设,全面提升信息化水平。

最高人民法院提出五年规划,崔亚东觉得时不我待,上海法院信息化建设已取得一定成就,但与科学技术的飞速发展和审判实践的需求还有较大差距,需要进一步规划、加快推进。特别是他去浙江省高级人民法院考察,被浙江省高级人民法院的信息化工作所震撼。原本以为上海的信息化工作一直走在全国前列,没想到兄弟法院早就跑到前头去了!在考察现场,崔亚东已坐不住了,马上向上海市高级人民法院信息管理处处长曹红星下达了任务。回到上海后,崔亚东又立即要求分管信息化建设工作的上海市高级人民法院副院长虞政平对全市信息化工作进行深度调研,研究制定"上海信息化建设三年规划"。

"信息化在法院工作中应处于引领与支撑的地位,推进信息化建设对实现审判体制、能力现代化具有重大战略意义。上海市高级人民法院要抓好顶层设计,通过三年规划的制定和实施,推进法院工作的现代化。"崔亚东说。

2014年4月,由于虞政平工作的调任,崔亚东把这块工作交给了邹碧华。

邹碧华一接手,便日以继夜地投入到工作中。无数次的调研、讨论、修改,仅仅《大数据》一书,他就读了数遍。崔亚东不厌其烦地听取他的报告,反复分析论证,最终形成了《上海法院信息化建设三年规划(2014—2016)》。

这份《规划》总结了上海以往信息化工作的经验,明确了今后三年建设的方向、原则、目标、任务等,详细列出了今后三年中的45项主要任务,包括完善C2J法官办案辅助系统、整合虚假恶意诉讼预防系统、建立"大数据"综合分析系统、推进庭审系统与远程视频应用、探索案件全流程电子诉讼运行模式、探索建立司法公开、司法公正指数指标评价系统、建立法官合法权益保护信息库、建立高级人民法院"云存储中心"和"云服务中心"……邹碧华胸有成竹,信息管理处处长曹红星却感到"压力山大"。

"邹院长,我们既要负责全市法院的信息化建设、运行维护、安全保障、考核评价、人才培育的指导,又要负责审判、执行、信访、人事、装备、网络信息安全应用项目的规划,来得及做吗?"

"计划本身是动态的,红星。你把这些任务分解出一二三,列清楚具体的责任人、时间节点和要素,然后推动下面去执行,要学会时间管理、细化事项和分解任务。"

"噢!"曹红星听得一头雾水。

"还有,大数据、互联网、云计算这方面的书你也要看起来,我自己都看了快50本了。"邹碧华说。

"你每天那么忙哪有时间看啊?"

"晚上回家看啊,出差路上看啊! 我最不怕飞机延误了,飞机一延误,我就去机场的书店逛一圈,买些管理和信息化的书。上次我去北京买了本大数据2.0版的,花了五天看完。这本书很有意思的,你去买来看看!"

"哦。"曹红星头已经晕了。

"红星,你记住,我们要用信息化引领可视化,为法官服务提供智能化。过些日子我准备请交大、华为、联通、电信的专家来上课,我们要好好学一学大数据分析和云计算技术。"

曹红星连连点头,邹碧华的精力真是太惊人了!

教你舞步的人

2014年4月16日,中共中央政治局委员、中央政法委书记孟建柱来到上海,主持召开座谈会,分别和基层政法干警、政法单位和有关部门负责人、法学专家和律师代表进行座谈,了解当前司法实践需要解决的重点难点问题,征求各方的司法改革意见建议。

翌日,最高人民法院院长周强在崔亚东的陪同下考察了上海市高级人民法院、第一中级人民法院、第二中级人民法院、徐汇区人民法院的"12368"平台运行流程和网上执行事务中心的运行演示。

令崔亚东感到欣慰的是,无论是上海市高级人民法院提交的司改初步方案,还是上海法院的信息化工作,都得到了上级领导的充分肯定,一切都在有条不紊地进行中。

5月,最高人民法院召开党组中心组会议,专题学习加强人民法院信息化建设。这次,最高人民法院专门邀请了上海市高级人民法院、重庆市高级人民法院、成都市中级人民法院三家法院来京介绍交流经验,邹碧华作为上海市高级人民法院代表参加了会议。

从权力运行可视化到审判管理可视化,从干部业绩档案模块到法官办案智能支持系统,邹碧华没有配备什么助手,一个人站在屏幕前一边介绍一边娴熟地操作着PPT遥控笔。一目了然的图形、精确的数据、清晰的思路、流利的表达,再加上对法院各部门工作的谙熟于胸,邹碧华的完美介绍为最高人民法院展示了一家"公正廉洁为民的现代化法院"。

2014年4月17日,最高人民法院院长周强在上海市高级人民法院院长崔亚东的陪同下考察上海市高级人民法院的信息化建设工作,邹碧华负责PPT的展示与介绍。

"大开眼界!"有人连连赞叹。

那次会议后,最高人民法院院长周强多次在公开场合强调,要充分认识推进信息化建设的重要性,全面推进最高人民法院和全国各级法院信息化建设,运用互联网思维,大力推进法院审判体系现代化和审判能力现代化,大力推进全国法院信息联网,逐步实现全国法院信息的互联互通。

邹碧华笑了,不是为自己,而是为整个上海法院。经历了那么多人生波折后,他早已跳出了那个执着于我的"我"。

"总想着自己是金子,时刻就面临被埋没的痛苦。把自己当泥土吧,让人们把你踩成道路。"邹碧华在笔记本上写下了北岛的诗句。

5月20日下午五点半,华东政法大学长宁校区河西食堂二楼的礼堂里人头攒动。四百多个座位被熙熙攘攘的学生早早坐满,其中一些还是慕名赶来的外校学生。今天,华政邀请邹碧华来给学生们上一堂"职业生涯规划与自我调整"的讲座。

自从做了导师后,邹碧华一直有个习惯,每当有"邹门弟子"即将毕业,他便给他们上一堂职业规划课。听的人渐渐多了,口碑越传越广,华政索性邀请他给所有应届毕业生开讲座。

讲座定于6点开始,但邹碧华还没到。

"各位同学,大家稍微等一等,邹老师路上堵车要晚到一些。"华政研究生教学院院长杨忠孝走到台上说,他接到了邹碧华打来的电话。

唐豪臻悄悄走出礼堂。导师很少迟到,一定是因为有急事需要处理才会晚到,估计导师可能还饿着肚子呢。唐豪臻跑到校园的超市里,给邹碧华买了两罐特仑苏牛奶和一块小毛巾。

6点20分,邹碧华赶到了。

"老师,您拿这个先垫垫饥,毛巾可以擦擦汗!"唐豪臻迅速地将特仑苏和毛巾塞到邹碧华手中,邹碧华笑了笑,快步走上讲台。

PPT在屏幕上显示出来,"人生就像一场舞会,教会你最初舞步的人,却未必能陪你走到散场。"唐豪臻看见了标题右下角的一段文字。

"抱歉,我今天迟到了!"邹碧华歉意地朝台下打着招呼,"今天我给大家准备的题目是《职业生涯规划与自我调整》,从三个方面讲起：概述、职业生涯规划、入职的六个策略。"

台下的学子一下子安静下来,全神贯注地看着邹碧华。

"我很小的时候,父亲就开始磨练我的意志力。从上小学时起,我每年暑假中的一个月就是在建筑工地上做零工,自己赚学费。从小学到高中,我的学费都是自己挣的,我特别懂得珍惜学习的机会。后来进了法院,无论是在研究室还是民一庭、民二庭,我都特别努力,花的工夫绝对不是一般的。2008年到长宁区人民法院做院长,我非常投入,去之前做了很多功课,把高级人民法院所有条线里有关长宁的情况都去摸底了一下,把离开长宁区人民法院的人都去走访了一遍,所以到了长宁,很多人的名字我已经耳熟能详。

这里面有我的一个价值观在起作用,那就是——我必须把交给我的每件事情做好。"

屏幕上出现了一张硕大的版画,邹碧华感慨地看着说道:"我的父亲是一位非常痴迷的版画家,这是他的作品《竹乡雪》,是20世纪80年代他在一个大雪纷飞的春节,在深山老林里待了四天四夜寻找到的灵感,这幅作品后来在日本神户参展了。我一直很感谢我的父亲,在那个特殊的年代里,他的成分不好,但他一步一个脚印把我们兄弟三个抚养长大。我母亲对我的影响也非常大,在我成为一名法官时,我母亲在电话里提醒我'要做一个有良心的法官',这句话我一直记到现在。"

"这是我的书房!"PPT上出现了邹碧华书房的照片,满墙的书籍赫然出现在莘莘学子面前,台下一片"噢——"声。

"我每天最享受的事情就是在书房里看书,"邹碧华笑着说,"有很多人说,你工作压力这么大,怎么没有抑郁症?"

"哈哈!"台下大笑。

"确实,职场的现状并不令人乐观。我这里有一个最新统计,现代职场中70%的人是不快乐的人,90%的人属于亚健康,忧郁症患者每年增加1.3%,而在公务员中,29.3%的人有心理健康问题,工作倦怠指数高达54.88%。为什么我们的心理压力会这么大……"

一张张充满青春朝气的脸庞目不转睛地看着PPT,坐在前排的唐豪臻也同样入神。虽然已经是第二次聆听老师关于职业规划的讲座,但邹碧华的讲座仍然让人百听不厌,而且还加入了很多新的内容,让人感悟良多。

"我以前在上海市高级人民法院刚刚参加工作的时候,办公室里有一位同事说话很冲。有一次,庭长要他确认发出去的通知下面法院是否已经收到,那位同事直接拒绝了。他说'我上午才发通知,下午就问没必要。'如果这个问题发生在在座各位同学身上,庭长来问你,你会怎么做?"

邹碧华环视了一下整个礼堂,"如果是我,我会先和领导说明一下情况,然后和他商量是否可以等到明天再确认。一个人在职场,一定要学会自己的情绪管理,认识他人的情绪,觉察自己的情绪,管理好自己的人际关系。"

邹碧华的普通话纯正洪亮,整个礼堂都在回荡他的声音。也许是有些热,他不停地用小毛巾擦着额头上的汗。

"在机关里做事,首先别怕任务繁重,因为干活就是机会。机关里很多工作分不清职责,这在哪儿都一样,有时你本来已经很忙了,而周边的人却很悠闲,可领导就是要让你做。对此,很多人会有意见,还不时发点小牢骚,觉得自己吃了大亏。以我的经验,这是领导对新人的初步考验,一是看你有没有大局意识肯不肯干,二是想通过工作看你能不能干。如果你一直不愿干或干不好,在这个领导的任期内,你基本就定型了,不会有太大的出息。"

邹碧华又擦了一把汗,他索性脱下外套,唐豪臻这才发现,导师里面的衬衫已经湿了一大片。

"还有一种情况,就是领导总把急难险重的任务交给少数同志干,有的年轻人也不满意。殊不知,不管什么样的单位,始终是20%的人干 80％的活,而且还经常挨批评。但到最后,进步最快的人往往就是这 20％的人,因为他们贡献大、得到的锻炼多,能力自然也就比别人要强很多。在任何地方工作,不怕吃苦,不怕累,不怕困,不怕烦,不怕吃亏,人生没有不成功的⋯⋯"

掌声、笑声,邹碧华的讲课触类旁通、引人深思,整个礼堂里的学生都被他的思想所吸引,时间似乎被人遗忘了。

"⋯⋯什么是你的重点? 这一生最重要的是什么? 这一职业最重要的是什么? 这一岗位最重要的是什么? 这一天最重要的是什么? 这件事情最重要的是什么? 我们是因为成功而快乐,还是因为快乐而成功?"邹碧华的追问不断叩击着青年学子的心扉。

"如果有一件事情我们不得不做,最好的办法就是把那件事情变成我们喜欢做的事情。我们在座的任何人,你可以拥有世界上最好的工作,但如果你不能发现它的意义,你就不会喜欢它⋯⋯我的一位老领导曾经和我说过一句话,我觉得很有道理。他说:我们生活的这个世界本来就不完美,但正因为这份不完美,才需要我们去努力去奋斗,我们的存在才因此有了价值。

我在这里给大家推荐一本书《追逐日光》,这本书读起来非常轻松,一口气就能读完。作者尤金·奥凯利是毕马威的前首席执行官,他做了一年执行官后体检时发现生了脑癌,医生告诉他只剩下三个月的生命。他很失落,但很快调整状态规划了自己三个月的人生,三个月里还写了这本书,书里都是他的人生感悟,非常感人。我是一口气把它读完的,读的时候我几乎要流眼泪。这本书里有一句话:'希望人生最后三个月能成为生命中最绚烂的记忆。既然我的生命轨迹不得不缩短,那么我就要努力让这段轨迹变得更加美丽。'哪怕自己身处癌症,也要活出生命的价值。作者在里面反思了当初他追求事业时,在家庭平衡上所出现的问题,他写了很多,这些感悟对我们非常有用。

我很喜欢这句话:有人说,时间在流逝。错了! 不是时间在流逝,是我们自己在流逝! 我们流失了生命,获得了什么? 叔本华说:人生的价值在于体验。人活着，还是要有一点自己的境界。你为之烦恼的今天，是昨天死去的人最为渴望的明天。

让时间发光。在追求有意义而又快乐的目标时，我们并不是在消磨时光，而是在让时间发光。一个人，只有在追求自我实现的时候，人才会迸发出持久强大的热情，才能最大限度地发挥自己的潜能，最大程度地服务于社会。这种热情不只是外在的表现，它发自内心，来自你对工作的真心欢喜。

最后我借用乔布斯的一句话结束我今天和大家的分享：'活着就是为了改变世界。'我希望我们每个人用自己的努力改变身边的世界。谢谢大家！"

掌声雷鸣，学子们以最热烈的方式表达着对邹碧华的敬意。邹碧华站起身，向台下深深鞠了一躬。

唐豪臻低头看了一下手表，九点半。整整三个小时，邹碧华只喝了两罐特仑苏牛奶。

"碧华，要去外面饭店吃点晚饭吗？"讲课结束后，杨忠孝问邹碧华。

"不用了，不用了。"邹碧华微笑着摆摆手，他已经看到身边围过来的"邹门弟子"，"我留下来和学生们再聊一会儿！"

邹碧华和"弟子们"一起走到了隔壁的小教室里，他关切地和每位学生聊着他们各自的学业情况，研二学生的开题如何了？研三学生的毕业论文进展得可顺利？

时间一分一秒地过去了，保洁阿姨走进教室，催着关灯。

"不好意思啊，阿姨，再过一会儿，再过一会儿！"邹碧华笑着打招呼。

一个小时后，邹碧华和学生们走出大楼。夜色深沉，道路两旁的树影暗自婆娑。

"老师，您的儿子叫什么名字啊？"有学生好奇地问。

"邹逸风，飘逸的逸，大风的风。"

"这个名字很好听啊，谁起的呀？"

"是我的大学同学给起的。"

"噢!"年轻的声音异口同声地在响。

邹碧华将了将额前的头发,嘴角一丝笑容。曾经一样的清纯、一样的期待,一样的意气风发,一晃已经二十年了!

一阵微风轻轻拂过他的脸,邹碧华低头看了一眼自己的影子,那影子既熟悉又陌生,在宁静的夜里与他靠得那么近。一个人不可能知道自己在人生道路上能走多远,但他应当知道会不会一生享受他所做的一切。

司法改革

2014年5月,崔亚东在司法改革专题会议上要求上海市高级人民法院司改办抓紧确定上海法院推进司法体制改革实施方案。上海市高级人民法院司改办的工作全部围绕制定上海法院司法体制改革试点实施方案而展开。

"我们的实施方案要明确改革的原则、目的、任务、路径、方法措施,确定责任部门和进度要求,既要符合中央顶层设计的要求,也要坚持按司法规律办事,同时还要结合法院实际,体现上海自身特色。"崔亚东的话句句落在邹碧华的心头。这是一个非常高的要求,但也是一个必须完成的要求。

很快,崔亚东带着司改办一行前往全市各法院进行专题调研,并多次邀请人大代表、政协委员、律师代表、特邀监督员、特邀咨询员和人民陪审员来高级人民法院参加座谈。

马不停蹄,通宵达旦,高强度的工作压得所有人都喘不过气来。

什么是人员分类,每类怎么分? 什么是员额,员额多大比例? 怎去评价一个法官的业绩？法官助理等级如何晋升？主审法官的办案责任有哪些？如何完善审判委员会工作机制？大量的演算、测算、分类、定位等着司改办团队争分夺秒地去解决。

"顾全，你以前设计的法院干部业绩档案、系统很好，不过在实际使用中就有瓶颈了，法官只有业绩没有衡量标准，只有干了什么事情而没有具体评价。"邹碧华对顾全说。

"电脑没办法评价一个人的，只能做体检报告。"顾全说。

"应该可以拿得出标准，"邹碧华不同意顾全的说法，"以前我在美国联邦司法中心学习的时候，他们有一个'caseweight'（权重），专门统计各种不同类型案件所需要消耗的工作量，然后换算出每种类型案件所需占用的劳动力，来帮助美国法院确定人员的配置数量。我在长宁也尝试过案件权重系数的模型测算，比如一个案子立案后，送达需要花多少时间，需要开多少次庭，每次庭平均花多长时间，笔录字数是多少……"

邹碧华滔滔不绝地和顾全讲起了案件权重系数的设计，如同一个金融专家在同行面前介绍自己运用汇率来分析外汇市场一般。顾全被震撼了，邹碧华做事一向投入，但这次似乎特别投入，几乎是一种近乎偏执的、狂热的、追求真理的投入。

曹红星也被邹碧华"逼"着去做各类测算了。四家基层法院5年内所有的一审判决案件，全部按照一般权重系数、固定权重系数、浮动权重系数来分类，然后逐一对笔录页数、开庭时间、审理天数、独任刑事简易案件、简易批量案件、诉前保全案件、破产清算案件、审计鉴定评估、当事人人数、涉众型犯罪等数据进行配套计算。数不清的开会、讨论、调整计算方式，曹红星的技术团队从来没觉得这么累过，即便如此，有时候还是跟不上邹碧华的脚步。

一次，邹碧华让司改办对一家试点法院的200多名法官工作量做测算，结果发现，测算出来的数据只能显示案件数量和效率，无法对案件难易程度下评判，邹碧华决定自己去调阅。

"顾全，你联系一下信息技术处，让他们把这家法院所有法官的同期电子案卷材料调出来,我要在双休日梳理一遍。"邹碧华对顾全说。

"他怎么可能有这个精力看得完啊,单单硬盘拷贝就需要四个小时呢!"信息技术处的人吃惊地说。

"他肯定会看的。"顾全回答。

双休日,邹碧华一个人在办公室对 200 名法官 5 年内所有的办案卷宗进行抽查比对,平均每个法官被抽查了一至两起案件。

而与此同时在短短的 3 月至 5 月,崔亚东则主持召开了 8 次党组专题会议、26 次司法体制改革领导小组专题会议、10 次由全市基层法院院长和高级人民法院相关部门负责人专题会议进行的研讨,邹碧华带领司改团队夜以继日地加班,根据司法体制改革领导小组的要求不断制订和修改《上海法院司法改革试点工作实施方案》。

6 月 6 日,中央全面深化改革领导小组第三次会议审议通过了《中央关于司法体制改革试点若干问题的框架意见》和《上海市司法改革试点工作方案》。上海司改方案一下子成为全国关注的热点,尤其是其中提到的法官占队伍总数 33% 的员额控制目标,引来了众多法律人的解读,各种猜测、质疑、焦虑、嘲讽、围观的声音开始出来了。

"我在法院待了近 20 年,经历了 4 个 5 年了。司改?我看还是算了吧。"

"本次司改,法院和法官的职业待遇很难落实,责任追究最终会落地,以后为了工作,一不小心就会被追责。重则进去,轻则影响晋职。"

"现在领导练就了踏雪无痕、抓铁无印之功,只说案件怎么判,不在判决书草稿上修改,将来案件有问题他也推得一干二净。"

"法官助理就是拿助理的钱、担法官的责、操书记员的心、干内勤的活、受领导的监督、挨当事人的骂、背制度的黑锅。"

"一个员额制,多少辛酸泪!助理审判员变助理,初任法官变助理!唯领导与老同志是法官。未来啊……"

邹碧华在网上密切关注着这些评论,一篇题为《多收了三五斗》的文章引起了他的注意,作者"倾城"以轻盈明快的笔调表达了对司法改革的隐忧与期待,这篇文章在法官群体中产生了强烈共鸣:

"……混迹大院十八年，深感地方法院内外管理体制从诞生之初到磕磕碰碰沿袭至今，早已形成巨大的定式思维惯性和独特的内在运行逻辑。改革逆水行舟，往往牵一发而动全身，又因牵全身而难动一发。以半军事化为底色而非现代司法理念为先导的行政化管理模式下的地方法院，固如铁桶的槛内自循环机制，瓜连蒂结的门生故吏官场依附，同荣俱损的闭门自守党同排异，和光同尘的熟人社会司法生态，这么多年来早已蒂固根深自成体系。台上的声色俱厉无非水过地皮湿，任尔八面来风，马照跑舞照跳。至于那些被'法律虐我千百遍'的心存励志者，这些年也被各种反复折腾得不免有些意冷心灰，时至今日，指望一纸方案传檄而定'我待法律如初恋'，未免太过浪漫多情。

……在一些地方和部门的改革方案中，这头攥着打熬不易的行政职级死守不放，那头盯着或将提升的法官待遇脸红眼馋，既要紧握案件的审批把关权，还要在追责时不留半丝痕迹。院庭长暂搁签字笔，轻敲法槌三两声，就算是亲自主审办案。非审判岗位法官放下手头纷繁事务，参加几次合议，就叫作充实办案一线。而当改革的初衷被淡化虚置，现实语境下的内部诉求都被引导为一句话：凡是不以加工资为目的改革都是耍流氓。

于普通办案法官而言，纵然庭上披了件光鲜的法袍，庭下不过是沉默潜行的司法技工、隐于街市的升斗小民，对改革从无多少话语权。会议室里唾沫四溅挥斥方遒，官样文章在天空飞来飞去，所谓隆其地位、厚其俸禄、赋其判权、严其责任的宏大构想，落入凡间竟似一场大梦。而离开了真正的基层参与、一线铺衬，顶层设计的内核被中间层于有意无形中杯葛成肉食者谋，这改革到底又接的是哪门子地气？

诸多乱象，让我再次想起一位中级法院院长在某次高层级研讨会上的尖厉追问：我们的改革究竟为了谁？依靠谁？我是谁？！

纵观青史，没有哪一次动真格的改革会平静无波，新旧理念的激烈碰撞，损益博弈的进退流转，真实而残酷。但时代机遇稍纵即逝，司法改革若不能直面真问题，以大刀阔斧之势完成一次从灵魂到利益的大浪

在司法改革推进过程中,邹碧华带领司改团队进行各类专题调研和实证讨论,有时讨论非常激烈。

淘沙,而是所谓利益均沾式的咸与维新,未来的日子里,或许法官们的米缸里确乎多收了三五斗,法律的餐桌上却仍将是一碗坚硬的稀粥……"

很快,倾城的文章得到了呼应,一篇题为《司法改革不是让年轻人走开》的文章也在腾讯微信中疯传了起来:

"就像倾城文章中所说的那样,如今大院中人对司法改革真的是既满怀期待,又各抱心思,老人们担心的是司法改革会不会只是让法官的米缸多收了三五斗,年轻人担心的则是司法改革会不会让自己变成连祭器都不能碰的祥林嫂——风闻部分试点法院打算将所有助理审判员左迁为没有办案资格的法官助理。嗯,大家想象一下那些年轻人受了炮烙似的把伸向法槌的手缩回来时的绝望和忧伤吧。

如果你熟悉现代史,你就会知道,我们国家历次的精兵简政、减员增效的人事改革,往往都是先向年轻人开刀的……如果从几个试点法院露出的苗头看,法官员额制改革也很可能会步1998年部委机构改革的后尘。僧多粥少,法官名额当然成为了香饽饽,除了业务能力强又资深的法官理所当然地留任以外,业务能力强但不资深的年轻法官与资深但业务能力不强的老法官之间必然是二选一的死磕,如果从改革的阻力而不是成效考量,让年轻的助理审判员转为法官助理显然比直接让一名资深审判员下岗的压力小得多,此间利害,领导当然深谙。'你还年轻,可以再等两年!'体制内的年轻人太熟悉这种安慰了。

……和'扫尘、杀鸡、宰鹅、彻夜的煮福礼,全是一人担当'的祥林嫂一样,现如今法院里的40岁以下的年轻法官也是办案、调研、信息综合一肩挑,个别法院刚任命的助审员还得兼着书记员的活,虽还称不上是目前法院法官中的精英队伍,但绝对已经是中坚力量。从2007年中央决定对政法队伍进行大扩编后,越来越多的高学历年轻人通过公务员考试进入法院,为法院队伍输送了大量的新鲜血液。他们大多受过系统的法学教育,有着扎实的理论功底和法律素养,且世事未染心怀正义。

……如果真的全部剥夺这些年轻法官的办案资格,不知道除了委屈这些年轻人转入地下继续挂名办案外,法院还有什么方法可以消化涌进法院的如潮案件。

如果未来建立起法官逐级遴选机制,中基层法院作为审判人才大厦的基石,不仅不应减少年轻法官的比例,还要加大年轻法官培养的力度,为上级法院输送更多更优秀的法官。故无论是现在还是将来,无论是基层法院还是最高人民法院,都要形成一支涵盖各个年龄段的合理法官梯队,没有任何理由将目前法院里的年轻人从审判台赶上看台。

……法官职业化改革前,北上广等发达地区就已经有相当多的年轻法官因为待遇过低和不堪工作压力纷纷选择离职,如果再罔顾当前司法现状,一刀切地让所有助理审判员转为法官助理无疑将会形成新一波的年轻法官辞职潮……"

山雨欲来风满楼,邹碧华默默看着这些"网来网去"的评论,陷入了深深的沉思之中。

司法改革,原本是一场以培养优秀法官队伍为目的的法官职业化改革，为什么突然演变成了法律人的"恐慌"？

人，这次改革触动了人，"人才"是关键，"人"才是关键。综合部门和一线办案部门，审判员与助理审判员，员额落实和法院未来发展，入额和不入额，法官序列和非法官序列，不同审级法院，不同基层法院……每一对矛盾里都离不开人的利益纠缠。尤其那33%的法官员额，是一刀切，还是结构优化，抑或推倒重来，其中的压力可想而知。

"碧华，没意思的，这里的水深着呢，没必要去得罪那么多人。"有人劝他。

"老法官也是一步一步靠自己努力走过来的，总不见得等到退休反而不是法官了？"

"稳定过渡最重要，与其让一名老法官下岗，不如让年轻法官转为法官助理更稳当些，这里的利害你懂的！"

邹碧华沉默了。如果司改做到最后，既甩不掉历史包袱，又流失了年轻血液，这样的改革又有什么意义呢？司法改革走了十多年，很多人已经走得太远，忘记了当初出发的目的，但——他不会。

邹碧华开始努力，他让司改团队收集海量数据进行测算和未来演算，对审判员、助审员如何入额的问题进行不同方案的横向比较，然后竭尽全力地向全国法院的来访者、法院内部的领导、市政法委领导、最高人民法院司改办、中央政法委领导讲述"优化结构"对法院发展的必要性。

"我们的司法改革千万不能对助审员实行'一刀切'，如果那样的话，法院的未来会面临三大问题：第一，未来五年的晋升通道几乎被堵死；第二，法官等级晋升全面延后；第三，严重影响办案力量。此外，还会影响法官队伍年龄结构和学历结构。那么如果我们采用'优化结构'的方式的话，我们不仅能够切除冗员，还能为法院的未来发展保留足够空间，对此，我们做过一个五年的未来测算，大家请看……"邹碧华在各个场合中不断努力地解说着，他犹如一只荆棘鸟，即使道路坎坷，也无怨无悔地把身体扎进了那根最长最尖的荆棘上。

艰难前行

2014年6月27日,周五。陈雷正准备下班,今天是她的生日,她和组里的成员说好下班后出去吃饭。

突然,北京来了一个紧急通知,最高人民法院司改办要在下周一听取上海法院的司改实施方案汇报,而正在中央党校学习的崔亚东院长则要求司改办于本周日先向其汇报一下方案。

所有的人都倒吸了一口气,生日晚宴是吃不成了,赶紧分头写方案!

累、疲倦、困乏,到了晚上八点,有人实在撑不住了。

"我们还是去吃一下饭吧!"李则立说。一群疲惫不堪的人拖着疲惫不堪的身体走出了法院。太累了,他们再也写不动了。

第二天,陈雷和李则立接到上海市高级人民法院办公室副主任张新的电话,办公室已经给他俩订好了上午11点飞往北京的航班。

陈雷有些抓狂了,时间太紧张了,她和李则立必须要在周六赶写出人员分类管理这块内容的汇报稿,然后交给研究室进行统稿。

飞机上,陈雷拿着笔在纸上飞快地写着。

"你在干什么呢?"坐在前排的研究室主任刘力回过头来。

"写材料,还没写好。"陈雷苦笑了一下。

四个小时后,陈雷坐在下榻酒店的房间里,打开酒店提供的电脑,疯狂地赶写报告。

"吃饭啦! 陈雷!"不知过了多久,有人来喊她吃饭。

"我不吃了,报告还没写完呢。"

"饭还是要吃的,邹院长都来了,吃完饭继续干活!"来人硬拽着陈雷去了餐厅。

一张圆桌,一群人围坐,感叹司改之难。邹碧华入座了,此时的他除了继续分管审判权力运行机制改革外,对人员分类管理制度改革这块工作也已经全盘介入。相比审判权力运行机制改革而言,人员分类管理的改革更加艰难,"战场"上的"硝烟"更加弥漫。

"太难了!每个角落都要一尘不染,每个管道都要打通,序列之间如何交流,等级将来如何保留,太多问题需要去消化了!"有人感叹。

"在座各位的智商加起来都要爆表了,不要怕!"邹碧华朝大家嘿嘿一笑,幽默的话语顿时把在座的人都逗乐了。

李则立打心眼里佩服这位副院长,邹碧华比他们更忙更累,但面对改革中的困难却能依然保持旺盛的生命力,太不简单了!

吃完饭,陈雷回到房间,打开电脑后她顿时傻眼了——酒店里的电脑把她之前辛辛苦苦写了一大半的方案给自动删除了!

怎么会这样?!怎么会这样!!陈雷的心狂跳着,她反复在电脑里搜索,但是没有,之前的文件真的没有了!

她的头无力地垂到桌面上。李则立无奈地看着陈雷,弱弱地说道:"要不我帮你写吧?"

陈雷的眼泪终于下来了,她很清楚,每个组员的分工不同,她的这块内容只有自己最清楚,自己去完成,别人无法替代。含着眼泪,陈雷重新在键盘上打起字来。

晚上10点,疲倦的她终于交出了稿子。

研究室的董燕立即进行统稿,此时的邹碧华正在默默等候董燕的统稿,他必须通宵审核完这份稿子,然后第二天一大早向崔亚东汇报。

改革,对于任何一位参与者来说都是艰辛的,无论遇到何种困难,每个人都必须抱着信念一步一个脚印地走下去,因为没有退路。

7月9日上午,最高人民法院在山东省济南市召开了新闻发布会,通报《人民法院第四个五年改革纲要(2014—2018)》的总体思路和主要内容,其中针对8个重点领域提出了45项改革举措。

邹碧华仔细研读着"四五纲要"的内容,尤其是"深化法院人事管理改革"和"健全审判权力运行机制"两个方面：

"要坚持以法官为中心、以服务审判工作为重心,建立分类科学、结构合理、分工明确、保障有力的法院人员管理制度……推进法院人员分类管理制度改革,将法院人员分为法官、审判辅助人员和司法行政人员,实行分类管理。与之配套的,是拓宽审判辅助人员的来源渠道,建立审判辅助人员的正常增补机制,减少法官事务性工作负担……建立法官员额制,对法官在编制限额内实行员额管理,确保法官主要集中在审判一线,高素质人才能够充实到审判一线。

……完善主审法官、合议庭办案机制。选拔政治素质好、办案能力强、专业水平高、司法经验丰富的审判人员担任主审法官,作为独任法官或合议庭中的审判长……改革裁判文书签发机制,主审法官独任审理案件的裁判文书,不再由院、庭长签发。建立科学合理、客观公正、符合规律的法官业绩评价体系,实现法官评价机制、问责机制、惩戒机制与退出机制的有效衔接……"

邹碧华明白,一场触及灵魂的改革已经正式到来。

7月12日,上海市委召开全市司法改革先行试点部署会,崔亚东和上海市检察院检察长陈旭分别通报了法院、检察院推进司法改革试点工作的安排,徐汇区委、第二中级人民法院、检察官代表分别作了表态性发言,这次部署也标志着上海正式拉开了司法改革先行试点工作的序幕。各大媒体开始集中地报道,一些媒体提出:"根据上海方面宣布的'路线图'和'时间表',上海全市司法改革试点工作将于2015年第一季度全面推进,并且要尽快为全国形成可复制、可推广的经验。余下的时间已然不多,但公众对方案的细节依然知之甚少,粗线条、框架式、原则性的改革方案是否能够顺利落地并且朝着预设的方向演进,各种习惯势力和既得利益群体是否会对方案的内容进行有利于他们的变通,都极大地考验着方案细节的配套和跟进能力。"

7月17日,《人民法院报》在评论版以醒目位置刊登了何帆撰写的《做好法官员额制的"加减法"》一文:"推进法官员额制,既要'做加法',也要

'做减法'。所谓'做加法',是配合主审法官、合议庭负责制改革,将优秀的审判资源集中到一线办案岗位。所谓'做减法',则是通过建立科学的人员分类方法、业绩评价体系和法官问责办法,完善不适任法官的退出的机制,减少非办案岗位占用的法官员额。但是,无论'做加法'还是'做减法',推进时都应避免搞'一刀切',更不能'唯资历论'或'唯职务论'……"

7月18日,最高人民法院司改办在上海召开"法官工作量测算与法官员额制改革座谈会",邀请上海、广东、浙江、江苏、四川、湖北等地法院的法官代表,集中研究改革过程中存在的主要问题,听取各地法院的意见和建议。

最高人民法院司改办在上海召开司法改革座谈会,邹碧华(发言者)和全国各地的法院代表一起探讨改革中存在的问题。

邹碧华参加了这次会议,他坐在何帆身边先作了"司法改革与数据分析"的主题汇报,然后仔细倾听着兄弟法院各自推进法官员额制度改革的做法:广东省高级人民法院采用"结案系数测算法"对深圳福田、盐田法院作了近两年的数据测算;浙江省宁波市中级人民法院采用"流程节点测算法"计算法官办案各个流程节点所需时间与法官有效办案时间之比,从而确定法官办案工作量的饱和度,以此作为测算法官员额的重要依据;江苏省高级人民法院则一边进行法官案件饱和度的专题调研,一边着手推进审判辅助人员的增补工作。

全国的法院都在行动,但大家都面临人员结构状况、区域层级差异、案件总量逐年递增的问题。会上很多代表畅所欲言,有人提出:中国虽然实行"四级二审制",但四级法院都可以作为一审法院,审理的案件类型、审理模式、法官培养模式趋同,由此导致四级法院的法官员额将很难拉开合理距离,很难针对不同层级的法院设定不同的法官任职条件,很难将自下而上的逐级遴选作为上级法院法官的主要来源。

邹碧华不停地做着记录,法官员额制度改革是司改的一块"硬骨头",它的成功与否关系到一线法官的人心稳定和法院的长远发展,甚至影响到社会各界对司改成败的评价。邹碧华蹙眉深思,一刻不敢懈怠。

7月31日,上海市司法改革试点推进小组第二次会议审议通过了《上海法院司法改革试点工作实施方案》。这份实施方案凝结了上海法院司法改革团队的集体智慧,所有的人都有一种苦尽甘来的感觉,因为这份方案足足经历了34稿的修改,真是来之不易! 当天下午,上海市高级人民法院举行上海法院司法体制改革试点工作动员大会,崔亚东在会上作了动员讲话,上海法院司改试点正式启动。

"上海法院部署司法体制改革试点工作,全面细化落实五项改革试点任务,年内第二中级人民法院、徐汇区、闵行区、宝山区4家试点法院先行实施相关方案,明年一季度起全市法院全面推进……员额比例中,33%为法官、52%为审判辅助人员、15%为司法行政人员……"电台里,播音员的声音在响,邹碧华坐在车里,默默听着。

8月5日,上海市司法改革试点推进小组将审议通过的《上海法院司法改革试点工作实施方案》印发给上海市高级人民法院。随后,崔亚东主持召开司改办专题会议,听取第二中级人民法院、徐汇区、闵行区、宝山区等四家先行试点法院司法改革试点工作实施方案的制定情况。

20天后,4家试点法院完成了具体实施方案的制定工作,经上海市司法改革试点推进小组办公室批准而正式实施。

9月5日,上海举行了令人瞩目的"首批法官助理、检察官助理任命大会",231名法官助理、58名检察官助理的代表接受了证书,并举行宣誓仪式。

"此次上海首批法官助理选任是在上海市第二中级人民法院和徐汇区、闵行区、宝山区等四家改革试点法院范围内进行,经过本人报名、资格审查、测评考核与公示等程序,最终从359名符合条件的人员中择优选任了231名首批法官助理,其中平均年龄为28.4岁,硕士以上学历占比65.5%。据悉,这是新中国成立以来,在我国大陆产生的首批法官助理、检察官助理,此举标志着上海司法体制改革工作又向前迈出了坚实的一步……"

任命大会的消息在微信圈里一再刷屏,邹碧华的手机里一片点赞,很多人祝贺上海法院司改"首秀"成功。

他微微一笑。

——任务和事业不同。任务,就是赶紧把它完成,把这个包袱卸下来。事业,是你全身心的投入,和自己的生活无法分割,你并不希望从中获利,而是从心底希望它能够成功。现在司改的事业才刚刚开始,后面的路会越走越难。

果然,一位"邹门弟子"给邹碧华写来了一封信。

"……邹老师,最近我和同事的沟通中,话题大多围绕司法改革。我常常问自己,你当初的选择是正确的么?

同事A说,统计了一下这5年院内退休的同事,大概只有10个法官员额空出,但我们这一批法官助理以及3年以下的助理审判员加起来大概有一百来个人,如果照这样计算,就算通过增加文员来增加人数,我们也很难看到希望了。

同事B说,我们欢迎改革,也愿意做出一定的牺牲,前提有利于中国司法真正的进步。现在的改革趋势恐怕我们是白白牺牲,有些人本来在二线过得很清闲,就是为了抢占员额在这一两年运作到一线来了,但是他们不愿办案也不会办案,只好找个能干的法官助理跟着。活儿是法官助理干,其他的就和法官助理没关系了。

同事 C 说,对于年轻人来说,名和利之间还是比较在乎名。做法官,独立办案是所有年轻人的理想,如果实现无期还是出去赚钱比较实在。

他们在抱怨司改和自己的法官助理身份,但他们有的是长期加班每月结案率在庭里数一数二的青年法官,有的是长期和妻子分居两地的骨干,还有充满干劲的调研高手。邹老师,我知道您现在在负责司改这件事情,作为一名普通的基层工作者,我也有很多想法想和您说说。

目前年轻人对于司法改革分为三种态度:(1)坚定派,就是喜欢法院的工作,做好在法院干一辈子的打算。(2)观望派,一边工作一边观望司法改革的前景,如果不符合自己的预期就离开。(3)悲观派,已经离开或者做好了离开的打算。这三种人中以第二种人数最多,大概占到百分之五十到六十左右,这批人也属于法官助理中间的骨干力量,学历较高,能力较强,面临的选择和诱惑也多。

但不管是哪一派,大家的诉求和期望是一致的,我们特别关心以下几个问题:

第一,法官助理如何晋升法官?按照目前的员额比例,如果不给后面的法官助理预留份额,只是单纯地靠退休和增加文员数量来扩大名额,大家都觉得晋升的希望比较狭窄,晋升的竞争也会比较激烈。对于法官助理晋升法官是否会有比例的约束?如何量化法官助理工作期间的表现,以保证公平公正公开?如果真的将晋升年限设定较长,而评价机制不清,或许会与大家入职时候的预期差别太大,从而挫伤工作积极性,乃至引发法官助理的离职潮。

第二,法官助理的工作内容是什么?我们始终对法官和法官助理的分工比较疑惑,如果法官助理承担了大部分的文案工作,会不会导致法官就不写判决了?就像同事说的,只要有个能干的法官助理,就可以高枕无忧。这样，法官助理永远就只能承担繁重的幕后文案，而没有独当一面的成长机会——而这样的机会，恰恰是很多有志向的中青年法官助理所期望的。

第三，法官助理如何流动？优秀的法官可以通过遴选到上级法院，法官助理中是否也可以引进同样的机制？在新的环境和新岗位的碰撞和挑战，可以丰富一个人的知识和阅历，唤起一个人的热情与活力。我看到过一些在同一个法庭、同一个办公室工作十几年的同事，那种暮气沉沉让我既难过又恐惧——难道我的未来也会是这样？除此以外，庭室的选择是否也可以放开，让大家都做自己拿手的喜欢的工作，毕竟兴趣是最好的动力。我看到有的同事为了能调动到自己所学专业相关的庭室，费了九牛二虎之力还是以失败告终，最后只好选择黯然离开。既然法官助理是法官的后备力量，是否能够给予更多锻炼的机会和选择的权利，让每个人都能在现有的体制下找到最适合自己的方向和位置？

第四，不能顺利晋升法官的法官助理出路在何方？法官助理分等级，如果在最高等级的法官助理任上，因为各种原因一直无法顺利晋升法官，是否有正常退出机制，还是可以再根据行政级别晋升？

每个人都有梦想，对于年轻的政法干警来说，成为一名合格的法官就是我们的梦想。当初我们进入法院，也是怀着在三到五年左右的时间能够独立办案的预期，经济上并不是我们首要的诉求。我们也不怕苦累，只要能锻炼自己，实现自己的职业理想，您作为一位在基层工作过的前辈、一位资深法官、一位导师，我想您一定能够明白年轻人的心情。

邹老师，司法改革寄托了很多法律人的期待和梦想，也承载了我们民族法治建设的未来，我为有您这样一位直接参与司改设计的导师而深感骄傲，愿司法改革能够取得成功。"

邹碧华一口气读完了"弟子"的来信，心情略显沉重，他想到了前不久在《北京青年报》上看到的一个北京法官辞职的报道："一封300多字的辞职信、3张制式统一的表格，终结了北京基层法官张伟16年的职业追求。曾经晒过月资5555.8元的他反复强调：'不是钱的事儿，加薪能保证法官不挨骂吗？能保证不加班吗？能保证岗位轮换按意愿发展吗？能不用做维稳化解信访回复吗？'"

司法改革已经到了千钧一发之时，一定要统一思想，要让更多的法官理解司改，要留住更多的优秀人才。

"人员分类改革关系到法院每一名工作同志的切身利益，在推进中要加强思想政治工作，做好政策解读工作，取得大家的理解和支持。你们编一本《政策解读》供大家学习参阅。"崔亚东说。邹碧华立即带领司改办连夜制订实施方案的"任务分解表"，同时针对全市法院干警普遍关注的各类问题加班编写《政策解读》。

9月18日，高级人民法院召集全市法院分管司改工作的院领导以及司改办负责人举行"政策解读培训"，60条《政策解读》发到了参会者手上，并同步挂到了上海法院内网，方便全市法院法官、书记员及工作人员进行理解和掌握。

"司法改革大方案已经出来了，很多人不了解，今天我们就把方案内容、背景以及今后的准备工作、未来发展趋势告诉大家。

……比如改革后，法官职务序列、审判辅助人员职务序列人员还是不是公务员？改革后的法院人员分类管理模式与改革前主要区别是什么？"

邹碧华在台上讲着，身边坐着郭伟清、顾全和张新。

郭伟清比邹碧华大11个月，两个人都属马，都长得高高瘦瘦，而且几乎同时从上海市高级人民法院调至基层法院担任院长，邹碧华在长宁区人民法院，郭伟清在徐汇区人民法院。在郭伟清的印象里，邹碧华博学、阳光、充满激情。一次全市法院院长会议上，两人恰巧坐在一起，聊起各自管理法院的心得，谈得甚为投缘。

2014年6月，郭伟清从徐汇区人民法院调至上海市高级人民法院担任政治部主任，兼任法官遴选办公室主任、司改办副主任，主抓人员分类管理制度。这次，他成了邹碧华的"亲密战友"，也充分见识了邹碧华的"强硬"作风。

一次，邹碧华布置任务给一个部门，部门负责人咕哝了一句，认为这事不该由他们做。邹碧华当场发火："如果连这件事你们都不去做，我不知道你们应该做什么！"

郭伟清的心"咯噔"一下，这个部门不是邹碧华分管的，邹碧华竟然这么不怕得罪人！后来他明白了，邹碧华在工作上从来都是如此，即便是在市里开会，邹碧华有时也会据理力争，郭伟清急得悄悄在边上直拉邹碧华的袖口。

"可以这样说，分类改革后，法官、审判辅助人员、司法行政人员仍然属于公务员。但改革前法院工作人员存在混岗情况，一些具有法官、书记员职务的人员在司法行政部门工作。改革后我们要探索科学的司法人员分类管理制度，改变长期行政化的人员管理模式，现有在编人员将有序转换到清晰的分类定岗状态。"邹碧华继续在台上讲着。

李则立和陆伟默默坐在台下倾听着。他俩都是熟悉法院院情、了解司法政策，又写得一手好材料的年轻助审员，如今，他们每天根据顶层设计、领导指示赶写着司法改革的各种材料。如果司法改革成功了，也就意味着他们亲手将自己推出了法官序列。

司法改革，异常艰难地前行，无论是台上还是台下，无论身处何种角色，每个人都感受到了这次改革带来的不同寻常的"苦味"。

勇者无畏

9月中旬的上海仍然炎热。

"要摸清每一位同志的真实想法，增加工作的针对性、实效性。"崔亚东提出了新要求。

高级人民法院政治部干部处向全市法官发出一份《岗位意向调查摸底表》，调查对象为全市具有审判员、助理审判员职务的人员，调查结果供人员分类定岗调研测算参考。

一张 A4 纸大小的表格发到了每一位审判员、助审员手中，表格上的主要选项为"司法改革后的岗位意向"，填表者可以选择"在法官岗位工作"或者"在非法官岗位工作"，表格下方则是"确定岗位意向的最重要原因"和"法官岗位待遇增幅在多少区间内会改变你的岗位意向"的调查选项。

"这次改革一定要实实在在地推进，把能胜任审判工作的人选出来。"邹碧华对郭伟清说。

"是，33%这一刀不可能按照审判员、助审员的简单分类来切，要择优入额，行的就上，不行就下来。"郭伟清很赞同。

与此同时，邹碧华带领司改团队对各国(地区)法官人均结案数、各国法官辅助人员比、全市法官人力资源投入占比、全市法院人员混同情况、主审法官及合议庭办案责任制推进情况、错案责任追究情况进行全面调研。仅一个"错案责任追究"，他就细分为错案责任认定部门的分布、法官对所在部门错案认定的态度、是否应当设置法官申诉程序等不同板块，每个板块都必须算出精密的百分比。

9 月 23 日，上海市高级人民法院司法改革领导小组向全市法院印发了《上海市高级人民法院关于贯彻落实最高人民法院〈人民法院第四个五年改革纲要(2014—2018)〉的实施意见》。

9 月 25 日，全国首起法官助理出席庭审的侵害作品信息网络传播权纠纷案在上海市第二中级人民法院开庭。全国各地的媒体闻讯赶来，电视台在庭审现场架起了摄像机，镜头中的法官助理坐在审判席前方，与书记员并排而对。

庭审开始，审判长宣布合议庭组成人员，然后告知当事人案件由法官助理参与审理，并询问是否申请回避。

"不申请。"原告回答。

"不申请。"被告回答。

法官助理倾听着当事人的发言，不时记录着，并按照审判长的指示为双方当事人传递诉讼证据和材料。

"您今天的感受如何？"庭审结束后，媒体采访了法官助理。

"我全程参与案件的审理过程，虽然是在法官的指导下展开工作，但并不是完全被动地接受法官的指令。我觉得，要成为一名合格乃至优秀的法官不是一蹴而就的，需要一个循序渐进的累积过程。"

新闻播报一出，"草根评论"再次以犀利的方式袭来。

"之前觉得做法官助理不舒服，现在觉得自己就是棋子，上头怎么摆，你就怎么立在那里……无所谓了，走走看看呗，有句话说得好，没有期望就没有失望。"

"除了不能坐在审判台上敲法槌，其他事情我全做了，你说我心里舒服不舒服？"

"助审之前是为自己的理想而努力，为实现职业荣誉感而自豪！法官助理本质上只是辅助法官办案，辅助！！仅此而已。"

邹碧华默默观察着这一切。司法改革的艰辛往往就是这样，鼓舞人心与士气低迷有时只有一步之遥，满负荷运转的辛苦有时换来的是充满嘲讽的质疑，不能迁就于现状，不能周全地兼顾各方利益，上下内外的压力充斥在周围，悲观失望与急功近利的心态不断打击着改革者，每走一步都举步维艰。

"我想调回审判岗位，远离司法改革。"一次，何帆对邹碧华说。

"哪儿有把船划到江心就弃桨投江的道理。"邹碧华给何帆打气，"走上这个岗位，就得承担起这个岗位的使命与责任，这是我们60后法官该有的担当，也是你们70后法官该有的担当，未来还会有80后、90后法官接过船桨，把司法改革事业推进下去，绝不能让我们现在的改革努力，变成未来的改革对象。"

10月，邹碧华又让刚到司改办的研究室副主任张新负责设计一份有关员额制方面的调查问卷，以便了解在定岗入额考核实施前法院干警的岗位意愿和最关心的问题,包括对法官定岗入额考核标准的探讨、法官定岗入额考核实施后的安排、意见和建议等。

被访者包括全市 24 家法院的干警,从 20 多岁的年轻书记员到 50 多岁的资深老法官,从本科生到硕士、博士,从办案一线到综合部门,张新带领司改办团队连夜加班,做出了一份详细的问卷。

"您目前最关心的问题是:A. 一开始就进入法官员额;B. 五年过渡期内进入法官员额;C. 改革后的政治待遇;D. 改革后的经济收入。"

"您对于现行法官助理入额前的工作年限的意见:A. 未满 3 年;B. 3 年以上未满 5 年;C. 5 年以上未满 8 年;D. 8 年以上。"

"您对于办案数量计算方式的意见:A. 区别案件难易程度,对复杂疑难案件、速裁案件和批量案件根据有关系数计算后得出结案总数;B. 扣除诉调案件、速裁案件和批量案件后的结案数……"

"您对于具有法官身份的未入额人员待遇的意见:A. 应当全额保留待遇;B. 应当按照一定比例保留待遇;C. 在过渡期内应当保留待遇……"

"嗯,很好!"邹碧华非常满意调查问卷的设计。很快,这张调查问卷被挂到了法院内网上,法官们陆续在网上填写起来。

这时,崔亚东把邹碧华叫到了办公室。

"碧华,现在有一个职务调整,组织上想征求一下你的意见。"崔亚东把相关情况向邹碧华作了介绍。

邹碧华有些意外。26 年了,在他 26 年的法官生涯中,他不断地努力争取着,读书、考试、出国研访,职务也在不断地晋升,现在有一个新的机遇……47 岁,上海市高级人民法院副院长,副局,如果能再往上升一级,在旁人眼里将是前途无量的,邹碧华面临着选择与考验。

"你考虑一下,然后给我一个答复。"崔亚东说。

邹碧华点点头。

深夜,邹碧华发了一条短信给崔亚东:"崔院长,感谢组织对我的关心。我觉得我现在做的司法改革和信息化是真正能够改变中国法院的两大领域,我想用这两年时间干出点模样来,个人上不上台阶不重要。"

你是不是傻了？真的就这样决定了？一个声音在心里问他。

人为什么活着？人生的意义是什么？另一个声音也在追问着他。

邹碧华最喜欢德蕾莎修女所著的《一条简单的道路》。

邹碧华翻开书桌上的一本书，那是他前不久刚买的《一条简单的道路》，他很喜欢里面德蕾莎修女的那首诗——《无论如何》。

"人们不讲道理　思想谬误　自我中心

无论如何　还是要爱他们

如果你友善　别人会说你自私自利　别有用心

无论如何　还是要友善

如果你成功之后　身边尽是假的朋友和真的敌人

无论如何　还是要成功

你所做的善事　明天就会被遗忘

无论如何　还是要做善事

诚实与坦率　使你容易受到欺骗和伤害

无论如何　还是要诚实与坦率

人都会只追随赢家　同情弱者

无论如何　还是要为弱者而奋斗

你耗尽数年的建设可能毁于一旦

无论如何　还是要建设

如果你找到了平静和幸福　人们可能会嫉妒你

无论如何　还是要帮助

将你所拥有的最好的东西献给世界可能永不够

无论如何　还是要将最好的东西付出。"

从来没有如此清晰地面对自己的心，邹碧华没有疑虑、没有彷徨、没有后悔，人的一辈子，最重要的是知道自己想做什么，然后抓紧时间去实现。

10月13日，邹碧华让司改办专门编辑了一期反映队伍思想动态情况的《司改专刊》报送到市委领导和市司法改革试点推进小组，其中详细罗列了人员分类管理、审判权运行机制、职业保障以及全市法院人财物统管改革中遇到的法院干警种种思想顾虑。

"……法院干警最关心的是实施人员分类管理后，法官员额的入额标准，以及自己能否纳入法官序列，享受法官职业保障。

审判岗位上的法官担心，实行法官员额管理后，法官数量减少，法院收案数仍将大幅增加，案多人少的矛盾会更加突出，办案压力会进一步加大。一旦自己不能计入法官员额，会失去法官身份和办案资格，职业尊荣感落差较大。

综合部门领导担心，人员分类定岗后，在综合部门工作的法官可能会选择回到业务部门审判岗位，综合部门的工作将难以顺利开展。

已参加初任法官培训的人员担心，'经历了几道关口争取来的晋升法官的机会，因司法改革而白费，被打回原形'，希望能给予一定的特殊政策，尽早进入法官序列。

近几年新进法院的年轻同志担心，实施法官员额制后，自己将来晋升法官的空间将大大压缩，职业发展前景变得不明朗……"

"统一思想，不仅需要让法院里的法官、法官助理、书记员和其他工作人员理解司改,同时也要让更多的职能部门、兄弟法院、人大、政协等部门来支持我们。"邹碧华对司改办的全体成员说。

全国各地的法院院长、副院长、司改负责人络绎不绝地来到上海市高级人民法院进行考察学习,北京市、江苏省、吉林省、青海省各地的司法改革座谈会、论证会频频邀请邹碧华去介绍经验。邹碧华渐渐成了一名"司改布道者",他不遗余力地向所有人介绍着上海法院司法改革的做法和计算依据,人案大数据库、案件权重测算法、工作量可视化展示……逻辑严密、数据翔实的 PPT 震惊四座,很多人都在赞叹"上海法院的司法改革不是拍脑袋拍出来的"。

越来越多的微信群里开始出现邹碧华的身影,每当有同行对上海司法改革冷嘲热讽时,邹碧华就会冒一个"泡",不愠不火地在群里说道:"改革这种事情一直是一点一点往前拱的,每次能有一点点进步就是成功。在各种力量相互制约、各种思想相互碰撞、各种利益相互博弈的背景下,很难形成一种周全详尽的方案。"

10 月 21 日,邹碧华与上海交通大学教授季卫东、零点研究咨询集团董事长袁岳碰面,他们在交大的教工食堂里一边用餐一边讨论司法信息化的实证研究。

"我发现,即使建立了一套合理的制度和指标体系,有时候也会因为办案人员的操作行为方式改变而发生扭曲,统计结果偏离了实际状态和国家的政策目标。"邹碧华说道:"所以我们要借助信息技术和流程设计,把程序启动的主动权交给当事人和律师,这样就可以加强制度和指标体系的客观性、中立性、公正性。大数据、互联网和数码技术在司改中会起到很大的作用。"

"嗯,我可以提供这方面的相应调查和涉法涉讼舆情的分析。"季卫东边听边点头。

"我们也可以为法院提供专业的咨询意见和技术服务。"袁岳很惊讶邹碧华对数据化管理的熟稔,非常愿意与法院合作。

10 月 22 日,上海将第二中级人民法院、宝山区人民法院的审判权运行机制改革试点总结报送最高人民法院。根据统计,2014 年 4 月至 9 月,第二中级人民法院的绝大部分案件实现了由合议庭依法自主独立处理,提交审委会讨论的案件仅占 0.11%。宝山区人民法院则将副院长、审判委员会委员、庭长编入 34 个合议庭担任审判长。

很快,闵行区人民法院与徐汇区人民法院也向司改办提交了审判权运行机制改革的情况报告。报告显示,闵行区人民法院的 17 名院、庭长以资深法官的身份开庭主审了刑事、民事、金融、知产、行政等各类案件,审委会职能从个案讨论逐渐转向宏观指导;徐汇区人民法院实行了法官助理单独序列考评,建立由法官担任法官助理"带教导师"的制度,并且引入高等院校、科研院所作为第三方评价机构对法院的审判权力运行做 360 度环评。

邹碧华非常仔细地让司改团队记录、搜集四家试点法院的各类信息反馈。

此时,司改办接到一个通知:为了解法官薪酬待遇问题,国家相关部门调研组将来上海市高级人民法院调研。邹碧华一听,兴奋不已。

法官薪酬一直是司改中备受关注的一点,现在中央来听意见了,上海要把握好这次机会!

一连几天,邹碧华让司改办对全市法官分布情况、人力资源实际投入占比情况、各国法官人均结案数、法官辅助人员配比情况进行调研,同时对美、英、法等 9 个国家和地区的法官工资、法院管理及法官职业保障制度进行数据比对,最后,他熬夜做出了 200 多页的 PPT。

汇报当天,崔亚东首先向调研组介绍了法官职业现状和薪酬问题,同时向调研组介绍了为什么要建立法官单独职务序列,为什么法官的薪酬要与普通公务员有所区别,并提高法官的薪酬待遇。随后邹碧华作了较为详细的补充汇报,与其说是汇报,不如说是做了一次司法改革的辅导报告。但结果并不乐观,司改办的成员们很沮丧。

"一点一点来!"邹碧华也很失望,但他并不放弃。

这时,一件意想不到的事情发生了。

10月底，团市委组织青联委员来上海市高级人民法院参观，邹碧华热情接待了参观团，并为参观团详细介绍了上海法院目前的工作，没想到参观者中有一位是媒体记者，这位记者将邹碧华的话断章取义地进行报道，抓人眼球的标题使得这条新闻以迅雷不及掩耳之势传播开来。

邹碧华挨批了，并且为此写了检查。

"邹院长，对不起啊，我们真没想到记者会这样写！"活动负责人内疚地打来电话。

"没什么没什么，这点委屈必须是要受得了的。"邹碧华举重若轻地说。

出众的才华、灵活的头脑、富有前瞻性的眼光，又做着炙手可热的司法改革和信息化，邹碧华不仅要面对司改的艰辛，同时还要承受背后飞来的"冷箭"。

"做那么多 PPT 不就是为了出风头嘛，又不是他的功劳，说得好像是他自己似的。"

"做人何必那么张扬，你看，现在出事情了！"

风言风语在暗流涌动，邹碧华以沉默来作为回答。

"你这样值得吗？"有好友担心地问他。

"你不要担心这个事情，我干这个工作，随时都做好心理准备。我也不怕，只要坚持自己的原则，公心一片就行。"邹碧华斩钉截铁地说。

全力以赴

10月底的一个夜晚，唐豪臻来向邹碧华告别，他要去新加坡国立大学法学院进行访问学者的项目。

"小唐！"邹碧华穿着一身运动装，带着白色耳机，走进了浦东新区大拇指广场的"The White House"，坐在角落里的唐豪臻站起身来。

"去新加坡的准备工作都弄好了?"

"嗯，都准备好了，论文大纲也基本确定了。"唐豪臻有些好奇地看着导师的运动装束。

邹碧华发现了唐豪臻的眼神，他笑了："我现在在减肥，每天在小区里快走一小时，边走边听讲座。"

唐豪臻也笑了，他发现邹碧华比前一阵瘦了好多，不过老师的精神看上去依然容光焕发。

"你的博士论文是公司法的价值平衡，到了新加坡那里，要好好收集材料，利用新加坡国立大学法学院的研究资源，结合英美法系的公司法制度，对我们国家目前公司法存在的效率价值和安全价值进行探讨……"邹碧华好像又回到了课堂。

"嗯!"唐豪臻点点头。

"安全价值和效率价值是两种存在于公司法中的价值，它们与公司有关的各个主体息息相关，比如公司的股东、债权人、董监高、员工，等等……所以，如何更好地保障公司其他主体的利益，是公司其他制度需要凸显的安全价值，这应该是你需要重点研究的地方。"邹碧华细细叮嘱着。

"嗯，好的。"唐豪臻专注地听着。

"对了，你帮我带本书给江雨。"邹碧华拿出一本《要件审判九步法》递给唐豪臻，他嘴里说的"江雨"正是如今在新加坡国立大学法学院担任副教授的王江雨，也是他在北大的同门师弟。

"好的，一定!"唐豪臻将书妥妥地放好。唐豪臻不会想到，这是自己最后一次见到导师。

邹碧华已经忙得有些身不由己了。司法改革的脚步越来越急，根据要求，上海法院将在 2015 年第一季度全面推进司法改革的试点工作，在此之前，所有的准备工作必须在年底完成。

只剩下短短的两个月，全国法院的目光紧紧盯着上海，邹碧华不敢懈怠，白天忙着开会、讨论，晚上常常工作到凌晨三四点。

"审判员和助审员的考核方法怎么定？让审判员和助审员在同一平台上竞争吗？"司改办的内部会议上，大家的讨论非常激烈。

"审判员是经过人大任命的，而且以往晋升审判员都是经过全市统一考试的，审判员既然已经通过了能力资格考试，又有足够长期的审判实践经验，对他们就不能完全靠考试来选择，那是不妥当的。"

"那能不能用考核和考试相结合的方式呢？设置一个标准，哪些人要考核，哪些人要考试？"

"对审判员、助理审判员要统一采用考核加考试的方式，但要有区别，长期在办案一线工作的审判员，他已经经过长期的审判实践检验，可以只考核他的办案业绩。"

"那调离办案岗位的审判员呢？他的实际办案能力不像一线审判员啊！还有助审员，要考试吗？"

"不在一线办案就需要考试，确认他的实际办案能力。助理审判员在业绩考核合格后，参加考试，择优入额。"

"将来法官助理到基层任职，是全市法院统一起来重新安排吗？"

"那不现实，如果徐汇区人民法院的法官助理被分到闵行区人民法院去，路程那么远，工作生活会很不方便！"

"日本的法官都是由最高人民法院统一调度的，这样保证了法官本身的廉洁。我们完全可以让法官自己来平衡，让他们自己来决定是否愿意调剂。现在城市交通这么便捷，并不会影响生活那么多。"

讨论、比较、斟酌、总结、再讨论、再斟酌……邹碧华不断根据司法改革领导小组的要求，带领司改团队不断"冲锋陷阵"。

上海法院的信息化工作也进入了攻坚期，尤其是"上海法院律师服务平台"的推进。2014 年 7 月，邹碧华带领信息技术部门多次走访律协，听取众多律师的意见。1300 多家律所、17000 余名律师，邹碧华这次下了决心，一定要让上海的律师充分享受到法院提供的快捷服务，一定要做一个真正意义上的律师服务平台。

邹碧华在其主导设计的上海市高级人民法院信息中心与各部门负责人
开会。前排居中者为邹碧华。

"我们要设计一个庭审排期自动避让功能,律师的案子多,要让系统对律师的开庭日期实行自动避让,不让两家法院排在同一时间开庭,不然律师和法官商量调整开庭时间也很麻烦,法院还要给当事人做解释工作,人为造成误解。"邹碧华对曹红星说。

"好的。"

"网上阅卷功能怎么样了?"

"我们在全市调取了 20 万件有律师参与的案件,算了一下,如果每个案子律师能减少一次来往法院阅卷的话,就可以节省 60 万个小时工作时间、10 万次车辆往返。"曹红星翻着数据。

"好,这些数据都要保留下来,我们不仅要做到让律师能够网上阅卷,还要给律师开通网上申请延期开庭、诉讼保全、调查令这些功能,运用云技术手段,在平台上进行网上证据质证、网上调解,一定要做到最直观、最方便、最快速。"

"是,邹院长。"

"另外再设置一个关联案件自动推送功能,只要律师把案件当事人的信息传到平台,系统就可以把这个当事人在上海法院涉及的所有关联案件自动推送到平台上。律师如果需要阅卷,选中其中一个案件向法院提出申请,法院就可以把电子卷宗推送给他,这样可以帮助律师识别当事人恶意诉讼的情况。噢,对了,还要加一个网上评价功能,让律师和法官在平台上双向评价,互相监督。"

邹碧华的脑子飞速运转着,整个技术团队埋头记着笔记,一张上海法院的律师服务平台蓝图越来越清晰。

11 月 14 日,《关于加强长江三角洲地区人民法院执行联动信息共享合作的协议》签约仪式在上海市高级人民法院举行,上海市、浙江省、江苏省、安徽省四地高级人民法院的院长崔亚东、齐奇、许前飞、张坚出席仪式并签署合作协议。

签约仪式结束后,与会代表走进了上海市高级人民法院三楼的信息中心,邹碧华已经在那儿早早等候了。

"……我们这个律师服务平台可以进行网上的证据交换,这也是我们网上法院下一步的工程。"邹碧华一边拿着话筒,一边在宽大的屏幕前介绍着上海法院信息化建设工作,屏幕上是一张张快速翻阅的 PPT 图表,四位高级人民法院院长坐在最前排的半圆形会议桌旁,目不转睛地看着屏幕。

"下面我们来为大家演示一下网上证据交换功能。"邹碧华将话筒交给了身边的一位法官。

屏幕上立即出现两块分区,原、被告律师已经在各自律所的镜头前等着法官了。

"请问原告方有几份证据提交法庭?"法官对着左侧分区的屏幕问道。

"这里有一份证据向法庭提供。"原告律师在分区里回答,同时面对镜头拿出手中的证据材料出示给法官看。

"被告方能看清楚吗?"法官问。

"可以。"右侧分区里的被告律师回答。

"请原告方陈述一下这份证据的名称及内容。"

"好的。这份证据是原被告签订的投资合作合同,可以证明原告公司和被告公司存在投资关系,合同期时间为 2014 年 2 月至……"律师开始举证。

高级人民法院院长们开始交头接耳起来,眼前的智能化把他们震撼住了,坐在后排的各地法院同行索性举起手机,将屏幕上的视频和 PPT 拍了下来。

三天后,邹碧华召集高级人民法院立案庭、信息管理处、法宣处开会。

"上次长三角会议上我们展示了律师服务平台,会后崔院长指示,这个平台要继续做好以下四件事。"邹碧华环视了一下各部门负责人。

"第一,11 月底之前扫清平台最后的技术障碍,向社会进行推广,保证全上海的律师能够顺利使用它。从今天起,每 5 天向崔院长报告一次进度,技术推进中有什么问题,我来出面协调。第二,找 10 家律师事务所做试点,这项工作由信息技术处来牵头。第三,马上为律师服务平台做一套使用说明,用文字或者视频的方式对律师进行培训。第四,12 月我们要好好宣传一下律师服务平台,让更多的人来了解和使用这个平台。"

邹碧华停了一下,清了清嗓子。最近这一阵,他常常接待外地法院考察团,嗓子已经累得不行。"好,接下来我们根据这些问题一个一个来讨论。第一个,技术障碍问题……"

"邹院长,我能先把我们和立案庭沟通的网上立案业务流程演示给大家看一下吗?如果行,我们就按照这个流程去做使用说明了。"信息技术处的陆诚小心地问了一句。

"嗯,可以。赶紧!"邹碧华说。

网上立案是邹碧华最关心的一个问题。以往上海法院的"网上立案"只停留在"网上立案审查"阶段,当事人或律师在网络审查通过后,还得前往法院立案窗口进行立案、领取案号、缴纳诉讼费。这次,邹碧华要实现名副其实的网上立案,推出"一站式"的网上缴纳诉讼费服务,由法院和银行、第三方付费平台进行合作,当事人和律师通过网络直接完成材料提交、缴纳诉讼费、获取案号,实现"足不出户"地完成立案。

陆诚对着屏幕一一讲解起来,邹碧华不时地提出问题。

"……邹院长,这里有一个问题,当事人案件进入诉调中心后,如果诉调不成功,就只能线下立案。"

"网上为什么不能走？立案庭确定一下流程,诉调无论是否成功,案子都要进入系统。"邹碧华立即说。

"好的,邹院长。"

"付费通那里的接口怎么样?"他问。

"有一些瓶颈问题,现在和银行那里协商解决了,这周会有一个演示稿。"陆诚说。

"好,后天上午来演示。"

这时,邹碧华突然转过头问坐在后排的记录员:"我们说的这些,搞记录的同志都记下来了没有?"

记录员一愣,没说话。

邹碧华缓缓问道:"你告诉我一下,我们刚才讨论的有哪几个环节是需要马上去做的?"

"……我理一下,记得比较乱,是所有的环节吗?"记录员一下子慌乱起来,一边翻记录一边支支吾吾地回答。

"你记半天,连一二三四都没有记下来?"邹碧华的声音有些高了。

空气顿时凝结。

"讲的东西你得记下来啊,不然今后怎么去做使用说明?"邹碧华对陆诚说道:"我今天是考你们记录的人,接下来的工作一定要仔细做好。"

"好的,好的!"陆诚连连应道。

会议继续进行着,所有的人都屏息听着。

"好,现在来谈谈新闻宣传安排。"讲到最后,邹碧华把脸转向了坐在身旁的法宣处处长张冠群。

"宣传没问题。"张冠群马上接口道。

邹碧华忍不住一笑："我从来不认为说没问题就是没问题,你得告诉我怎么个没问题。"

"呵呵!"众人顿时笑了起来,张冠群自己也笑了。

一个纯粹的人,为了做事完全不考虑自己的得失、不考虑中庸和自我保护,不怕得罪人,性情显露无遗,这就是邹碧华。

那天晚上,邹碧华连夜坐飞机赶往天津出差开会,同去参会的俞秋玮发现了邹碧华的清瘦:"碧华,你瘦了很多啊!"

"我最近在减肥。"邹碧华微微一笑。

"司法改革压力很大吧?"

"还好。"

"别太累了啊,注意身体!"俞秋玮有些不放心。

邹碧华的嘴角微微一翘:"秋玮,我想得很明白,我这辈子就是要用自己的智慧去做一些有用的事,给后人留下来一点东西。现在我有这个平台,就全力以赴多做些,将来我判断自己人生成功的标志,是看我帮助过多少人走向幸福。其他的,我都看得很淡了。"

11月19日,在天津开完会的邹碧华又马不停蹄地坐飞机赶回上海,应上海市法学会等单位的邀请,他下午要参加2014年法律实务专场暨"创新社会治理"系列研讨之五"医患纠纷人民调解法律保障"专题会并担任点评专家。

飞机晚点了,他赶紧打电话给上海市法学会副秘书长汤啸天:"不好意思,我的飞机延误了!"

"没关系,没关系,邹院长,我们时刻保持联系!"汤啸天很感动邹碧华对会议的重视。

还好,飞机延误的时间不多。一到上海,邹碧华立即和汤啸天电话联系,然后坐车准时赶到了会议现场。

"我非常高兴参加今天的会议,主题发言很精彩,互动提问质量非常高,使我受益匪浅。"邹碧华听了五位发言人的内容后说道:"我们选择这个主题来研究人民调解,怎么发挥人民调解的作用来破解社会难题,现实意义非常高。对于五位主题发言,我简单地点评一下,我认为闵行区医调办刘琳青主任的发言最重要的价值在于点出了人民调解未来的发展方向——职业化。人民调解只有走向职业化,才能把我国的调解制度提升到新的高度。传统的人民调解组织虽然富有生命力,但只有真正走向职业化才可能获得新生,而市场化会加速职业化,对于这一点我深有体会。这个发言,如果能够进一步挖掘如何实现人民调解职业化,会更有分量……"

邹碧华充满感染力的声音吸引了会场里所有的人。"……刚才,市高级人民法院吴薇庭长的发言提出了一些完善的思路和当前存在的问题,但问题多提了一些,从市高级人民法院角度来讲,应当更多地提供解决具体问题的方案,给人民调解组织、给司法局以支持……"

"这位领导发言的水平真高,讲话实在!"有人忍不住在场下发微信。

"严重同意!"马上有人在微信群里呼应。很多领导喜欢在会议上说些冠冕堂皇、不痛不痒的话,邹碧华却能毫不隐讳,主动对高级人民法院下属的发言进行中肯的点评,指出其中的不足,这不是一般领导干部能做得到的。

"……杨震处长的发言有一点不足,就是没有对实践当中的不足进行类型化分析,对一些心理干预的做法没有做具体阐释,显得针对性不强。沈东的发言我觉得很全面,但没有把浦东新区的创新做法聚焦为一个鲜明的主题,在这点上稍有欠缺。我的点评不一定正确,供参考。谢谢大家!"

邹碧华发言一结束,会场上一片掌声,他以真诚的态度、独到的见解博得了学术界同仁们的尊重。

又一个周末,邹碧华约了顾薛磊在浦东新区大拇指广场见面。

顾薛磊是长宁区人民法院少年庭的一名法官,2014 年 11 月被提名为"上海十大杰出青年"候选人,12 月底即将参加现场评选,他完全没有想到前任院长邹碧华会约他。

"十杰评选的演讲准备得怎样了?"邹碧华一坐下来就问。

顾薛磊有些汗颜,虽然开庭对他来说已经是家常便饭,但要在众人面前开口去演讲,这简直让他愁白了头。

"邹院长,我一点经验都没有,只有2分半钟的时间演讲,我都不知道说什么好。"

"呵呵,不要紧张。"邹碧华看着不知所措的顾薛磊笑了起来。"我2006年参加十大杰出青年评比时,评委会就给了我2分钟时间。20个人上去讲,每人2分钟,75名评委现场打分,从20人里选10个。2分钟的演讲,要把自己介绍给陌生的评委,我当时也是第一次碰到,你让我讲半小时,我很容易做到,你让我讲2分钟,我怎么讲?"

邹碧华打着手势,惟妙惟肖地对顾薛磊说:"我当时请教了上海电视台的两位主持人,他们给了我很好的建议和指导,他们告诉我,你的资源只有2分钟,你必须把这2分钟运用到最佳状况,把自己最想表达的内容表达出来,这很重要。后来我把稿子反复改了好几遍,我还记得那时的演讲内容,大致内容是这样的——"

邹碧华调整了一下坐姿,立即进入了当年的场景:"今天是7月20日,这是个很特别的日子。19年前的今天,我从北京大学法学院来到上海市高级人民法院报到……各位评委,我读过很多法学名著,它们对法官都有经典的论述,但是在我内心分量最重的,还是母亲告诉我的,要做一个有良心的法官。谢谢大家。"

邹碧华一字不漏地背完,顾薛磊的脑子一片空白。天哪,他怎么可能有邹碧华这么好的口才呀!

"邹院长,我肯定不行,你讲得这么好,我根本做不到!"顾薛磊连连摇手。

"我也是慢慢练出来的,哪个地方声音要轻,哪个地方语调要沉稳,哪个地方要看一下听众。小顾,你不要怕,你是代表我们少年庭法官去参选的,你站在台上不仅仅代表的是你自己,你还代表了上海法院那么多的少年庭法官啊!"

"可是,可是……"顾薛磊硬着头皮从包里取出一份打印好的演讲稿,"我其实已经写了一份初稿,但您刚才一指导,我发现自己距离还差得很远……"

邹碧华接过稿子看了一下:"这样,这个稿子回去还要好好磨一下,你是上海的法官,是中国的法官,要写出少年庭法官的眼界。写完以后发我一下,我给你看看。"

顾薛磊很感动,邹碧华已经离开了长宁区人民法院,但仍然这么真诚地帮助以前的下属,这样的院长太难得了!

最后的演讲

生命有时候并不会随着每个人的意愿而来,你不会知道自己什么时候将逝去,你所能控制的就是现在过的、实实在在的每一天,然后认认真真去做自己想做的事。

蒋勇又开始"折腾"了。律所业务发展顺利后,他将挣来的钱又投在了法律新媒体和互联网上,希望用互联网的力量打造一个更公平正义的法律生态圈。

"人这一辈子,赤条条来,赤条条去,财富是带不走的。用在自己身上的钱其实只需要那么一点点,剩下的钱就让它从哪里来,再用到哪里去。"蒋勇常常和身边的朋友说:"我的钱都是从法律服务中赚来的,所以现在要把它用到法律服务中去,让法律行业的人更多地受益,那就是最好的。"

微信公众号"天同诉讼圈"的影响力出乎了蒋勇的预期,有时还给他带来意外的惊喜。一次,江苏省高级人民法院研究室的一位法律同仁登门拜访他,希望能够将"天同诉讼圈"里的文章在"审判研究"公众号上定期转发。蒋勇很受鼓舞,这说明法官们从心底里尊重律师,大家都尊重彼此在职业上取得的成就,这就是法官与律师两个群体的最佳状态,也是蒋勇所期待的"法律职业共同体"。

自从在上海律师学院结识邹碧华后,蒋勇对这位法院精英念念不忘。一次,他发微信问邹碧华:"邹院长,我们微信公众号'天同诉讼圈'想要转载您的经典文章《审判思路与庭审技巧》,这篇文章原载《法律适用》,我们在使用时会注明作者及原文出处,可以吗?"

邹碧华立即回复:"当然可以,谢谢抬爱。"

很快,这篇文章的阅读量在"天同诉讼圈"里达到了 26000 余次。蒋勇把文章页面推送给邹碧华,并且继续"得寸进尺":"邹院长,我们近期还想转载您的另外两篇文章,可以吗?"蒋勇问。

"可以,没问题。"邹碧华回答。

"那我们以专栏作者的方式推送行吗,您能做我们的专栏作者吗?"蒋勇尝试着问。

"可以啊。"邹碧华非常爽快地答应了,蒋勇很开心。

2014 年 11 月,"耐不住"的蒋勇又开始尝试上线"无讼阅读"的APP,他想打造一个为专业法律人服务的阅读社区,做一个法律与互联网的跨界产品,在互联网上实现"法律职业共同体"。

蒋勇和他的团队不约而同地想到了邹碧华。

"能不能让邹院长在我们的开播视频《看法的力量》中出个镜啊?"徐晶问,她是"无讼阅读"的联合创始人。

蒋勇也有此想法,正巧自己即将动身前往上海参加 11 月 23 日在沪举行的中华全国律师协会民事专业委员会和知识产权委员会的双年会,邹碧华将在当天的双年会上作为嘉宾发表主题演讲,不如就在那天征求一下邹碧华的意见?

蒋勇没有十足的把握,虽然开播视频已经邀请到了江平、田文昌、黄闽、刘桂明、王俊峰等人出镜,但他们都是著名的法学家、法学教授、出版社社长、杂志社总编、全国律协会长，整个视频中还没有邀请法官代表。也许是过去在最高法院待久了，蒋勇并不想给法院的同仁们"惹麻烦"，毕竟法官是体制内的人，会有所顾忌。

11月22日，蒋勇和徐晶踏上了前往上海的旅途，徐晶专门带上了摄像设备。

"要不我们今天提前约邹院长见个面吧？说不定他同意我们拍摄镜头呢？如果他同意了，我们今天晚上就可以录制，明天开会人那么多，拍起来也不方便。"会议报到后，徐晶提议。

蒋勇想了想，觉得有道理，便发了一个短信给邹碧华。

邹碧华很快回信："行啊，我在书店，回头我去找你们。"

蒋勇兴奋不已："别麻烦您来找我了，我去找您。"

"没关系，我回浦东的时候正好路过你们那个会场，可以带上你们。"邹碧华回答。

临近黄昏，邹碧华开着车来到酒店，接上了蒋勇和徐晶。

"先去浦东吧!"邹碧华笑着说。

"好，好，谢谢邹院长。"再次见到邹碧华，蒋勇的心情有些激动，年轻的徐晶则被邹碧华的开朗所折服，从没见过这么平易近人的法院领导。

邹碧华把车停在了陆家嘴的一处餐厅旁，然后和蒋勇、徐晶一起下车去吃晚饭。

徐晶拎着摄像包跟在后面，邹碧华回头一看："你一个小姑娘怎么还背着这么大的包呢!"他不由分说地接过了徐晶手中的摄像包。

三人走进港式茶餐厅，坐在大堂点上了简单的套餐。

"邹院长，我们坐在外面大堂里吃饭，这行吗？"蒋勇的脑子里总有一根弦。

"这有什么不行的？"

"别让人家拍个照，说法官和律师一起吃饭啊!"

"朋友之间在餐厅里吃个饭有什么要紧啊，我跟你又没有什么不正当关系！就在这儿吃，没问题！"邹碧华笑着摇摇头。

三人在散桌上坐着。

"邹院长，我们想让您录几句话在视频里行不行?"徐晶一边吃饭，一边小心翼翼地问道。

"好啊，没问题！"邹碧华回答。

"那能请您做我们'无讼阅读'的专栏作者吗?"徐晶接着问。

"没问题！你们做的事情对法律行业很有意义，有意义的工作我一定支持！"邹碧华笑着说。

徐晶的心里顿时升起一股暖意，面前的邹碧华如此真诚，每句话都发自内心，让人感动。

"邹院长，我们'无讼阅读'以后会推出一个法律人对话节目，每周一次，您能拨冗来我们演播室做一次吗?"

"没问题！"邹碧华很赞赏节目的形式。徐晶简直高兴透了，三个请求都能这么顺利得到邹碧华的支持，这是她出行前怎么也想不到的。

万事俱备，蒋勇和邹碧华开始大谈特谈起各自对信息化、大数据和法官审判工作与律师诉讼业务对接的认识来：如何运用裁判文书数据来推测法官的裁判思路、判断法官的判决走向是否正确，如何在法院的执行过程中利用信息化，如何通过互联网让法院的执行、缴纳诉讼费的支付方式简便化……两人谈得热火朝天。

"我们上海法院律师服务平台刚和银行、付费通谈妥，以后律师只要网上支付就可以立案缴费了，都不用来法院。"邹碧华说。

"这你也做到了?！真是了不起。"蒋勇很吃惊。

"牛吧！"邹碧华调皮地眨眨眼。

吃完饭，三人一起找到一处白墙，邹碧华整理了一下衣服和头发，然后走到白墙前，徐晶端起摄像机准备开拍。

"邹院长，真的不要紧吧？我们这个视频是要上传网络的，发布会上要播放，APP和微信号上也会播放，好多人都会看到，没准，最高人民法院和上海市高级人民法院你的同事都会看到！"蒋勇提醒。

"哎,没关系啊！只要对我们所有法律人有益的事情,我就会去做。"邹碧华笑着说。

徐晶开始拍了起来,一遍、两遍……

"无讼,看法的力量,想法的未来。互联网把每一个法律人联结起来,共同推动中国法治的进步！"邹碧华用一分三十秒完成了拍摄任务。

"非常非常好,尤其最后这句话！"蒋勇忍不住为邹碧华鼓起掌来,邹碧华像个孩子般地笑开了。

"邹院长,下次您什么时候来北京,我们做一期法官与律师畅谈信息化的节目吧。"徐晶彻底成为邹碧华的"粉丝",她期待地看着自己的偶像。

"好呀,下个月我会来一次北京,到时上海法院律师服务平台也要发布,我们可以配合在一起做。"邹碧华点点头,蒋勇和徐晶开心地笑了。

回酒店的路上,邹碧华和蒋勇在车上三句话不离"信息化"。

"现在我们这个律师服务平台是实现法官与律师互动的一个平台,我已经让技术部门重新设计,以后让这两个群体可以在网上彼此评价打分,相互监督。"邹碧华兴致勃勃地说。

"您这个概念特别新啊！如果可以这样的话,那法院就不再只是法官的法院,法院将成为一个平台,法官是参与者,律师、当事人也是参与者。这不就是互联网里面的平台战略吗？把法院打造成一个平台,这个设想太互联网思维了！"蒋勇赞道。

"哈哈,是啊！"邹碧华很欣赏蒋勇的敏锐思维。

"以后这个平台可以有各方参与者,还可以设置很多第三方接口,银行、征信系统、执行都可以把接口接进来。法院的任务就是把平台打造成各方共享的平台,法院制定规则,开放自己的信息和资源,让其他人在这个平台上形成互动,这是最好的法院信息化的发展思路,最符合互联网思维了！"蒋勇忍不住拍手叫好。

"你和我想的完全一样,我们要开创一个法律人共治的法院！"邹碧华开心地笑道,"最近我还在策划一部表现法院信息化建设的片子,编剧把故事已经写好了,是描述未来法院愿景的,很不错!"

蒋勇更加佩服邹碧华了! 下车后,看着邹碧华的车渐行渐远,他忍不住感慨地对徐晶说:"这个人怎么会有那么多精力啊! 司法改革、信息化、分管庭室、做导师、给外地法院上课、还要自己写文章,每天还要散步一个小时,怎么做到的呀?"

徐晶捂嘴笑道:"是呀,你看你就那点事儿,都忙成这样!"

"哈哈!"蒋勇挠了挠头。

11 月 23 日,双年会如期举行,互联网和司法改革依旧成为论坛的热点。

邹碧华与上海贸易仲裁委员会秘书长闻万里、上海市知识产权局局长吕国强分别进行了主题演讲,邹碧华所做的《司法改革背景下构建法律共同体的思考》演讲,在短短 30 分钟内为台下听众描绘了上海法院的信息化蓝图,其中还谈到了法官与律师应该如何良性互动,他充满激情的演讲赢得了全场 400 多名律师雷鸣般的掌声。

"法官和律师是怎样的关系? 美国联邦最高法院史蒂文大法官在评论布什诉戈尔案的时候说过这样一句话: 社会公众对法院的信任是公共的财富,是经过许多年才缓慢地建立起来的,对于维护法治极其重要。

法官和律师的关系是建立在相互信任的基础之上的,著名的律师德肖微茨曾经讲过:'社会信任是社会的道德资本,这种资本是一代又一代法律人集聚起来的。'所以,法官和律师相互对立、相互诋毁、相互勾结、违法违纪,这都是不正常的关系,我们应该控制好法官和律师的关系,使之走向正常。我认为要做到四个相互:

一是相互独立。法官和律师承担不同的角色,共同维护法治。法官在审判席上面,律师坐在当事人席位上面,彼此在角色上面有分工,相互之间是独立的。

二是相互配合。法官和律师在法庭上扮演的角色不同,但两者之间有一定配合关系。在法庭上,法官要认真地倾听,律师要积极展示案件的细节,展示对法律观点的一些思考,这需要双方进行配合。

三是相互尊重。我在长宁区人民法院当院长的时候,出台了一个《法官尊重律师十条意见》。我们有一些年纪很轻的法官,气盛时指着六七十岁白发苍苍的老律师说:'你这么多年怎么混的?'我听说这起案例后心里特别难受,法官和律师应该相互尊重,这是一种良性互动关系的起点。在这一点上面,我们双方应该共同努力。

四是相互学习。法官有法官的视角,更容易偏重于理性。律师为了维护一方当事人,可能有更多感性因素。两者相互配合,可以带来很多新的东西。

曾经有一位关系很好的外国法官朋友对我说:法官在法庭上应该把律师看作老师,因为你不可能在每一类案件当中都是专家,你遇到一个特殊案件的时候,那个律师就会教给你这个领域的相关知识,所以你应该把他视作专家,我觉得这个理念也是非常必要的。

律师对法官的尊重程度,表明一个国家法治的发达程度;而法官对律师的尊重程度,则表明这个社会的公正程度。"

邹碧华说完这句话,台下一片掌声。他微笑着向台下点了点头,继续说了下去。

"这一轮司法改革,法官遴选制度要进行变革。比如上级法院不再直接从本院产生法官,而是从下级法院当中择优,并且面向社会公开选拔。对此,我们上海法院会把大门打开,在政法委统一安排下,人事局准备把律师进入法院的考试独立出来,不再跟普通的公务员考试混同。进入高级法院可能需要 10 年以上的律师从业经验,法官和律师把职业准入相互打开,可能也有助于我们共同成长。

同时,在这一轮司改中,上海市高级人民法院被确定为全国司法公开三大平台改革试点,我们的改革力度很大。因为只有公开,只有让司法处于阳光下,我们的共同体才能更健康地成长。

规范、过程、环节、文书,各个方面都要全面公开。现在我们打造了十大司法公开平台,有审判流程、裁判文书、执行、新闻信息、12368诉讼服务平台、知识产权保护平台等。

我们庭审直播平台的单日点击量最高超过7000万人次。我们在电视台做法制栏目,一年下来有181档节目,每两天一档。公开的裁判文书达到77万件,而且文书实现了自动化屏蔽和一键上网,一些个人隐私信息,如银行卡卡号等可以自动过滤掉,裁判文书在判决作出7天内的上网率达到99.13%。中国社科院发布的2013年司法透明指数,上海排名第一。全国31个省份,各地高级人民法院的平均分数是42.3分,上海市高级人民法院是76.5分。"

说到这里,邹碧华点了"12368"的PPT画面。

"12368平台今年开通以后共处理了7.6万个来电,还不包括自动的语音查询,有效办结率99%。电话回访满意度,87%感觉很好,13%感觉还可以,总体对我们这个平台的服务非常满意。

实际上开通12368平台,给我们法院增加了很多压力、负担。但我们高级人民法院的崔亚东院长说过一句话,我特别赞赏,他说'把方便让给群众、把困难留给自己',这是一个非常好的理念……注意,全体法官进入'预产期'了。"

邹碧华突然语锋一转,屏幕上出现了一组漫画,现场笑声一片。

"这是南方周末报纸上剪下来的一幅漫画,立案庭的上面立了一个牌子:某年12月份全体法官到了预产期,欢迎明年再来。相信我们在座的律师到了年底都会碰到立案立不进去的问题。之所以到年底会这样,是因为涉及数据排名的问题。是数据排名重要,还是群众满意重要?现在,我们上海法院同样给出了答案,崔亚东院长要求全市法院树立正确的绩效观,宁可排名全国倒数第一也要坚决解决立案难……"

邹碧华充满激情的话语振奋着台下所有人,律师们的微信朋友圈里开始不断刷屏了。

"邹碧华副院长的讲话,具体的司法公开、便民方案很让人振奋,让人看到希望！"

"有了这样长得帅、说得溜、P(PPT)得好的法官代言人，难怪上海屡创第一。"

"邹碧华副院长提到权利的可视化，如同他的演讲 PPT，新颖而直观。"

邹碧华成了众多律师的"偶像"，而他所介绍的律师服务平台更让外地律师对上海律师羡慕不已。

"上海所有的律师都在我们平台上面，每个人有一个账户……比如网上阅卷功能，我们过去网上阅卷，大家来到法院的阅卷大厅里面，给你一个所谓的网上阅卷，其实这是电子阅卷。真正的网上阅卷，是坐在办公室就可以看到自己当事人案件的卷宗，这才是网上阅卷。

我们现在已经选了闵行和宝山两家法院，一般历史案件都有电子卷宗，随时随地可以给律师阅卷。我们现在还在努力实现一项功能，就是'在办案件'的阅卷，律师在办案的过程中把案件材料扫描到系统中来，实现'在办案件'在互联网上的阅卷。

另外，我们开通网上证据交换的功能，法官和双方律师通过三方会议系统实现简易的证据交换。比如你在北京，这个律师在上海，法官把双方电话接通，搞一个证据交换平台，把相关的信息推送给对方看一看，这可以减少多少次出差的时间啊，这对我们整个法律行业、法律共同体的建设有着巨大的社会价值。

……我们觉得权利可视化、司法公开，要逐步向这个方向发展，这是代表我们法治在不断地进步。我们要共同努力，构建法官和律师良性关系，打造新型的共同体。谢谢大家！"

邹碧华讲完了，台下掌声雷动。

那天下午，邹碧华被邀请参加民委会的分会场讨论，蒋勇第一个在分会场作了演讲——《互联网时代律师能做什么》。

"上午，我们都听到了邹碧华院长所设想的未来法院的蓝图，我坐在下面既兴奋又紧张。兴奋的是，未来会有这样一家法院展现在我们

律师对法官的尊重程度表明法治的发达程度，而法官对律师的尊重程度，则表明社会的公正程度。

邹碧华人生中的最后一次演讲让他赢得了全国律师的满堂喝彩,他所倾力提倡的"职业共同体"理念也更加深入人心。

面前,法律职业共同体指日可待。紧张的是,法院都做得这样了,我们律师行业呢,我们律师能够做什么? 律师行业的提成制、本身群体的分散性,使我们这个行业的信息化已经在法院面前远远落后了。"

很多人鼓掌,蒋勇的话讲到了大家的心坎里。

"今天邹院长也在场,我借这个机会,在他所设想的互联网法院背景下,谈一谈律师能做些什么?"蒋勇开始讲起来,邹碧华拿出本子不时地记录。

蒋勇讲完后,邹碧华发言:"我相信,将来律师行业会比法院做得更好,法院在有些方面会受到体制方面的制约,有些设想不一定能实现,律师的市场化程度更高,我相信只要你们致力于此,你们会做得更好!"

蒋勇的内心激动不已,他和邹碧华的两次同场演讲,题目和内容都不约而同地呼应,而让他更感动的是,虽然他和邹碧华都在讲"法律共同体",但自己还没有真正免俗,总会时不时地冒出这样或者那样的顾虑,邹碧华超脱了许多,他没有那么多顾虑,这正说明他的内心非常坦荡,没有任何一丝杂念,这种境界不是一般人能做到的。

"邹院长,您下月何时来北京?"双年会结束时,蒋勇问邹碧华。

"我可能 12 月 8 日来北京。"邹碧华顿了顿，想起一件事，"蒋律师，你能不能帮忙联系一下北京市律协？我想和北京律协的负责人谈谈，争取把北京的律师也纳入到上海法院律师服务平台中来。"

"这太有意义了！我来牵线，回北京后马上与北京律协联系，等您来京具体商谈。"蒋勇立即说道。

邹碧华高兴地握住蒋勇的手："律师服务平台打通京沪后，我们再把它逐渐扩展到全国各个省市去！"

那天晚上，蒋勇在微信朋友圈里发出一条长消息——"上海市高级人民法院邹碧华副院长以要件审判九步法独步江湖，以倡导法官尊重律师创造法律职业共同体赢得业界普遍尊敬，以主管上海司改试点工作广受关注，这些且都按下不表。今天在全国律协民委、知产委联合的 2014 年年会上，这位高级法官让我看到了作为最优秀的法律产品经理的特质，在题为《在司法改革背景下构建法律共同体的几点思考》的主旨演讲中，他娓娓道来，一个网上法院的图景在他的规划下呼之欲出，各项设计完全基于当事人和律师的用户体验，利用互联网技术、全体法律职业共同体共同管理法院的博大胸襟，令在场的几百位律师掌声雷动。"

蒋勇不知道，这是他最后一次见到邹碧华。

生命的幻想

2014 年 12 月 10 日，清晨，邹碧华沉沉地睡着。

最近这段日子他太累了。11 月 25 日，最高人民法院院长周强来上海调研，他代表上海市高级人民法院向"首席"汇报了上海法院信息化建设的新进展情况；11 月 29 日，华东政法大学的学生毕业论文答辩,他去了整整一天;律师服务平台定在 12 月 18 日召开新闻发布会,他一边催着信息技术部门完善程序,一边和媒体策划如何进行报道;而蒋勇回京后联系了北京律协的负责人,早早地与他约好今天在北京碰头,他同时还要前往最高法院参会,现在这一切也因为上海这里的司法改革会议而推迟了。

这期间,何帆曾到上海来参加一个会议,和邹碧华约在浦东新区的一家餐厅里见了面。

"碧华,全国法院都盯着上海如何将法官员额压缩到队伍总数的 33%,对你们来说,最大的难题是什么?"何帆问。

"当然是避免搞'一刀切',不能为了图省事、求便利就欺负年轻法官,将助理审判员'就地卧倒'转为法官助理,一定要有一个科学的考核标准,让真正胜任审判工作的优秀法官进入员额。"

"这是最正确的路径,但也最麻烦,最得罪人。"何帆追问:"你们会怎么制定标准? 怎样科学考核? 如何合理设定过渡期? 没有进入员额的'老人'该如何安排出路? 怎样给未来的法官留下足够的入额空间?"

邹碧华微微一笑:"你的担心和疑虑我们也想到了,而且做了充分的准备。这项工作很快就会启动,相信上海一定会给全国法院提供一个很好的示范。"

何帆很佩服邹碧华的坦率和自信,这个人身上永远有着坚不可摧的乐观和勇往直前的魄力。

"碧华,以前我业余做翻译,传播司法文化,有人说怪话,但人缘总体不错。这些年全心做司法改革,反而处处被黑,许多糊涂举措明明与我无关,却被抹在身上,说不清楚……"

"做改革,怎么可能不触及利益,怎么可能没有争议呢。"邹碧华笑着对何帆说:"对上,该争取时要争取,该顶住时要顶住。对下,必须有担当,无论如何不能让那些在一线辛苦办案的老实人和年轻人吃亏。我让人搜集了微信上所有吐槽'司法改革'的文章和段子,既报给领导参考,也时刻提醒自己,避免犯那些文章中提到的错误。"

临别时，起风了，广场上回荡起熟悉的圣诞音乐。

邹碧华走了几步，突然回过头来："何帆，司法改革的道路漫长，要注意身体啊，少吃多走，你看我现在都瘦了！"

何帆苦笑了一下："你这是累的！"

邹碧华确实累了，这些天他睡得比平时都早，但还是觉得很疲倦。11月26日，上海市工商联邀请他给机关干部和非公经济代表人士作"十八届四中全会精神及上海法院司法改革情况介绍"的专题报告，他竟然差点忘了，在接到工商联的电话后，他火速赶到会场，一脸憔悴地给台下的人做起报告。他竟然会忘了讲课，这是以前从来不会发生的事！

12月9日，上海法院律师服务平台试运行。邹碧华一早给谭芳发去微信："律师服务平台网上立案系统已经开通，可速让大家使用！"

一个小时后，律师圈里开始迅速转发和热议起来。

"上海法院开全国先河。"

"应该推广。"

"就差网上开庭啦！"

"太羡慕了，其他地区为什么不学学呢？"

同时，一些与邹碧华相识的律师开始给他反馈使用意见："网上系统证据上传环节仅能上传10个以内的文件，且每个文件容量不能超过1MB，不能用PDF文件。对小案子问题不大，对许多较大的案件，证据较多，无法满足网上立案的要求。"

邹碧华立即回复："好，马上解决。"

"如果上传后一段时间法院没反应，大家就不会再用了。"

邹碧华表态："这个我们正在做考核通报表，各院要排名的，这方面，崔院长的力度非常大。"

"很多法院在立案时会控制数量，能解决吗？"

"正在抽查立案窗口的信息录入情况，也在改进信息化系统，争取从进院门登记处即开始共享信息。另外，存在这方面的问题可以通过平台上的投诉和建议栏目上传，我们会交给领导阅示。"

邹碧华抓紧分分秒秒在沟通协调,他坚信"好东西一定会有生命力"。

中午 11 时 45 分,邹碧华在微信朋友圈里留言:"希望让律师的执业环境越来越好。"

停歇下来,他想起在松江区读大学的儿子,马上打了一个电话过去:"大风啊,祝你今天生日快乐!爸爸 21 岁的时候刚刚本科毕业,只身一人来到上海找工作,除了你妈妈,爸爸谁都不认识,住在纺织大学的学生公寓里,自己一家家单位敲门去投简历。这里面有很多故事,下次有机会我讲给你听。"

"嗯。"儿子在电话里应道。

邹碧华微微一笑。就在上个周末,他和妻子、父母一起给儿子提前过了生日,他还给儿子买了一件厚厚的外套作为礼物。儿子终于长大了!

下午,邹碧华接待陕西省高级人民法院的司改考察团,246 页的最新版司改情况 PPT,他毫无保留地全都介绍给了来沪考察的外地法院同行。

同样参加接待的李则立有些舍不得,他悄悄说道:"邹院长,这可是我们的心血啊!"

"上海不能成为改革的孤岛,大家都要齐头并进。在法院系统内部,改革要有共识,我们要争取兄弟法院的认可,要让他们感受到上海的改革不是拍脑袋出来的,是有着非常厚实的调研基础和信息系统作为后台支撑的。"邹碧华对李则立说。

接待、参观、介绍,忙完了一个下午,疲惫不已的邹碧华在电梯里碰到了郭伟清:"伟清,我最近感到特别累!"

郭伟清注视着有些憔悴的邹碧华。碧华是个从不说累的人,今天怎么突然说起累了?

邹碧华累得透支了,一星期前,原定在广播电台开播的关于律师服务平台的谈话节目,他也破例取消了。

"我失声了。"邹碧华无奈地用短信向节目组抱歉。

"怎么会连话都说不出,是不是平时报告做多了?"电台记者很熟悉邹碧华的爽朗性格,半开玩笑地发信问道。

"我累得不行了。"邹碧华回复。

"怎么了,你去医院看过了吗?"记者有些担心。

"没事,已经不是第一次失声了。最近太累了,休息一下就好。"

夜晚,电台记者再次微信联系邹碧华。

"邹院长,您身体好点吗? 还能不能来做嘉宾?"

"我正想找你们凑个时间,我这两天可以吃点东西了。"

"您没有休息吗?"

"哪有空休息啊,好多事情。"

"那您今天早点休息,明天白天我们再沟通,节目安排在下周五可以吗?"

"好的。"邹碧华回答。

清晨来了,邹碧华仍然沉沉地睡着。

"起来啦——!"洗漱完毕的唐海琳走到床边,不断催着邹碧华,他终于从床上爬了起来。

出门时,唐海琳抢在邹碧华吃完饭前换好了鞋,早早站在了门口。

"呵呵,今天总算是你等我了!"邹碧华笑道。

上午,邹碧华、张新、李则立陪同陕西省高级人民法院一行前往市委政法委开会,陕西省高级人民法院常务副院长提到了如何在司法改革中妥善安排军转干部的问题,邹碧华询问李则立有无这方面的数据,李则立摇摇头。邹碧华接着发信问顾全:"顾全,全市军转干部多少人?高级人民法院在职法官中有多少?"顾全正在闵行区人民法院参加审委会会议,没有注意微信。邹碧华又发信询问正在院里上班的司改办同事张晓立,张晓立回复了具体数据。

中午,邹碧华陪同陕西省高级人民法院一行吃饭,张新、李则立先行回院。

吃完午饭,邹碧华在手机里看到了表妹阿雯的微信:"今天见到妈妈最后一面好痛,她就这样没了,变成一堆骨灰,我还是不相信她就这样不见了！我一直认为这只是在做梦！梦醒来她就在旁边。"阿雯的母亲刚刚去世，阿雯的心情低落到了极点。

邹碧华回了一条微信："每个人都像一条河流。所有的先人就像大海。每条河流最终都会汇入大海。所以，阿雯不要太难过。"

13时35分，李小马开车过来接邹碧华去徐汇区人民法院。下午两点，邹碧华要陪同陕西省政法委继续调研。

车子行驶在南丹路上，经过光启公园时，离下午的会议还有10分钟时间。邹碧华感觉胸口疼痛无比，他让李小马将车停靠在路边，然后打开车门走向公园门口。

很快，他折了回来，捂着胸口朝车里一坐，面色极差。

"不要去徐汇区人民法院开会了，我送你去医院吧。"李小马第一次看到邹碧华如此痛苦，心里不禁焦急起来。

"好的。"邹碧华让李小马给院长办公室打个电话，下午的会议改让郭伟清参加。

车子向瑞金医院急驰而去。邹碧华枕着两个靠垫躺在后排座位上，心急如焚的李小马边开车边问："你的卡（医疗卡）还在吗？"

"在的。"邹碧华从随身携带的包里拿出卡，看到一份附带的资料上罗列着医生联系电话。"快点打电话给医生。"他说。

正在开车的李小马根本腾不出手去打电话，此时的李小马只有一个念头——快，快，快点到医院！

车到医院，李小马疾步下车，抓起急诊室备在一边的轮椅车推到车门边。

车门打开，他把邹碧华扶上轮椅车。

"快点！快点！请帮忙快一点！"李小马一边推着邹碧华，一边对着医护人员喊道。

开单、挂号、心电图检查，李小马以最快的速度挂号付费。回过头，他发现坐在轮椅车上的邹碧华脸朝后仰，面色发白，身体开始慢慢下滑。

一名医护人员立即过来帮李小马将邹碧华送往心电图室做检查。

检查结果不好！很快，邹碧华进入不远处的抢救室。

"医生，请你们想想办法！"李小马的脑子一片慌乱。看着医生开始抢救，强心针、压胸、抽血……从来没有经历过这一切的李小马在心里祈祷：他还这么年轻，老天爷，用我这条命把他换回来吧！

"邹院长很不好，很不好，现在瑞金医院……"李小马开始给院长办公室打电话。这时候，有医生拿来验血单，让李小马把抽取的血液送化验处。"你们叫个人陪我一起去化验地方吧，我不认识路啊！"李小马急得直说。

等到李小马赶回来，急救人员正围着邹碧华进行抢救。李小马赶紧给唐海琳打电话："邹院长在瑞金医院抢救室，你快点过来。"

一名医生递给李小马一张单子，他看了看。"不切气管行吗？"

"不切就不能进行抢救。"

李小马只好签字。法院领导、同事、家人、朋友，越来越多的人向瑞金医院赶来。

邹碧华安静地躺在急救室的病床上，身上的衣服敞开着，嘴里含着呼吸机。

故乡的栀子花在山野里悄悄盛开，小小的碧华欢快地奔跑在山路上，花香随风散开，花蕊躲在花瓣里羞涩微笑。如果没有人经过，小小的栀子花将永远不为人知地开了又谢、谢了又开……

"刘老师，北大好吗？"

"我叫邹碧华，邹是邹韬奋的邹，碧是碧绿的碧，华是中华的华，就是把中华装扮得碧绿碧绿的！"

"你是不是认为自己现在已经学富五车了？"

"读法律，单单靠研究生时学到的学问是很有限的，还需要增加到国外的阅历，更重要的，法律人要学会关于人生、关于理想的思考！"

"Cliff，你愿意穿上法袍和我一起去法庭开庭吗？"

"老师，您的儿子叫什么名字啊？"

……

天空开始下雨,清冷的雨点懒懒散散地打在地上,马路上行人、车
辆穿梭不断。

把我的幻影和梦,
放在狭长的贝壳里。
柳枝编成的船篷,
还旋绕着夏蝉的长鸣。
拉紧桅绳
风吹起晨雾的帆,
我开航了。

没有目的,
在蓝天中荡漾。
让阳光的瀑布,
洗黑我的皮肤。

太阳是我的纤夫。
它拉着我,
用强光的绳索
一步步,
走完十二小时的路途。

我被风推着
向东向西,
太阳消失在暮色里。

黑夜来了,
我驶进银河的港湾。
几千个星星对我看着,

我抛下了
新月——黄金的锚。

天微明，
海洋挤满阴云的冰山，
碰击着，
"轰隆隆"——雷鸣电闪！
我到哪里去呵？
宇宙是这样的无边。

用金黄的麦秸，
织成摇篮，
把我的灵感和心
放在里边。
装好纽扣的车轮，
让时间拖着
去问候世界。

车轮滚过
百里香和野菊的草间。
蟋蟀欢迎我
抖动着琴弦。
我把希望溶进花香。
黑夜像山谷，
白昼像峰巅。
睡吧！合上双眼，
世界就与我无关。

时间的马，
累倒了。
黄尾的太平鸟，
在我的车中做窝。
我仍然要徒步走遍世界——
沙漠、森林的偏僻的角落。

太阳烘着地球，
像烤一块面包。
我行走着，
赤着双脚。
我把我的足迹
像图章印遍大地，
世界也就溶进了
我的生命。

我要唱
一支人类的歌曲，
千百年后
在宇宙中共鸣。

邹碧华生平/年谱

1967 年 1 月 18 日　农历腊月初八,大雪,邹碧华在江西省奉新县人民医院出生,出生时 6 斤 8 两。

1978 年 9 月　邹碧华进入县重点中学奉新一中念书,从一个调皮捣蛋的小男孩成长为勤奋刻苦的读书郎。

1981 年 9 月　邹碧华在江西省青少年运动会中一举获得跳高第二名和跳远第三名。

1984 年 9 月　邹碧华以优异的成绩从江西考入北京大学法律系,开始了他的法律生涯。

1986 年 7 月　邹碧华参加北京大学法律系团委组织的法制宣传巡回演讲团,在内蒙古自治区赤峰市开始了自己人生中第一次面对公众的法律讲座。

1988 年 2 月　邹碧华跟随相恋女友、北京大学同班同学唐海琳来到上海寻找工作,在投递了 60 多份简历后最终选择了上海市高级人民法院。

1988 年 7 月　邹碧华本科毕业进入上海市高级人民法院经济庭,成为一名书记员。

1990 年 6 月 12 日　邹碧华和唐海琳在上海登记结婚。

1992 年 1 月 18 日　邹碧华和唐海琳在上海市政协机关食堂举办简单

的结婚仪式,开始了婚姻生活。

1992 年 2 月	邹碧华放弃对绘画的痴迷,前往江苏省南京市参加全国法院英语选拔考试,决心做"中国最好的法官"。
1992 年 3 月	邹碧华前往北京大学,在最高人民法院高级法官培训中心委托北京大学举办的高法班学习并担任班长。
1993 年 1 月	上海市高级人民法院批准邹碧华带薪考研,邹碧华在 300 余名考生中以排名第一的成绩考取了北京大学国际经济法专业硕士研究生。
1993 年 3 月	邹碧华从书记员晋升为助理审判员,母亲叮嘱他"要做一个有良心的法官"。
1993 年 9 月	邹碧华来到北京大学,跟随导师程正康攻读国际经济法专业。
1993 年 12 月 9 日	儿子出生,邹碧华为儿子取名邹逸风。
1996 年 3 月	邹碧华以总分、专业、外语均第一的成绩考取了北京大学经济法专业博士研究生。
1996 年 7 月	邹碧华撰写的硕士论文《国际货物买卖合同解释初探》顺利通过答辩,获得法学硕士学位。
1996 年 9 月	邹碧华来到北大攻读博士研究生,系统学习国际金融法、国际贸易与投资法、公司法等专业课程。
1996 年 10 月	博导程正康猝然离世,令邹碧华悲痛欲绝,悲伤中的他遇见了另一位德高望重的博导贾俊玲。
1998 年 6 月	邹碧华撰写的博士论文《关于合同解释的司法推理及规范选择——解释学在法律领域的一个实证》顺利通过答辩,获得法学博士学位。
2000 年 10 月— 2001 年 2 月	邹碧华成为美国联邦司法中心接受的第一位来自中国的司法访问学者。期间,他对美国联邦法院内部机构设置方法及法官助理制度进行了专题研

	究，还短期前往耶鲁大学担任访问学者，不同法律文化背景的碰撞极大开拓了他的视野。
2001 年 5 月—8 月	邹碧华借调最高人民法院研究室，成为研究室"入世小组"工作办公室成员之一。期间，他参与起草领导讲话稿、入世准备工作会议的方案以及清理相关司法解释等工作，这段经历对他日后的法院工作带来极大启发。
2001 年 6 月	邹碧华从助理审判员晋升为审判员。
2001 年 9 月—2003 年 12 月	邹碧华先后担任上海市高级人民法院研究室调研二科科长、研究室主任助理、副主任。期间，他大力推进上海法院的审判调研，促进成果转化。
2002 年 7 月	邹碧华赴美参加由上海市高级人民法院、美国威斯康星大学法学院东亚法律研究中心、美国威斯康星州地方法院三家联合举办的审判技巧培训班，邹碧华担任班长。
2003 年 12 月—2005 年 6 月	邹碧华担任上海市高级人民法院民一庭副庭长，主持工作。期间，他狠抓庭审、判决、调研和全市法院民事审判指导工作，大力促成全市专家法官群体的形成。
2004 年	邹碧华被聘为中国法学会民法学研究会理事。
2005 年 6 月—2008 年 6 月	邹碧华担任上海市高级人民法院审判委员会委员、民二庭庭长。期间，他针对全市法院出现的新情况新问题推动出台十余项指导意见，审慎把握"社保基金案"等大要案的审理，多次赴最高人民法院参与合同法、公司法等重大司法解释的起草工作，多次承担最高人民法院全国重点调研课题。
2006 年	邹碧华被评为"上海市十大杰出青年"、"上海市十大优秀中青年法学家"。

2008 年 6 月— 2012 年 11 月	邹碧华担任上海市长宁区法院党组书记、院长。期间,他运用"可视化管理"理论和信息化技术形成了一套成熟的法院管理模式。
2009 年	邹碧华被评为首届"全国审判业务专家"。
2010 年 2 月— 2011 年 1 月	邹碧华前往中央党校学习,完成专著《要件审判九步法》的写作。
2011 年	邹碧华被聘为中国商法学研究会理事、华东政法大学兼职博士生导师。
2012 年 11 月	邹碧华担任上海市高级人民法院党组成员、副院长、审判委员会委员、审判员。
2013 年 12 月	邹碧华被任命为上海市高级人民法院司法改革领导小组办公室主任。
2014 年 12 月 10 日	农历十月十九,小雨,邹碧华因心脏病猝发在上海瑞金医院不幸去世,年仅 47 岁。

邹碧华学术成果一览表

著作

1. 《中国法官助理制度改革研究》(副主编),法律出版社 2002 年版。

2. 《证券民事赔偿诉讼——最高人民法院证券民事赔偿司法解释的展开与评述》(副主编),法律出版社 2003 年版。

3. 《适用民事简易程序探析:中国民事简易程序的改革与完善》(副主编),法律出版社 2004 年版。

4. 《公司法疑难问题解析》(副主编),法律出版社 2004 年第一版、2005 年第二版、2006 年第三版。

5. 《合同法学》(副主编),北京大学出版社 2007 年版。

6. 《股权转让协议效力司法疑难问题》(合著),法律出版社 2007 年版。

7. 《少年法庭的创设与探索》(主编),法律出版社 2009 年版。

8. 《公司法适用与审判实务》(副主编),中国法制出版社 2009 年版。

9. 《保险合同纠纷》(副主编),法律出版社 2010 年版。

10. 《民事证据规则应用》(副主编),法律出版社 2010 年版。

11. 《要件审判九步法》(专著),法律出版社 2010 年版。

12. 《法庭上的心理学》(主编),法律出版社 2011 年版。

13. 《婚姻家庭纠纷诉讼指引与实务解答》(主编),法律出版社 2013

年版。

14. 《法院管理》(副主编),法律出版社 2013 年版。

15. 《2013 年上海法院案例精选》(主编),上海人民出版社 2013 年版。

16. 《2014 年上海法院案例精选》(主编),上海人民出版社 2014 年版。

17. 《证券、期货纠纷》(副主编),法律出版社 2015 年版。

论文

获奖论文

1. 2003 年《中美法官助理专题研究课题》,上海市依法治市论文一等奖。

2. 2002 年《归一性股权转让协议效力问题初探》,全国学术论文评比三等奖。

3. 2003 年《关于诉讼调解与人民调解相衔接的专题研究》,上海市依法治市征文二等奖。

4. 2003 年《关于中国诉讼调解制度改革的专题研究》,2003 年度全国法院系统重点调研课题优秀成果奖。

5. 2004 年《法院审判事务与行政管理事务分工的专题研究》,上海市依法治市论文二等奖。

6. 2004 年《论国企改制中劳动关系的司法协调》,上海市劳动法学会优秀论文。

7. 2006 年《我们应当怎样看待证据规则》,最高法院雅丽杯征文二等奖。

学位论文及考察报告

1. 1996 年《国际货物买卖合同解释初探》,北京大学国际经济法专业硕士论文。

2. 1999 年《关于合同解释的司法推理及规范选择——解释学在法律领域的一个实证》,北京大学经济专业博士论文。

3. 2001 年《关于美国法官助理制度的考察报告》,美国联邦司法中心司法访问学者项目考察报告。

4. 2001 年《关于美国联邦法院内部职责分工及法官辅助人员配置方法的考察报告》,美国联邦司法中心司法访问学者项目考察报告。

刊载论文

1. 《解释学情境与法官的主观约束机制》,《上海审判实践》2000 年第 5 期。

2. 《关于两大法系裁判文书制作模式的初步比较》,《上海审判实践》2001 年第 11 期。

3. 《担保合同与借款合同的履行抗辩关系初探》,《上海审判实践》2001 年第 12 期。

4. 《关于美国法官助理的功能与职责的研究》,《上海审判实践》2002 年第 3 期。

5. 《〈关于国有土地工业企业以机器设备等财产为抵押物与债权人签订的抵押合同的效力问题的批复〉的理解与适用》,载《公检法办案指南》2002 年第 8 辑,中国人民公安大学出版社 2002 年版。

6. 《担保合同与借款合同的履行抗辩关系》,《人民法院报》2002 年 12 月 11 日。

7. 《论担保维持义务》,《法学》2002 年第 11 期。

8. 《审判事务的分工与法官辅助人员的配置探讨》,入选最高人民法院与世界银行"法官职业化问题国际研讨会"交流论文,《法律适用》2002 年第 12 期。

9. 《对于一起国际托收纠纷案的法理分析——兼论我国复代理制度的应时发展》,《公检法办案指南》2003 年第 1 辑。

10. 《我国诉讼调解模式改革初探》,《上海审判实践》2003 年第 2 期。

11. 《法官助理功能及性质研究》,载最高人民法院主编:《法官职业化建设指导与研究》,法律出版社 2003 年版。

12. 《论国企改革中劳动关系的司法协调》,《中国劳动》2004 年第 3 期。

13. 《国企改制中产权问题的法律分析》,《上海法院调研论文专集》2005 年 5 月。

14. 《事实劳动关系的司法认定》,《中国民事审判前沿》2005 年第 2 辑,法律出版社 2005 年版。

15. 《论归一性股权转让协议之效力——兼论股权归一后交易安全之保护》,《法学》2005 年第 10 期。

16. 《我们应当怎样对待证据规则》,《法律适用》2006 年第 2 期。

17. 《论法官的法律观点开示义务》,《审判前沿观察》2007 年 1 月。

18. 《隔离作证规则的运用》(合著),《人民法院报》2007 年 9 月 14 日。

19. 《消费信贷纠纷的应对之策》(合著),《人民法院报》2008 年 3 月 23 日。

20. 《论董事对公司债权人的民事责任》,《法律适用》2008 年第 9 期。

21. 《法庭里的言说之道——评〈法庭语言技巧〉》,《人民司法·应用》2009 年第 1 期。

22. 《"要件审判九步法"解析》,《中国审判》2010 年第 2 期。

23. 《论要件审判九步法的审判管理价值》(合著),《上海审判实践》2010 年第 4 期。

24. 《价值观需要转化为行动力》,《党政干部参考》2010 年第 8 期。

25. 《我们的慰藉在哪里?》,《今日民航》2010 年第 12 期。

26. 《能动司法的边界》,《人民法院报》2010 年 1 月 27 日。

27. 《在审判管理中运用"九步法"》,《人民法院报》2011 年 2 月 20 日。

28. 《要件审判九步法及其基本价值》,《人民司法·应用》2011 年第 2 期。

29. 《审判思路的确立与庭审技巧》,《法律适用》2011 年第 6 期。

30. 《论法庭情绪管理》,《法律适用》2011 年第 8 期。

31. 《民商事裁判文书"八个一致"评判标准的法理基础及其实践价值》(合著),《上海审判实践》(网络增刊)2011 年第 3 期。

32.《规范缓刑适用标准 保护未成年人权益》,《人民法院报》2011 年
8 月 30 日。

33.《审视与探索——要件审判九步法的提出和运用》(合著),载《审判
权运行与行政法适用问题研究:全国法院第 22 届学术讨论会论文
集》,人民法院出版社 2011 年版。

34.《要件事实框架内法官释明路经之建构》(合著),载《探索社会主义
司法规律与完善民商事法律制度研究——全国法院第 23 届学术
讨论会获奖论文集》,人民法院出版社 2011 年版。

35.《从分权理念到流程建模——执行权配置与运行的管理方法论》
(合著),全国法院第 24 届学术讨论会优秀奖论文。

36.《把握原理 促进工作》,《人民法院报》2012 年 7 月 9 日。

37.《用"看得见"的方法提升"可感知"的成效》(合著),全国法院系统
首届审判管理研讨会论文。

38.《"案多人少"的管理学解读》,《中国审判》2014 年第 2 期。

39.《法律适用统一问题的阐释与完善》(合著),《上海审判实践》2012
年第 2 期。

40.《〈要件审判九步法〉简述》,《法制资讯》2014 年第 12 期。

41.《法官与律师的良性互动》,《法制资讯》2014 年第 12 期。

参与最高人民法院全国法院系统重点调研招标课题

1. 2002 年最高人民法院颁布《关于民事诉讼证据的若干规定》后,起草
   两个配套规定《关于〈关于民事诉讼证据的若干规定〉的操作规范》
   (一、二),解决了证据规则实施中的若干疑难问题。

2. 2003 年参与最高人民法院全国重点调研课题《关于中国诉讼调解制
   度改革的专题研究》课题组,负责执笔完成主报告,获得全国法院系
   统优秀调研成果评比特别奖。

3. 2005 年担任最高人民法院全国重点招标课题《关于中国股权转让协
   议效力问题的专题研究》课题组副组长,主持提出《股权转让协议效

力问题司法解释的建议稿》,其中许多观点被相关司法解释所吸收。

4. 2007 年担任最高人民法院全国重点课题《论法人人格否认制度的完善及司法对策》课题组主要执笔人。

5. 2009 年担任最高人民法院全国重点课题《关于反规避、逃避执行问题的调研报告》课题组组长。

6. 2010 年担任最高人民法院全国重点课题《关于执行权优化配置问题的调研》课题组组长。

7. 2011 年担任最高人民法院司法调研重大课题《关于司法拆迁与强制执行对策问题》联合主持人。

8. 2012 年担任最高人民法院司法调研重大课题《关于民商事裁判瑕疵及处理的调研》联合主持人。

9. 2014 年担任最高人民法院审判理论重大课题《人民法院人员分类管理制度研究》子课题主持人。

后 记

每个人都会死两次。

第一次,是我们自己停止了呼吸。第二次,是所有记得我们的人也都离开了这个世界。

还记得今年五月的一个深夜,我在深圳采访完邹碧华的七位北大同学和一位最高人民法院同事后,忙不迭迭地坐上贺虹的车,飞一般地赶往深圳宝安机场。贺虹是邹碧华的老邻居,她在百忙之中抽出时间来送我,让我争分夺秒地赶上了前往南昌的最后一次航班。没想到,原定 23 时 55 分到达目的地的飞机因为南昌下起雷阵雨,只好转而降落长沙黄花机场。经过漫长的等待,翌日凌晨 2 时,飞机重新起飞将我送到了南昌昌北机场。

邹碧华的高中好友帅圣极一直等在昌北机场,他在地上铺了一张临时找来的纸板箱壳,一边坐着看手机里的天气预报,一边忍受着蚊子叮咬而耐心等我。当我拖着拉杆箱走到出口时,帅圣极赶紧迎了上来,一种难以言表的感动涌上我的心头。

我和帅圣极并不熟悉,一个陌生人在闷热的雨夜无怨无悔地等着另一个陌生人,因为我们都记得同一个人——邹碧华。

记忆是一种力量,它可以让陌生的人为了同一种信念走到一起。

李澜是帮助我越洋联系美国联邦地区法院迈克·明姆法官

(Honorable Michael M. Mihm)的人,我从没见过李澜,只是在一次采访中偶然从被访者口中得知李澜比较熟悉邹碧华在美国的法官朋友。抱着试一试的念头,我拨通了李澜的电话,希望她能帮我联系到美国的法官,没想到李澜一口答应了我的请求,她仔细询问了《邹碧华传》的文笔风格和采访要求,然后让我将采访提纲发到她的邮箱。经过一番确认后,李澜很快联系上了明姆法官,当她告诉我"明姆法官在百忙之中欣然同意并表示这是他的荣幸"时,我简直无法形容内心的感激之情。让我更惊喜的是,李澜还帮我联系到了美国联邦司法中心国际关系部主任米拉女士(Ms. Mira GurArie),以便让我更全景式地了解邹碧华在美期间的往事,这让我感到分外温暖。

六月,我收到了李澜发来的米拉女士和明姆法官的回忆文章,每一段文字都充满了对邹碧华这位中国法官的真挚感情和崇高敬意。其中,明姆法官在他的文章里这样写:"Now, months later, I think of Judge Zou often. And when I do I smile. He was that type of person. It was an honor to have known him. He will always be my friend."(如今,已经一晃几个月过去,我常常想起邹法官。每当我想起他时,嘴角便会浅浅一笑。他是让我钦佩的人,很荣幸我能够在人生的旅途中遇见他,他将永远是我的朋友)。

我看着电脑上的文字,想起邹碧华生前在演讲中不止一次地提到与明姆法官一起在伊利诺伊州联邦地区法院开庭的情形。生命,真是一场美好的相遇,惺惺相惜的两国法官,虽然相处时间极短,但彼此都留下了难以磨灭的美好回忆。

我委托在美多年的老同学张胜帮我精确翻译米拉女士和明姆法官的原文,然后将这些内容写进书稿。当我写到邹碧华眼中看到的华盛顿特区街景和建筑物时,为保证描述的准确性,我从邹碧华的好友那里收集到了邹碧华当年拍摄的风景照片,然后逐张发给张胜进行景物核对。当写到邹碧华前往联邦司法中心图书馆借阅和复印书籍时,邹碧华的好友又向我提供了一份详细的书单目录,让我得以将这些细节补充完整。

九月初,我将有关美国联邦司法中心和伊利诺伊州联邦地区法院的篇章发给李澜,李澜安排了英语翻译,然后转交米拉女士和明姆法官进行审阅。20天后,写着修改符号的英文原件和调整完毕的中文书稿电子版发到了我的邮箱,看到大洋彼岸如此细致和周到,让我从心底升腾出了一种使命感。

邹碧华曾经写过这样一段话:"在追求人类精神价值的道路上,我们有时候会感觉孤独,但只要我们真的踏上这条道路,我们会发现,其实我们并不孤独。"是的,当你默默行走时,突然发现身边有很多人在帮助你、鼓励你、支持你,这时候,再苦再累也不会感到孤独了。

还记得在一个炎热的黄昏,我急匆匆走进天安门边一个古色古香的四合院里,"无讼阅读"的创始人、天合律师事务所主任蒋勇和联合创始人徐晶已经在那里等我了,这个古朴的院子是天合律师事务所、"无讼阅读"APP的所在地。

蒋勇的记忆力非常惊人,他不断回想着那些与邹碧华在一起交流的往事情景,温柔的徐晶则坐在一旁仔细倾听并不时地补充细节。徐晶的声音很柔美,虽然她只见过邹碧华一次,但一提到这位上海市高级人民法院副院长,她的眼睛里就透出了欣赏。

邹碧华去世当天,徐晶从蒋勇打来的电话中得知了噩耗,她"啊"了一声,泪水顿时汹涌而出。很快,"无讼阅读"的编辑团队停下手头所有工作,流着眼泪为这位"无讼阅读"的专栏作者编辑纪念视频,徐晶则撰写了悼念文章《致敬碧华》,这些视频和文字经 APP 推出后,立刻引发了全国律师的自发悼念之潮。邹碧华遗体告别仪式举行当天,正逢"无讼阅读"在京主办"第三届中国法律互联网大会",期间,全体参会人员为邹碧华集体默哀一分钟。

"我们以前拍摄邹院长时,他对我们说'只要对我们所有法律人有益的事情我就会去做',这句话非常鼓舞我,我没想到法院里有这么开明的人,他打破了我对法院的一些固有概念,让我觉得中国法治特别有希望。"徐晶回忆着,嘴角时而微笑,时而紧抿。

深夜十一点,采访结束,四合院里已经树影婆娑。我抬头看着夜空,想起了之前有两位被访者对我说过的话:

"我原以为会哭着和你聊邹碧华,没想到我还能比较平静甚至比较快乐地与你一起回忆他,我现在的悲伤好了很多。"

"他去世之后,我一直不敢去看他的微信,太难受了! 你的采访让我能够重新鼓起勇气去回想他的音容笑貌。"

悲伤是一种力量,它会升华出一种微笑,这种微笑让活着的人擦干眼泪更好地前行。

"写一个真实的邹碧华吧。"很多人对我说。

"写一个真实的邹碧华吧。"我对自己这么说。

如实记录一个人曾经走过的人生,这是对生命的最大敬意。

于是,为了真实,有人从广州赶到深圳接受我的采访,有人大热天在北大为我指明旧时宿舍楼的方位,还有人为了让我了解事实而回家翻找珍贵资料。葛锦标和党淑平为了帮我找到更多的采访对象而不断忙着打电话联系;最高人民法院政治部宣教部表彰宣传处刘峥处长提醒我不要遗漏采访邹碧华借调最高人民法院的经历,并帮我联系了最高人民法院研究室副巡视员王艳彬等人;王艳彬则认真记录下我的每个采访问题,找出《最高人民法院司法解释(2002年卷)》中邹碧华署名的《〈最高人民法院关于国有工业企业以机器设备等财产为抵押物与债权人签订的抵押合同的效力问题的批复〉的理解与适用》一文,字斟句酌地与我商量准确的表述方式;最高人民法院法研所所长蒋惠岭帮我找出邹碧华当年离开最高人民法院研究室时办理的最后一个件,并将这份珍贵的资料送给我;正为司法改革忙得焦头烂额的何帆也抽出了一个多小时与我细谈邹碧华,并让我聆听了一场司改讲座以帮助我更好地理解司法改革;上海市高级人民法院政治部宣传教育处副处长宗兆瑞不仅帮我联系落实长宁区人民法院的采访,还细心为我提供政治部保留的邹碧华多年前所写材料;还有已近80岁高龄的北京大学法学院教授贾俊玲和正在受病痛折磨的江西省奉新县一中老校长刘屏山两位尊敬的老师，对我倾诉了他们与邹碧华之间多年的师生情谊；我还有幸采访到了四位大法官，他们分别是原最高人民法院副院长李国光、原上海市高级人民法院院长滕一龙、浙江省高级人民法院院长齐奇、上海市高级人民法院院长崔亚东。大法官们坦诚地向我讲述了邹碧华职业生涯中的点点滴滴……

一千个人的眼中有一千个哈姆雷特，而每个哈姆雷特的侧面都能相互呼应、彼此衔接。我不断寻访邹碧华的家人、朋友、同学、老师、学生、同事以及和他有过一面之缘的陌生人，搜集所有与他有关的照片、视频、音频、文字、画作……采访 136 人，浏览 120 小时视频，查阅 2 万余份资料，上海市、北京市、广东省、江西省四地奔波，一个真实鲜活的邹碧华越来越清晰地浮现在我的脑海中。他是那么勤奋、调皮、执着、纯粹，他也会哭，也会犹豫，也会奋起，也会抗争，他和大多数人一样陷入过事业的低潮、渴望过成功的光环，但他最后超越了自己。

邹碧华曾给他的同事发过这样一条信息："我是一个极其努力的人，也是一个在人生路上不断在内心完善自己的人，我会努力把自己身上软弱、自私、自卑的一面改造、摒弃，也会把内心里阳光的一面伸展出来。"而他在高中同学的微信群里则发过尼采的名言，其中有一句是："每一个不曾起舞的日子，都是对生命的辜负，一个人知道自己为什么而活，就可以忍受任何一种生活。"

我很珍惜这样的只言片语，我更珍惜那些被访者对我的信任和支持。这是一本众人齐心协力完成的传记，它记载的是一个生命来到世间的故事，承载的是众人的无限思念和崇敬之情，这份思念和尊敬是如此深沉如此率真，由此绵延出来的力量也异常强大，强大到每当我在深夜写作时，还能清晰地感受到那些被访者期盼的眼神和语气，是他们陪伴我克服了一个又一个的写作难点，是他们让我看见了一个真实洒脱、不断奋斗、同时又充分享受生命的邹碧华。

"有人说，时间在流逝。错了！是我们自己在流逝！"我的耳边时常响起邹碧华那铿锵有力的话语。一个人，能把生命中的每一天当作最后一天来过，他的人生便是充实的、无憾的。

采访、整理、撰写、修改、审阅，整整四个月，我终于完成了27万字的《邹碧华传》。与此同时，邹碧华的父亲、著名版画家邹连德先生也倾其心力、几易其稿，最后创作出了两幅水彩画作品《碧华肖像》和《他在春天里——纪念爱子碧华》，画面中那栩栩如生的笑容和亲切熟悉的脸庞，融入了老人对爱子的无限思念；邹碧华的弟弟邹俊华先生也全身心地对这本传记的封面、装帧、版式进行了细致设计，以邹碧华最喜欢的设计风格、最青睐的色彩搭配来表达对哥哥的怀念之情，其中封面上的"邹碧华传"由邹连德先生亲自题字；还有邹碧华的妻子唐海琳女士、邹碧华的母亲许贻菊女士、邹碧华的儿子邹逸风先生亲自对相关篇章进行了审阅，尤其是唐海琳女士，在繁忙的工作之余仍能抽出时间来审阅书稿，实属不易。

在为本书挑选照片时，我将收集到的材料逐一进行了筛选。让我感到欣慰的是，一路走来，我不仅收集到了珍贵的照片，还从很多人处得到了珍藏多年的素材，这些素材加上照片使得这本传记更加翔实完整。

但我也遇到了困难，就是如何去展现这些素材？摄影师张弦帮助了我，他虽然从未见过邹碧华，只看过有关邹碧华去世后的新闻报道，但当我寻求他的帮助时，他二话不说赶了过来。那一天中午，他饿着肚子拿着相机一张张地拍起来，一本著作、一张信笺、一份手迹、一沓手写书稿，每次他都会仔细询问我相关篇章的内容、想要传递表达的内涵，然后调整视角按动快门，创作出了一幅幅灵动的摄影作品。

以认真的态度为一个认真的生命完成一部认真的作品，这是这本传记中所有人的共同心声。

还记得上海市高级人民法院院长崔亚东、副院长郭伟清对这本书的大力支持。还记得上海人民出版社曹培雷副总编、苏贻鸣主任、汪娜编辑来法院商议写书的情景。还记得上海市委宣传部出版处姜复生处长打电话来关心书稿进程、细心询问我的身体状况,并在书稿完成后联系专家进行审阅。还有文汇报的首席记者江胜信,她是第一个鼓励我并相信我能够完成这本书的人,同样是写者,江胜信的文笔非常睿智且不失秀美,她能够对我如此信任,让我既感到温暖又充满力量。还有上海人民出版社的陆永洲科长、何永康科长、陈雷、王吟为这本书默默奉献。还有很多法院的领导、同事,邹碧华的老师、同学、学生、朋友,他们有的深夜审阅自己所属的篇章,有的主动帮助我校对整部书稿,有的提醒我注意某些细节的表述,这其中付出的心血难以言表,让我永生难忘。

生命是一种奇迹,我有幸得到那么多人的无私帮助,得到那么多颗心的真诚支持和祝福,而这一切,都是因为我们内心深深地记着同一个人——邹碧华。

时间过得真快,转眼邹碧华逝世快满一年了。

还记得去年 12 月 10 日,邹碧华离世的那一天,上海突然下起了淅淅沥沥的小雨,很多认识他的人在听到噩耗后都震惊不已:"怎么可能,怎么会发生这样的事!"有人冒着雨从法院一路狂奔到医院急救室,有人在国外不断拨打他的手机,有人把车停在路边趴在驾驶盘上哭泣,更多的人整整一宿无法入眠。

如今,邹碧华的很多愿望正在一步步实现:上海法院律师服务平台于今年 1 月 5 日正式开通,1248 家上海律师事务所使用平台,访问人数达到了 37.5 万余人次,平台正逐步准备向全国律师开放;上海法院的司法改革则按照预定方案稳步推进,目前已经确认 1879 名审判员、423 名助理审判员入额;"法律共同体"的理念也已深入人心,在最高人民法院、最高人民检察院、公安部、司法部联合召开的全国律师工作会议上,律师的重要性、职业共同体等内容均受到重视;他的微博、微信名"庭前独角兽"也已成为上海法院的微信公众号,更多优秀法官的思考正在走向公众。这一切,都包含着邹碧华曾经的影子。

邹碧华走了吗?

邹碧华把他的背影和他曾走过的路留给了这个世界。

去年 10 月,正在忙于司法改革的邹碧华无意间问我:"你有没有想过以后写一本关于法律人的书?"

"想过。"我毫不犹豫地告诉他。

"你可以写小说啊,陈忠实用了将近 20 年完成了《白鹿原》,虽然时间长了些,但绝对是部好作品。"

我笑了,问了一句:"邹院长,您会把您的故事告诉我吗?"

"可以啊!"他也笑了,"其实法院里有很多人很多故事,可惜没人把它写出来。"

邹碧华没来得及亲口告诉我他自己的故事,但他以另一种方式告诉了我他们这一代法律人的故事。当我从邹碧华出生的第一天一直写到他逝世的最后一天时,我终于明白了一个道理——每个人都会死两次,第一次是我们自己停止了呼吸,第二次是所有记得我们的人也都离开了这个世界。只要有人记着邹碧华,他就没有死。

所以,谨以此书献给所有记得邹碧华的人!

严剑漪

2015 年 10 月 30 日

图书在版编目(CIP)数据

邹碧华传 / 上海市高级人民法院编写；严剑漪执笔.
—上海：上海人民出版社，2015
ISBN 978 - 7 - 208 - 13393 - 8

Ⅰ. ①邹… Ⅱ. ①上…②严… Ⅲ. ①邹碧华
(1967～2014)—传记 Ⅳ. ①K825.19

中国版本图书馆 CIP 数据核字(2015)第 260603 号

责任编辑　　汪　娜
封面设计　　邹俊华
封面题字　　邹连德
版式设计　　邹俊华　帅圣极

邹碧华传

上海市高级人民法院编写

严剑漪　执笔

世纪出版集团

上海人民出版社出版

(200001　上海福建中路 193 号　www.ewen.co)

世纪出版集团发行中心发行

常熟市新骅印刷有限公司印刷

开本720×1000　1/16　印张29.5　插页12　字数387,000

2015 年 12 月第 1 版　　2015 年 12 月第 1 次印刷

ISBN 978 - 7 - 208 - 13393 - 8/K・2451

定价 58.00 元